地域金融機関における
資金運用の高度化

平野吉伸［編著］

一般社団法人 金融財政事情研究会

推薦のことば

　デフレからの脱却と経済再生に向けた3本の矢からなる「アベノミクス」が2013年にスタートしてから3年あまりが経過しました。そして、3本の矢といわれる「大胆な金融政策」「機動的な財政政策」「民間投資を喚起する成長戦略」に沿って、さまざまな政策や経済対策が実行されてきました。

　なかでも、日本銀行の異次元ともいわれる「量的・質的金融緩和」導入によって円安と株高が進み、大企業を中心に企業業績の改善がみられるなど、わが国経済は緩やかな回復過程をたどっています。

　しかしながら、中国をはじめとした新興国経済の減速や、原油価格の大幅な下落、そして、地政学リスクも加わり、年明け以降、世界同時株安が進行するなど、市場環境は不安定な状況が続いています。このため、日本銀行は、先送りした「物価上昇率2％」の目標を確実に達成すべく、2016年1月に「マイナス金利付き量的・質的金融緩和」、いわゆるマイナス金利政策を欧州に続いて導入しました。

　一方、地域経済については、一部に持直しの動きがみられるものの、人口減少、少子高齢化の進展、地域間格差の拡大、さらには、首都圏や地方中核都市への人口集中などの問題に直面しており、地域金融機関を取り巻く経営環境は、ますます厳しさを増しています。

　このような環境下、地域金融機関においては、資金需要の低迷により融資が伸び悩んでいることに加え、貸出金利や有価証券等の資金運用利回りの一段の低下が見込まれ、地域金融機関の収益環境は、ますます厳しくなるものと予想されます。このため、地域金融機関は、ポートフォリオのアセットアロケーションの見直しなど、資金運用の見直しと高度化が喫緊の課題となっています。また、地域金融機関には、金融庁の「平成27事務年度金融行政方針」でも資金運用とリスク管理態勢の高度化が求められています。

　しかしながら、地域金融機関にとって、経営資源に制約があるなかで、メガバンクなど大手金融機関と同じように資金運用を高度化していくことは困

難であり、特に人材面においてそのハンデは大きいといえます。

　筆者は、信用金庫において十数年にわたり一貫して資金運用を担当し、資金運用やリスク管理の高度化に向けて模索してきた経験をもとに、本書では資金運用方針や計画の策定、リスク管理などについての具体的手法が記述されています。

　また、本書に掲載されているのは、それぞれの専門分野の第一線で活躍されている方々の具体的かつ実践的な手法に基づく知恵やノウハウであり、これから具体的に資産運用を高度化していくために参考となり、役に立つことが多いと思われます。ぜひ座右に置いて活用されることお勧めします。

信金中央金庫
理事長　田邉　光雄

はじめに

　地域金融機関で、資金運用業務に携わり約13年になりましたが、その間金融市場においては、バブル経済の処理の最終局面を経て日本経済もいよいよ回復するかと思われた矢先、サブプライムローン問題・リーマンショックから大恐慌以来といわれる国際的な金融危機に加え東日本大震災が発生、日本経済は大きく落ち込みました。2012年末に誕生した第二次安倍内閣の「アベノミクス」の3本の矢、「大胆な金融政策」「機動的な財政政策」「民間投資を喚起する成長戦略」、なかでも日本銀行の異次元の金融緩和によって、為替相場は大きく円安方向となり企業業績も大きく回復、つれて株式相場も大幅に上昇しました。

　しかしながらその後も、欧州におけるギリシャ問題に端を発した債務危機、原油をはじめとする商品市況の低迷による中国などの新興国経済の悪化等から再び、世界経済は厳しい状況が続いています。

　金融市場に変化はつきものとはいえ、ナシム・ニコラス・タレブ氏の「ブラックスワン」といわれる過去例をみないような大きな変動・ショックが立て続けに起こる激動の時代となっています。

　金融政策においては、異次元の金融緩和に加えさらにデフレ脱却を確実にするため、2016年2月から「マイナス金利付き量的・質的金融緩和」が導入されましたが、政策効果がなかなか現れてこない状況といえるでしょう。

　10年を超える国債の金利までがマイナスとなるなかで、地域金融機関にとって資金運用の主要な手段であった国債を中心とした債券運用の期待リターンは大きく低下、もしくはリターンを生まない可能性すら生じるというかつて例のない状況になっています。また、金融機関の本来業務においても資金調達コストである預金利回りは限りなくゼロ近くまで低下する一方で、貸出金利回りはそれを上回る勢いで低下が続いています。また、イールドカーブもほぼ水平近くなって長短金利差もほとんどなくなる状況となり、特に収益源の多様化が遅れている地域金融機関の経営は非常に厳しくなってお

り、今後も同様の状態が続く可能性が大きいと考えられます。

　実際に資金運用を担当している立場から、中長期的な見通しを考えれば、過去のさまざまな一時的なショックとは異なり、長期にわたり金融機関の資金運用収益に大きな低下圧力がかかり、非常に厳しい時代が到来したといえるでしょう。

　資金運用収益を向上させるため、キャピタルゲインの獲得を目標とする、分散投資を進めさまざまな金融資産に投資することでリスクリターンの向上を図る等、地域金融機関はその資金運用を多様化・高度化する必要に迫られているものの、その方向性や方法は手探りの状況にあるといえるでしょう。

　本書で取り上げたのはこのような環境のなかで、筆者自身が所属する金融機関自身の運用の改革について、担当する役職員とともに考え取り組んできた、アセットアロケーションの見直し、よりグローバルな分散投資の方法について、それぞれの専門家のご協力を得て実行に移し、また移しつつある実際の例となっています。もちろん、この方法での成功が保証されているわけではなく、また、投資実行のタイミングによってもその結果は大きく異なるであろうことも当然です。また、より高度なリスク管理を行うことも必要となります。しかしながら、手をこまねいていては資金運用収益がじり貧となることは明白です。

　「本書の構成について」にありますが、僭越ながらも、経営資源の限られた地域金融機関が本格的に資金運用を高度化するためにとりうる1つの方法を示すことができたのではないかと考えています。

　さまざまな課題を抱え、資金運用に取り組んでおられる地域金融機関の第一線の方々の参考となれば、執筆者一同望外の喜びです。

　信金中央金庫　田邉理事長様には前著に引き続き巻頭の推薦の言葉をいただきました。厚く御礼申し上げます。

　日々現場の第一線でご活躍中でご多忙にもかかわらず、執筆をご快諾いただきました著者各位のご協力、また、第2部の第2章では信金インターナショナルの安藤　敬明様、しんきん証券市場開発部の皆様方、第3章ではみずほ証券エクイティプロダクトマーケティング部の宮本　淳司様はじめ部員

の皆様、第4章の執筆にあたりさまざまな助言をいただいたブラックロック・ジャパンｉシェアーズ事業部の竹脇　陸様、中岡　寛晶様、第1章のNOMURA-BPIのシミュレーションにご協力いただいた野村證券ポートフォリオコンサルティング部（当事）の田中　慎一郎様、その他多数の方々に大変お世話になりました。厚く御礼申し上げます。

　また、勤務する奈良中央信用金庫の役職員、なかでもともに考え、工夫を重ねた資金運用部、総合企画部の諸君、また現在までさまざまなご指導を受け、お世話になった諸先輩、同僚、金融機関や証券会社等お取引先の方々にも厚く御礼申し上げます。

　最後になりましたが、金融財政事情研究会の出版部長　田島　正一郎様には、本書の企画段階から、原稿整理・校正にと大変お世話になりました。執筆者一同になりかわりまして厚く御礼申し上げます。

　　　2016年6月

　　　　　　　　　　　　　　　　　　　　　　　　　　　平　野　吉　伸

【編著者略歴】

担当:第1部、第2部第4章

平野　吉伸（ひらの　よしのぶ）

　1980年3月　　京都大学法学部卒業
　1980年4月　　三井銀行（現三井住友銀行）入行
　1998年4月　　資本市場部第一グループ（国内債受託・引受け業務）グループ長
　2001年4月　　三井住友銀行大阪本店営業部次長
　2003年4月　　奈良中央信用金庫入庫
　現在　　　　　常務理事として、資金運用業務等を担当
　日本証券アナリスト協会　検定会員
　CFP（日本FP協会認定）
　著書　地域金融機関の資金運用とリスク管理
　　　　（2010年3月　金融財政事情研究会）

【著者略歴】

担当:第2部第1章

伊藤　敬介（いとう　けいすけ）

　みずほ第一フィナンシャルテクノロジー投資技術開発部長。1991年日本興業銀行入行後、一貫して資産運用関連の金融工学・投資技術開発業務に従事。現代ファイナンス共同編集者、証券アナリストジャーナル編集委員。日本CFA協会会長、早稲田大学大学院ファイナンス研究科非常勤講師などを歴任。CMA、CIIA、CFA、早稲田大学大学院工学修士、スタンフォード大学MBA。

佐々木　洋（ささき　ひろし）

　1998年東京工業大学理学部数学科卒業後、日本興業銀行入行、1999年興銀第一フィナンシャルテクノロジー（現みずほ第一フィナンシャルテクノロジー）投資技術開発部配属、現在は同部副部長。2014年一橋大学大学院国際企業戦略研究科博士後期課程修了（博士（経営）(Ph. D. in Finance)）、日本証券アナリスト協会検定会員、国際公認投資アナリスト。

担当：第2部第2章

信金インターナショナル

　信金中央金庫グループにおける証券現地法人として、信金中央金庫100％出資により英国ロンドンに1990年10月に設立される。ユーロ市場での新発債の引受け・売りさばき、ユーロ既発債の売買・仲介および外国証券投資相談を主な業務とし、信用金庫をはじめとする本邦金融機関および欧州機関投資家のユーロ債運用ニーズに応えるとともに、国際機関・海外金融機関・日系現地法人等の資金調達ニーズに積極的に応えている。

しんきん証券

　信金中央金庫グループにおける証券業務の中核会社として、経営理念「証券業務を通じて、信用金庫業界の経営力強化に貢献する」を掲げ、信金中央金庫100％出資により1996年9月に設立される。信用金庫の多様化する有価証券運用ニーズに応えるとともに、信用金庫以外の機関投資家からの同様のニーズや国内外の政府系法人、地方公共団体、事業法人等からの資金調達ニーズに対しても積極的に応えている。

担当：第2部第3章

みずほ証券　エクイティプロダクトマーケティング部

　国内の地方金融機関、事業法人、個人顧客等を対象に国内外のエクイティ関連商品を軸としたプロダクト提案・ソリューション提供から、株式等受発注におけるトレーディングサービス、約定処理に至るまで幅広い業務を手がける。

担当：第2部第5章

森本　紀行（もりもと　のりゆき）

HCアセットマネジメント　代表取締役社長
　三井生命のファンドマネジャーを経て、1990年1月ワイアット（現タワーズワトソン）に入社。日本初の事業として、年金基金等の機関投資家向け投資コンサルティング事業を立ち上げる。2002年11月、HCアセットマネジメントを設立、全世界の投資機会を発掘し、専門家に運用委託するという、新しいタイプの資産運用事業を始める。東京大学文学部哲学科卒。

担当:第2部第6章

大口　勝弘（おおぐち　かつひろ）

　2006年　　みずほ信託銀行入社
　2012年　　カストディ・プロダクツ営業部
　現在　　　ストラクチャードプロダクツ営業部　部長代理

本書の構成について

【本書の目的】

　「はじめに」で述べたように債券運用の期待リターンは大きく低下してきている。しばらくの間は債券の含み益が存在するものの、中長期的には国内債券中心の運用では収益が確保できなくなることは間違いない非常に厳しい資金運用環境が続くなかで、金融機関は従来以上に資金運用を高度化していく必要に迫られている。

　資金運用を高度化することはすなわちさまざまなリスクをとって運用を行うことであり、リスクテイクをしないところにリターンはないのである。地域金融機関、特に中小の地域金融機関においては、従来、国内債券を中心に国内株式やJ-REITなどでの分散投資が中心であった。しかしながら債券の期待リターンが低下するなかで、いままでと同様に収益を確保していくためには従来投資を行っていなかったカテゴリーの金融商品への分散投資を行い、より効率的な資金運用を目指す必要がある。

　そのためには、伝統的4資産のなかでも、従来あまり投資されていなかった外国債券や外国株式に加え、伝統的4資産などとは異なるリスクプロファイルをもつオルタナティブ資産、絶対収益の獲得を目指すヘッジファンド、その他さまざまな金融商品への分散投資、いわば本格的な国際分散投資を行う必要があるだろう。

　しかしながら経営資源の限られた地域金融機関にとってはそのハードルは高い。一方で、さまざまな新しい金融商品も生まれ、また専門的な資金運用会社も増えるとともに、さまざまな投資アドバイスやリスク管理、事務サポート等のサービスを行う会社も増加している。地域金融機関にとって不足している経営資源を補うためにこれら外部の機能を利用することも重要となっている。

　本書においては、本格的な分散投資をスタートするために、経営資源の限られた地域金融機関が比較的容易に実行することが可能な具体的手法を説明

している。これらは、監修者が、実際に自ら計画し、それぞれ各分野の第一線で活躍されている専門家の協力を得ながら実践した手法を、その専門家に執筆の協力を依頼し、すぐに使える実践的な手法として提案するものである。

【本書の対象とする読者】

したがって、本書は実際に地域金融機関等において資金運用の第一線に携わっていて、資金運用の高度化を行うための具体的な方法を求められている方々の参考になるように構成した。

また、表題には「地域金融機関の」とあるものの、資金運用を行っているさまざまな機関投資家、学校法人や宗教法人、また財団法人などで運用に携わっている方々にとっても参考にしていただけるものと思う。

【本書の構成と内容】

本書は全体を二部構成とし、第1部では地域金融機関の置かれた経営環境や資金運用環境を概観し、将来の金利上昇リスクや逆に低金利が継続するリスクなどを述べるとともに、資金運用高度化の意味、資金運用高度化の手法、資金運用高度化を行うためには欠かせないリスク管理の高度化全般を概観する。

第2部においては、より実践的にそれぞれの分野の第一線で活躍されている専門家の執筆、ないし協力により具体的かつ実践的な方法論をまとめたものである。

各章の構成は、

第1部　全体編

第1章　地域金融機関の経営環境の変化と課題

第2章　地域金融機関の資金運用高度化のために

第3章　地域金融機関の資金運用高度化の具体的手法

第4章　資金運用の高度化に伴うリスク管理の高度化

第2部　個別編

第1章　ポートフォリオの計量分析と投資戦略の策定
第2章　外貨建て外国債券投資の実務
第3章　外国株投資の実務
第4章　海外ETF投資
第5章　オルタナティブ投資
第6章　特定金銭信託

となっている。

「第1部　全体編」第1章では、全体の経済環境とともに地域金融機関の資金運用環境を概観し、実際の資金運用の状況を他業態との比較も含めて分析、特に中小の金融機関ほど金利リスクが大きくなっている点を確認する。また金利上昇リスクとともに超低金利が持続するリスク（金融抑圧）と、その場合の債券運用の期待リターンが大幅に低下する見通しであることをシミュレーションを行うことにより確認し、今後の資金運用の課題、また資金運用の多様化・高度化が必要不可欠であることを明らかにする。

第2章では、資金運用高度化の方法や意味を分析するとともに、現代ポートフォリオ理論における期待収益率とリスク、分散と標準偏差、分散投資効果の例を実際の具体例によって確認するとともに、分散投資効果を決定づけるといえる相関関係が安定的でなく、相当に不安定であることもあわせて確認する。

また、最近金融当局の金融行政、監督・検査等が大きく変わりつつあり、平成27事務年度金融行政方針においては、「具体的重点施策」として「金融機関による資産運用の高度化の促進」が取り上げられていることをみる。

また、地域金融機関にとっての資金運用の高度化、外部の運用会社などの活用、分散投資を行う必要性、各資産カテゴリーのリスクリターンの状況、地域金融機関において資金運用の多様化・高度化が進まなかった原因分析、および解決すべき課題と解決のための方法を取り上げた。

第3章においては、資金運用高度化の具体的な手順として、
① 資金運用方針、資金運用計画の策定
② ポートフォリオの分析

③　具体的な投資戦略、アセットアロケーション計画の策定
④　投資対象となる商品の選定および分析、基本アセットミックスの決定
⑤　具体的な投資対象の決定および投資
⑥　リバランスの実行
⑦　運用経過の確認とアセットアロケーション計画の見直し
⑧　事務処理を省力化合理化するための特定金銭信託などの活用
について、取り上げた。

　特に具体的な投資対象商品については国際分散投資を行ううえでの代表的な10種類のインデックスをもとに詳細な分析を行うとともに、地域金融機関にとってはインカムゲインがその収益の主要な部分であることから、実際に取引が行われている代表的な債券関連のETF（上場投資信託）について、具体的な投資対象としての魅力、リスクなどの分析を行った。

　第4章では、資金運用の高度化を行うためにはリスク管理の高度化が不可欠であること、また資金運用を行う過程においてはリーマンショックなどさまざまなストレス事象がかなり頻繁に発生し、避けられない。これらを乗り切るために過去の実際のストレス事象を参考例としてまとめるとともに、リスク管理を高度化するために必要な概念、感応度やVaR、相関、ストレステストについて概説した。

　「第2部　個別編」では、それぞれの分野において第一線で活躍されている専門家に執筆、協力をお願いし、地域金融機関が資金運用を高度化していくうえでの具体的な課題や方法論などについてより具体的にまとめている。

　第1章（執筆：みずほ第一フィナンシャルテクノロジー）では、資金運用の高度化の意思決定を的確に支援するためのポートフォリオの計量分析や投資戦略の策定について、現状のポートフォリオを計量的に分析したうえで、投資目標をいかに設定するか、また投資対象の期待リターンとリスクの推計の仕方、それらをもとにした基本ポートフォリオの策定の考え方、モニタリング方法とコンティンジェンシー・プランの策定について説明している。

　第2章（執筆：信金インターナショナル・しんきん証券）では、伝統的4資産の1つで、国際分散投資を行うときにまず取り組むべき外貨建ての外国債

券投資について、実務面を中心に詳しく説明している。具体的には、外国債券投資を行う意義、具体的な投資対象、実際に取引を行う方法、為替リスクの考え方と為替リスクヘッジについて、外国債券投資のコスト、また、金融機関にとっての会計制度の概要を説明した。

第3章（執筆：みずほ証券）でも、伝統的4資産の1つである外国株投資の実務について、外国株投資を行う意義、投資対象およびマーケット、外国株投資のための口座開設、取引、注文、約定などの具体的な方法、外国株投資にかかるコスト、その他留意すべき点について説明している。

第4章（執筆：平野、協力：ブラックロック・ジャパン）では、最近急速に市場が拡大し、また非常に多様な商品が登場してきており、地域金融機関にとって国際分散投資を行う格好の手段と考えられる上場投資信託（ETF）、なかでも海外、特に米国市場を中心に上場されているETFについて、その概要、資金運用におけるETF利用の意義・方法、世界的にみた最近のETFの実際の活用動向、ETFの分析の仕方・分析ツール、海外ETFの具体的な取引方法やETF特有のリスクおよび会計処理等の説明を行った。

第5章（執筆：HCアセットマネジメント）では、伝統的4資産以外で、伝統的資産と異なるリスクリターン特性をもつとされるオルタナティブ資産への投資について、オルタナティブの定義（オルタナティブとは何か）、ケーススタディーを通してみるオルタナティブ投資の留意点、代表的なヘッジファンド戦略について、またオルタナティブ投資に具体的にどのようにアプローチし投資に結びつけるかなどを説明した。

最後に第6章（執筆：みずほ信託銀行）では、地域金融機関にとってさまざまな金融資産への分散投資を進めるうえで大きなネックとなっている事務処理負担を軽減する手法として特定金銭信託および、特定金外信託（まとめて特金）が有効な手段となることに着目し、特金の概要、特金を含めた信託制度の概要、特金の商品性、実際に特金を利用するときの実務について、特金の具体的な契約内容、特金の保有目的区分や会計処理・税務処理、あわせて信託を活用したその他のスキームを説明した。

目　次

第1部　全体編

第1章　地域金融機関の経営環境の変化と課題

第1節　全体環境 ……………………………………………… 4
1　マクロ経済状況 ……………………………………………… 4
2　地域金融機関の経営環境 …………………………………… 15

第2節　地域金融機関の資金運用環境 ……………………… 21
1　金利の持続的な低下 ………………………………………… 21
2　株式市場・外国為替市場の状況 …………………………… 24
3　世界の金利見通し …………………………………………… 31

第3節　地域金融機関の資金運用状況の現状分析 ………… 33
1　業態別の資金運用動向 ……………………………………… 33
2　地域金融機関の現在の資金運用の問題点 ………………… 36

第4節　地域金融機関の今後の資金運用の課題 …………… 43
1　資金運用環境の今後の見通し ……………………………… 43
2　地域金融機関の資金運用の課題 …………………………… 54
3　資金運用の多様化・高度化の必要性 ……………………… 72

第2章　地域金融機関の資金運用高度化のために

第1節　資金運用の高度化とは ……………………………… 80
1　資金運用の高度化とは ……………………………………… 80
2　金融行政方針にみる資金運用の高度化 …………………… 99

第2節　地域金融機関にとっての資金運用の高度化 ……… 102
1　地域金融機関にとっての資金運用高度化 ………………… 102
2　外部の運用会社等の活用 …………………………………… 110

第3節 効率的なポートフォリオと分散投資のいっそうの推進 ……… 112
1　さまざまな資産カテゴリーのリスクリターン ……………………… 113
2　債券に分類されるさまざまなカテゴリーのリスクリターン ……… 117
3　分散投資をいっそう進めてより運用を高度化 ……………………… 121

第4節 資金運用高度化のために解決すべき課題 ……………………… 121
1　原因分析 ……………………………………………………………… 121
2　資金運用の高度化に伴い解決すべき課題 …………………………… 124
3　資金運用の高度化のために解決すべき課題と解決の方法 ………… 126

第3章　地域金融機関の資金運用高度化の具体的手法

第1節 資金運用方針、資金運用計画の策定　リスクテイク・リターンの計画 …………………………………………………………… 134
1　内部経営環境要因 …………………………………………………… 135
2　外部環境要因 ………………………………………………………… 136
3　戦略目標、収益計画、運用計画の策定 …………………………… 137
4　リスクテイクの計画（資本配賦計画） …………………………… 138
5　流動性の計画 ………………………………………………………… 141

第2節 ポートフォリオ分析 …………………………………………… 143
1　目　　的 ……………………………………………………………… 143
2　分析内容・分析手法 ………………………………………………… 144
3　より高度な分析手法 ………………………………………………… 145
4　外部専門機関を利用したポートフォリオの分析 ………………… 146

第3節 投資戦略の策定とアセットアロケーション計画 …………… 147
1　最も効率的なアセットアロケーションと最適なアセットアロケーション ……………………………………………………………… 148
2　ポートフォリオ分析をもとにしたリスクテイク計画の決定 …… 148
3　基本アセットミックス（政策アセットミックス）の決定 ……… 150
4　具体的なアセットアロケーションの計画 ………………………… 154

第4節 投資対象商品の分析 …………………………………………… 157

1	さまざまなインデックスの分析	158
2	債券ETFの分析	171

第5節　ポートフォリオの作成 203
 1　多様な資産での分散投資の検証 204
 2　債券ETFの分析および分散投資 213
 3　ポートフォリオ作成の留意点 221

第6節　基本的なアセットミックスの見直しとリバランス 222
 1　リバランスのタイミング 223
 2　リバランスに伴う注意事項 224

第7節　特定金銭信託・特定金外信託の活用 225
 1　事務負担の軽減のために特定金銭信託を活用 225
 2　保有目的区分について 226

第4章　資金運用の高度化に伴うリスク管理の高度化

第1節　統合的リスク管理のいっそうの進化 228
 1　地域金融機関のリスク管理の現状 228
 2　統合リスク管理と統合的リスク管理 230
 3　リスク管理の組織態勢について 231
 4　リスク計測について 232
 5　流動性の管理の重要性 233
 6　外部の第三者機関の利用 235

第2節　さまざまな将来のストレス事象を乗り切る 236
 1　ストレス事象のまとめ 237
 2　ストレス事象発生のときのマーケットの振返り 242
 3　最後に 246

第3節　資金運用の高度化・リスク管理の高度化に必要な概念 247
 1　感応度 247
 2　バリューアットリスク（VaR） 249
 3　相関 254

4　ストレステスト ……………………………………………………… 262

第2部　個別編

第1章　ポートフォリオの計量分析と投資戦略の策定

第1節　現状ポートフォリオの計量分析 ……………………………… 272
　1　ポートフォリオリスクの要因分解 ……………………………… 272
　2　ポートフォリオの整合性チェック ……………………………… 274
　3　現状ポートフォリオの計量的な評価 …………………………… 276

第2節　投資目標の設定 ………………………………………………… 277
　1　リスクアペタイト・フレームワーク …………………………… 277
　2　投資目標の多面性 ………………………………………………… 278
　3　許容するリスクと投資対象 ……………………………………… 280

第3節　投資対象の期待リターンとリスクの推計 …………………… 283
　1　フォワードルッキングな収益予想 ……………………………… 283
　2　リスクの推計 ……………………………………………………… 285
　3　動態的リスク制御と期待リターン ……………………………… 286

第4節　基本ポートフォリオの策定 …………………………………… 287
　1　基本ポートフォリオと乖離許容幅 ……………………………… 287
　2　基本ポートフォリオ最適化における工夫 ……………………… 289
　3　ポートフォリオ構築上の工夫 …………………………………… 290

第5節　モニタリングとコンティンジェンシー・プラン …………… 290
　1　ポートフォリオのモニタリング ………………………………… 290
　2　予兆管理とコンティンジェンシー・プラン …………………… 292
　3　パフォーマンス評価 ……………………………………………… 294

第2章　外貨建て外国債券投資の実務

第1節　外国債券投資の意義 …………………………………………… 298

1	資金運用における外国債券投資	298
2	世界の債券マーケットの概要	299
3	投資対象商品の多様性	301
4	金利水準の比較	301
5	クレジットスプレッドの比較	302
6	日本の機関投資家による外国債券投資の現状	303

第2節　投資対象 … 304

1 国　債 … 304
2 国際機関債 … 305
3 政府機関債・地方債 … 305
4 金融機関債 … 306
5 事業債 … 307

第3節　取引方法 … 307

1 口座開設 … 307
2 約　定 … 308
3 決　済 … 309
4 外貨調達 … 311
5 利払い・償還 … 314
6 期限前償還・権利行使等 … 315
7 運用戦略の実例 … 317

第4節　為替リスク … 319

1 為替リスクのヘッジ方法 … 320
2 カウンターパーティーリスクと流動性 … 323

第5節　コスト … 326

1 為替リスクのヘッジコスト … 326
2 外貨決済にかかるコスト … 329

第6節　会計制度（金融機関にとって） … 331

1 外貨建て債券の会計 … 331
2 ヘッジ会計 … 337

第3章　外国株投資の実務

第1節　外国株投資の意義 …… 342
1. 伝統的4資産の1つで国際分散投資には欠かせない …… 342
2. 各国の時価総額 …… 344
3. 各国のGDP（国内総生産） …… 344
4. 各国の経済成長率（実質GDP成長率） …… 344
5. 外貨資産を保有する意義 …… 350

第2節　投資対象およびマーケット …… 352
1. 各マーケットのバリュエーション …… 352
2. 配当利回り、配当性向 …… 352
3. 自社株買い（金額、時価総額に対しての割合） …… 354
4. 日米欧の人口推移見通し …… 354
5. 人口動態（人口ピラミッド） …… 354
6. 個別銘柄、預託証券（DR）、海外ETF、外国籍投資信託 …… 355

第3節　口座開設・取引・注文・約定 …… 361
1. 国内での口座開設 …… 361
2. 海外での口座開設 …… 362
3. 外国（委託）取引、国内店頭（仕切り）取引 …… 363

第4節　コスト …… 366
1. 国内手数料、海外手数料 …… 366
2. 外貨調達コスト …… 367

第5節　その他留意すべき点 …… 368
1. 時　差 …… 368
2. 祝祭日 …… 368
3. 為替リスク …… 368
4. 取扱可能銘柄 …… 369
5. 売買ルール …… 370
6. 保護預り制度 …… 372

	7	税制、租税条約	372

第4章 海外ETF投資

第1節　ETFの概要 378
- 1　ETFとその歴史 378
- 2　ETFの主な特徴 379
- 3　ETFの流動性 379
- 4　ETFの規模 383
- 5　ETFの種類 385
- 6　ETF利用の世界における潮流 388

第2節　資金運用におけるETFの活用 388
- 1　ETFのメリット・デメリット 388
- 2　投資信託との違い 389
- 3　機関投資家によるETFの活用 390
- 4　分散投資の対象としてのETF 391

第3節　最近のETFの活用動向 392
- 1　存在感が増す債券ETF 392
- 2　新興国債券ETF：存在感を増す資産クラス 395
- 3　債券中心の利息配当収入を多様化するためのETF 398
- 4　スマート・ベータETF 401
- 5　金利ヘッジ付債券ETF 403

第4節　ETFの分析 406
- 1　ETFの利回り・スプレッド分析 406
- 2　資金フロー分析 407
- 3　NAVと市場価格 407
- 4　ウェブサイトの活用 409

第5節　海外ETFの具体的な取引方法、リスクおよび会計処理 410
- 1　海外ETFの取引方法 410
- 2　ETFのリスク 411

3　ETFの会計処理 …………………………………………………………… 420

第5章　オルタナティブ投資

第1節　オルタナティブとは何か …………………………………………… 424
　　1　資金調達サイドからみたオルタナティブ資産 ………………………… 424
　　2　キャッシュフローを生む資産としての不動産 ………………………… 428
　　3　その他のオルタナティブ投資 …………………………………………… 430
　　4　非公開（Private）型資産としてのオルタナティブ …………………… 431
第2節　オルタナティブ投資の留意点（ケーススタディ） ……………… 433
　　1　ケーススタディでの前提シナリオ ……………………………………… 433
　　2　デューデリジェンス ……………………………………………………… 435
　　3　借入れについて …………………………………………………………… 438
　　4　オルタナティブ投資特有の資金フロー ………………………………… 438
　　5　運用報酬 …………………………………………………………………… 440
　　6　事後管理等 ………………………………………………………………… 441
第3節　代表的なヘッジファンド戦略 ……………………………………… 441
　　1　拡大するヘッジファンド ………………………………………………… 441
　　2　ヘッジファンドの定義づけ ……………………………………………… 443
　　3　実際のヘッジファンド戦略の特徴 ……………………………………… 445
第4節　オルタナティブ投資への道筋 ……………………………………… 450
　　1　オルタナティブ投資へのアプローチ …………………………………… 450
　　2　長期的な視点 ……………………………………………………………… 451
　　3　特殊な状況に着目 ………………………………………………………… 454
　　4　外部リソースの活用 ……………………………………………………… 454
　　5　具体的戦略の絞り込み …………………………………………………… 455
　　6　資産運用の高度化とオルタナティブ投資 ……………………………… 456

第6章　特定金銭信託

第1節　はじめに ……………………………………………………………… 458

1	特金の概要	458
2	地域金融機関における特金の利用状況	458

第2節 信託について ································ 460
1	信託の仕組み	460
2	信託の分類	460

第3節 特金の商品性 ································ 462
1	特金の商品性	462
2	特金を利用するメリット	463

第4節 特金利用時の実務 ································ 465
1	実務の流れ	466
2	委託者に提供されるサービス	469

第5節 特金の契約 ································ 472

第6節 特金の会計・税務処理 ································ 476
1	保有目的区分の設定	476
2	信託設定時の会計処理	478
3	信託決算時の会計処理	479
4	信託終了時の会計処理	480
5	自己勘定で保有する有価証券の経理処理との整合性	480
6	税務対応	480

第7節 信託を活用したその他のスキーム ································ 484
1	特定包括信託	484
2	投資信託	485
3	ファンドトラスト	488

事項索引 ································ 490

第1部

全体編

第1章

地域金融機関の経営環境の変化と課題

第1節　全体環境

1　マクロ経済状況

(1)　アベノミクス

　2012年12月に第二次安倍内閣が発足、失われた20年といわれた長期のデフレを克服し日本経済を再生させるための経済政策、アベノミクスを即座にスタートさせた。アベノミクスは、いわゆる3本の矢、「大胆な金融政策」「機動的な財政政策」「民間投資を喚起する成長戦略」を基本方針として、2％のインフレ目標を設定し日本経済をデフレから脱却させ、長期にわたる経済の停滞を打破して再び成長を取り戻し、日本経済の再生を目指すものとしてスタートした。3本の矢は次の3つの政策から構成されている。

a　「大胆な金融政策」

　2013年1月22日に「デフレ脱却と持続的な経済成長の実現のための政府・日本銀行の政策連携について」という、内閣府、財務省と日本銀行の共同声明が発表され、物価安定の目標、いわゆるインフレ目標を消費者物価の前年比上昇率で2％と明確に定め金融緩和を推進することとした。

　さらに2013年3月20日に就任した日本銀行の黒田総裁が「異次元の金融緩和政策」すなわち「量的・質的金融緩和」として消費者物価の前年比2％の上昇を2年程度の期間を念頭に早期に実現するため、マネタリーベースおよび長期国債・ETFの保有額を2年程度で2倍に拡大し長期国債買入れの平均残存期間を2倍以上に延長するなどの政策を打ち出した。これについては、(2)で詳述する。

b　「機動的な財政政策」

　2013年1月に「日本経済再生に向けた緊急経済対策」を政策パッケージの第1弾として約10兆円規模の財政支出（補正予算全体では約13兆円）を行い、

東日本大震災からの復興と防災対策、成長による富の創出、暮らしの安心・地域の活性化の3分野を重点とした経済対策予算によって政府が自ら率先して需要を創出することとした。

c 「民間投資を喚起する成長戦略」

新たな成長戦略（日本再興戦略）として、3つのアクションプランを立て、産業基盤を強化、課題をバネに新たな市場を創造、拡大する国際市場を獲得することにより、企業や国民の自信を回復し、「期待」を「行動」に変え、成長への道筋をつけることとし、規制緩和によって、民間企業や個人が真に実力を発揮できる社会へという政策を打ち出した。

3つのアクションプランは次のようになっている。

① 日本産業再興プラン……グローバル競争に勝ち抜ける製造業を復活し、付加価値の高いサービス産業を創出する。

企業が活動しやすく、個人の可能性が最大限発揮される社会を実現する。

② 戦略市場創造プラン……世界やわが国が直面している社会課題のうち、日本が国際的強みをもち、グローバル市場の成長が期待でき、一定の戦略分野が見込める4つのテーマを選定し、これらの社会課題を世界に先駆けて解決することで、新たな成長分野を切り開く。

③ 国際展開戦略……積極的な世界市場展開と、対内直接投資拡大等を通じ、世界のヒト、モノ、お金を日本に惹きつけ、世界の経済成長を取り込む。

日本国内の徹底したグローバル化を進める。

政府一体となって、国内外で官民一体による戦略的な取組みを進める。

その後も、2013年10月成長戦略の当面の実行方針としての「政策パッケージ」とそれに伴う「好循環実現のための経済対策」（2013年12月）、2014年6月には「「日本再興戦略」改訂2014」、2014年12月には「地方への好循環拡大に向けた緊急経済対策」、2015年6月には「「日本再興戦略」改訂2015」とさまざまな政策が続々と打ち出された。

d　新3本の矢

2015年9月、新たな成長戦略のための「新3本の矢」が打ち出された。新3本の矢は次の3項目から構成されている。

① 名目GDP600兆円……2020年頃をメドに2014年時点で約490兆円の名目国内総生産（GDP）を600兆円に拡大する。
② 希望出生率1.8……少子化対策として、若い世代が希望どおり子どもをもった場合に想定される出生率の1.8を2020年代半ばに達成する。
③ 介護離職ゼロ……現在10万人程度発生している、親などの介護で仕事を辞めざるをえない介護離職を2020年代初めに「ゼロ」とする。

しかしながら、「新3本の矢」については、名目GDPはリーマンショックのあった2008年以降は400兆円台を続けていること、足元の潜在成長率の低さ、今後の高齢化・人口減などを考えると、名目GDP600兆円は本当に実現可能な目標であるのか、また希望出生率1.8、介護離職ゼロという項目についても個別的な目標すぎることや目標を実現する道筋である政策が具体化されていないことなど批判も多い。

(2) 日本銀行による異次元の金融緩和

アベノミクスの3本の矢の1つである異次元の大胆な金融緩和政策として、2013年4月4日、消費者物価の前年比上昇率2％の「物価安定の目標」を2年程度の期間を念頭に置いて、できるだけ早期に実現するために「量的・質的金融緩和」の導入が行われた。

a　量的・質的金融緩和

① マネタリーベース・コントロールの採用……量的な金融緩和を推進する観点から、金融市場調節の操作目標を、無担保コールレート（オーバーナイト物）からマネタリーベースに変更し、「マネタリーベースが、年間約60兆〜70兆円に相当するペースで増加するよう金融市場調節を行う」。
② 長期国債買入れの拡大と年限長期化……イールドカーブ全体の金利低下を促す観点から、長期国債の保有残高が年間約50兆円に相当するペースで増加するよう買入れを行う。また長期国債の買入れ対象を40年債を含む全

ゾーンの国債としたうえで、買入れの平均残存期間を、現状の3年弱から国債発行残高の平均並みの7年程度に延長する。
③ ETF、J-REITの買入れ拡大……資産価格のプレミアムに働きかける観点から、ETFおよびJ-REITの保有残高が、それぞれ年間約1兆円、年間約300億円に相当するペースで増加するよう買入れを行う。
④ 「量的・質的金融緩和」の継続……「量的・質的金融緩和」は、2％の「物価安定の目標」の実現を目指し、これを安定的に持続するために必要な時点まで継続する。

これらにより、2012年末に約138兆円であったマネタリーベースを2013年末に約200兆円、2014年末に約270兆円にする目標が定められた。

b 「量的・質的金融緩和」の拡大

しかしながら、当初目標としていた2年程度の期間で2％の物価上昇は、原油価格の大幅な下落や中国などの新興国や欧州を中心に世界経済の不透明感が高まり、物価に対する下押し圧力が強まったことから2014年10月31日に「量的・質的金融緩和」の拡大が決められた。しかしながらこの決定は日銀審議委員のなかで賛否が分かれ、5対4のきわどい決定であった。

① マネタリーベース増加額の拡大……マネタリーベースが、年間約80兆円（約10兆〜20兆円追加）に相当するペースで増加するよう金融市場調節を行う。

② 資産買入額の拡大および長期国債買入れの平均残存年限の長期化……長期国債について、保有残高が年間約80兆円（約30兆円追加）に相当するペースで増加するよう買入れを行う。ただし、イールドカーブ全体の金利低下を促す観点から金融市場の状況に応じて柔軟に運営する。買入れの平均残存期間を7〜10年程度に延長する（最大3年程度延長）。

ETFおよびJ-REITについて、保有残高が、それぞれ年間3兆円（3倍増）、年間約900億円（3倍増）に相当するペースで増加するよう買入れを行う。新たにJPX日経400に連動するETFを買入れの対象に加える。

これらの政策によって、マネタリーベースは図表1-1-1のように、2012年12月の約132兆円（月中平残、以下同様）から2016年3月には約363兆

図表1－1－1　マネタリーベースと日銀当座預金、M2、貸出金の推移

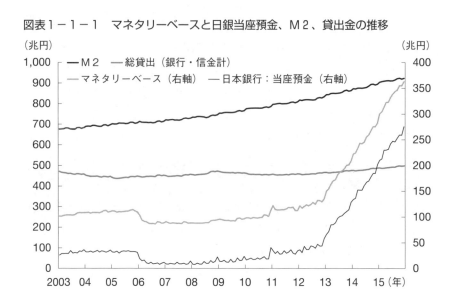

(注)　各年4月。
(出所)　日本銀行

円と約231兆円も増加したが、その間マネーストック（M2）は約95兆円、貸出金は約35兆円（銀行および信用金庫）の増加にとどまる一方、日銀の当座預金は約228兆円の増加となっており、市中に出回るマネーの増加や貸出金の増加は限られ、当初考えられていたほどの効果は得られていない状況と考えられる。

　また、2015年12月18日に、景気は緩やかな回復を続けているものの、消費者物価（除く生鮮食品）の前年比は0％程度となっていることから「量的・質的金融緩和」の補完措置が導入された。

c　「量的・質的金融緩和」の補完措置

　「量的・質的金融緩和」を補完するために次のような新たな措置が、2015年12月18日に導入された。

① 　イールドカーブ全体の金利低下を促す観点から、国債買入れの平均残存期間を従来の7～10年程度から2016年以降には7～12年程度とする。

② 　ETFの買入れを現在の年間約3兆円に加え、新たに「設備・人材投資

に積極的に取り組んでいる企業」の株式を対象に新たに3,000億円の枠を設けて購入する。ただし本措置は過去に日本銀行が買い入れた銀行保有株式の売却開始に伴う市場への影響を打ち消す観点から2016年4月より開始される。

このような措置とともに、「貸出増加を支援するための資金供給」「成長基盤強化を支援するための資金供給」などの受付期間の1年間延長や日本銀行適格担保を外貨建て証書貸付債権や金融機関の住宅ローン債権を信託等の手法を用いて一括して受け入れることを可能とする制度の拡充、J-REITの銘柄別の買入限度額を当該銘柄の発行済投資口の「5％以内」から「10％以内」に引き上げるなどの措置が拡充された。

d 「マイナス金利付き量的・質的金融緩和」の導入

日本銀行は2016年1月29日の金融政策決定会合において2％の「物価安定の目標」をできるだけ早期に実現するため「マイナス金利付き量的・質的金融緩和」を導入することを決定した。これにより、金融機関が保有する日本銀行当座預金に▲0.1％のマイナス金利を適用することとなるが、具体的には日本銀行当座預金を3段階の階層構造に分割し、それぞれの階層に応じて、プラス金利、ゼロ金利、マイナス金利を適用するものとなる。2015年1～12月積み期間の平均残高については、従来同様＋0.1％が適用されるため、当面は金融機関の収益への直接的な影響は多くはないとみられる。一方、2％の物価上昇目標の達成時期については、原油価格の一段の下落や中国をはじめとする新興国・資源国経済に対する先行き不透明感などから金融市場が世界的に不安定な状況となり物価の基調に影響を及ぼす可能性が高くなっていることもあって、2016年度後半から2017年度前半に見通しを後ズレさせ、当初の2年間で2％の物価上昇目標は大きく後退した。また今回の決定については、マイナス金利による副作用を懸念する声も多く、賛成5、反対4と日本銀行審議委員のなかでも賛否が分かれ、かなりきわどい決定といえるだろう。

発表以降は金利水準が大幅に低下、10年超の長期国債金利までマイナスとなり、さらに2016年4月には物価上昇率2％の目標を2017年度中に後ズレさ

せた。今後は金融機関の貸出金利や、資金運用金利へ影響が及ぶことが避けられないと考えられる。

　金利以外のマーケットでは、株式市場・為替市場についてみると導入直後は、株高円安が一時的に進んだが、その後は不安定な動きが続いている。欧州でマイナス金利導入の実績はあるものの、その効果については必ずしも、ねらいどおりとなっていない点も多く、その影響を注視していく必要があるだろう。

(3)　アベノミクスの成果と実体経済の動向

　ではアベノミクスが始まって以降、実体経済はどのように変化したかみてみよう。

a　景気動向

　このようななかで経済成長率は図表1－1－2のように、アベノミクスのスタート以降、2012年の第3四半期から3期続いた名目GDPのマイナス成長、実質GDPの0％近傍への落込みからようやく回復をし、2014年第1四

図表1－1－2　名目GDPの増加率（四半期ベース：対前年同期増加率）

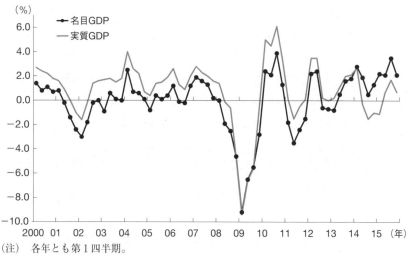

(注)　各年とも第1四半期。
(出所)　内閣府経済社会総合研究所

半期には消費税増税前の駆込需要もあって、名目2.8％、実質2.7％（いずれも対前年同期増加率：以下同じ）を達成した。

　しかしながら、民主党（当時）の野田政権において決定していた消費税率の５％から８％への引上げを行った影響もあり、2014年第２四半期から成長率が急激に落ち込み、2014年第２四半期には名目1.9％、実質マイナス0.3％、第３四半期には名目0.5％、実質マイナス1.5％まで急激に落ち込んだ。2014年11月には2015年10月から実施予定であった消費税の８％から10％への引上げを2017年４月に１年半先送りを決定、2015年第２四半期になってようやく実質成長率がプラスになり、景気の回復傾向がはっきりしてきたものの、第４四半期には名目成長率は第３四半期の3.5％から2.1％へ、実質成長率が1.7％から0.7％へと低下しており、アベノミクスにより景気全体が大きく回復したというまでには至らず、消費税増税の影響から足元ようやく脱しつつあるといえる状況となってきたが、景気の回復力は乏しく、2016年６月に入って安倍首相は再び消費税率引上げの延期を表明した。

　名目GDPは、1995年に初めて500兆円を超え1997年に約523兆円とピークに達した後500兆円前後で推移していたが、リーマンショック後の2009年は約471兆円まで落ち込みその後も500兆円を回復できないまま推移している。また長期間にわたりデフレ状態が継続していたために、名目成長率が実質成長率を下回ることが常態となっていたが2014年第１四半期からは名実逆転が解消され、名目GDPが実質GDPを上回ることが続いている。

　しかしながら大企業の業績回復も、輸出中心の大企業においては、従来の日本で生産して海外に輸出する体制から、消費地、現地で生産し販売する体制をとる企業が多くなってきていることも大きく影響し、従来の景気回復期のように輸出が大きく伸びる状況ではなくなり、その設備投資も海外での投資が大きく伸びたものの、国内投資はさほど伸びていない。地域に拠点を置く中小企業、特に下請製造業にとっては、景気は大きく回復する状況になく厳しい状況が継続し、資金需要も大きく伸びていない。このようなことから、地域に存立基盤がある地域金融機関にとっての経営環境はさほど好転していると思えない状況が続いている。

b 物価の動向

　日銀は、「量的・質的金融緩和」導入時に2年程度をメドに2％の物価上昇を実現するとしていたが、物価の状況をみてみよう。

　図表1－1－3のように、リーマンショックの起こる前、日銀はゼロ金利政策を解除し金利を引き上げ、消費者物価も2％程度にまで上昇傾向をたどりつつあったが、リーマンショックが発生し、再びゼロ金利政策に回帰、消費者物価も2％以上下落した。

　その後も下落傾向が続いていたが、アベノミクスが始まり、ようやくプラスに転じてきた。消費税率引上げ前の需要増の影響もあり一時3％を超えたものの、消費税率引上げによる景気の悪化は当初の予想以上に大きく、消費税率引上げの物価上昇への影響が剥落した2015年4月からは再び、0％近辺まで下落した。2013年4月の「量的・質的金融緩和」導入からすでに3年以上が経過したが、消費者物価上昇率2％までは遠く、日銀もその実現の時期を2016年下期、その後さらに2017年中にまで先送りしているが、原油をはじ

図表1－1－3　消費者物価指数および国内企業物価指数の推移（前年比年率）

（注）　各年1月。
（出所）　日本銀行

め商品市況の低迷や、世界景気全体の不透明感もあって実現のメドが立っているとはいえない状況が続いている。また、消費者物価指数よりも変動が大きい企業物価指数は足元でマイナス4％程度まで下落している。

c　個人所得動向

国内総生産（GDP）の約6割弱を占める個人消費の鍵を握る個人所得・失業率や有効求人倍率の動向をみてみよう。

個人所得の多くを占める毎月勤労統計調査による賃金動向をみると、図表1－1－4のようにリーマンショックによって大きく落ち込んだ。2010年はその反動もあって回復したものの、その後は円高による企業業績の悪化等もあり低迷が続いていたが、アベノミクスのスタート以降ようやく回復傾向となっている。

しかしながら定例給与の伸びは低迷しており、また消費者物価の影響を除いた実質賃金は、消費税増税による消費者物価の大幅上昇もあり、マイナス幅の拡大を続けていたが、2015年の夏頃からようやくプラスに転じ始めてい

図表1－1－4　実質賃金の動向（前年同月比伸び率）

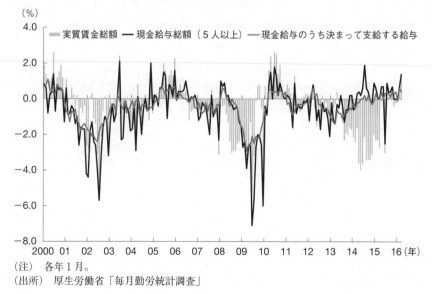

(注)　各年1月。
(出所)　厚生労働省「毎月勤労統計調査」

る。また、年金保険料の引上げなど社会保険負担の増加などによって家計の非消費支出は年々増加を続けていることもあり、個人消費支出の大幅な伸びは期待しづらい状況が続いている。

　一方、失業率や有効求人倍率に目をやれば、図表1-1-5のようにリーマンショック後の2009年7月には失業率は5.5％とピークをつけていたが以降順調に回復し、2015年10月には失業率3.1％と、20年ぶりの低水準となりほぼ完全雇用に近い状況となっている。また有効求人倍率も2009年8月の0.42倍を底に回復を続け、2016年3月には1.30倍とバブル経済以来の高水準となるまで回復している。このように雇用情勢については改善傾向が続いているものの、一方で正社員の比率は低下を続けており、パート、アルバイト、派遣、契約、嘱託といった非正規雇用者比率が男性で20％、女性で50％を超えてきていることも個人所得が伸び悩む要因の1つとなっている。

図表1-1-5　完全失業率（季節調整ずみ）と有効求人倍率

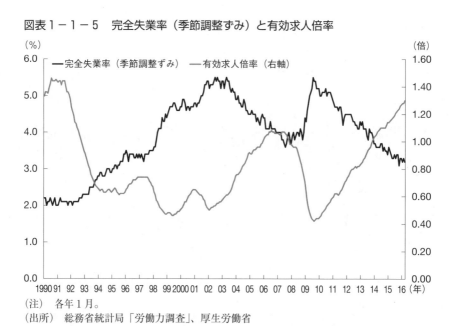

（注）　各年1月。
（出所）　総務省統計局「労働力調査」、厚生労働省

2 地域金融機関の経営環境

次に、地域金融機関の置かれた地域経済の状況をみてみよう。

(1) 地域における人口減少と高齢化の現状

日本の総人口は2015年1月1日現在で約1億2,822万人と6年連続で減少した。また、日本人住民も約1億2,616万人と同じく2009年をピークに6年連続で減少した（総務省の人口動態調査）。図表1－1－6のように都道府県別でみると人口が増加しているのは、東京都、沖縄県、埼玉県、神奈川県、愛知県、千葉県の6都県のみで、他の41道府県は減少している。なかでも青森県や秋田県では1％以上もの大幅な人口減少となっている。また3大都市圏でみても、増加しているのは東京圏だけで名古屋圏や関西圏は減少し、東京圏一極集中がますます進んでいる。

また、日本人住民のうち65歳以上の老年人口の占める割合は日本全体で

図表1－1－6　都道府県別人口増加率

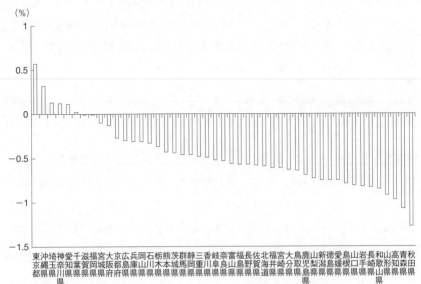

（出所）　総務省「住民基本台帳に基づく人口、人口動態及び世帯数」

図表1-1-7　都道府県別高齢者人口（日本人）比率

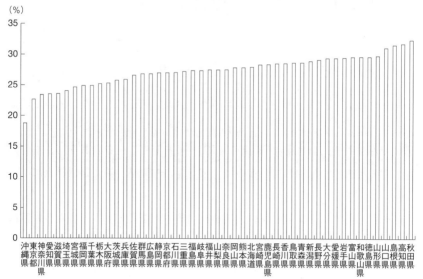

（出所）　総務省「住民基本台帳に基づく人口、人口動態及び世帯数」

25.9％まで上昇しているが、都道府県別にみると図表1-1-7のようになっており、秋田県、高知県、島根県、山口県の4県がすでに30％を超えている。人口の高齢化の状況でみても地方に行くほど高齢化が進んでいる状況がわかるであろう。

(2)　事業所数の状況

　産業の基盤となる事業所数をみてみよう。図表1-1-8は都道府県別の2009年と2014年の事業所数である。事業所数では圧倒的に東京都が多く次いで大阪府、愛知県の順となっている。全体に占める割合は東京都が約11％、大阪府が約6.9％、愛知県が約5.4％となっている。会社組織となっている事業所数については、東京都が約14.5％と約7社に1社の割合で東京に会社があり、また大阪府が約7.6％、愛知県が約6.2％と、事業所数全体と比較しても、さらに集中が進んでいる。ここでも東京圏への一極集中となっており、大阪圏、名古屋圏への集中も高くなっている。

図表1-1-8 都道府県別事業所数比較

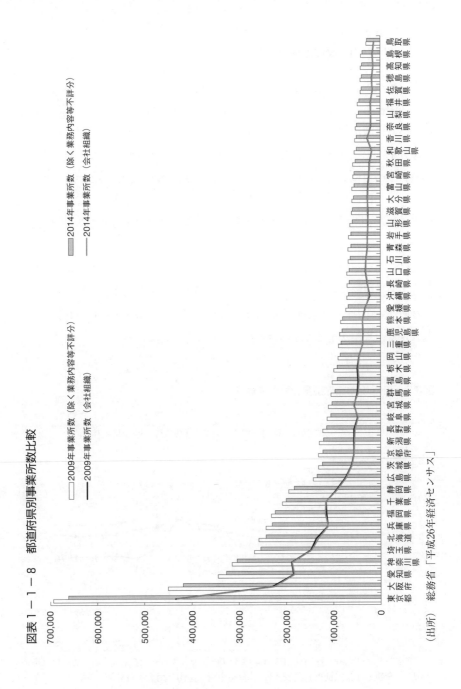

(出所) 総務省「平成26年経済センサス」

第1章 地域金融機関の経営環境の変化と課題 17

(3) 地域金融機関の経営状況

　人口が減少し、高齢化が進むとともに、産業基盤である事業所の数においても3大都市圏、特に東京圏の圧倒的な優位性がみられるなかで、地域金融機関の経営状況について概観してみよう。

　図表1－1－9は、都市銀行、地方銀行、第二地方銀行、および信用金庫の預貸率の推移である。いずれの業態も預貸率は低下傾向にあるが、規模が小さくなるほど預貸率は低くなる傾向があり、信用金庫業界では50％を割ってきている。またその低下の進み方についても、規模が小さくなるほど低下幅が大きいこともわかる。

　次に各業態別の、収益状況をみてみよう。図表1－1－10は業態別の経常収益額の推移である。リーマンショックの影響があり2009年3月期、2010年3月期はいずれの業態も経常収益が落ち込んだ。その落込みは都市銀行が最も大きく、規模が小さくなるほど小さかったといえるだろう。

図表1－1－9　業態別預貸率の推移

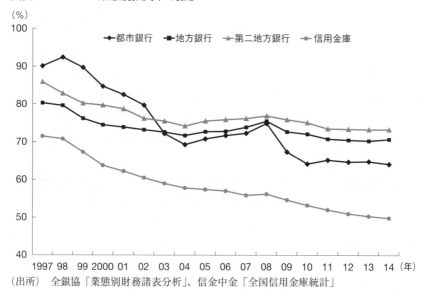

（出所）　全銀協「業態別財務諸表分析」、信金中金「全国信用金庫統計」

図表１−１−10　業態別経常収益額の推移

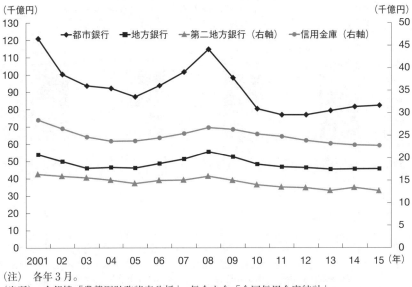

（注）　各年３月。
（出所）　全銀協「業態別財務諸表分析」、信金中金「全国信用金庫統計」

　また、都市銀行では2011年３月期を底に回復傾向にあるが、他の業態においては必ずしも回復傾向にあるとは言い切れない。特に貸出金収益が継続して落ち込んでおり、地域金融機関の収益力の低下が懸念される状況となっている。

　また、図表１−１−11は業態別の収益構成の比較である。2014年度決算でみると貸出金収益の収益全体に占める割合は、都市銀行においてはすでに42.1％まで低下している一方、他の業態では、最近低下傾向にあるものの地方銀行で56.8％、第二地方銀行で63.0％、信用金庫で57.7％と都市銀行と比べて高い。

　また、役務取引収益の割合は都市銀行で24.8％と４分の１近くに上昇してきているが、地方銀行が18.0％、第二地方銀行が15.5％、信用金庫で9.0％となっており、債券売却・償還益を除くその他の業務収益の割合も都市銀行が4.7％、地方銀行が1.9％、第二地方銀行が1.3％、信用金庫はわずか0.8％と規模が小さくなるほど収益源の多様化が遅れている状況が目につく。

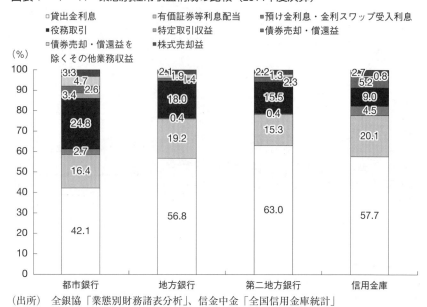

図表1－1－11　業態別経常収益構成の比較（2014年度決算）

(出所)　全銀協「業態別財務諸表分析」、信金中金「全国信用金庫統計」

　さらに、有価証券等の利息配当金は、都市銀行で16.4％、地方銀行で19.2％、第二地方銀行で15.3％、信用金庫で20.1％、特に信用金庫においては預け金利息も4.5％を占め、有価証券等の利息配当金もあわせて4分の1近くが貸出金以外の資金運用収益に依存する状況となっている。

　このように地域金融機関、特に中小の地域金融機関ほど人口減少や人口の高齢化の影響を受け、また地域経済の低迷の影響を受けており、今後さらに人口の減少や高齢化、都市圏特に東京圏への一極集中が進む状況が考えられ、たとえば地方における相続が発生した場合にその預金は相続人の住む都市圏に集まり、地方においては預金の流出が始まっているところも見受けられる。またゆうちょ銀行の上場とともに、預入限度額が引き上げられたこともあり、ゆうちょ銀行への資金シフトや、ゆうちょ銀行の貸出金取扱いの行方によっては、地域金融機関の経営環境はますます厳しくなるものと考えられる。

第2節 地域金融機関の資金運用環境

1 金利の持続的な低下

　バブル経済崩壊以降継続していた金利低下局面はVaRショック直前の2003年6月に10年国債利回りが、0.4％台をつけたのを底に上昇に転じ、2006年3月に日銀が量的金融緩和政策を解除、政策金利は0.75％へ引き上げられ、短期金利の誘導目標である無担保コール翌日物レートもおおむね0％から0.5％へ誘導目標が変更され、本格的に金利上昇局面に移行するかと思われた。

　しかしながら2008年にサブプライムローン問題、リーマンショックの影響から再びゼロ金利の時代に逆戻りし、2011年3月には東日本大震災が発生、ギリシャを発端にした欧州の国家債務危機も加わりグローバルに金融緩和の状況となって再び国債の利回りは大きく低下した。

　2012年12月には2009年9月から政権を担っていた民主党（当時）から自民党と公明党に政権が交代し、安倍首相を首班とする第二次安倍内閣が発足しアベノミクスがスタートした。日本銀行の総裁も白川総裁から黒田総裁に交代、「異次元の金融緩和」により、デフレ状況から脱却しつつあるものの、国債の新規発行額を上回るほどの日本銀行の国債買入れにより金利は大きく低下、2015年1月には、一時6年ゾーンまでの中短期の国債利回りがマイナスの状態に陥り、また10年国債の利回りは史上最低である0.1％台にまで低下した。さらに、2016年2月から導入された「マイナス金利付き量的・質的金融緩和」、いわゆるマイナス金利政策により、残存期間10年超の国債の利回りまでもがマイナスとなる状況となった（図表1－1－12）。

　このようななかで金融機関の貸出約定平均金利は図表1－1－13のように低下の一途をたどっている。日本銀行の最新の発表である2016年2月分でみれば、ストック分の総合で都市銀行が0.943％、地方銀行が1.168％、第二地

図表1-1-12　10年国債利回りと政策金利の推移

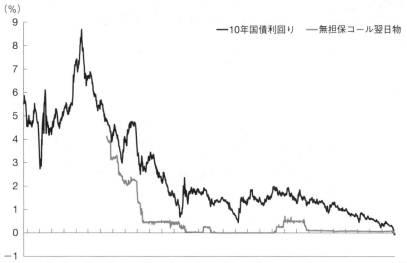

（出所）　トムソン・ロイター、Bloomberg L.P.

図表1-1-13　業態別貸出約定平均金利（ストック分）

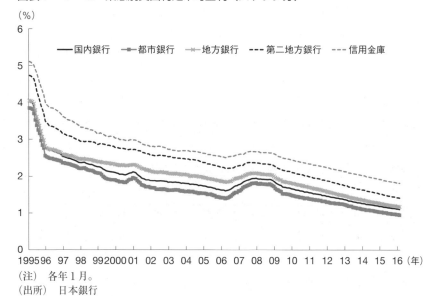

（注）　各年1月。
（出所）　日本銀行

方銀行が1.405％、信用金庫が1.804％と各業態ともに最低金利を更新し続けている。今後もマイナス金利政策の導入により貸出約定平均金利はさらにいっそう低下する可能性が強いであろう。

このように金融機関の本業である貸出金収益は伸び悩み、特に営業地盤がほぼ国内に限られる地域金融機関、特に中小の地域金融機関にとっては非常に厳しい経営環境が続いている。

また、有価証券の運用利回りも図表1－1－14のように低下が続いている。

直近では、投資信託の分配金（実質的には株式投信などの値上り益の配当なども多い）などもあり、やや上昇傾向となっているが、マイナス金利政策の導入により、国債をはじめとする債券の流通利回りは大幅に低下しており有価証券の運用利回りの低下が続くであろう。

日本銀行が消費者物価を2％に引き上げるまで金融緩和を続けるとしているなかで、将来の金利上昇リスクも高まりつつあるといえるが、足元の状況をみる限り、デフレに逆戻りするとはいえないものの、デフレから完全に脱

図表1－1－14　業態別有価証券利回り

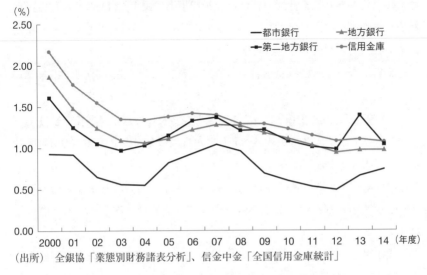

（出所）全銀協「業態別財務諸表分析」、信金中金「全国信用金庫統計」

却し経済が好循環に入ったということも言いがたい状況である。したがって、潜在的な金利上昇リスクは高まりつつあるものの、逆に低金利・マイナス金利が長期間継続することが金融機関の経営にとって非常に大きなリスク要因となるのではないだろうか。

　特に、今後消費者物価が2％を超える一方で、金利水準の低い状態が続くとなると、第4節1⑷で述べる、いわゆる「金融抑圧」の状態がますます強まり、とりわけ収益基盤が国内にしかなく、かつ弱くまた資金運用の多様化が進んでいない地域金融機関の経営にとっては非常に厳しい状況になる可能性が高くなる。

2 株式市場・外国為替市場の状況

(1) 株式市場の状況

　2007年頃から問題が大きくなっていたサブプライムローン問題が契機となり2008年9月に起きたリーマンショックは、世界的な金融危機に発展、株式市場は暴落状況に陥り、日経平均株価は2009年9月に7,054円と7,000円割れ寸前まで大きく下落した。その後も東日本大震災の影響や、円高による企業業績の悪化もあり長く低迷が続いた。2012年末に民主党（当時）から自民党と公明党の連立政権に交代、アベノミクスが始まり、円安の進展とともに大企業中心に大きく企業業績が回復した。

　財務省が公表する法人企業統計調査によれば、全産業（除く金融保険業）の経常利益はリーマンショック後の2009年度には32.1兆円とリーマンショック前の2007年度の53.5兆円から約4割減となった。それ以降回復を続けていたが、特にアベノミクスがスタートしてから大幅な回復を遂げ、2014年度には64.6兆円と史上最高となった。2015年度に入っても好調を続け、第1四半期には最高益を更新し続ける非製造業とともに、リーマンショック前のピーク時を超えられなかった製造業も過去最高益を更新するなど好調な推移となっている。

　株式市場も、アベノミクスのスタートとともに、円安の進行と歩調をあわ

せるように、大きく回復した。

　次に、日本の株価の状況を海外の主要なマーケットと比較してみよう。

　図表1－1－15のように、2005年末に1,649.76であったTOPIXは、リーマンショック後の2009年3月には一時700台を割れる698.46まで下落し、2005年末の約4割強の水準まで落ち込んだ。その後は大幅な円高の影響もあり日本株はアベノミクスがスタートするまで、低迷が続いていた。アベノミクスのスタート後は順調に回復を続け、2015年に入ってようやく一時1,700台を回復したが、いまだリーマンショック前の高値である2007年2月の1,823.89を回復できていない。

　日経平均株価でみると一時7,000円台割れに落ち込んでいたが、2013年5月には約5年ぶりに1万5,000円台を回復した。その後は1万4,000円から1万6,000円の間の推移となっていたが2014年の秋以降再び上昇し2015年5月には2万円台を回復、2015年の夏から秋にかけては、原油市場の大幅下落や中国経済の動向、中東問題の悪化などもあって、一時1万7,000円割れとなった。その後は回復傾向を取り戻していたが、2016年に入りにわかに原油

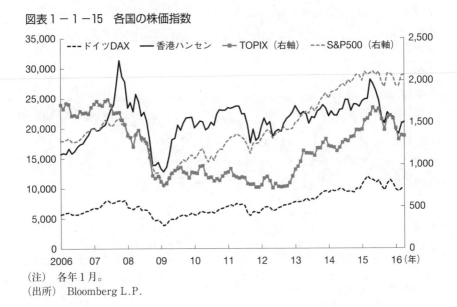

図表1－1－15　各国の株価指数

（注）　各年1月。
（出所）　Bloomberg L.P.

価格の急落や、中国問題、中東問題の深刻化などから調整局面となっている。

一方、米国のＳ＆Ｐ500指数やドイツＤＡＸ指数、香港のハンセン指数などは、リーマンショック後には、一時直前の高値の半分以下にまで落ち込んだが、その後は順調に回復し、Ｓ＆Ｐ500指数、ドイツＤＡＸ指数は史上最高値を更新した。また、2005年末の株価を１としてその後の推移をみてみた図表１－１－16のようにTOPIXの出遅れが目立つ。

次に、株価水準をみる代表的な指標であるＰＥＲやＰＢＲ、配当利回りで各市場を比較してみよう。１株当りの利益であるＰＥＲでみた場合（図表１－１－17）、リーマンショック前から他の市場に比べて割高な水準が続いていたが、アベノミクスがスタートして以降、円安が進んだこともあり、大企業中心に企業収益が急回復し、ＰＥＲは一時15倍を割るまで低下し、米国やドイツのＰＥＲを下回り割安感が続いているが、香港市場の10倍程度よりは高くなっている。

１株当りの純資産であるＰＢＲでみた場合（図表１－１－18）、リーマン

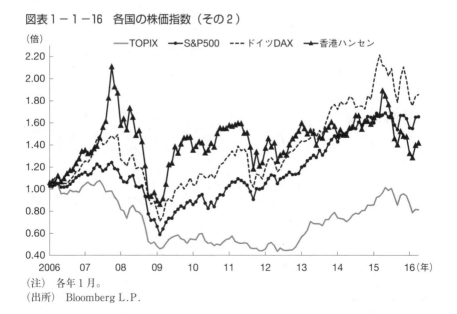

図表１－１－16　各国の株価指数（その２）

（注）　各年１月。
（出所）　Bloomberg L.P.

図表1－1－17　各国株価指数のPER比較

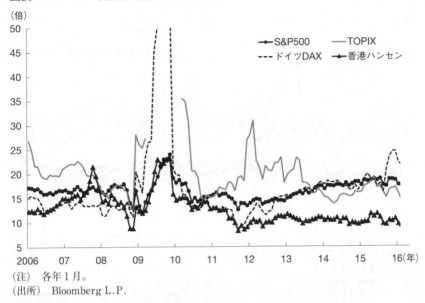

(注)　各年1月。
(出所)　Bloomberg L.P.

図表1－1－18　各国株価指数のPBR推移

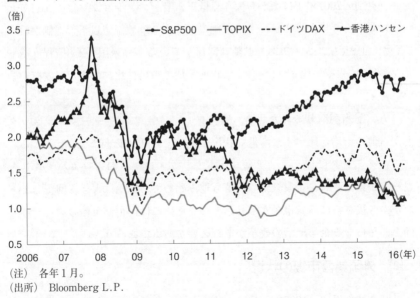

(注)　各年1月。
(出所)　Bloomberg L.P.

図表1−1−19 各国株価指数配当利回り比較

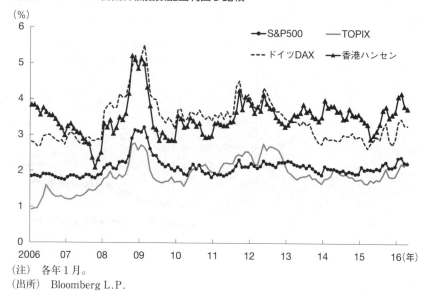

(注) 各年1月。
(出所) Bloomberg L.P.

ショック前の2007年半ば頃から大きく低下、リーマンショック後の2011年から2012年あたりにかけては、1倍を割る、つまり解散価値以下の株価が続いていた。PBRもアベノミクス以降は回復しているが、米国の2.8倍程度やドイツの1.7倍程度と比べれば約1.3倍程度と他の市場に比べてまだ割安感が強い。

一方、配当利回りでみた場合（図表1−1−19）には、リーマンショック前から他の市場と比べて最も低い状況が続いており割安感はないといえる。

アベノミクスに加え、スチュワードシップ・コードおよびガバナンス・コードが策定され、企業統治の改革も進み始めて、株価は大きく回復してきたが、今後さらに株式市場が上昇していくためには、企業業績のいっそうの向上、さらなる企業統治の改革が進む必要があるであろう。

(2) 外国為替市場の状況

外国為替相場は、1995年4月に一時1ドル当り80円割れとなり、当時の史

上最高値をつけた。その後は日米金利差の拡大もあり急激に円安が進んで1998年には140円台まで下落後、100円から120円のレベルで一進一退を続けていた。2007年の米国サブプライムローン問題をきっかけに急激に円高が進み、約5年にわたり、円高傾向は収まらず2011年10月には史上最高値である75円台に突入、2011年から2012年秋にかけてはドル円で1ドル当り70円台が中心の超円高が続いていた。しかしながら図表1－1－20のように安倍政権がスタートする直前の2012年11月くらいからトレンドが大きく転換し急激に円安ドル高が進行した。アベノミクス以降日銀の大幅な金融緩和、日米金利差拡大もあって2015年7月には1時125円台にまで円安が進んでいたが、2016年に入ってやや円高傾向となっている。

またユーロについても、1999年のユーロ発足直後に一時1ユーロ88円台にまで円高が進んだが、その後ユーロの導入が順調に進んだことや、欧州経済も堅調だったことから2008年7月には170円目前まで円安が進んだ。しかしサブプライムローン問題以降ドルと同様に円高が進み2011年12月には、ギリ

図表1－1－20　為替市場の動向（ドル円、ユーロ円）

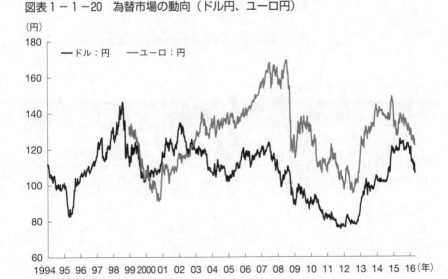

(注)　各年1月。
(出所)　トムソン・ロイター

シャ問題に端を発した欧州の金融危機により1時100円割れとなった。以後、ドルと同様アベノミクスにより円安方向に転換し、2014年12月には一時150円近くまで円安が進行したが、ドル円と同様2016年に入りやや円高傾向となっている。

図表1−1−21　ドル円購買力平価と実勢相場（2016年3月）

(注)　1　PPPは購買力平価（Purchasing Power Parity）。
　　　2　各年1月。
(出所)　国際通貨研究所

図表1−1−22　実質実効為替レートとドル円の推移

(注)　各年1月。
(出所)　日本銀行、トムソン・ロイター

一方、ドル円相場を物価水準を調整した購買力平価でみてみよう。たとえば国際通貨研究所から発表されている「ドル円購買力平価と実勢相場」（図表1－1－21）をみると、特に消費者物価でみたドル円相場は購買力平価と比べ相当円高水準が続いていたが、足元でかなり購買力平価に近づいており、企業物価や輸出物価による購買力平価の為替水準では相当円安傾向となっているのがわかる。また、日本銀行が発表している「実質実効為替レート」（相対的な通貨の実力を測るための総合指標で、ドル円のみでなく対象となるすべての通貨と日本円との間の2通貨間為替レートを、貿易額等で計った相対的な重要度でウェイトづけして集計・算出される。図表1－1－22）でみた場合には、最も円安水準となっており、これらを考えれば、今後さらに大きく円安となる可能性も小さいと考えられる。

3　世界の金利見通し

　リーマンショック以降、日米欧をはじめ、世界の中央銀行は金融緩和方向でほぼ足並みをそろえてきた。その後もギリシャ危機をはじめとする欧州各国の債務問題やデフレ傾向、原油をはじめとするコモディティ価格の低迷など世界のデフレ懸念は続いている。図表1－1－23にみるように、世界の金利は過去に比べていずれも低い水準が続いている。米国は金融緩和を終了しいよいよ利上げ局面に入ったものの、そのスピードは緩やかと予想されている。また、最近世界の経済成長のけん引役であった中国も成長が鈍化する兆しがみえ始め、また一部に地方の金融機関、不動産等のバブルも懸念されている。

　このような環境のなかで、世界の債券市場のリターンは、世界的な金利の低下の影響もあり好調となっていたが、日本と同様に低金利が持続した場合には世界の債券運用のリターンの低下が予想され、また、逆にもし金利が大きく上昇した場合、リターンがマイナスとなることも考えられる。過去の実績のみによって将来の見通しを立てることはリスクであり、十分に注意しなければならない。

　一方、グローバルな投資機会という観点からみれば、たとえばIMFの2016

図表1−1−23 世界各国の長期金利の推移（10年国債利回り）

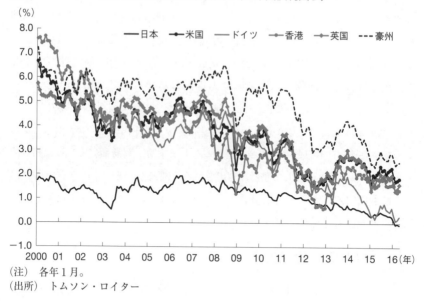

（注）　各年1月。
（出所）　トムソン・ロイター

図表1−1−24　IMF世界経済見通し

（単位：％）

	2015年	2016年見通し	2017年見通し
世界経済成長率	3.1	3.2	3.5
先進国・地域	1.9	1.9	2.0
米国	2.4	2.4	2.5
ユーロ圏	1.6	1.5	1.6
日本	0.5	0.5	▲0.1
新興市場および途上国・地域	4.0	4.1	4.6
アジア新興市場および途上国・地域	6.6	6.4	6.3
中国	6.9	6.5	6.2
インド	7.3	7.5	7.5
ASEAN	4.7	4.8	5.1

（出所）　IMF世界経済見通し（World Economic Outlook, April 2016）

年4月の「世界経済見通し」では図表1－1－24のように2016年の世界経済成長率見通しは3.2%、先進国・地域は1.9%であるのに対し、新興市場および途上国・地域は4.1%、なかでもアジア新興市場および途上国・地域は6.4%の高い成長率が見込まれており、新興国の成長見通しは先進国よりも高いのも事実である。この傾向は中長期でみても変わらないであろう。つまり金利についても、先進国よりは新興国のほうが高く、また株式市場においても新興国の成長力のほうが先進国を上回っている。これを投資対象としてみた場合、過去の実績から、また将来予測からも、マーケットのボラティリティは高いものの新興国への投資の魅力は大きいと考えられる。

第3節 地域金融機関の資金運用状況の現状分析

前節で述べたような、資金運用環境の変化のなかで地域金融機関はどのような資金運用を行ってきたのだろうか。業態別の比較を交えながらみてみよう。

1 業態別の資金運用動向

業態別に有価証券等の構成比を時系列でみて運用動向の特徴をみてみよう。

都市銀行については図表1－1－25のとおりである。

2000年以降リーマンショックまではその他の有価証券の割合が非常に高く有価証券運用の多様化が進んでいたが、サブプライムローン問題、リーマンショックを経て有価証券の運用の主体が国債に回帰し2011年には半分以上が国債となっていた。アベノミクスがスタートし、日本銀行の異次元の金融緩和に伴い、日本銀行の国債購入が増加するにつれて国債が大きく減少、かわって預け金が急激に増加している。いうまでもなく大部分が日銀預け金となっている。しかしながらそれを除けば、外国証券が約1割程度、その他の

図表1-1-25 都市銀行の有価証券等運用動向

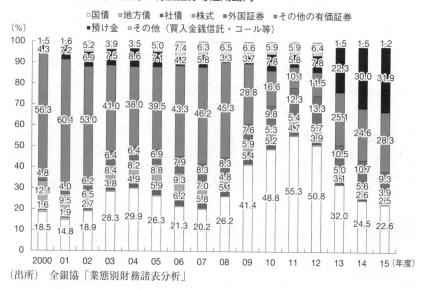

（出所） 全銀協「業態別財務諸表分析」

有価証券が3割弱を占めるなど再び、運用資産の多様化が進んでいることがうかがわれる。

次に地方銀行、第二地方銀行をみてみる（図表1-1-26、図表1-1-27）。地方銀行、第二地方銀行では、インカムゲインを生む国債、地方債、社債が6割前後を占め、その他株式や外国証券、預け金、その他の有価証券に比較的バランスよく構成されていた。リーマンショックの影響を受けて、国債を中心とした債券へ運用のシフトが進んでいたが、都市銀行同様に、日銀の異次元の金融緩和に伴い国債の残高が漸減、かわって預け金の割合が増加している。また最近では株式の割合は減少しているものの、外国証券、その他の有価証券の割合が増加し、運用資産の多様化が少しずつ進んでいることをうかがわせるものがある。

信用金庫において特徴的なのが系統上部機関である信金中央金庫を中心とした預け金が約4割前後を常に占めていることである（図表1-1-28）。また国債、地方債、社債の債券で約5割を占め、預け金とあわせると、約9割程度を占めている。株式については若干増減があり直近では増加傾向にある

図表1-1-26 地方銀行の有価証券等運用動向

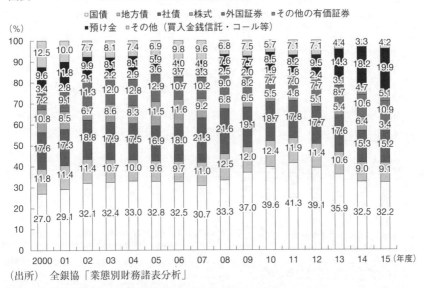

（出所） 全銀協「業態別財務諸表分析」

図表1-1-27 第二地方銀行の有価証券等運用動向

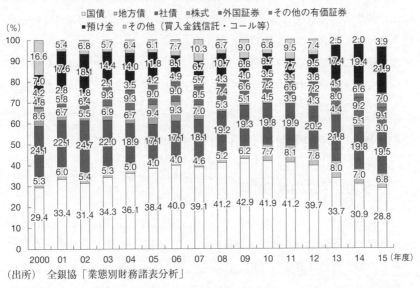

（出所） 全銀協「業態別財務諸表分析」

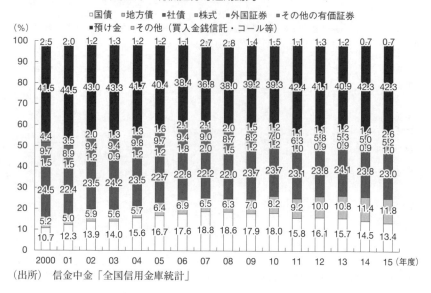

図表1－1－28　信用金庫の有価証券等運用動向

（出所）　信金中金「全国信用金庫統計」

ものの、1％から2％程度と割合が低くまた外国証券も過去からどちらかといえば減少し5％程度となっており、資産運用の多様化はまだ遅れている状況となっている。

　地方銀行、第二地方銀行でもその規模によっては資産運用の多様化が遅れているものと推測される。したがって中小・地域金融機関における資金運用の多様化は今後の大きな課題であるといえるだろう。

2 地域金融機関の現在の資金運用の問題点

(1) 金利リスクの増加傾向

　地域金融機関においては預金を中心とした調達は、堅調に推移しているが本来業務である貸出金の伸び率は最近でこそ上昇し2％前後の伸びとなっているものの、有価証券等の運用に依存している部分が多くなっている。有価証券の運用についても、地域金融機関は特に規模が小さくなるほど金利リスクが多くなっている。

たとえば、日銀の金融システムレポート2015年10月号をみると、図表1－1－29のように、大手行の円債の金利リスク量は2012年度をピークに減少し、対自己資本比率でみても8％前後となっている。地域銀行でも同じく2012年度をピークに減少しているがその減少度合いは大手行に比べて小さく、また対自己資本比率でみると16％前後の水準となっている。一方信用金庫では、2012年度以降も金利リスク量は増加し、2015年8月もピークを更新している状況であり、また対自己資本比率も27％前後とかなり高い。地域銀行においても規模が小さくなるほど円債の金利リスクが大きくなる傾向にあると思われる。

　この傾向は図表1－1－30のように金融機関のバランスシート全体の円金利リスク量でも同様であり、大手行が対自己資本比率で約10％程度にとどまっているのに対し、地域銀行の場合には約30％、信用金庫の場合には30％台半ばとかなり高くなっている。また、バランスシート全体の金利リスク量においても、円債の金利リスク量においても金融機関ごとでばらつきが多くなっていることも指摘されている。

　また、もし金利上昇が起こったときの円債の時価変動による影響も、図表1－1－31のように、大手行は減少傾向にあるものの地域銀行は横ばい、信用金庫はやや増加傾向となっている。

　2015年6月末でみると金利が1％パラレルシフトした場合、大手行では2.3兆円時価が下落するが、地域銀行では2.8兆円、信用金庫では2.1兆円の下落で、その後も大きな変化はない。これを貸借対照表の2014年度決算における自己資本（単体ベース、その他有価証券評価差額金等を含む純資産勘定、以下同じ）と比較してみると大手行（都市銀行および信託銀行）では自己資本32.6兆円の約7.1％、地域銀行では自己資本20.8兆円の約13.5％、信用金庫では、自己資本8.1兆円の約25.9％となり、自己資本対比でみても規模が小さくなるほど円債の金利リスクが多くなっていることがわかるだろう。

　一方、VaRやアウトライヤー比率でみた金利リスク量は、最近の円金利のボラティリティの低下から大きく減少している。具体的なデータは少ないが、たとえば、同じく日銀の金融システムレポート2015年10月号の

図表1-1-29 業態別の円債の金利リスク量

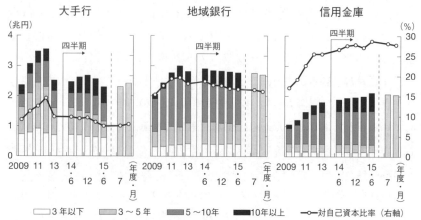

(注) 1 直近は2015年8月。2015年7月以降の計数は試算値。
2 金利リスク量は銀行勘定の100bpv。
3 コンベクシティ以上の高次項も勘案した推計値。
(出所) 日本銀行「金融システムレポート2015年10月」58頁

図表1-1-30 業態別の円金利リスク量

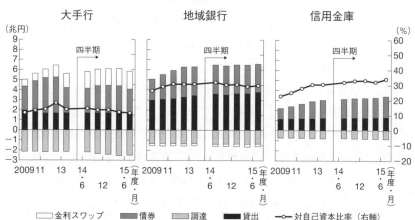

(注) 1 金利リスク量は銀行勘定の100bpv。銀行はオフバランス取引(金利スワップ)を考慮。
2 コンベクシティ以上の高次項も勘案した推計値。
(出所) 日本銀行「金融システムレポート2015年10月」59頁

図表1－1－31　金利上昇に伴う円債時価の変動

金利上昇幅が1％ptのケース　　　　　　　　　　　　　　　　　　（単位：兆円）

	パラレルシフト			スティープ化		
	2014年12月末	2015年3月末	2015年6月末	2014年12月末	2015年3月末	2015年6月末
金融機関計	▲7.5	▲7.4	▲7.2	▲4.8	▲4.7	▲4.7
銀行計	▲5.5	▲5.4	▲5.1	▲3.3	▲3.2	▲3.1
大手行	▲2.7	▲2.6	▲2.3	▲1.6	▲1.5	▲1.3
地域銀行	▲2.8	▲2.8	▲2.8	▲1.8	▲1.8	▲1.8
信用金庫	▲2.0	▲2.0	▲2.1	▲1.5	▲1.5	▲1.6

金利上昇幅が2％ptのケース　　　　　　　　　　　　　　　　　　（単位：兆円）

	パラレルシフト			スティープ化		
	2014年12月末	2015年3月末	2015年6月末	2014年12月末	2015年3月末	2015年6月末
金融機関計	▲14.4	▲14.2	▲13.8	▲9.1	▲9.0	▲9.0
銀行計	▲10.6	▲10.4	▲9.8	▲6.3	▲6.2	▲5.9
大手行	▲5.2	▲5.0	▲4.4	▲3.0	▲2.8	▲2.6
地域銀行	▲5.5	▲5.4	▲5.3	▲3.4	▲3.4	▲3.4
信用金庫	▲3.7	▲3.8	▲4.0	▲2.8	▲2.8	▲3.0

金利上昇幅が3％ptのケース　　　　　　　　　　　　　　　　　　（単位：兆円）

	パラレルシフト			スティープ化		
	2014年12月末	2015年3月末	2015年6月末	2014年12月末	2015年3月末	2015年6月末
金融機関計	▲20.7	▲20.4	▲19.8	▲13.1	▲12.9	▲12.8
銀行計	▲15.3	▲14.9	▲14.1	▲9.1	▲8.9	▲8.5
大手行	▲7.5	▲7.2	▲6.4	▲4.2	▲4.0	▲3.7
地域銀行	▲7.9	▲7.8	▲7.7	▲4.9	▲4.8	▲4.8
信用金庫	▲5.4	▲5.4	▲5.7	▲4.0	▲4.1	▲4.3

（注）　コンベクシティ以上の高次項も勘案した推計値。
（資料）　日本銀行「金融システムレポート2015年10月」57頁

図表1−1−32 ボラティリティの違いによるリスク量の差（トータルVaRの差）

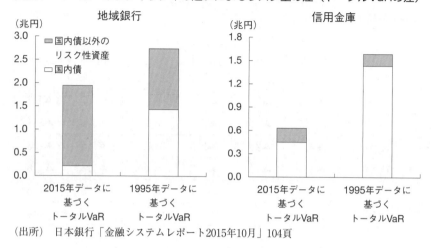

（出所）日本銀行「金融システムレポート2015年10月」104頁

「BOX 4　地域金融機関の有価証券ポートフォリオのリスク分析」（図表1−1−32）のように、現在のポートフォリオに1995年のデータに基づくトータルVaR（有価証券ポートフォリオ全体に対し、分散共分散法に基づき金利・株式・為替などのリスクファクターを加味して試算したもの）を2015年のデータに基づくトータルVaRと比較した場合、地域銀行で約4分の3程度、信用金庫で約4割程度となっていることが分析されている。

これは最近、金利が大幅に低下している状況から規模の小さい金融機関ほど、円債の残高を増やしている、もしくは残高はさほど変わらなくともデュレーションを伸ばしていることが主な理由と考えられ、実質的な金利のリスクは以前に比べ相当大きくなっていることに注意しておかなければならない。

(2) 資金運用多様化の遅れ、本格的な分散投資ができていない

従来、地域金融機関特に多くの中小地域金融機関においては、余資運用といわれるように地域金融機関の本来の役割である貸出に充てることができない資金を流動性を重視しつつ、安定的に運用することが資金運用の中心的な課題であった。これは、過去は貸出金の収益で期間収益のほとんどをまかな

え、余資運用では債券中心にインカム収益を確保すればよかった。

したがって多くは国債等の債券、なかでも固定利付債を中心に、せいぜい株式、投資信託などで一部を運用する金融機関が多く、資産運用や投資に関するさまざまな理論に基づき、マーケット動向を分析・予測し、外国債券（外貨建て）、外国株式、商品、ヘッジファンドなどへの分散投資を行って、リスク分散を図り効率的なポートフォリオを組成することによって収益の向上、リスクの低減を目指すような高度な資金運用を行っている金融機関は少なかった。言い換えれば、あえて、資金運用で大きなリスクをとる必要がない余資運用の時代ともいえた。

一方、メガバンクなどの大手金融機関は、有価証券ポートでの運用においても、国債や社債、株式のみならず、海外の債券や株式、未公開株式、ヘッジファンド投資、デリバティブの活用、特定取引などを通じたディーリングなどの短期売買取引等さまざまな運用を行っている。

メガバンクと比べると、地域金融機関でも規模が小さくなるほど資金運用の高度化は遅れているのが実態であろう。

しかしながら、グローバルに金融環境が大きく変化し、金融緩和状況が続いている。特に日本においては、預貸率の低迷が継続し、なかには預貸率が50％を割り込むような状態が続いている金融機関が多くなっていることを考えれば、もはや余資ではなく、本資である時代となったといえる。

すでに国債の流通利回りは残存期間10年超でもマイナスとなったが、このまま長期金利が上がらず低い状況が続き、イールドカーブもフラット化したままであれば金融機関の従来の収益源である長短金利のミスマッチもなくなり、金融機関によって状況は異なるものの、従来同様に資金運用収益を国内債券を中心にしたインカム収益主体で確保しようと考えることが不可能となる可能性が強く金融機関の収益力に大きな影響を及ぼす。また、逆に急激な金利上昇局面が到来した場合には大きな金利リスクが顕在化し、経営に大きな影響を及ぼすことも懸念される。

場合によっては、必要な運用収益が十分に確保できないことになり、金融機関としての存立が脅かされかねない状況となる可能性すらありうる。した

がって、余資運用といわれる状況から脱却し、リスク管理態勢を整えたうえで投資理論に基づき収益性の向上を目指し、さまざまな資産に分散投資を行うなど資金運用の高度化を図り、効率的なポートフォリオを組成することが必要となるであろう。

(3) 態勢面、リスク管理上の問題点

地域金融機関においては、投資理論に基づく分散投資を行い収益性を高めていくという本来のあり方と異なり、仕組債や複雑な投資商品、複雑な仕組みの投資信託などによって収益の確保を目指すところもあった。しかしながら、仕組債や複雑な投資商品のリスクや仕組みを十分に理解せずに行っていたことにより、リーマンショックのときには、大きな損失を計上せざるをえなくなった金融機関も多かった。

分散投資を行い、多様なカテゴリーの商品やさまざまなリスクをとって収益をあげていくためには、これらのリスクを横断的にまた多面的に分析把握することがますます重要になってきている。

特にリスク管理においては、感応度やVaRの分析のみならず、さらにいっそうリスク管理を高度化するためにはさまざまなストレステストやより高度なリスク管理方法を取り入れていく必要がますます高まってきている。

投資を決定するフロント部門のみならず、リスク管理を行うミドル部門における態勢づくりや人材育成が不可欠である。

地域金融機関において、特に中小の地域金融機関では資金運用に携わっている人間が非常に少なく、また長期間同じ人物が担当していることも多く、豊富な人材、プロフェッショナルが育っているとは言いがたい面がある。フロントのみならずミドル部門における人材育成も重要な課題となっている。ミドル部門の人材を育成するには、フロント部門を経験させることが不可欠であるといえる。ミドル部門の人材の育成を図るためにもより長期的な視野から、人材のローテーションを含めた育成計画をつくり計画的な対応が必要であろう。

第4節 地域金融機関の今後の資金運用の課題

　地域金融機関にとっては、金利の見通しが最も重要であることはいうまでもない。本来業務である貸出金の利回りの動向とともに、有価証券等の資金運用にとり、金利動向は地域金融機関の経営に大きな影響を与え、場合によっては死活問題ともいえる。今後の金利の動向を考えるうえで重要なのはやはりアベノミクスが成功するかどうかが大きなポイントとなることは間違いない。本節においては、金利の見通しをさまざまな観点から検討するとともに、債券を中心としたポートフォリオがもつ将来の収益見通しの脆弱性、潜在的に内包する金利リスクを考えるとともに、資金運用の多様化が避けて通れないことを述べる。

1 資金運用環境の今後の見通し

　アベノミクスが始まり、日銀の「異次元の量的・質的金融緩和」、さらに「マイナス金利付き量的・質的金融緩和」いわゆるマイナス金利政策の導入によって、国債の流通市場において短期から10年を超える国債の流通利回りがマイナスに陥るほどの低金利が継続する状況が続いているが、このような状況がずっと続くことは考えられず、将来のいずれかの時点で金利が上昇することは間違いがない。

　ここでは、金利上昇のパターンとしてよい金利上昇、悪い金利上昇および当面の間低金利が持続する可能性について検討してみる。

(1) よい金利上昇の場合

　2012年2月に日銀は「中長期的な物価安定のメド」として「消費者物価の前年比上昇率で2％以下のプラス領域、当面1％をメド」を2013年1月に決定し、実質的にインフレターゲットに踏み出した。第二次安倍内閣、アベノミクスのスタートとともに、黒田総裁のもと「物価安定の目標」を導入し消

費者物価の前年比上昇率で2％を、先行き2年程度で達成することを目標とした。

その後、消費者物価は消費税増税の影響もあり一時3％を超えていたが、消費税増税の影響の剥落と、原油価格を中心とした資源価格の下落等の影響により2016年3月には再びマイナスとなった。

今後、アベノミクスが奏功し消費者物価上昇率の2％上昇が達成されるならば、名目国内総生産は2％超が見込まれ、普通であれば長期金利は当然2％を超えてくることが考えられる。

アベノミクスが順調に成功し経済全体が活性化、成長を取り戻すならば、金融機関にとって本業である貸出金の増加、貸出金利回りの上昇も考えられる。こういったかたちで日本経済が再活性化すれば、金融機関にとっても、一時的には金利上昇の影響は避けられないものの、経営環境が大きく好転することが予想される。一方で、日本全体の人口が減少し高齢化が進むなかでは、潜在成長率が大きく伸びることも見込めず、よい金利上昇があったとしても名目国内総生産が大きく伸び、金利が大幅に上昇することは考えにくい。

(2) 悪い金利上昇の場合

アベノミクスによっても、日本経済の再生が実現せず、逆に日本の財政リスクが顕在化し、投機的な日本売り、国債の売りを招き、ギリシャやスペイン、イタリアなどで起こったような金利の急上昇が起こる可能性もある。

財政赤字の問題については、図表1－1－33の日本の一般会計の歳出・歳入の状況では、平成に入って以降、一般会計税収では一般会計歳出をまかなえずその差が大きく開いていく傾向に歯止めがかかっていない。

足元ではアベノミクスにより企業収益の回復および消費税率の引上げによってこの差は少しずつ縮小する傾向が出てきたものの、いまだ一般会計歳出96.3兆円に対し一般会計税収は54.5兆円、不足額41.8兆円（2015年度予算ベース）にのぼっている。また国、地方を合わせた公債等残高は2014年度実績見込みでは約1,009兆円と1,000兆円を突破した。債務残高の対GDP比で

は2015年に233.8%となる見込みで、イタリアの149.2%、米国の110.1%などと比べても圧倒的に大きくなっている（図表1－1－34）。

また純債務残高でみても日本は150％近くなっており世界で最も高い比率である（いずれも日本の財政関係資料：2015年3月財務省、元データはOECD「Economic Outlook 96」（2014年11月）による）。

また、図表1－1－35をみると、一般会計の赤字が増加していくのとほぼ時期を同じくして、社会保障給付費が社会保険料収入を上回っていき、その金額は一般会計の赤字幅とほとんど同じような金額となっているのがよくわかる。

つまり、社会保障関係の改革なくしては財政赤字の問題は解決しないと考えられる。逆にいえば、社会保障を持続可能なかたちにきちんと見直すことができれば財政赤字の問題も解決の道筋がみえてくるのではないか。消費税の引上げによって社会保障給付費の不足をすべてまかなうには、今後の高齢化社会のいっそうの進展を勘案すると、相当大幅な引上げが避けられないため現実的ではない。社会保障の改革などが進まず、財政危機が顕在化し日本売りを招いて金利が急上昇したならば、金融機関の経営にとって大きな打撃となることは間違いない。

次に述べるようにこのような可能性は少ないと考えられるが、一方で、現状の改革ができないならば、リスクはどんどん高まっていくため、可能性がないと無視することはできないことも明白である。日本の財政問題、消費税の動向、社会保障制度改革の行方などさまざまな点を注視しておく必要がどんどん大きくなりつつある。

(3) 超低金利が持続するリスク──可能性が高まる金融抑圧

金利上昇のリスクは次第に高まっているというものの、日銀の異次元の金融緩和、マイナス金利政策の導入にもかかわらず、足元で物価が上昇している状況には届いていない。またグローバルにみてもインフレ懸念よりはデフレ懸念のほうが強い状況が存在する。

異次元緩和についてみてみると、第1節の図表1－1－1でみたようにマ

図表1-1-33 日本の一般会計の歳出・歳入の状況

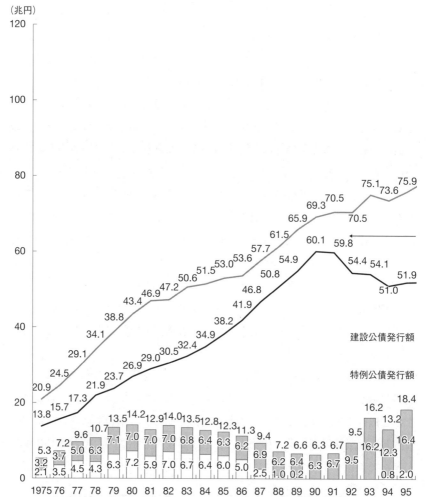

(注) 1　2013年度までは決算、2014年度は補正後予算、2015年度は予算による。
　　 2　公債発行額は、1990年度は湾岸地域における平和回復活動を支援する財源を調達するための臨時特別公債、1994～1996年度は消費税率3％から5％への引上げに先行して行った減税による租税収入の減少を補うための減税特例公債、2011年度は東日本大震災からの復興のために実施する施策の財源を調達するための復興債、2012年度、2013年度は基礎年金国庫負担2分の1を実現する財源を調達するための年金特例公債を除いている。
(出所)　財務省「日本の財政関係資料2015年3月」4頁

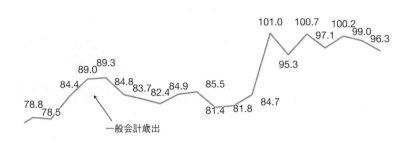
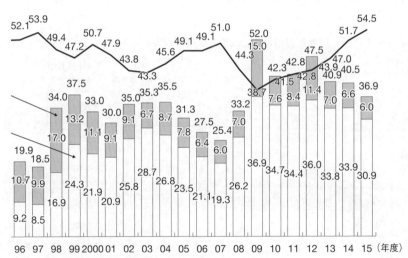

第1章　地域金融機関の経営環境の変化と課題

図表1-1-34　主要国の債務残高の比較（対GDP比）

暦年	2000	2001	2002	2003	2004	2005	2006
日本	136.1	144.4	153.5	158.3	166.3	169.5	166.8
米国	48.1	50.7	57.4	58.8	66.7	66.8	63.9
英国	44.1	39.8	40.4	40.6	42.7	44.6	44.2
ドイツ	59.4	58.5	60.9	64.3	67.6	70.0	68.0
フランス	71.8	70.9	74.6	78.5	80.2	81.8	76.8
イタリア	119.0	118.1	116.9	114.3	114.7	117.4	116.4
カナダ	84.2	85.7	84.8	80.3	76.5	75.8	74.9

(注)　1　OECD「Economic Outlook 96」（2014年11月）によるデータを用いており、2015年度予算の内容を反映しているものではない。
　　　2　数値は一般政府（中央政府、地方政府、社会保障基金をあわせたもの）ベース。
(出所)　財務省「日本の財政関係資料2015年3月」8頁

図表1-1-35　社会保障給付費の増加と保険料収入

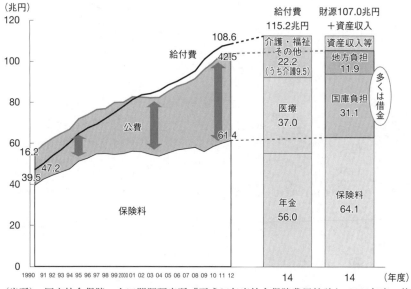

(出所)　国立社会保障・人口問題研究所「平成24年度社会保障費用統計」、2014年度の値は厚生労働省（当初予算ベース）、財務省「日本の財政関係資料2015年3月」17頁

（対GDP比単位：％）

2007	2008	2009	2010	2011	2012	2013	2014	2015
162.4	171.1	188.7	193.3	209.5	216.5	224.2	230.0	233.8
64.3	78.1	92.5	101.8	107.7	110.5	109.2	109.7	110.1
45.3	55.2	69.0	77.9	92.3	95.7	93.3	95.9	97.6
63.9	67.9	75.3	84.0	83.4	86.1	81.4	79.0	75.8
75.6	81.6	93.2	96.9	100.8	110.5	110.4	114.1	117.4
111.8	114.6	127.2	125.9	119.4	137.0	144.0	146.9	149.2
70.4	74.7	87.4	89.5	93.1	95.5	92.9	93.9	94.3

ネタリーベースは2012年12月の約132兆円が、2016年3月には約363兆円と3年あまりで約231兆円増加した。しかしながら、マネーストックのM2は約828兆円から約925兆円と約95兆円の増加にとどまり、また貸出金も約464兆円が約498兆円と約35兆円の増加にとどまっている。一方、日銀への準備預金額つまり日銀預け金は2013年2月の約44兆円から2016年3月には約272兆円と3年あまりで約228兆円増加した。つまり231兆円増加したマネタリーベースのうち228兆円は日銀にとどまっている計算となる。見方を変えれば金融機関が日銀に国債を売却した資金は、貸出やポートフォリオリバランスに使われることなくいわば待機資金として、日銀に預けられたままとなっている。

次に、日本全体としての経済力の観点からみてみよう。国際収支では1980年以降30年にわたり、貿易収支・経常収支ともに赤字になったことはなかったが、図表1－1－36のように、貿易収支はリーマンショックの影響で落ち込んだ黒字が回復する途上にあった2011年、東日本大震災の影響を受け大きく赤字が増加した。その後、貿易赤字は縮小傾向を続け、ほぼ均衡水準に近くなってきている。

図表 1 − 1 − 36　国際収支統計（季節調整ずみ）

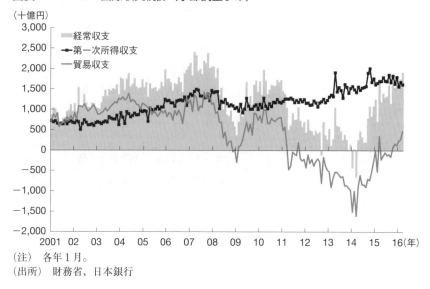

（注）　各年 1 月。
（出所）　財務省、日本銀行

　一方経常収支は、リーマンショック、東日本大震災の影響により縮小したものの、所得収支の大幅黒字、サービス収支の赤字の改善により、その後は回復傾向が顕著となっている。

　また対外純資産でみると図表 1 − 1 − 37のように2014年末で日本の対外純資産は約367兆円と、中国の約214兆円、 3 位ドイツの約155兆円と比べても圧倒的に世界一である。一方米国は約834兆円の対外純負債となっている。

　米国が世界一の対外純負債となっているのは、基軸通貨国であることとともに、米国が世界中からの投資を集めているからでもある。日本の対外純資産が世界一であることは世界からの投資を呼び込めていないともいえ、日本経済にとってよいのか疑問なところがないわけではない。また国民全体の正味資産である国富は、図表 1 − 1 − 38のように、2013年末で3,048兆円と米国に次いで世界第 2 位の水準となっている。その内訳をみれば生産資産（有形固定資産と無形固定資産）が1,530兆円、土地が1,120兆円にのぼる。一方金融資産は6,570兆円、金融負債は6,245兆円でその差額325兆円が2013年末の対外純資産となっている（2013年度国民経済計算確報（ストック編）ポイント

図表1-1-37　主要国の対外純資産（2014年末）

日本	366兆8,560億円
中国	214兆3,063億円
ドイツ	154兆7,055億円
スイス	99兆5,413億円
香港	99兆5,354億円
ロシア	40兆5,666億円
カナダ	15兆1,594億円
フランス	▲51兆3,570億円
イタリア	▲65兆5,982億円
英国	▲66兆7,882億円
米国	▲834兆2,567億円

（注）　1　日本以外の計数については、各年末のIFSレートにて円換算した。
　　　 2　一部中東諸国等については計数が公表されていない。
（出所）　財務省「平成26年末現在本邦対外資産負債残高の概要」

より：2015年1月16日内閣府経済社会総合研究所国民経済計算部）。

　これをたとえばギリシャと比較すれば、危機の当時ギリシャのGDPは約20兆円程度で対外純債務がほぼGDPと同じぐらいあり、国際収支は1980年以降ほぼ毎年赤字で、危機が起こる前の数年間はGDPの10％以上の赤字が続いていた。これらと比較すれば、その違いがよくわかるだろう。

　国力を構成するものは経済力だけでなく、人口、軍事力、政治力などの総合的な力であるが、経済力をみれば依然日本は世界で最も強固な国の1つであろう。したがって、現在の時点においてはギリシャやイタリア、スペインなどのように国債が投機の対象として大きく売り込まれることは考えにくい。

　また潜在成長率は日銀の推計によれば、ゼロから1％程度が続いており、今後の人口減少、高齢化のいっそうの進展を考えれば、潜在成長率が劇的に

図表１−１−38　国民資産・負債残高、正味資産（国富）の内訳（平成25暦年末）

(単位：兆円)

非金融資産	2,723.7			
在庫	70.9			
有形固定資産	1,501.2		正味資産（国富）	3,048.7
無形固定資産	29.3			
有形非生産資産	1,122.4			
うち土地	1,120.8			
金融資産	6,570.9		対外純資産	325.0
			負債	6,245.9
現金・預金	1,519.8		現金・預金	1,520.6
貸出	1,308.4		借入	1,328.3
株式以外の証券	1,321.6		株式以外の証券	1,419.3
株式・出資金	767.5		株式・出資金	980.3
うち株式	666.3		うち株式	879.2
金融派生商品	62.9		金融派生商品	69.9
保険・年金準備金	439.1		保険・年金準備金	439.1
その他の金融資産	1,151.6		その他の負債	488.3
うち直接投資	119.3			
うち対外証券投資	484.2			
総資産	9,294.6		総負債・正味資産	9,294.6

(注)　正味資産（国富）＝非金融資産＋金融資産−負債
　　　　　　　　　　　　＝非金融資産＋対外純資産
　　　　対外純資産＝金融資産−負債
(出所)　内閣府経済社会総合研究所国民経済計算部「平成25年度国民経済計算確報（ストック編）ポイント」2頁、2015年1月16日

上昇していくと考えることはむずかしいだろう。言い換えれば以前のような高度成長経済となる可能性はきわめて少ないと考えられる。
　つまり、日本の国際収支や国富の動向、潜在成長率からすれば金利が急激に上がることは当面考えづらく、また、財政赤字の状況を考えれば金利はなるべく低くしておくインセンティブが強くあり、日銀による国債の大量購入とあわせれば、当面金利は低位安定、いわば金融抑圧といえるような状態が

継続する可能性が高いと考えられる。

(4) 金融抑圧について

　金融抑圧とは何であろうか。2011年に全米経済研究所（National Bureau of Economic Research）から発表された論文でカルメン・ラインハート教授とM.ベレン・スブランシア氏は第二次世界大戦後の各国は低金利での国債発行とインフレによる実質的なマイナス金利の国の債務をつくりだし、債務負担を国から民間に転嫁して債務削減を実行し、財政の改善を行ったことを分析している。

　金融抑圧に特徴的な一連の政策をまとめると（PIMCO Viewpoints July 2011より）、

Ⅰ　金利に明示的あるいは暗示的な上限あるいは天井を設けること
　・中央銀行が政策金利の誘導目標を自由市場での均衡水準を下回る水準に設定すること

Ⅱ　人為的に低い金利で信用が政府に供与されるように、国内にいやがおうにも国債に投資する投資家をつくりだすこと
　・中央銀行による量的緩和策や資産購入プログラム（日本、欧州、米国）
　・資本規制や管理為替制度（エマージング諸国）

Ⅲ　上記以外の、金融業界に対する抑圧や規制
　・銀行や大手金融機関の政府保有
　・銀行準備や流動性目標を課すなどの事実上の国債の保有の増額を求める新たな規制
　・マクロプルデンシャルな規制（バーゼル規制や業務規制）

となっている。

　まさに、日本においてすでにとられている政策であり、今後さらに強化が予想される政策であるといえるのではないか。

　以上をまとめれば、日本の国家財政は危機的であるが国家全体としてみた場合、日本の経済力は相当強固であり、ギリシャなどのように国家破産の危機に瀕するまでには相当な期間があると考えられ、当面低金利が継続するの

ではないか。

　また、アベノミクスも、当初の3本の矢のうち、最も重要と考えられる成長戦略が、なかなか効果を発揮せず、潜在成長率の引上げや経済成長、物価上昇に結びついていないと思われる。

　3つのケースを考えてみたが、金融抑圧的な政策により、当面金利が低位にとどまる可能性がいちばん高く、リスクシナリオとして金利上昇を考える必要があるのではないか。また金利上昇局面となったとしても上昇の程度は比較的小さく、財政危機のシナリオが顕在化する可能性は当面低いままであろう。低金利環境が持続した場合には、厳しい資金運用環境が継続し金融機関の本業である貸出金の金利収益に加え、有価証券などの運用による収益も落ち込み特に収益基盤の多様化が進んでいない、また営業基盤がほとんど国内にある地域金融機関にとっては厳しい経営環境が継続する可能性が非常に高いと考えられる。

② 地域金融機関の資金運用の課題

(1) 債券運用における期待収益率の低下

　地域金融機関の資金運用において最も大きな割合を占めているのは国債を中心とした国内債券である。これは、個人や年金運用機関、保険会社などと異なり、地域金融機関は貸出金および有価証券等の運用により安定的なインカム収益を獲得したうえで、預金者に利息を支払い、人件費・物件費等の経費を負担しつつ、毎年決算を行い収益を計上する必要があることが大きな理由の1つとなっている。

　しかしながら、日本銀行による「異次元の量的・質的金融緩和」「マイナス金利付き量的・質的金融緩和」の導入によって金利が大きく低下し、10年を超える残存期間の国債までがマイナス金利となっていることから、安定的な収益を計上することがきわめて困難な状況となっている。金利が低下して利息収入が減少するのに加えていわゆるロールダウン効果も大きく減少し、現状のような低金利、マイナス金利が継続すると地域金融機関の資金運用収

益は大きく落ち込むことが予想される。

a 金利水準の低下とロールダウン効果の減少

　ロールダウン効果は、イールドカーブが順イールドであって、イールドカーブの形状や金利水準が変わらない場合、時間の経過により債券の時価が上昇し、利息収益とあわせた所有期間利回りとしてのトータルリターンが上昇することをいう。

　具体的な例を出してみると、図表1－1－39の実線は2005年から2014年のイールドカーブの形状の変化のグラフである。また、点線は1年金利が0.1％、10年金利が、0.5％ 1.0％ 1.5％ 2.0％となる直線のイールドカーブを想定している。

　図表1－1－40は、点線で想定した直線のイールドカーブを前提に、イールドカーブの形状および金利水準が変わらない場合それぞれのイールドカーブごとに、債券の時価の変化をグラフ化したものである（計算の簡略化のため単利計算）。

図表1－1－39　イールドカーブの形状変化と仮想イールドカーブ

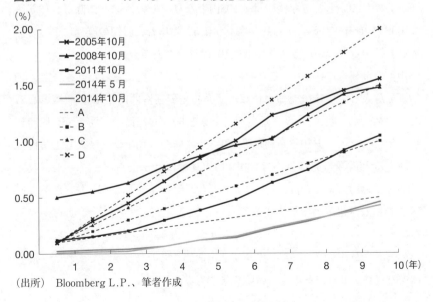

（出所）Bloomberg L.P.、筆者作成

図表1-1-40　仮想イールドカーブでの時間経過と債券価格（ローリング効果）

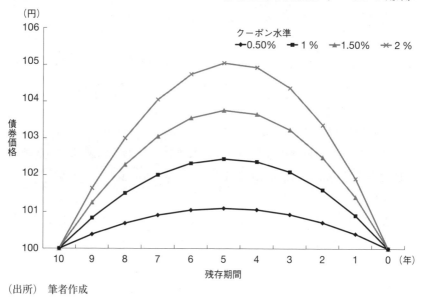

（出所）　筆者作成

　10年金利が2.0％の場合、クーポン2.0％の10年債は時間の経過とともに価格が上昇していき、5年後には約105円となり、その後徐々に低下し10年後に100円で償還される。一方10年金利が0.5％の場合、時間の経過によって価格が上昇するものの、5年後でも約101円程度である。

　10年の金利水準が2.0％で、イールドカーブが不変であったときには、10年債を購入し1年後に売却すれば、債券の売却価格は101円60銭程度となるため、クーポン収入2.0％に加え売却益が1.6％の合計約3.6％が所有期間利回りとなった。一方10年金利水準が0.5％の場合、10年債を購入し1年後に売却すると債券の売却価格は100円40銭程度にしかならず、クーポン収入0.5％売却益0.4％の合計、約0.9％が所有期間利回りとなる。金利水準の低下により債券運用のトータルリターンが大きく低下することが明らかである。

　クーポンが0％でイールドカーブも全期間0％のフラットであれば、債券投資の収益がゼロであることはいうまでもない。

一方、万一金利が大きく上昇した場合、低クーポンの債券時価は大きく下落し債券運用のトータルリターンは大幅に低下する。たとえば図表1－1－41をみてみよう。
　このグラフは0.5％クーポンの10年債の価格推移を、マーケット金利水準が次のような4つのパターンに変化して、そのまま金利水準が変わらなかったときの債券価格の変化をグラフ化したものである。
① 　1年金利が0.1％、10年金利が1.5％の順イールドカーブ
② 　1年から10年までの金利が1.5％のフラットなイールドカーブ
③ 　1年金利が0.1％、10年金利が2.0％の順イールドカーブ
④ 　1年から10年までの金利が2.0％のフラットなイールドカーブ
　0.5％のクーポンの10年債の時価は、10年金利が2.0％に上昇した場合、87円50銭程度に、1.5％に上昇した場合、91円30銭程度に下落する。また、イールドカーブの形状に変化がないならば、債券の時価が額面である100円を回復するまでに約7年かかることとなる。つまり、残存期間10年の0.5％

図表1－1－41　金利急上昇後の時間経過と債券価格の変化

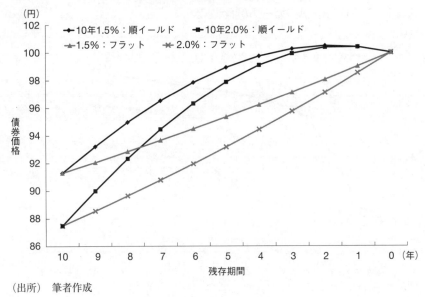

（出所）　筆者作成

第1章　地域金融機関の経営環境の変化と課題　57

クーポンの債券は、金利水準が大きく上昇した場合のリスクは当然ながら相当大きいことがよくわかる。

b　ロールダウン効果の実際と金利上昇リスク

　もう少し具体的にロールダウン効果と金利が上昇したときの影響を過去の実際のマーケットでみてみよう。図表1－1－42は2006年5月、2012年3月、2015年12月の実際の国債の利回りをもとにしたイールドカーブである。ただし、10年から15年、15年から20年、20年から30年、30年から40年の間については線形補完法を用いてそれぞれ間のイールドカーブは直線を想定している。

　1997年9月に10年国債金利は史上初めて2％を割れ、以降、瞬間的に2％台を回復することはあってもほとんど2％をつけることはなかったが、2006年5月に日銀が金利の正常化に動き始め、政策金利を引き上げ、10年国債の利回りは2％台をつけたが、この時以降は2％を回復していない。また2012年3月はアベノミクス、日銀の異次元の金融緩和が始まる少し前、および最近の2015年12月のマーケットで債券の価格を検証してみよう。

図表1－1－42　イールドカーブの形状変化

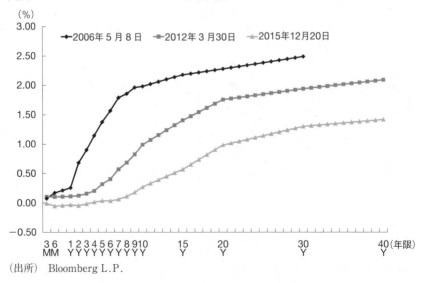

（出所）　Bloomberg L.P.

図表 1 － 1 －43　国債の発行利率

（単位：％）

年限	2012年3月利率	2015年12月利率
10年	1.00	0.30
20年	1.80	1.00
30年	2.00	1.40

（出所）　財務省

　2012年3月と2015年12月に発行された国債の利率は図表1－1－43のようになっている。

　まず、図表1－1－44の①は、イールドカーブが2012年3月と将来も変わらない場合の利率1％の10年国債の、②はイールドカーブが2006年5月と将来も変わらない場合の利率2％の10年国債のそれぞれ1年後から5年後までの価格変化である（簡易的に単利計算とする。以下同じ）。

　また③から⑤は、利率0.3％の10年国債の価格変化であるが、③は計算時点のイールドカーブで将来も不変、④および⑤は1年後にそれぞれ、④は2012年3月のイールドカーブに、⑤は2006年5月のイールドカーブに変化し、以降イールドカーブの形状が変わらなかった場合の価格変化である。

　まず①のケースをみてみると、クーポンは1％であるがイールドカーブが比較的立っていることもあり、1年後に債券の価格は1円37銭上昇する。したがって、1年間保有した場合のトータルリターンはクーポンの1％と、債券の価格上昇分1.37％の合計で約2.37％となる。2年目もロールダウン効果が大きく、約1.92％である。一方②の場合、クーポンは2％であるが7年以上のイールドカーブがかなりフラットとなっているため、1年後の債券の価格上昇が13銭にとどまり、トータルリターンは約2.13％にしかならない。2年目はややロールダウン効果が大きく約2.71％となっている。

　次に③の場合、クーポンは0.3％と低いものの、10年に近いほどイールドカーブは急になっているため、1年後の債券の価格上昇は78銭と大きく、トータルリターンは約1.08％となっているものの、2年後には約0.74％、3年後には約0.46％と低下し、4年目以降は逆に債券の価格が低下し始めるた

図表１－１－44　10年債（2025年12月20日満期の債券）のロールダウン効果

ケース		①		②	
	クーポン	1.00%		2.00%	
	想定カーブ	2012年３月30日		2006年５月８日	
			効果		効果
現在	利回り	0.989%		1.980%	
	債券価格	100.10		100.17	
１年後	利回り	0.824%		1.961%	
	債券価格	101.47	1.37	100.30	0.13
２年後	利回り	0.684%		1.855%	
	債券価格	102.40	0.92	101.01	0.71
３年後	利回り	0.570%		1.788%	
	債券価格	102.89	0.50	101.32	0.31
４年後	利回り	0.403%		1.566%	
	債券価格	103.50	0.60	102.38	1.06
５年後	利回り	0.318%		1.375%	
	債券価格	103.36	▲0.14	102.92	0.54

（注）　計算時点：2015年12月20日
（出所）　Bloomberg L.P.

め、４年後のトータルリターンは約0.23％、５年後には約0.02％にまで低下してしまう。

　また④のように、１年後にイールドカーブが上方にシフトした場合、債券の価格は下落し、１年後のトータルリターンは▲4.38％となる。２年目以降はトータルリターンを回復するが、債券は含み損を抱えたままとなり、５年後になっても額面を回復できない。

　⑤のように、金利が大きく上昇しイールドカーブのシフトが大きかった場合、債券価格は大きく下落し１年後のトータルリターンは▲12.70％まで落ち込む。しかも、２年目以降はトータルリターンを回復するものの５年後に

③		④		⑤	
0.30%		0.30%		0.30%	
2015年12月20日		2012年3月30日		2006年5月8日	
	効果		効果		効果
0.270%		0.270%		0.270%	
100.29		100.29		100.29	
0.179%		0.824%		1.961%	
101.07	0.78	95.61	▲4.68	87.29	▲13.00
0.110%		0.684%		1.855%	
101.51	0.44	97.09	1.48	89.17	1.87
0.061%		0.570%		1.788%	
101.67	0.16	98.18	1.10	90.74	1.58
0.033%		0.403%		1.566%	
101.60	▲0.07	99.40	1.21	93.06	2.31
0.035%		0.318%		1.375%	
101.32	▲0.28	99.91	0.51	94.97	1.91

おいても債券は大きな含み損を抱えたままである。

同様に、20年債、30年債で試算したものが図表1－1－45、図表1－1－46である。

20年債では、①のケース、2012年3月のイールドカーブの形状が変わらない場合には、1年後の債券価格は99銭上昇する。したがって1年間保有した場合のトータルリターンは2.79％となる。2年目もロールダウン効果が93銭あるため、トータルリターンは2.73％、以後もロールダウン効果が大きい。

一方、2006年5月に新規に投資をしてイールドカーブが変わらない場合には、イールドカーブがかなりフラットとなっているために、1年目のロール

図表１－１－45　20年債（2035年12月20日満期の債券）のロールダウン効果

ケース		①		②	
	クーポン	1.80%		2.30%	
	想定カーブ	2012年3月30日		2006年5月8日	
			効果		効果
現在	利回り	1.755%		2.280%	
	債券価格	100.67		100.27	
1年後	利回り	1.685%		2.260%	
	債券価格	101.66	0.99	100.53	0.26
2年後	利回り	1.615%		2.240%	
	債券価格	102.59	0.93	100.77	0.24
3年後	利回り	1.544%		2.219%	
	債券価格	103.44	0.86	100.99	0.22
4年後	利回り	1.474%		2.199%	
	債券価格	104.22	0.78	101.19	0.20
5年後	利回り	1.404%		2.179%	
	債券価格	104.91	0.69	101.37	0.17

（注）　計算時点：2015年12月20日
（出所）　Bloomberg L.P.

ダウン効果は26銭にとどまり、トータルリターンは約2.56％である。以後も同様にロールダウン効果が少ない状態が続く。一方利率１％の20年債に投資を行った場合で、④、⑤のケースのように１年後に大きく金利が上昇してそのままのイールドカーブが継続する場合には、債券の時価は大きく下落し、徐々に回復するものの５年後においても2012年３月のイールドカーブを想定した場合、債券の価格は94円99銭、2006年５月並みに大きく跳ね上がった場合には、５年後においても86円67銭程度までしか回復しない。

　30年債の場合には、図表１－１－46のとおりとなる。

　30年債の場合には、2010年３月のイールドカーブを想定した場合でも20年

	③		④		⑤	
	1.00%		1.00%		1.00%	
	2015年12月20日		2012年3月30日		2006年5月8日	
		効果		効果		効果
	0.983%		0.983%		0.983%	
	100.28		100.28		100.28	
	0.900%		1.685%		2.260%	
	101.62	1.34	90.14	▲10.14	83.25	▲17.03
	0.817%		1.615%		2.240%	
	102.87	1.25	91.43	1.28	84.10	0.84
	0.734%		1.544%		2.219%	
	104.02	1.15	92.67	1.24	84.95	0.85
	0.651%		1.474%		2.199%	
	105.06	1.04	93.86	1.19	85.81	0.86
	0.568%		1.404%		2.179%	
	105.97	0.91	94.99	1.13	86.67	0.86

から30年のイールドカーブがよりフラットになっているため、ロールダウン効果は非常に小さくなる一方、金利が大きく上昇した場合の債券時価に対する影響はより大きくなり、時価の回復にもより多くの時間がかかることがわかる。

　10年債に比べると20年債、30年債のクーポンは高くイールドカーブが変わらないならば、図表1－1－45、図表1－1－46でみたようにロールダウン効果も加わり相当高いトータルリターンが期待できること、また日銀の「マイナス金利付き量的・質的金融緩和」によって国債の利回りが残存期間10年超までマイナスとなったことから、最近、地域金融機関においても20年債な

図表1−1−46 30年債（2045年12月20日満期の債券）のロールダウン効果

ケース		①		②	
	クーポン	2.00%		2.50%	
	想定カーブ	2012年3月30日		2006年5月8日	
			効果		効果
現在	利回り	1.940%		2.489%	
	債券価格	101.14		100.19	
1年後	利回り	1.922%		2.468%	
	債券価格	101.46	0.32	100.54	0.35
2年後	利回り	1.903%		2.447%	
	債券価格	101.77	0.31	100.88	0.34
3年後	利回り	1.885%		2.426%	
	債券価格	102.07	0.29	101.20	0.33
4年後	利回り	1.866%		2.405%	
	債券価格	102.35	0.28	101.51	0.31
5年後	利回り	1.848%		2.385%	
	債券価格	102.61	0.26	101.81	0.30

（注） 計算時点：2015年12月20日
（出所） Bloomberg L.P.

ど、より長期の債券への投資が増える傾向が強くなってきている。しかし一方で、非常に大きな金利リスクを抱えていることを忘れてはならないだろう。

(2) NOMURA-BPIのシミュレーションにみる債券運用の期待収益率の低下

次に、日本における債券運用の代表的なベンチマークであるNOMURA-BPIを使って、将来の債券運用収益がどのように推移するのか、考えてみよう。

③		④		⑤	
1.40%		1.40%		1.40%	
2015年12月20日		2012年3月30日		2006年5月8日	
	効果		効果		効果
1.301%		1.301%		1.301%	
102.14		102.14		102.14	
1.269%		1.922%		2.468%	
102.77	0.64	90.29	▲11.85	81.95	▲20.19
1.237%		1.903%		2.447%	
103.38	0.61	90.81	0.52	82.60	0.65
1.206%		1.885%		2.426%	
103.96	0.58	91.33	0.52	83.26	0.66
1.174%		1.866%		2.405%	
104.51	0.55	91.84	0.51	83.92	0.66
1.142%		1.848%		2.385%	
105.02	0.51	92.35	0.51	84.58	0.66

　NOMURA-BPIは、野村證券金融工学研究センターが公表している日本の債券市場全体の動向を反映する投資収益指数（パフォーマンス指数）で、日本の公募債券流通市場全体の動向を表すために開発されたわが国を代表する債券のインデックスであり、年金基金をはじめとする国内外の機関投資家が債券運用のパフォーマンスを評価するための基準となっている。

　NOMURA-BPIにはさまざまな指数が公表されているが、債券市場全体のパフォーマンスを表す総合指数が代表的である。また総合指数も短期（1～3年）、中期（3～7年）、長期（7年超）、長期（7～11年）、超長期（11年超）の各指数が公表されている。一般の金融機関では年金などと違い、ベンチ

マークとの比較を行うことは少ないが、一般的な債券運用のパフォーマンスをみるとき、また将来の債券運用のパフォーマンスを考えるときに役に立つことが多い。

過去15年間（暦年）の実績は図表1－1－47、図表1－1－48のとおりで、この15年間は年間収益率の単純平均で約1.94％、また全期間の収益率を15年間で単純に割った場合、約2.22％となっている。

図表1－1－47　NOMURA-BPI総合指数　（単位：％）

	指数	年間収益率
2000年12月末	276.770	
2001年12月末	285.942	3.31
2002年12月末	295.461	3.33
2003年12月末	293.359	▲0.71
2004年12月末	297.189	1.31
2005年12月末	299.426	0.75
2006年12月末	300.044	0.21
2007年12月末	308.013	2.66
2008年12月末	318.472	3.40
2009年12月末	322.921	1.40
2010年12月末	330.801	2.44
2011年12月末	336.989	1.87
2012年12月末	343.257	1.86
2013年12月末	350.094	1.99
2014年12月末	364.961	4.25
2015年12月末	368.877	1.07
単純平均		1.94
15年間の収益率÷15		2.22

（出所）　野村證券金融工学研究センター、年間収益率は筆者計算

図表１－１－48　NOMURA-BPI総合指数と総合中期指数の推移

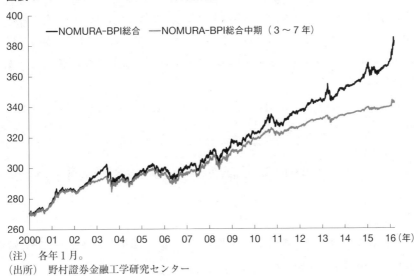

(注)　各年１月。
(出所)　野村證券金融工学研究センター

　NOMURA-BPIは、債券運用における総合収益（トータルリターン）であり、ここ15年間は長期金利が２％を超えることがほぼなく、2006年以降は一貫して金利が低下してきた。VaRショック直後の2003年のトータルリターンはマイナスとなったが、ほぼ一貫して金利が低下してきたために長期金利水準自体の低下にもかかわらずトータルリターンは比較的良好な水準を保っていた。

　つまり金融機関にとって、長期国債などを中心に債券運用を行っていれば、金利収益に加え、購入後ある程度の時間が経過したときに入替売買を行えば相応の売却益を計上することができた。

　しかしながら、長期金利の水準は2008年後半以降、ほぼ1.5％を下回り、2012年以降は１％を下回る水準が続いている。また日銀のマイナス金利政策導入後はマイナス金利が定着しつつある。したがって過去の比較的高い金利の債券は順次償還を迎え、債券投資を継続するならば金利の低い債券に、場合によってはまったく金利収益を生まない債券に入れ替わっていく。

　このNOMURA-BPIを利用して現在の低金利状況が継続した場合に債券運

用のパフォーマンスがどのように推移するか簡単に試算してみよう。債券市場全体のパフォーマンスを表す総合指数と、預金取扱金融機関の債券運用の中心的な運用期間と考えられる中期指数で試算してみる（国債の利回りは現状10年超までマイナス金利となっているが、ある程度の金利のある前提で行うこととする）。

2015年9月末現在、NOMURA-BPIの総合指数のデータは、図表1－1－49のとおりとなっている。

計算を簡単にするためにいくつかの前提を置くこととする。

① イールドカーブの想定……簡略化のため1年0.04％、10年0.4％とし、直線のイールドカーブで試算する期間に金利の変化はないとする。

② 償還割合の想定……総合指数の平均残存年数は8.9年であるが、半年ごとに5％ずつ償還、中期指数は平均残存年数4.76年であるが半年ごとに10％を償還する前提とする。

③ 既保有債券の想定……既組入れ分は、それぞれ1本の債券として計算する。

・総合指数　残存期間9年、クーポン1.2％、時価107.33円
　　　　　　利回り0.36％（イールドカーブの9年ゾーン）
・中期指数　残存期間5年、クーポン1.0％、時価103.96円
　　　　　　利回り0.20％（イールドカーブの5年ゾーン）

④ 新規組入債券の想定……新規組入れ分も1本の債券として次の年限・クーポンを想定し半年ごとに償還と同割合で新たに組み入れる。

・総合指数　年限9年、クーポン0.6％
・中期指数　年限5年、クーポン0.2％

総合指数については2015年9月末時点の総合指数と長期指数のクーポン格差0.24％を上乗せする（総合指数と長期指数はほぼ同じ残存期間、デュレーションであるが、総合指数には、超長期債（11年超）が、28％以上入っており、長期債との利回り格差も勘案する）。

⑤ その他……時価の計算をすべて単利で計算する。

新規組入れ分のローリング効果、利息収入の変化を別々に計算し、その

図表1-1-49　NOMURA-BPIのデータ（2015年9月末）

種類	額面 (兆円)	単価 (円)	残存 (年)	利率 (%)	単利 (%)	複利 (%)	M-Dur	T-spr (bp)	新規組入銘柄の利回り（%）
総合	850.7	106.75	8.9	1.21	0.37	0.38	8.14	3	0.44
短期 （1～3年）	198.5	101.67	1.99	0.86	0.04	0.04	1.98	4	
中期 （3～7年）	255.9	104.21	4.76	0.96	0.09	0.09	4.66	2	0.12
長期 （7～11年）	152.5	106.06	8.67	0.97	0.27	0.28	8.33	3	0.31
超長期 （11年～）	243.9	113.98	19.02	1.89	0.95	0.978	15.85	3	

(注)　1　1983年12月末を100、ただし長期（7-11）は1995年12月末を100。
　　　2　新規組入銘柄は残存期間相当の国債利回り＋スプレッド。
　　　3　2015年9月末現在。
(出所)　野村證券金融工学研究センター

合計で利回りの低下幅を計算する。

計算の結果は、総合指数が図表1-1-50、中期指数が図表1-1-51のとおりである。

想定したイールドカーブが変わらないとすると総合指数の収益率は5年後には0.5%台、中期指数は0.2%にまで落ち込むこととなる。

これらの結果をもとに、NOMURA-BPIの将来の見通しを計算し、過去の指数とつないだものが、図表1-1-52である。また直線は過去からの傾向線（回帰線）を表している。図表1-1-53は半年ごとの総合収益の推移と将来見通しを表している。

このように、債券運用の総合収益は中期指数はもちろん、総合指数においても大きく低下していく。特に、総合指数は最近の超長期国債の増発を受け、11年超の超長期債の割合が30%近くとなっていることに注意しなければならない。一般の預金取扱金融機関においては超長期債への投資割合はそれほど大きくないし、まったく投資を行っていない金融機関も多いため、収益の落込みは総合指数の低下よりも大きいと考えられる。また、足元は日銀の

図表1-1-50　総合指数シミュレーション結果

経過年数	試算後	半年収益率（%）	年率（%）
0.0	365.2350		
0.5	366.6375	0.3840	0.7680
1.0	367.9922	0.3695	0.7390
1.5	369.3004	0.3555	0.7110
2.0	370.5376	0.3350	0.6700
2.5	371.7381	0.3240	0.6480
3.0	372.9054	0.3140	0.6280
3.5	374.0428	0.3050	0.6100
4.0	375.1537	0.2970	0.5940
4.5	376.2229	0.2850	0.5700
5.0	377.2744	0.2795	0.5590

（出所）　試算は筆者

図表1-1-51　総合中期指数シミュレーション結果

経過年数	試算後	半年収益率（%）	年率（%）
0.0	339.0200		
0.5	339.6946	0.1990	0.3980
1.0	340.3061	0.1800	0.3600
1.5	340.8608	0.1630	0.3260
2.0	341.3448	0.1420	0.2840
2.5	341.8056	0.1350	0.2700
3.0	342.2158	0.1200	0.2400
3.5	342.5991	0.1120	0.2240
4.0	342.9622	0.1060	0.2120
4.5	343.3121	0.1020	0.2040
5.0	343.6554	0.1000	0.2000

（出所）　試算は筆者

図表1-1-52 NOMURA-BPI将来推移予想（総合指数、総合中期指数）

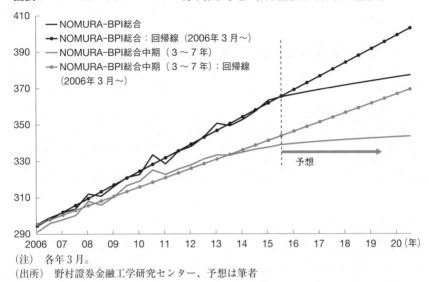

(注) 各年3月。
(出所) 野村證券金融工学研究センター、予想は筆者

図表1-1-53 NOMURA-BPI総合収益（トータルリターン）の推移と見通し

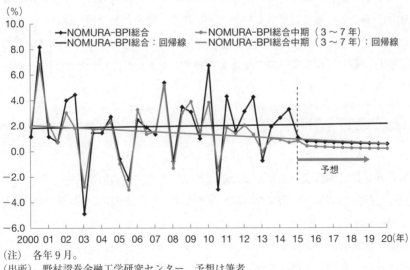

(注) 各年9月。
(出所) 野村證券金融工学研究センター、予想は筆者

マイナス金利政策の影響から将来の収益の落込みがもっと大きくなることは間違いない。

③ 資金運用の多様化・高度化の必要性

このように、現在の低金利もしくはマイナス金利が続くならば、国内債券運用の期待収益率は大きく低下していくため、地域金融機関で資金運用を国内債券中心に行っている場合、収益率の低下は必至である。

2015年３月決算においてすでに総資金利鞘がマイナスに陥っている地域金融機関も出てきている。これは日本銀行の異次元の金融緩和による市場金利の低下、および大幅な資金余剰によって貸出金金利の低下とともに有価証券利回りも大きく低下した影響が顕著に出てきていると考えられる。資金調達原価である預金金利はこれ以上下がらないところまで低下してきており、さらに「マイナス金利付き量的・質的金融緩和」の導入の影響が本格的に出てきた場合、貸出金利の低下や有価証券利回りの大幅な低下が必至であり、経営に大きな影響が出てくること間違いない。そのため資金運用を多様化・高度化することは避けて通れないと考えられる。従来どおり国内債券のみに依存した資金運用を続けることは、国内金利リスクに偏った運用を続けることとなり、まさに新たなリスクをとらないリスクが生じる可能性が高いといえるだろう。

図表１－１－54は過去約10年の各種資産カテゴリーごとのリスクリターンの実績をプロットしたものである。また図表１－１－55は各資産ごとのリターン実績を年ごとにランキングしたものである。国内債券はリターン、リスクともに２％程度であり、また年ごとのリターンの変動は大きくない。資金運用収益の増加を目指すならばリスクが高くなるものの、高い収益が期待できる資産へリスクをコントロールしつつ運用をシフトしていかざるをえないことは明らかであろう。

これは第２章第１節２でみるように「平成27事務年度金融行政方針」において、金融機関自身の資産運用の高度化が重点施策の１つとなったことからもうかがえるのではないか。

図表1-1-54 さまざまな金融商品のリスクリターンの比較

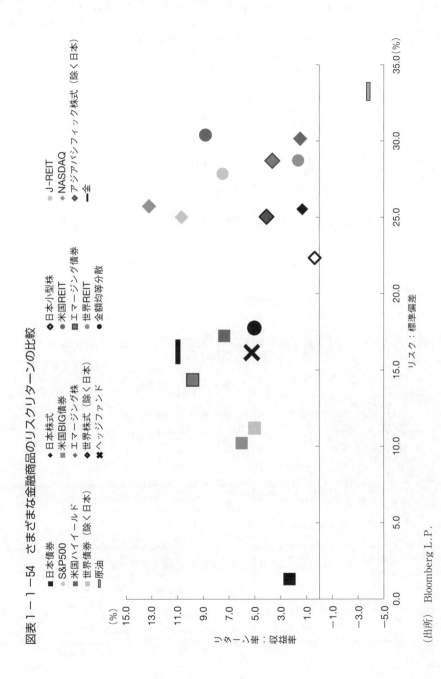

(出所) Bloomberg L.P.

図表1-1-55 さまざまな資産クラスの年次収益率ランキング

ランク	2006年		2007年		2008年		2009年		2010年	
1	米国REIT	37.0	原油	47.6	日本債券	3.4	原油	82.6	J-REIT	34.1
2	世界REIT	34.5	エマージング株	28.1	米国BIG債券	▲13.2	エマージング株	79.1	金	13.0
3	エマージング株	30.6	アジアパシフィック株式(除く日本)	25.1	金	▲14.2	アジアパシフィック株式(除く日本)	72.8	米国REIT	10.7
4	アジアパシフィック株式(除く日本)	30.4	金	22.9	世界債券(除く日本)	▲15.5	米国ハイイールド	48.3	世界REIT	2.8
5	J-REIT	28.8	世界債券(除く日本)	4.5	エマージング債券	▲28.4	NASDAQ	47.7	日本債券	2.4
6	金	24.5	金額均等分散	3.3	日本小型株	▲32.0	米国REIT	34.3	日本小型株	2.0
7	世界株式(除く日本)	21.0	ヘッジファンド	3.2	ヘッジファンド	▲34.3	世界株式(除く日本)	33.4	NASDAQ	1.9
8	S&P500	17.1	NASDAQ	3.1	米国ハイイールド	▲38.3	エマージング債券	32.2	金額均等分散	1.9
9	金額均等分散	15.4	日本債券	2.7	日本株式	▲40.6	S&P500	29.8	エマージング株	1.5
10	ヘッジファンド	14.1	世界株式(除く日本)	2.0	金額均等分散	▲41.1	金額均等分散	29.3	日本株式	1.0
11	エマージング債券	11.5	米国BIG債券	0.6	J-REIT	▲48.6	世界REIT	28.4	原油	0.4
12	NASDAQ	10.7	エマージング債券	▲0.6	S&P500	▲48.9	金	27.6	S&P500	0.3
13	世界債券(除く日本)	10.0	S&P500	▲1.0	米国REIT	▲51.4	ヘッジファンド	23.1	アジアパシフィック株式(除く日本)	0.2
14	米国ハイイールド	9.1	J-REIT	▲3.1	NASDAQ	▲51.8	米国BIG債券	7.8	米国ハイイールド	▲1.8
15	米国BIG債券	5.5	米国ハイイールド	▲3.9	世界株式(除く日本)	▲54.0	日本株式	7.6	エマージング債券	▲2.1

(単位：%)

2011年		2012年		2013年		2014年		2015年	
金	4.4	J-REIT	41.0	NASDAQ	67.9	米国REIT	44.7	日本株式	12.1
原油	2.5	米国REIT	34.1	S&P500	60.7	世界REIT	34.6	日本小型株	11.3
エマージング債券	2.4	アジアパシフィック株式（除く日本）	33.8	日本株式	54.4	J-REIT	29.7	NASDAQ	6.1
米国BIG債券	2.3	エマージング債券	33.8	世界株式（除く日本）	50.6	S&P500	29.3	米国REIT	2.5
日本債券	1.9	世界REIT	33.4	日本小型株	45.1	NASDAQ	29.0	S&P500	1.8
米国REIT	0.5	S&P500	30.8	J-REIT	41.1	エマージング債券	22.4	エマージング債券	1.2
米国ハイイールド	0.4	NASDAQ	30.7	ヘッジファンド	32.5	米国BIG債券	20.5	日本債券	1.1
世界債券（除く日本）	0.2	エマージング株	29.9	原油	30.1	世界株式（除く日本）	18.0	米国BIG債券	0.9
S&P500	▲3.2	米国ハイイールド	28.8	米国ハイイールド	28.6	ヘッジファンド	17.1	ヘッジファンド	▲0.7
金額均等分散	▲5.9	世界株式（除く日本）	28.5	金額均等分散	25.0	金額均等分散	16.6	世界REIT	▲2.4
NASDAQ	▲6.9	金額均等分散	23.9	米国REIT	23.5	世界債券（除く日本）	16.4	金額均等分散	▲2.7
世界REIT	▲7.6	日本株式	20.9	世界債券（除く日本）	22.7	米国ハイイールド	16.2	世界株式（除く日本）	▲3.3
日本小型株	▲7.8	金	20.8	アジアパシフィック株式（除く日本）	22.0	アジアパシフィック株式（除く日本）	13.5	世界債券（除く日本）	▲4.5
ヘッジファンド	▲10.2	世界債券（除く日本）	20.4	世界REIT	20.2	金	12.1	米国ハイイールド	▲4.7
世界株式（除く日本）	▲11.5	ヘッジファンド	20.0	米国BIG債券	18.9	日本小型株	11.8	J-REIT	▲4.8

第1章　地域金融機関の経営環境の変化と課題

ランク	2006年		2007年		2008年		2009年		2010年	
16	日本株式	3.0	日本株式	▲11.1	世界REIT	▲58.0	世界債券（除く日本）	7.4	ヘッジファンド	▲3.9
17	原油	1.1	日本小型株	▲16.4	アジアパシフィック株式（除く日本）	▲62.1	J-REIT	6.2	世界株式（除く日本）	▲4.8
18	日本債券	0.2	世界REIT	▲20.0	原油	▲62.3	日本小型株	2.6	米国BIG債券	▲7.3
19	日本小型株	▲12.2	米国REIT	▲23.2	エマージング株	▲63.1	日本債券	1.4	世界債券（除く日本）	▲12.7

(注) 1 各資産クラスの代表的なインデックスをもとに筆者作成。
　　 2 ドルベースの指数はすべて円ベースに換算。
(出所) Bloomberg L.P.

2011年	2012年	2013年	2014年	2015年
日本株式 ▲17.0	日本小型株 19.0	エマージング株 15.4	日本株式 10.3	金 ▲10.1
J-REIT ▲22.2	米国BIG債券 17.6	エマージング債券 13.6	エマージング株 8.5	アジアパシフィック株式（除く日本）▲11.6
アジアパシフィック株式（除く日本）▲22.2	原油 4.8	日本債券 2.0	日本債券 4.2	エマージング株 ▲16.7
エマージング株 ▲24.5	日本債券 1.9	金 ▲12.9	原油 ▲38.4	原油 ▲30.2

第2章

地域金融機関の資金運用高度化のために

第1節　資金運用の高度化とは

1　資金運用の高度化とは

　資金運用を行っている投資家は個人投資家から、中小の金融機関や地域銀行、メガバンク、生命保険会社や年金基金、非営利法人である財団法人や社団法人、宗教法人や学校法人、一般の事業会社からソブリン・ウェルス・ファンドと呼ばれる、アブダビ投資庁やノルウェー政府年金基金など政府系の世界的な規模で投資を行っている大手の機関投資家までさまざまである。また、ソブリン・ウェルス・ファンドではないが130兆円にのぼる年金積立金の運用を行っている年金積立金管理運用独立行政法人（GPIF）のような組織もある。

　したがって、ひと口に資金運用の高度化といってもそれぞれの投資家によってそのもつ意味合いは異なるであろう。しかしながら資金運用の高度化を行う方法を大きく分類すれば、①運用対象商品の高度化、②運用方法や運用技術の高度化、③運用対象の地域の高度化、等のように分類することができるだろう。

(1)　運用対象商品の高度化

　世界の金融市場に存在する運用対象となる商品は非常に多岐にわたる。運用商品の伝統的4資産といわれるのは国内株式、海外株式、国内債券、海外債券であるが、たとえば図表1－2－1にみるように、伝統的4資産に加えて不動産、商品、デリバティブなど非常に複雑多岐にわたる。

　また伝統的4資産の1つに分類される株式であっても、未公開株式やプライベートエクイティ、新興市場株、債券でも新興国債券やハイイールド債、劣後債など、従来の伝統的資産以外と考えられる投資資産も存在する。また、さまざまな金融商品に投資する器としての、投資信託やETF、ヘッジ

図表1-2-1　投資商品一覧

大区分	地域他	明細	具体的投資商品例
流動性商品	国内	預金・預け金	普通預金、定期預金
		MMF	MMF
	海外	外貨預金	普通預金、定期預金
		外貨MMF	外貨MMF
債券	国内	公共債	国債、政府保証債、政府関係機関債、地方債、その他
		事業債	社債、銀行社債、投資法人債
		証券化商品	ABS（ローン、売掛債権、リース・クレジット債権）、MBS（CMBS（商業用不動産）、RMBS（住宅ローン））
		その他	転換社債、劣後債、仕組債
	海外	国際機関債	世界銀行、アジア開発銀行
		先進国	国債、地方債、政府機関債
			事業債、ハイイールド債
			ABS、MBS（CMBS、RMBS）、CDO（CBO、CLO）
			劣後債、転換社債、仕組債
		新興国	国債、その他
株式	国内	普通株	東証上場株
		新興市場株	東証マザーズ、店頭
		その他	優先株、優先出資証券
			未公開株、プライベートエクイティ、ベンチャーキャピタル
	海外	先進国	普通株、優先株
			新興市場
			プライベートエクイティ、ベンチャーキャピタル、ワラント

大区分	地域他	明細	具体的投資商品例	
		新興国	エマージング	
			フロンティア	
不動産	国内	J-REIT	住宅、オフィス等	
	海外	米国REIT	住宅、オフィス等	
		その他REIT	豪州、欧州、アジア	
	内外	その他	(CMBS)、私募ファンド、受益権	
その他		商品	金、原油等	商品ファンド、CFD
		デリバティブ	先物	株価指数先物、国債先物
			オプション	株価指数オプション、株式オプション、金利オプション
			スワップ	金利スワップ、通貨スワップ、金利キャップ・フロア
		クレジット	CDS	ソブリンCDS、個別企業CDS
		保険		CATボンド、生命保険買取市場
		ヘッジファンド		シングルストラテジー、マルチストラテジー、FoHF
		ETF		株式、債券、商品、REIT、その他
		投資信託		公募投信、私募投信、海外投信
		その他		仕組預金、仕組貸出、バンクローン、プロジェクトファイナンス、航空機・船舶リース、VIX指数

(出所) 諸資料より筆者作成

ファンドなどもある。

　当然ながら、それぞれの金融機関の運用方針やリスクテイク方針、また、新たな投資商品について事務処理対応やリスク管理が可能かどうか、などによってはすべての運用商品を投資対象とすることは不可能であるが、いままで投資していなかった新たな金融商品等に投資対象を広げることにより、資金運用の高度化を図ることができる。

また、投資対象を広げるときには、いわゆるポートフォリオ効果などの投資理論（現代ポートフォリオ理論、MPT）の理解に基づき、アセットアロケーション、アセットミックスの見直しを進め、効率的フロンティアを意識し、分散投資を行い、より効率的なポートフォリオを組成することによって、リスクを抑えて収益の向上を図ることができるであろう。

　一方、近年はリーマンショックの時にみられたように、世界の資本市場の相関関係が強くなり、以前よりは分散投資の効果が小さくなっている傾向にはあるが、まったくなくなっているわけではなく、また現代ポートフォリオ理論にかわる有効な投資理論がほかにないことを考えても、相当程度は分散投資によって効率的なポートフォリオをつくることができるであろう。

(2) 運用方法・運用技術の高度化

　アセットアロケーションを見直し、さまざまな資産への分散投資を進めることによってより効率的な運用を行い、リスクを減らし収益性を市場平均並みに高めるという運用商品の高度化に加え、さまざまな運用方法や運用技術を駆使して、ポートフォリオ運用やトレーディング運用において市場平均以上の収益を目指すのが運用方法・運用技術の高度化である。

　いわゆるパッシブ運用とアクティブ運用という区分に着目すれば、アクティブ運用に当たる。

　従来からある典型的なものとしての割安株投資（バリュー投資）や成長株投資（グロース投資）などのほか、たとえば、株式・債券運用やヘッジファンド運用において採用されるさまざまな戦略がある。一例をあげれば、

- 「レラティブバリュー戦略」……市場のミスプライスに着目する戦略
- 「ディレクショナル戦略」……中長期的なトレンドをとらえる戦略
- 「イベント戦略」……決算発表や経済指標発表などのイベントに対する投資家の反応などに着目する戦略
- 「マーケットプレミアム戦略」……中長期的なリスクプレミアムが優位にある市場に投資する戦略

等があげられよう。

また市場が必ずしも効率的であるとは限らない市場の非効率性、いわゆるアノマリーに着目する運用方法もある。たとえば高配当株や中小型株の優位性に着目する戦略などである。

　さらにクオンツ運用もある。クオンツ運用は株式や金利、為替などのマーケットデータや経済統計データをコンピュータで高度な数学的手法や数理モデルを用いた分析を行い、つくられたモデルによる投資戦略に従って運用する方法である。

　しかしながら、このようにして運用方法や運用技術の高度化を行うには、さまざまな経営資源特に人的資源の投入とともにさまざまなデータを分析するシステムなどが不可欠である。つまり市場の平均以上の収益を目指すには多数のより優秀な人材、高度なシステムが必要不可欠であり、地域金融機関特に中小金融機関においてはハードルが高いと考えられる。

(3) 運用対象地域の高度化

　資産運用のグローバル化が進むなかで、地域金融機関では国内での運用が中心となっており、国際分散投資が進展しない状況、つまり投資におけるいわゆる「ホームカントリーバイアス」、なんらかの理由により海外投資に対して慎重となって国内資産への投資に偏ってしまうのと同様の傾向が強いといえるだろう。

　この原因についてはいろいろと分析されているが、海外投資を行うにあたっての情報入手の困難さ、近年傾向的に円高が続いていた為替リスクの問題、言語の問題、心理的な抵抗感などがあるのではないかといわれている。

　しかしながらたとえば、世界の債券市場をみると、第2部第2章第1節図表2－2－2にあるように、時価総額は約96兆6,520億ドルで、米国が全体の約35％を占め、日本は国債が大量に発行されていることもあって米国に次いで世界第2位で約11.3％を占めている（出所：BIS Quarterly Review March 2015）。

　また株式市場をみると、世界の株式市場の時価総額は第2部第3章第1節図表2－3－4のように、58兆6,897億ドルであるが、米国市場が21兆9,619

億ドルと世界の約37.4％とやはり第１位となっており、バブル期には日本が世界第２位の市場であったが、近年その地位は大きく低下し、直近では４兆6,367億ドルと世界の約7.9％と中国の５兆2,085億ドル、約8.9％に次いで第３位に後退している（出所：Bloomberg L.P.）。

　世界的にみて日本の地位、マーケットシェアが低下しつつある状況、日本銀行による量的・質的金融緩和に加えて2016年２月からスタートしたマイナス金利「マイナス金利付き量的・質的金融緩和」の導入によって国債の利回りが残存期間10年超までマイナスになる（2016年５月末現在）など、国内債券市場の期待収益率がいっそう大きく低下し、将来の金利上昇リスクがますます高まっていることをかんがみれば、資金運用をより高度化していくためには、さまざまな困難さはあるが国際的な分散投資が不可欠といえる状況になってきているのではないか。

　日本経済にとっては大きな重荷である人口減少・高齢化が進んでいくなかで大手企業やメガバンクは海外展開や海外融資に活路を見出した事業展開を進めているが、地域金融機関は地域の活性化に大きな役割を担っているものの、地域において融資を中心にした運用を飛躍的に拡大することは非常にむずかしい状況であることは間違いない。

　またすでにみたように、世界の資金運用市場、特に株式市場においては日本の占める割合が大きく低下してきている。このようななかで地域金融機関としても資金運用の対象を世界に向けていく必要があるだろう。また、先進国も一部を除けば日本と同様人口減少・高齢化が進むと予想されるなか、将来にわたって世界経済の成長をけん引する新興国の役割も大きく、一時的な混乱が起こることは今後もあると考えられるが、その成長性を考えれば、ボラティリティが高い点については、十分に注意していく必要があるものの、魅力的な投資対象の１つとして検討すべきであろう。

(4) 現代ポートフォリオ理論による効率的な分散投資

　資金運用における理論、現代ポートフォリオ理論は、すでにできあがってからかなりの時間が経ち、特に完全市場の仮定、合理的に行動する人間の仮

定についての疑問、一定のアノマリーの存在、行動経済学などの新しい理論展開など、さまざまな問題が提起されているものの、これにかわる理論がないこと、また完全にではないにしろ、いろいろなことを相当程度十分に説明が可能であることから現代ポートフォリオ理論に沿ったポートフォリオ運用を実行する意義は十分にあると考えられる。したがって平均分散アプローチや、リスクリターンの最適化、効率的なアセットアロケーション運用などを意識した運用が重要であることは間違いない。

a　期待収益率とリスク

期待収益率は期待リターンともいわれ、投資対象資産から将来期待できる収益率（リターン）をいう。将来のリターンを予想することはむずかしいため、過去の実績値から推定することや、さまざまな前提条件のもとで予想される収益率とその確率をもとに実現が見込まれる収益率として計算される。

過去の実績値から計算する場合にはどの程度の期間から計算するのか、全体の経済状況が大きく変わっている場合、はたして妥当性があるのかなどの問題がある。

また、最近広く使われている方法にビルディングブロック法がある。これは「各資産の期待リターンがいくつかの要素から構成されていると考え、個々の要素に対応した期待リターン（リスクプレミアム）を積み重ねて資産ごとの期待リターンを求める方法」である（証券分析・投資運用用語辞典：日本証券アナリスト協会編2012年12月）。ビルディングブロック法によればただ単に過去の実績値から計算するのではなく、将来の経済予測やさまざまな市場の予測データをもとにして計算に工夫をするため、より納得性の高い期待リターンの推定ができる。

リスクは、資金運用については通常「リターンの不確実性ないしは変動性」「投資収益率のばらつき」のことをいい、たとえば無リスク資産といわれる固定利付きの国債は、基本的にはデフォルトのリスクがなく、利子の支払期日には必ず利子が支払われ、償還期日には元本の償還が行われる（ただし、デフォルトのリスクはないが債券としての時価、価格変動リスクは当然内包している）。一方、株式投資については、その配当金は企業の収益に依存

し、普通株式では償還期日は定められておらず、現金化するためには市場で売却するほかない。また企業が倒産したときには社債、借入金その他の債務に劣後し、現金で回収できる可能性は相当低くなるため、債券などと比べればリスクは高いといえる。リスクは標準偏差で表され、分散（個々の値（リターン）と平均値との偏差（ズレ）の2乗の総和をデータ数で割ったもの）の平方根である。

現代ポートフォリオ理論では、一般的に、リスクの低い資産は期待リターンが低く、リスクの高い資産は期待リターンが高い。

またリスクは、分散投資を行うことによって減らすことができ、合理的な投資家、効率的な運用を目指す投資家はリスク回避的、つまりできるだけ少ないリスクで高いリターンを目標として運用を行う必要がある。

b 分散・標準偏差

分散投資の効果をみてみよう。一般的には2つの証券の分散投資効果は、図表1－2－2のような図で表され、多数の証券からなるポートフォリオの投資機会集合をもとに、効率的フロンティア（図表1－2－3）の曲線が描かれる。

実際のマーケットで取引されている証券でみた場合、分散投資の効果はどうであろうか。ここでは、国内債券と海外債券の組合せによる分散投資の例で実際のインデックスデータをもとに考えてみよう。

国内債券と海外債券のそれぞれ代表するインデックスを使って検証してみることとする。国内債券は「NOMURA-BPI総合」、海外債券は「Citi世界国債インデックス（除く日本・円ベース）」、また新興国債券は「JPMorgan EMBI Global Core」をそれぞれ利用する。平均収益率は通算の収益率の1年平均とする。また、リスクはそれぞれの指数の毎週の終値を利用し、毎週末の指数と53週前の指数を比較しそれを年間の収益率とし、毎週末に計算されたすべての収益率をもとに標準偏差として計算する。

また国内債券と海外債券の組合せを5％刻みで21通りで分散投資をした場合のそれぞれの収益率とリスク（標準偏差）を計算した。

図表1−2−2 2証券の投資機会集合

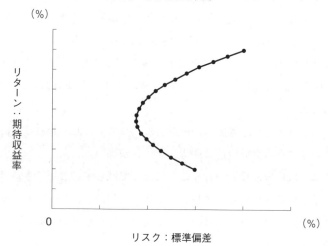

(出所) 諸資料より筆者作成

図表1−2−3 多数証券の投資機会集合と効率的フロンティア

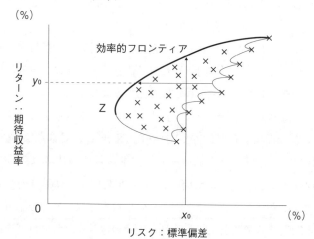

(出所) 諸資料より筆者作成

(a) 日本債券と海外債券

図表1−2−4、および図表1−2−5は、2005年から2015年12月末までの期間で計算した結果である。国内債券100％の場合、1年当り平均収益率は2.18％、リスク、標準偏差は1.31％でまたそれぞれのプロットは5％ずつの刻みでグラフのいちばん右上が海外債券100％で、1年当り平均収益率6.00％、リスクが10.85％である。国内債券ポートフォリオに海外債券を5％組み合わせると、リターンは2.36％と0.18％アップするが、リスクは、1.29％となり、0.02％だけわずかに減少する。海外債券の組入比率を10％にアップすると、収益率は2.54％になって国内債券のみの場合よりも0.36％上昇するが、リスクである標準偏差は1.49％と0.18％しか上昇しない。

またリスクリターン全体をつなげた曲線は、左上に凸となりポートフォリオの分散投資の効果が発揮されていることがわかる。

図表1−2−4　国内債券と海外債券の組合せによる分散投資効果（2005〜2015年）

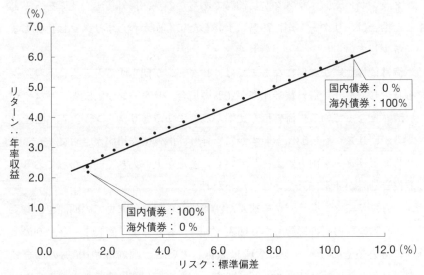

（注）　2005〜2015年12月まで。
　　　国内債券：NOMURA-BPI総合
　　　海外債券：Citi世界国債インデックス（除く日本・円ベース）
（出所）　Bloomberg L.P.

図表1−2−5　分散投資効果の検証（海外債券割合を徐々に増加させる）

(単位：%)

	0%	5%	10%	15%	20%	25%	30%	35%	40%	45%	50%
収益率平均	2.18	2.36	2.54	2.72	2.91	3.09	3.27	3.46	3.65	3.84	4.03
標準偏差	1.31	1.29	1.49	1.83	2.26	2.73	3.22	3.73	4.25	4.78	5.32
	55%	60%	65%	70%	75%	80%	85%	90%	95%	100%	
収益率平均	4.22	4.41	4.60	4.80	4.99	5.19	5.39	5.59	5.79	6.00	
標準偏差	5.85	6.40	6.94	7.49	8.04	8.60	9.16	9.72	10.28	10.85	

(注)　2005〜2015年12月まで。
(出所)　Bloomberg L.P.

　しかしながら、分散投資の効果は必ずしも安定的なわけではなく、マーケット状況によっては大きく変化する可能性がある。たとえば、まったく同じ国内債券と海外債券の組合せであるが、2005年から2008年3月までの期間でリーマンショック前のマーケットが非常に順調に推移した時期で計算したのが図表1−2−6および図表1−2−7である。国内債券100％の場合のリターンが1.55％、リスクが1.73％であったのが、海外債券の比率を5％とした場合は、リターンが1.79％に上昇したにもかかわらずリスクは1.66％まで減少している。

　海外債券比率が20％になるまでは、リターンが向上するとともに、リスクも減少しており、海外債券比率が20％の場合、リターンが2.50％、リスクが1.57％となっている。海外債券比率が25％になるとリターンが2.75％と上昇するが、リスクも1.58％とわずかに上昇し、海外債券比率がさらに上がるとリスクとリターン両方が上昇していく。また左上に大きく凸になっており分散投資効果が非常に大きいことがわかる。

　一方、リーマンショックを挟んだ2008年から2011年末までの期間で計算すると、大幅な円高の影響もあり図表1−2−8、および図表1−2−9のように海外債券のリターンは大幅に悪化している。国内債券100％の場合リターンが2.35％、リスクが0.96％であったものが、海外債券の大幅なリターンの悪化により、海外債券比率を5％とした場合に、収益率が1.90％と大幅に下がった一方、リスクは0.95％と0.96％からわずかに減少している。海外

図表 1 − 2 − 6　国内債券と海外債券の組合せによる分散投資効果（2005〜2008年）

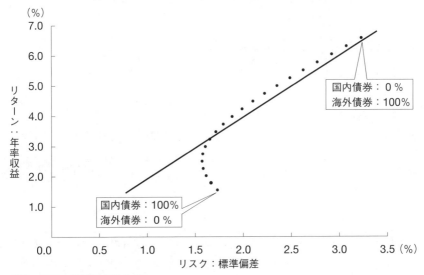

（注）　2005〜2008年3月まで。
　　　国内債券：NOMURA-BPI総合
　　　海外債券：Citi世界国債インデックス（除く日本・円ベース）
（出所）　Bloomberg L.P.

図表 1 − 2 − 7　分散投資効果の検証（海外債券割合を徐々に増加させる）

（単位：％）

	0 %	5 %	10%	15%	20%	25%	30%	35%	40%	45%	50%
収益率平均	1.55	1.79	2.02	2.26	2.50	2.75	2.99	3.23	3.48	3.73	3.98
標準偏差	1.73	1.66	1.62	1.58	1.57	1.58	1.61	1.65	1.72	1.79	1.88
	55%	60%	65%	70%	75%	80%	85%	90%	95%	100%	
収益率平均	4.23	4.49	4.74	5.00	5.26	5.52	5.78	6.05	6.31	6.58	
標準偏差	1.99	2.10	2.22	2.35	2.49	2.63	2.77	2.92	3.07	3.23	

（注）　2005〜2008年3月まで。
（出所）　Bloomberg L.P.

　債券100％の場合にはリターンが▲5.45％、リスクが6.99％とリターンは大きく減少し、リスクは大幅に増加している。
　しかしながら、もし海外債券のサイドからみれば、海外債券に100％投資していた場合よりは、国内債券を組み合わせているほうがリターンの悪化は

図表1−2−8　国内債券と海外債券の組合せによる分散投資効果（2008〜2011年）

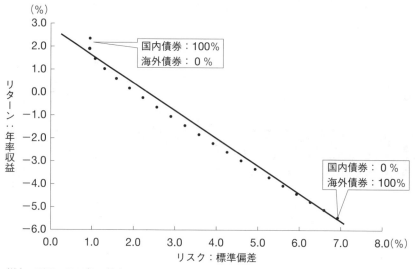

（注）　2008〜2011年12月まで。
　　　　国内債券：NOMURA−BPI総合
　　　　海外債券：Citi世界国債インデックス（除く日本・円ベース）
（出所）　Bloomberg L.P.

図表1−2−9　分散投資効果の検証（海外債券割合を徐々に増加させる）

（単位：％）

	0％	5％	10％	15％	20％	25％	30％	35％	40％	45％	50％
収益率平均	2.35	1.90	1.46	1.03	0.60	0.18	▲0.23	▲0.64	▲1.04	▲1.44	▲1.83
標準偏差	0.96	0.95	1.09	1.32	1.61	1.92	2.25	2.59	2.93	3.27	3.61
	55％	60％	65％	70％	75％	80％	85％	90％	95％	100％	
収益率平均	▲2.22	▲2.60	▲2.97	▲3.34	▲3.70	▲4.06	▲4.42	▲4.76	▲5.11	▲5.45	
標準偏差	3.96	4.30	4.64	4.98	5.32	5.66	5.99	6.33	6.66	6.99	

（注）　2008〜2011年12月まで。
（出所）　Bloomberg L.P.

少なく、リスクも低くなっており、分散投資の効果があったといえる。
　さらに最近の状況をみておこう（図表1−2−10、図表1−2−11）。2012年から2015年末までのデータで計算した。国内債券のみの場合、収益率は2.34％、リスクは0.77％となっているが、海外債券を5％組み入れた場合、

図表 1 − 2 −10　国内債券と海外債券の組合せによる分散投資効果（2012～2015年）

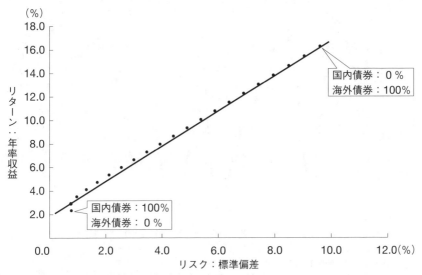

（注）　2012～2015年12月まで。
　　　　国内債券：NOMURA-BPI総合
　　　　海外債券：Citi世界国債インデックス（除く日本・円ベース）
（出所）　Bloomberg L.P.

図表 1 − 2 −11　分散投資効果の検証（海外債券割合を徐々に増加させる）

（単位：％）

	0 %	5 %	10%	15%	20%	25%	30%	35%	40%	45%	50%
収益率平均	2.34	2.93	3.52	4.12	4.74	5.36	6.00	6.64	7.30	7.98	8.66
標準偏差	0.77	0.75	0.96	1.30	1.69	2.11	2.55	3.00	3.46	3.93	4.40
	55%	60%	65%	70%	75%	80%	85%	90%	95%	100%	
収益率平均	9.36	10.07	10.80	11.54	12.29	13.06	13.84	14.64	15.46	16.30	
標準偏差	4.89	5.38	5.88	6.38	6.90	7.42	7.95	8.49	9.04	9.60	

（注）　2012～2015年12月まで。
（出所）　Bloomberg L.P.

収益率が2.93％にアップしているがリスクは0.75％とわずかに減少している。海外債券の比率を増やすと収益率もリスクも増加していくが、国内債券に少し海外債券を組み合わせると収益率が向上するにもかかわらずリスクが減っていることがわかる。

図表1-2-12 国内債券と海外債券の相関関係の時系列推移

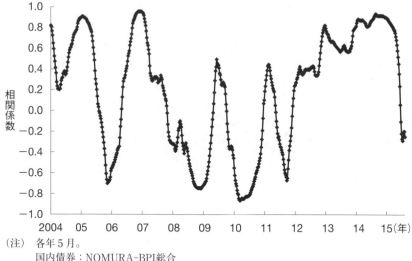

（注） 各年5月。
　　　国内債券：NOMURA-BPI総合
　　　海外債券：Citi世界国債インデックス（除く日本・円ベース）
（出所） Bloomberg L.P.

　最後に各週末ごとに、それぞれ過去1年間の国内債券と海外債券の相関係数を計算した結果の時系列推移のグラフをみておく（図表1-2-12）。相関および相関係数については、第4章第3節3に詳しく説明してあるので参照いただきたい。
　このようにカテゴリーが同じ債券であっても、相関関係は時期によって大きく異なり、完全な相関に近い時期もあればほとんど逆相関に近い時期もある。分散投資の効果は相関関係次第で大きく異なってくる。しかし全体としてみれば順相関である時期が多いことがわかる。
　このように相関関係は常に安定しているとは言いがたいのが通常である。したがって分散投資を決定するときには過去の相関がどうなっているかに加え将来相関関係が変わらないのか、それとも大きく変化する可能性があるのかをよく分析し、必要に応じ資産構成割合も、組換えを検討する必要がある。
　また、別のかたちで分散投資による収益への効果、リスク状況をみたの

図表1−2−13 分散投資(国内債券と海外債券)による収益率の推移(週次で年率換算)

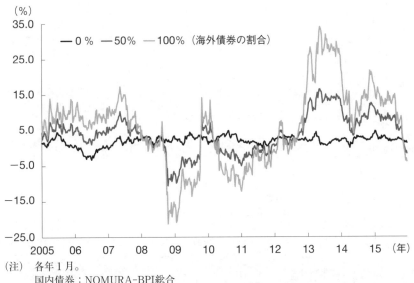

(注) 各年1月。
国内債券:NOMURA-BPI総合
海外債券:Citi世界国債インデックス(除く日本・円ベース)
(出所) Bloomberg L.P.

が、図表1−2−13である。

各グラフは国内債券100%、海外債券100%、国内債券と海外債券を50%ずつ組み合わせた場合の、週次で計算した過去1年間当りの収益率の推移である。国内債券のみの場合には収益率がマイナスになっている間はわずかであるが海外債券100%の場合には非常に長い期間マイナスになっている。また最大のマイナス幅は国内債券の場合には3%程度であるに対し海外債券のみの場合にはマイナス幅は20%超えている。それぞれ均等に分散投資することによって国内債券のみの場合と比べ収益率も大きく上がって、かつ安定しマイナスになる期間、マイナス幅も、海外債券100%と比べ、大きく改善している。

(b) 国内債券と新興国債券

次に、2005年から2015年12月までの期間で国内債券と新興国債券の組合せ

図表1−2−14 国内債券と新興国債券(円換算ベース)の組合せによる分散投資効果(2005〜2015年)

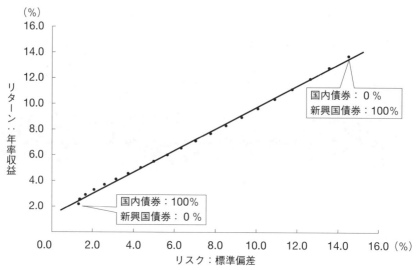

(注) 2005〜2015年12月まで。
国内債券:NOMURA-BPI総合
新興国債券:JPMorgan EMBI Global Core(円換算ベース)
(出所) Bloomberg L.P.

図表1−2−15 分散投資効果の検証(新興国債券割合を徐々に増加させる)

(単位:%)

	0%	5%	10%	15%	20%	25%	30%	35%	40%	45%	50%
収益率平均	2.18	2.54	2.91	3.30	3.71	4.13	4.57	5.03	5.51	6.01	6.54
標準偏差	1.31	1.37	1.65	2.07	2.58	3.14	3.73	4.34	4.98	5.65	6.33
	55%	60%	65%	70%	75%	80%	85%	90%	95%	100%	
収益率平均	7.10	7.68	8.30	8.95	9.63	10.36	11.12	11.94	12.80	13.72	
標準偏差	7.03	7.76	8.51	9.28	10.07	10.90	11.75	12.63	13.54	14.50	

(注) 2005〜2015年12月まで。
(出所) Bloomberg L.P.

によるものが、図表1−2−14および図表1−2−15である。

　国内債券100%の場合にはリターンが2.18%、リスクが1.31%であったが、新興国債券の割合を5%とするとリターンは2.54%と増加するが、リスクも1.37%とわずかに増加する。新興国債券100%の場合にはリターンが

図1−2−16　国内債券と新興国債券（円換算ベース）の組合せによる分散投資効果（2005〜2008年）

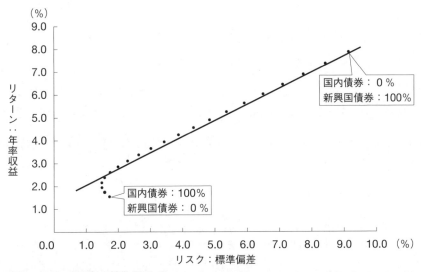

（注）　2005〜2008年3月まで。
　　　　国内債券：NOMURA-BPI総合
　　　　新興国債券：JPMorgan EMBI Global Core（円換算ベース）
（出所）　Bloomberg L.P.

図1−2−17　分散投資効果の検証（新興国債券割合を徐々に増加させる）

（単位：％）

	0％	5％	10％	15％	20％	25％	30％	35％	40％	45％	50％
収益率平均	1.55	1.75	1.95	2.16	2.38	2.61	2.86	3.11	3.37	3.65	3.94
標準偏差	1.73	1.58	1.49	1.49	1.58	1.75	2.00	2.30	2.64	3.02	3.43

	55％	60％	65％	70％	75％	80％	85％	90％	95％	100％
収益率平均	4.24	4.56	4.90	5.25	5.63	6.03	6.45	6.89	7.36	7.87
標準偏差	3.87	4.34	4.84	5.36	5.91	6.49	7.10	7.74	8.42	9.14

（注）　2005〜2008年3月まで。
（出所）　Bloomberg L.P.

13.72％、リスクが14.50％と海外債券100％の場合のリターン6.00％、リスクが10.85％（図表1−2−5）と比べるとリターンも大きいけれどもリスクも大きいことがわかる。また海外債券との組合せよりも新興国債券との組合せのほうがプロット全体、リスクリターンの組合せグラフが上方に位置する

図1−2−18 国内債券と新興国債券（円換算ベース）の組合せによる分散投資効果（2008〜2011年）

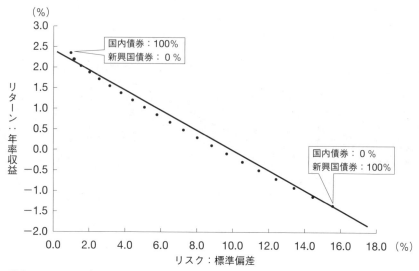

（注） 2008〜2011年12月まで。
　　　 国内債券：NOMURA-BPI総合
　　　 新興国債券：JPMorgan EMBI Global Core（円換算ベース）
（出所） Bloomberg L.P.

図1−2−19 分散投資効果の検証（新興国債券割合を徐々に増加させる）

（単位：％）

	0 %	5 %	10%	15%	20%	25%	30%	35%	40%	45%	50%
収益率平均	2.35	2.20	2.04	1.88	1.72	1.55	1.38	1.21	1.03	0.85	0.67
標準偏差	0.96	1.14	1.52	2.01	2.56	3.14	3.76	4.40	5.07	5.77	6.49
	55%	60%	65%	70%	75%	80%	85%	90%	95%	100%	
収益率平均	0.49	0.30	0.10	▲0.09	▲0.29	▲0.50	▲0.71	▲0.92	▲1.14	▲1.36	
標準偏差	7.23	8.01	8.82	9.65	10.53	11.44	12.40	13.40	14.45	15.55	

（注） 2008〜2011年12月まで。
（出所） Bloomberg L.P.

ことがわかる。

　国内債券と海外債券の組合せと同じように、リーマンショックの前の時期とリーマンショックの後の時期、および最近のグラフおよび実数のデータを掲げておく。

図 1 − 2 −20　国内債券と新興国債券（円換算ベース）の組合せによる分散投資効果（2012〜2015年）

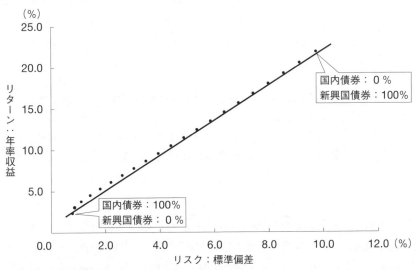

（注）　2012〜2015年12月まで。
　　　　国内債券：NOMURA-BPI総合
　　　　新興国債券：JPMorgan EMBI Global Core（円換算ベース）
（出所）　Bloomberg L.P.

図 1 − 2 −21　分散投資効果の検証（新興国債券割合を徐々に増加させる）

（単位：％）

	0％	5％	10％	15％	20％	25％	30％	35％	40％	45％	50％
収益率平均	2.34	3.06	3.79	4.54	5.32	6.12	6.94	7.79	8.67	9.57	10.51
標準偏差	0.78	0.86	1.10	1.43	1.81	2.20	2.62	3.05	3.49	3.94	4.40
	55％	60％	65％	70％	75％	80％	85％	90％	95％	100％	
収益率平均	11.48	12.48	13.51	14.58	15.69	16.85	18.04	19.28	20.57	21.91	
標準偏差	4.88	5.36	5.86	6.37	6.89	7.43	7.98	8.55	9.13	9.74	

（注）　2012〜2015年12月まで。
（出所）　Bloomberg L.P.

２　金融行政方針にみる資金運用の高度化

　最近金融当局の金融行政、監督・検査等が大きく変わりつつある。従来は検査基本方針として金融当局の金融行政、監督・検査の指針が示されてきた

が、平成25事務年度から金融モニタリング方針として大きく方向が変わった。このようななかで、平成26事務年度においては、初めて「資産運用の高度化」が重点施策として取り上げられ、平成27事務年度にはさらに金融行政が大きく転換し、金融行政方針として示された。これらについて概観してみよう。

(1) 「平成26事務年度金融モニタリング基本方針」について

「平成26事務年度金融モニタリング基本方針（監督・検査基本方針）」の「Ⅱ．重点施策」には、「3．資産運用の高度化」の項目が掲げられ、「商品開発、販売、運用、資産管理それぞれに携わる金融機関がその役割・責任（フィデューシャリー・デューティー）を実際に果たすことが求められる」という国民の安定的な資産形成のための施策に加え、「金融機関自身による有価証券運用についても業態等により異なる資産運用の性格を踏まえつつ資産規模に見合った運用やリスク管理の態勢が整備されているかについて検証する」と記載がなされている。

また、「Ⅴ．中小・地域金融機関に対する監督・検査」においては「2－2．金融機関の健全性の確保 (1)フォワードルッキングなリスク管理」の項目があげられ、「金利等の水準やボラティリティの動向を踏まえたリスク・リターン分析を勘案しながら資産運用方針の策定・見直しを行っているか等、金融機関における運用態勢（運用や管理に係る人的資源の配分状況を含む）やリスク管理態勢について検証する」「仕組債等を含む内外の流動性の低い商品やリスクの所在が分かりにくい商品等に関して、投資の状況、損益や自己資本への影響を的確に把握し、市場動向の変化に対する財務面での耐性を含め、適切に管理しているか検証する」となっており監督・検査方針の性格上、リスク管理高度化の色彩が強いものの、「資産運用の高度化」が必要との認識が出ている。

(2) 「平成27事務年度金融行政方針」について

「平成27事務年度金融行政方針」においては、「Ⅱ．金融行政の目指す姿・

重点施策」の「1．活力ある資本市場と安定的な資産形成の実現、市場の公正性・透明性の確保」において、「機関投資家・資産運用業者は、それぞれが運用する資金の性格・規模に見合う運用・リスク管理の高度化を進めることが課題」「投資リターンを安定的に向上させていくためには、それぞれのガバナンスを改善し、高度な金融人材を集積させることが必要である」と記載され、資金運用の高度化により投資リターンの安定的な向上が必要であることが当局の認識でもあり、リスク管理とともに、より資金運用の高度化が必要であることが示されている（下線は筆者）。

また、「具体的重点施策」として、「(1)経済の持続的な成長に資する、より良い資金の流れの実現 ④金融機関による資産運用の高度化の促進」のなかに保険会社や信託銀行・投資運用業者等に加え、預金取扱金融機関の証券運用について「低金利環境下における運用方針についての経営の考え方を聴取するとともに、運用方針に見合う適切な態勢が確保されているかについて検証する」との記載があり、資金運用の高度化とともにリスク管理態勢の高度化が必要であることも述べられている。

一方、同じく「Ⅱ．金融行政の目指す姿・重点施策」の「2．金融仲介機能の十分な発揮と健全な金融システムの確保 (2)金融システムの健全性維持（景気に左右されない金融仲介機能の発揮）」においては、特に次のように地域金融機関について、「貸出による収益が一貫して低下し、有価証券運用による収益への依存が高まっているため、金利の急上昇等の市場の急激な変動によって大きな損失を被る可能性のある金融機関が多い」と記載され、これをふまえて検証確認すべき項目として「ⅲ有価証券運用方針に見合った十分な運用態勢の構築（運用や管理に係る人的資源の配分状況及び専門人材の確保・育成等）」があげられた。

このように金融監督当局においても、地域金融機関自身の資産運用の高度化とそれに見合うリスク管理態勢が必要不可欠との認識がさらに強まっていると考えられる。

第2節 地域金融機関にとっての資金運用の高度化

　第1節で資金運用の高度化として、「運用対象商品の高度化」「運用方法や運用技術の高度化」「運用対象の地域の高度化」というような分類ができるが、経営資源に制約のある、特に人的資源に余裕のない地域金融機関においては運用方法や運用技術の高度化は、かなり困難であろうことはすでに述べたとおりである。したがって、本書においては金融機関自らが行うトレーディングを中心にした運用方法や運用技術の高度化については基本的に対象としないこととする。

1 地域金融機関にとっての資金運用高度化

　地域金融機関にとっての資金運用の高度化では、主として運用対象商品の高度化、すなわち従来投資していなかったカテゴリーの商品への投資や、運用対象地域の高度化、つまり本格的な資産運用のグローバル化、国際分散投資を行うことが重要になると考えられる。

　ここでは、本格的な国際分散投資を検討するにあたってその対象となるであろう代表的な資産カテゴリーのインデックスについてその収益の過去の実績を分析してみよう。

　分析対象のインデックスは図表1－2－22のとおり、従来の分散投資における主要な4つのカテゴリーである国内債券、海外債券、国内株式、海外株式に加え、新興国債券、新興国株式、不動産カテゴリーのJ-REIT、米国REIT、コモディティである金、原油の10種類とした。

　また、これらのインデックスの詳細は図表1－2－23のとおりである。

　これらのインデックスは、一般の投資信託など資金運用のベンチマークとなっていることが多く、また指数連動型であるETFなどにおいても追随を目指している代表的なインデックスである。

　各指数について2003年3月末を100として、また通貨がドルベースの指数

図表1-2-22　10種類のカテゴリーの代表的なインデックス

カテゴリー	インデックス	ティッカー	通貨
国内債券	NOMURA-BPI総合	BPITTO01	円
海外債券	Citi世界国債インデックス（除く日本・円ベース）	SBWGNJYU	円
新興国債券	JPMorgan EMBI Global Core	JPEICORE	米ドル
国内株式	TOPIX（配当込指数）	TPXDDVD	円
海外株式	MSCIコクサイ・インデックス（除く日本）	MXKO	米ドル
新興国株式	MSCIエマージング・マーケット・インデックス	MXEF	米ドル
J-REIT	東証REIT指数（配当込指数）	TPXDREIT	円
米国REIT	ダウ・ジョーンズ米国不動産業界グループ指数（トータルリターン）	DJUSRET	米ドル
金	金スポット価格	XAU	米ドル
原油	NYMEX原油先物	CL 1	米ドル

(出所)　Bloomberg L.P.

図表1-2-23　10種類のカテゴリーの代表的なインデックスの詳細

インデックス	詳細
NOMURA-BPI総合	野村證券金融工学研究センターの提供するインデックスで、30年以上のデータがある日本の公募債券流通市場全体の動向を的確に表すために開発された投資収益指数。一定の組入基準に基づいて構成されたポートフォリオのパフォーマンスをもとに計算される。組入基準は、公募固定利付円貨債券の普通債で一部資産担保証券などを含め、残存額面10億円以上、残存期間1年以上、格付はA格相当以上等となっている。最近超長期国債の発行が多くなっており、平均残存期間が9年近く、またデュレーションが8年を超えてきていることに注意する必要がある。総合指数以外に短期、中期、長期、超長期などの指数も公表されている。さまざまな債券運用の投資信託や年金運用のベンチマークとなっている。配当込みのトータルリターン。

Citi世界国債インデックス（除く日本・円ベース）	シティグループが提供する世界国債インデックス（World Government Bond Index）（現地通貨建ての投資適格固定利付債のパフォーマンスを測定する指標）のサブインデックス。世界国債インデックスは1984年12月末から算出され、世界の先進国、23カ国の国債の時価総額や、市場規模基準、格付基準をもとに計算される。グローバル国債運用の代表的なインデックスであり、現地通貨建ての投資適格固定利付債のパフォーマンスを測定する指標となっている。（除く日本・円ベース）は、日本市場を除き、現地通貨を円に換算して計算される。海外債券を投資対象とする投資信託や海外債券投資のベンチマークとなっている。配当込みのトータルリターン。
JPMorgan EMBI Global Core	JPモルガン　エマージング・マーケッツ・ボンド・インデックス・グローバル・コア・インデックス。米国のJPMorganが提供するエマージング債券インデックスであり、1997年12月末から算出され、新興国の国債や準国債、政府保証債などを組入れ対象とする。米ドルベースで、配当込みのトータルリターン。
TOPIX（配当込指数）	東京証券取引所が提供する日本株式の代表的なインデックス。東京証券取引所第一部上場全銘柄の時価総額ベースの指数。配当込みのトータルリターン。
MSCIコクサイ・インデックス（除く日本）	米国、MSCI社が算出・公表する国際的な株式投資のパフォーマンス測定のための代表的なインデックス。1969年12月末から算出され、さまざまな投資信託や、グローバル株式投資のベンチマークとなっている。本指数は、日本を除く先進国、22カ国の大・中型株で算出されており、日本における海外株式投資の代表的なベンチマークである。米ドルベースで配当込みトータルリターン。
MSCIエマージング・マーケット・インデックス	米国、MSCI社が算出・公表する国際的な新興国株式投資のパフォーマンス測定のための代表的なインデックス。1987年12月末から算出され、さまざまな投資信託や、新興国への株式投資のベンチマークとなっている。本指数は、新興国23カ国の大・中型株で算出されており、日本における新興国株式投資の代表的なベンチマークである。米ドルベースで配当込みトータルリターン。

東証REIT指数 （配当込指数）	東京証券取引所に上場する全不動産投資信託の時価総額をベースとした指数で、日本のREIT市場を代表する投資収益指数。2003年4月1日から算出されREIT等を投資対象とする投資信託などのベンチマークとなっている。配当込みのトータルリターン。
ダウ・ジョーンズ米国不動産業界グループ指数（トータルリターン）	米国、ダウジョーンズ社が算出・公表する米国不動産のトータルリターン指数。米国の不動産関連株式および米国REITを対象としたインデックス。2000年2月から算出され、米国の不動産市場を代表するインデックスである。米ドル建て、配当込みトータルリターン。
金スポット価格	金現物の1トロイオンス当りのドル建てスポット価格。
NYMEX原油先物	ニューヨークマーカンタイル取引所に上場されている軽質低硫黄原油の期近物の先物価格で、国際的に原油価格の指標とみなされている。通常WTIと称され、1バレル当りのドル建て価格。

（出所）　各種公表資料より筆者作成

は為替変動を加味して円ベースに修正のうえ指数化した。その結果は図表1－2－24のとおりとなっている。また1年ごとの収益は図表1－2－25のとおりである。

(1) 債券の状況

・国内債券（NOMURA-BPI総合）の収益
　　累積収益率（12年間、以下同じ）　　　25.39％
　　平均収益率（累積収益率÷12、以下同じ）　2.12％
　　単純平均（単年度収益率の平均、以下同じ）　1.91％
・海外債券（主要国：Citi世界国債インデックス（除く日本・円ベース））
　　累積収益率　　79.37％
　　平均収益率　　6.61％
　　単純平均　　5.63％
・新興国債券（JPMorgan EMBI Global Core）
　　累積収益率　168.27％

図表 1 − 2 − 24　各資産カテゴリーのインデックスの推移（円換算ベース：指数化）

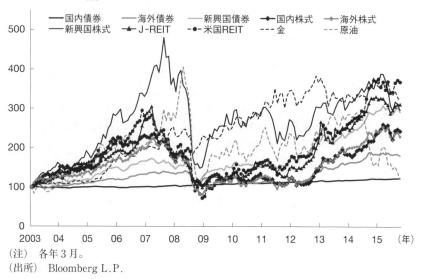

（注）　各年 3 月。
（出所）　Bloomberg L.P.

　　　平均収益率　　14.02％
　　　単純平均　　　 9.94％

　国内債券の収益率は最も低いが、一方で収益がマイナスになった年はない。

　海外債券、新興国債券は国内債券と比べ高収益であり特に新興国債券は圧倒的に高収益となっている。しかしながらリーマンショックのあった2008年には、大幅な円高の影響もあって主要国の海外債券で▲16.05％、新興国債券では▲28.88％と大幅なマイナス収益となっている。また2012年から2014年の運用成績の高さはアベノミクスによって極端な円高が修正され、大幅な円安が実現し、円安メリットによって収益が大きく上昇したことの影響が大きい。

(2)　株式の状況

・国内株式（TOPIX・配当込み）

累積収益率　83.44%

　　平均収益率　6.95%

　　単純平均　　8.15%

・海外株式（MSCIコクサイ・インデックス（除く日本））

　　累積収益率　88.01%

　　平均収益率　7.33%

　　単純平均　　9.53%

・新興国株式（MSCIエマージング・マーケット・インデックス）

　　累積収益率　107.25%

　　平均収益率　8.94%

　　単純平均　　13.34%

　いずれも収益性は高い。特に新興国株式は相当高い収益を計上している。しかしながら、国内株式、海外株式、新興国株式いずれも大きなマイナスを記録している年がある。

　特にリーマンショックの2008年には、国内株式で▲41.49%、海外株式で▲55.83%、新興国株式で▲64.23%の大幅な下落を記録している。

(3) REITおよびコモディティ

・J-REIT

　　累積収益率　158.80%

　　平均収益率　13.23%

　　単純平均　　12.26%

・米国REIT

　　累積収益率　196.04%

　　平均収益率　16.34%

　　単純平均　　13.98%

・金

　　累積収益率　191.49%

　　平均収益率　15.96%

図表1-2-25　各インデックス円換算ベース収益率

年	国内債券	海外債券	新興国債券	国内株式
2004	1.10	8.08	6.91	14.11
2005	0.75	10.06	27.08	45.23
2006	0.21	10.02	11.49	3.02
2007	2.66	6.10	▲0.18	▲11.11
2008	3.07	▲16.05	▲28.88	▲41.49
2009	1.72	5.03	30.14	9.37
2010	2.44	▲11.48	▲0.23	0.84
2011	1.87	0.20	2.41	▲17.00
2012	1.86	20.02	32.53	20.86
2013	2.14	22.68	14.41	52.96
2014	3.97	17.12	23.17	12.90
2015	1.11	▲4.22	0.46	8.14
単純平均	1.91	5.63	9.94	8.15
12年間収益率(A)	25.39	79.37	168.27	83.44
(A)÷12	2.12	6.61	14.02	6.95

(出所)　Bloomberg L.P.

　　単純平均　　10.53％
・原油
　　累積収益率　29.48％
　　平均収益率　 2.46％
　　単純平均　　12.75％

　内外のREITや、コモディティである金や原油も同様な傾向にあり、国内債券と比較して、収益率は相当高いが大幅に下落しているときもあることからみるとリスクは相当大きい。
　このように国内債券の収益は、他の資産カテゴリーと比べると過去の収益実績も非常に低く、また第1章第4節でみたように、今後もし低金利または

(単位：%)

海外株式	新興国株式	J-REIT	米国REIT	金	原油
9.45	19.49	32.78	25.57	1.58	26.28
21.28	49.50	12.08	25.79	35.29	61.18
21.03	30.62	28.83	37.00	24.52	1.13
3.01	28.87	▲3.05	▲23.51	24.50	48.31
▲55.83	▲64.23	▲48.70	▲52.82	▲16.35	▲68.23
35.01	77.55	3.31	40.34	27.84	108.07
▲3.15	5.01	38.11	9.58	14.24	4.02
▲11.49	▲24.54	▲22.18	0.54	4.38	2.54
26.07	28.69	41.02	31.47	18.25	2.69
52.68	15.67	36.04	25.97	▲10.35	35.18
20.52	9.23	33.40	47.29	12.77	▲37.59
▲4.18	▲15.78	▲4.49	0.52	▲10.26	▲30.56
9.53	13.34	12.26	13.98	10.53	12.75
88.01	107.25	158.80	196.04	191.49	29.48
7.33	8.94	13.23	16.34	15.96	2.46

　マイナス金利が長期間継続するならば、また万一大幅な金利上昇に見舞われた場合にも、債券運用における期待収益率は大幅な低下が予想される。したがって、国内債券中心の運用では、今後その収益性の低下リスクとともに、大きな金利上昇リスクを内包しているといえる。

　したがって、収益性の向上を図るためには収益の変動リスクがあるものの、リスクをコントロールしながら、海外債券、海外株式、オルタナティブ投資であるJ-REITや海外REIT、コモディティ、絶対収益をねらうヘッジファンドなど新たなカテゴリーの資産への投資を行い、分散投資の効果によってリスクをできるだけ少なくしたうえで、収益性を高めていく必要性が高くなっていることは間違いないであろう。

そのためには、リスクリターンの分析や現代ポートフォリオ理論（MPT）などの理解を進めて、自らのポートフォリオの分析を行い、分散投資によるリスクリターンの改善を目指し、従来投資していなかった新しい商品、リスクカテゴリーなどへの投資にも、積極的に取り組む必要がある。

　つまり従来のコア資産である国内債券中心の運用から、よりいっそうリスクリターンを意識し、分析のうえ、第1節の図表1－2－1に掲げたようなノンコア資産、オルタナティブ資産へと投資対象の幅を広げ、それに見合ったリスク管理を行い、目標とする収益を可能な限り少ないリスクであげることを目指す必要がある。

　しかしながら、地域金融機関は個人の資金運用や年金の資産運用と異なり、1年ごとに必ず決算を行わなければならないことから、資金運用の高度化に取り組むとともに、その資金運用において、中長期的にも安定的な資金運用収益を毎年計上することができるようにすることが非常に重要であることを忘れてはならない。

②　外部の運用会社等の活用

　従来、地域金融機関において資金運用の中心であった債券運用における期待リターンが低下していく見通しであること、かつ日銀の目標とする2％の物価上昇が実現するならば、金利の上昇も避けられない。場合によっては、もし金融抑圧といわれる状況によってインフレ下における長期金利の低水準への抑え込みが行われるならば、資金運用の困難さはますます高まっていくことから、資金運用のリターンを高めるためには、従来行っていなかった新たな投資商品や投資方法に取り組むことによって資金運用の高度化を行う必要があることをみてきた。

　上に述べたような「運用対象商品の高度化」「運用方法や運用技術の高度化」「運用対象の地域の高度化」という3つの方法を自らの手で実行に移す場合、経営資源、特に人的資源に制約のある地域金融機関にとっては相当ハードルが高いと考えられる。特に「運用方法や運用技術の高度化」については最もハードルが高いであろう。

これを解決する1つの方法として、投資信託などを活用する方法や、外部の投資運用業者を使う方法がある。投資信託については、すでにほとんどの地域金融機関が投資を行っていると考えられるため、ここでは投資運用業者の活用について考えてみる。

日本においては従来、大きく分けて投資信託の委託業と投資一任業務・投資助言業務の大きな2つの流れがあったが、2007年の「金融商品取引法」によって次のように整理された（金融庁ならびに日本投資顧問業協会の資料による）。

① 投資運用業
・投資一任業務……投資一任契約に基づき投資者から投資判断や投資に必要な権限を委任されて投資を行う。
・ファンド運用業務……ベンチャー企業の育成や事業会社の再生などを目的として組成されたファンドの財産を主として有価証券等への投資として運用を行う。

② 投資助言・代理業
・投資助言業務……顧客との間で締結した投資顧問（助言）契約に基づいて、有価証券等金融商品への投資判断について顧客に助言を行う。
・代理・媒介業務……顧客と投資運用業者との投資一任契約または投資助言業者との投資顧問（助言）契約の締結の代理・媒介を行う。

また、2011年の「金融商品取引法」改正により「適格機関投資家向け投資運用業」が新設された。

このような法律改正により投資運用業については大きく規制緩和され、登録制になっている。

従来は証券会社系が中心であったが、外資系や銀行系また独立系の投資運用会社も多数設立され、日本投資顧問業協会の2015年9月末統計資料によれば、投資一任業として181社、不動産関連特定投資運用業として76社、ファンド運用業として8社の合計265社が会員として、登録されている。

このような投資運用業者は、それぞれ特色のある運用やサービスを提供しており、顧客の意向を反映させたオーダーメード的な運用や、ヘッジファン

ドなどのオルタナティブ運用を行ったり、さまざまな投資助言、運用アドバイス等を専門的な立場から行っている。

　地域金融機関が新たなアセットクラスへの投資や、新しい運用手法を採用して有価証券運用を高度化させるときに自ら行うのではなく、これら外部のリソースとしての優秀な投資運用業者を活用して、ファンド投資や投資一任契約によって資金運用の高度化を行うことはある程度のコストは必要であるものの、有力な手段となるであろう。

　しかしながら、やみくもに投資運用業者に資金運用を委ねるのではなく、投資家として運用会社に何をどのように任すのか、どのようなサービスを要求するのかを明確にする必要がある。また運用会社の提供する付加価値は自らの金融機関にとって必要としているものなのか等を十分に検討する必要がある。

第3節　効率的なポートフォリオと分散投資のいっそうの推進

　第1節において、中小・地域金融機関の有価証券の運用も、より高く安定的なリターンを目指す必要があること、分散投資にリスクリターンを改善する効果があることを確認、また分散投資効果は常に安定的に得られるわけではなく、時期によってまた、商品間によっても異なることも確認した。

　分散投資効果が常に一定ではないとしても、分散投資により効率的なポートフォリオを実現することが可能であることは間違いがない。また、最近の市場のグローバル化に伴い、さまざまな商品やマーケットの間で相関関係が高まる傾向が強くなっていることも事実である。

　本節では、これらのことを実際のマーケットの過去の動きを分析することによって確認し、分散投資を行ううえでの参考となることを目的に、コア4資産といわれる内外債券、内外株式の代表的なインデックスとともに、第2節でも取り上げた分散投資を行うための代表的なインデックスを加えて10資

産の過去のリスクリターンの状況を確認する。

1 さまざまな資産カテゴリーのリスクリターン

さまざまな資産カテゴリーの過去の収益に加えてそのリスクの状況をみてみよう。

図表1－2－26は、第2節でみてきた各種資産カテゴリー別の過去11年（2005～2015年）の全期間のリスクリターンで、上段は「米ドル建ての指数を円ベースに換算」したものを一覧表にまとめたものである。また、下段は米ドル建て指数の米ドルベースでのリスクリターンである。

図表1－2－27は、図表1－2－26の上段、米ドル建ての指数を円ベースに換算した場合の過去11年間にわたるリスクとリターンをプロットしたものである。

リターンは、過去11年間の収益率を1年当りに単純平均したもので、リスクは週次ベースでの過去1年間の収益率の変動を標準偏差として計算している。

国内債券インデックスはリターンが2.18％、リスク（標準偏差）も1.31％とグラフのいちばん左下にある。つまりリスクはいちばん低く、安全性は高いもののリターンもまたいちばん低い位置となっている。

しかしながら、第1章で検討したように、国内金利の上昇リスクは潜在的には非常に高まっている状況といえる。アベノミクスが成功し、物価上昇率が2％以上となり、名目成長率の2～3％が実現するならば、長期金利も2～3％前後の水準へいずれ上昇するであろう。また逆にアベノミクスが成功しなければ、財政リスクが顕在化し金利が大きく上昇する可能性もある。

金利が大きく上昇した場合、金利の大幅な変動によりリスクが大きく上昇し、また、新たに購入する債券の金利収益は高くなるものの、すでに保有している債券の時価が下落するために国内債券インデックスのトータルリターンは大きく低下する可能性が強い。つまり図表1－2－27のグラフにおける国内債券インデックスのリスクリターンは右下のほうに動くことになる可能性が強い。

第2章　地域金融機関の資金運用高度化のために　113

図表1-2-26 各資産カテゴリー別のリスクリターン一覧

		国内債券（NOMURA-BPI総合）	海外債券（Citi世界国債インデックス（除く日本・円ベース））	新興国債券（JPMorgan EMBI Global Core）	国内株式（TOPIX：配当込み）
	通貨	円	円	米ドル	円
米ドル建ては円ベースに換算	平均収益率	2.18	6.00	13.72	5.52
	標準偏差	1.31	10.85	14.50	25.56
米ドル建ての原通貨ベース	平均収益率	－	－	10.42	－
	標準偏差	－	－	9.96	－

（出所）Bloomberg L.P.

　一方、金融抑圧が続き金利が低く抑え込まれ続けることになれば、国内債券インデックスの金利上昇リスクは低いままの状態が続き、また新たに組み入れられる債券の利回りは大きく低下するため、第1章第4節2(2)のNOMURA-BPIのシミュレーションでみたように、リターンは確実に減少していくうえに、将来の潜在的な金利上昇リスクはますます増大していくことになるであろう。

　図表1-2-27の国内債券インデックスのリスクリターンは当面、下ないし左下のほうに向かって動く可能性が強い。

　いずれにしろ、国内債券運用のトータルリターンは大きく低下し、またリスクも当面は低下気味に推移するとしても、現状では潜在的にとどまっている金利上昇リスクは、いずれかの時点で顕在化する可能性は時間の経過とともにますます高まっていくだろう。つまり、安定していた過去の国内債券運用のリスクリターンは、リターンがさらに低下し、リスクも当面は同じか減少の可能性もあるが将来的に大きく上昇する可能性が強い。

　地域金融機関では、有価証券ポートフォリオの多くは国債を核とした国内

(単位：%)

海外株式（MSCIコクサイ・インデックス（除く日本））	新興国株式（MSCIエマージング・マーケット・インデックス）	J-REIT（東証配当込みREIT指数）	米国REIT（ダウ・ジョーンズ米国不動産業界グループ指数）	金（金スポット価格）	原油（NYMEX原油先物）
米ドル	米ドル	円	米ドル	米ドル	米ドル
6.53	6.68	8.63	12.34	17.00	0.23
24.58	30.36	27.02	30.18	16.06	35.38
4.27	4.40	-	9.24	13.22	▲1.12
18.41	28.91	-	26.79	19.68	37.40

図1-2-27　各資産カテゴリー別のリスクリターン（円ベース）一覧

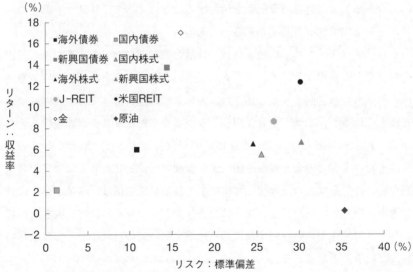

（注）　2005～2015年まで週次データで作成。
（出所）　Bloomberg L.P.

第2章　地域金融機関の資金運用高度化のために

債券が主体となっている。現在のところ、過去の高金利の債券がまだポートフォリオに多く残っているため、含み益が十分にある金融機関も多い。しかし過去の高金利の債券は数年から5年程度でほぼ償還されてしまう。つまり債券の含み益が消滅してしまう。もし現時点で含み益を有効に活用しようとして、売却して実現益とした場合、残存期間10年を超える国債の利回りまでマイナスとなっている状況では、再運用利回りは大きく低下もしくは収益を生まないことになり、次年度以降の収益の大幅な低下を余儀なくされてしまう。

このように国内債券中心に運用していたポートフォリオを、従来どおり国内債券を中心にしたまま変えないとすると、将来の運用ポートフォリオのリスクリターンは、リターンは低下、リスクは上昇することは間違いない。

したがって、有価証券運用のリターンを向上させるためには、アセットアロケーションを見直し、図表1－2－26に代表される、リスクは高いが収益性も高いさまざまなカテゴリーの資産に分散投資を進めるか、自らが「運用方法や運用技術の高度化」に取り組む、もしくは自ら取り組むには経営資源制約のある場合に外部の専門家を活用することによって、リスクを抑えつつリターンを向上させる必要があるのである。

もし、アベノミクスが成功すれば、地域金融機関にとって本業である貸出金収益なども回復するため、またある程度の金利上昇であれば、国内債券運用の収益も回復に向かうと予想され、地域金融機関にとってよい方向になると考えられるが、景気が十分に回復しないままに財政リスクが顕在化し金利が急上昇する事態となれば、金融機関の経営には大きな打撃となるであろう。また、もしこのまま金融抑圧により金利の低位安定もしくはマイナス金利が続いたならば、金融機関、特に中小・地域金融機関は、本業とともに資金運用も厳しい状況が続き、徐々に経営体力が奪われその経営に大きな影響を与える可能性が強い。いずれにしろ地域金融機関の経営にとっては厳しい状況が続くと予想される。

図表1－2－26および、図表1－2－27でみたように、債券、株式、REIT、コモディティで比較すれば、債券の収益性は低いものの、リスク

(標準偏差) も最も低い。REITやコモディティの収益性は高いものの、リスクも高い。株式は債券よりもリスクが高いが、収益性は個別の銘柄でみると債券より低いものもある。このようなリスクリターンを考えると、また地域金融機関はインカム収益を重視しなければならないという点も勘案すると、まず、海外の債券や債券型のETF、またインカム・配当や分配金収益の高い商品などを中心に、資金運用の高度化をするという方法から検討することも必要となるであろう。

② 債券に分類されるさまざまなカテゴリーのリスクリターン

　銀行や信用金庫などの金融機関は、必ず1年間の決算を行う必要があり、どうしてもインカム収益を重視した経営を行う必要がある。また1でみたように、債券に分類される資産カテゴリーのリスクリターンは、国内債券はもちろん海外債券や新興国債券も他の資産カテゴリー、株式やREIT、コモディティと比べて収益は低めであるがリスクも低く安定的であるといえる。

　次に債券に分類されるさまざまなカテゴリーで異なるリスクとリターンの状況についてみてみよう。ここでは、インデックスでなく実際に市場で取引されている債券型のETFの取引データをもとに分析してみた。

　具体的には、米国のブラックロックのiシェアーズシリーズ (米国に上場) の債券型ETFで、日本の債券を除き、ハイイールド社債、投資適格社債、エマージング債券、MBS (資産担保証券)、米国クレジット債券 (1～10年)、米国短期クレジット債券 (1～3年)、米国の短期国債 (1～3年)、米国の長期国債 (7～10年)、の8種のETF (詳細は第3章第4節の図表1－3－18を参照) に加え、それぞれの債券を均等に分散投資したものを比べてみた。

　すべての債券型ETFの取引データがそろう2007年末から2015年末までとし、収益率は全期間の収益率の1年当りの平均、リスクは各週末のデータを用いて2009年1月以降の週末ごとに約1年前と比較した1年間の収益を計算し、その収益率の全期間の標準偏差でリスク値とした。ただし、債券型

ETFの取引データがすべてそろっていない関係上、ここではリスク値については、ベンチマークのインデックスをもとに計算している。

また、これらのETFはすべてドル建てであるので、ドルベースで投資した場合に加えて、日本円で投資した場合と為替リスクを先物予約を使って連続して為替リスクをヘッジした場合を比較してみた。

その結果は、図表1－2－28のとおりである。

またこの結果を、グラフにした。

図表1－2－29が全期間のドルベースのリスクリターンの状況（分配金込み）である。ハイイールド社債はリスクが最も高いがリターンは中位程度、エマージング債券や投資適格社債などがリターンは高いもののリスクも高く、また、米国債（7〜10年）はリターンが高いなかではリスクは比較的低いことがわかる。また米国の短期国債や米国クレジット債券（1〜3年）については、リターンは低いもののリスクも相当低い。その他は中程度である

図表1－2－28　債券型ETFのリスクリターン一覧

（単位：％）

	ハイイールド	投資適格	エマージング	MBS	米国クレジット債券1〜10年	米国クレジット債券1〜3年	米国債1〜3年	米国債7〜10年	均等配分
ドルベース平均収益率	3.8	5.6	5.6	4.4	4.4	2.6	1.6	5.7	4.3
ドルベース標準偏差	14.4	7.2	11.3	3.0	5.5	3.2	2.3	5.8	3.7
円ベース平均収益率	3.0	5.4	5.2	4.6	4.5	3.1	2.3	6.1	4.3
円ベース標準偏差	19.3	13.6	16.0	11.0	12.8	12.1	11.5	10.8	12.0
円ヘッジベース平均収益率	3.4	5.1	5.1	3.9	4.0	2.2	1.2	5.2	3.8
円ヘッジベース標準偏差	14.7	7.6	11.6	2.6	5.8	3.2	1.3	5.4	3.9

（注）　1　8年間の平均収益率と標準偏差。
　　　　2　標準偏差はベンチマークのインデックスを使用。
　　　　3　平均収益率は分配金ありで計算。
（出所）　ブラックロック、Bloomberg L.P.

図1-2-29　各ETF8年間リスクリターン（ドルベース）

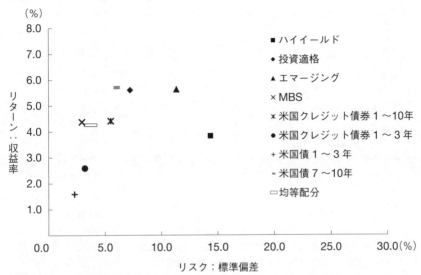

(注)　収益率は分配金を含むベース、リスクはベンチマークインデックスを利用。
(出所)　ブラックロック

といえる。また8種類の資産に均等に分散した場合は、リターンは中程度であるがリスクは低下しており効率性は高くなっている。

円ベースのグラフにすると、図表1-2-30のとおりである。

ドルベースと比べてすべてのカテゴリーにおいて全体的に右にシフトしている。これはドル円の為替相場の影響強く受けているためであり、また最近のアベノミクスによる大幅な円安の影響によって円ベースでの収益率は一時より大きく改善し、リスクも、たとえばドルベースでみた場合非常にリスクの低かった米国債（1～3年）や米国クレジット債券（1～3年）もリスクが10％を超えるまで上昇しており、為替相場の変動を受け大きくなっていることがわかる。

また、円ベースの場合にはリスクを8種類の資産に均等配分した場合と投資適格社債を比べると、ほぼ同じとなっているが、リターンも相対的にかなり高くなっており分散効果が十分に得られているといえるだろう。

次に為替リスクをヘッジした図表1-2-31のケースをみてみよう。

図表1－2－30　各ETF8年間リスクリターン（円ベース）

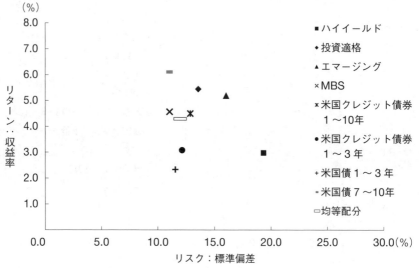

（注）　収益率は分配金を含むベース、リスクはベンチマークインデックスを利用。
（出所）　ブラックロック、Bloomberg L.P.

図表1－2－31　各ETF8年間リスクリターン（円ヘッジベース）

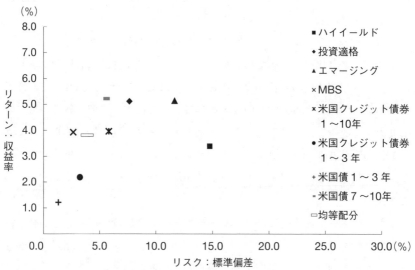

（注）　収益率は分配金を含むベース、リスクはベンチマークインデックスを利用。
（出所）　ブラックロック、Bloomberg L.P.

全体として、ドルベースとほぼ同じような分布状況となっているが、ヘッジを行っている分だけリターンが下方にシフトしていることがわかる。この期間については、日米の金利差がほとんどないため、比較的安いコストで為替リスクのヘッジができたことから、ドルベースでの収益より全体としては0.4〜0.5％程度だけ低い収益率で運用できていることがわかる。分散投資を行っていた場合には、収益率3.8％、リスクが3.9％とかなり高い収益率となっている。しかしながら将来、日米の金利差が拡大しヘッジコストが上昇するならば、ヘッジ後の収益は落ち込むこととなる。

３ 分散投資をいっそう進めてより運用を高度化

　債券投資を中心に資金運用の高度化を行うと、必然的に金利リスクが増加する。増加する金利リスクは外貨金利が中心になるとはいえ、より金利リスクに偏ったポートフォリオとなってしまう可能性がある。また、最近は世界のマーケットの相関性が高まり、従来分散投資効果が相応に認められたさまざまな債券カテゴリーのなかでも同一方向に動くことが多くなってきている。つまり金利のカテゴリーのなかだけで分散投資を進めたとしても、分散投資効果が得られない可能性も十分に考えられる。

　したがって資金運用のいっそうの高度化を進めるためには、金利リスク以外のリスクに分散投資を行い、より効率的なポートフォリオを組成する必要性も高い。

第4節　資金運用高度化のために解決すべき課題

１ 原因分析

　なぜ地域金融機関の多くは資金用の多様化・高度化が進まなかったのであろうか。これにはさまざまな理由が考えられる。

(1) 余裕資金の運用

まず、従来余資運用といわれるように、地域金融機関の本来業務である貸出金に運用した残りの余裕資金を安全にかつ、流動性を確保したかたちで運用することがその役割であった。つまり余裕資金で無理に収益をあげる必要はなく、貸出金収益で地域金融機関の経営がほぼ成り立ち、余裕資金はいつでも貸出金に回すことができるように安全にかつ流動性の高い資産とりわけ国債や政府関係機関債、地方債などを中心に運用されていた。しかしながら、預金が増え続けるものの、貸出金の伸び悩みにより、金融機関の国内預貸ギャップは大手行、地域銀行、信用金庫すべてで趨勢的に拡大傾向が続いている（図表1-2-32）。第1章第1節の図表1-1-11、第3節の図表1-1-25～図表1-1-28でみたように、都市銀行ほど収益の多様化、運用の多様化が進んでいない地域金融機関においては、有価証券等の資金運用に依存する割合が高くなっている。特に信用金庫では預貸率が50％程度まで

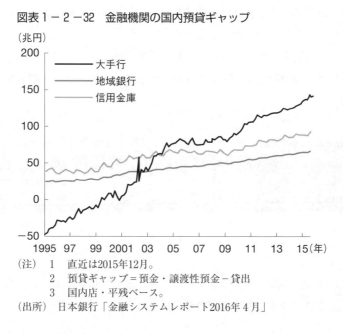

図表1-2-32　金融機関の国内預貸ギャップ

(注)　1　直近は2015年12月。
　　　2　預貸ギャップ＝預金・譲渡性預金－貸出
　　　3　国内店・平残ベース。
(出所)　日本銀行「金融システムレポート2016年4月」

低下、運用資金で収益をあげていかなければ金融機関としての経営が成り立たなくなる状況にまでなっていると考えられる。

(2) 債券運用での収益確保

バブル経済の崩壊以降、金利はある程度の上下動はあったものの、趨勢的にはずっと低下を続けてきた。債券運用での収益性については、低下してきてはいるものの、第1章第4節の図表1－1－47でみたように、国内債券で運用を続けた場合、最近10年間程度でみるとロールダウン効果を含めたトータルリターン（NOMURA-BPI総合ベース）では、年によって変動はあるものの平均では2％程度の収益率となっていた。もちろんトータルリターンであるため、金利収益に加えて、債券の時価変動による損益を含めた収益となっているが、地域金融機関の資金調達コストである預金利息に人件費、物件費の経費を加えた資金調達原価は1％から1％半ばくらいであり、基本的には債券運用による収益のほうが上回っていたと考えられる。したがって、金利リスクの問題を別にすれば、国債を中心とした債券のラダー的な運用で収益の確保は可能であったといえる。

(3) 知識、経験不足

有価証券を中心とする資金の運用については、ある程度高度な運用を行うには、専門的な知識や相応の経験も必要であるが、地域金融機関もバブル崩壊以降不良債権の増加・処理に伴い、経営の合理化を進めていたこともあって、資金運用に携わる人間が非常に少なく、中小の地域金融機関では、現在においてもフロント業務、バック業務に数人、場合によってはそれも兼務という金融機関もある。また、余資運用という位置づけでもあり前項で述べたように、国債などを中心とした債券のラダー的な運用を行っている場合は、さほど高度な専門的知識を必要としない。

これらが原因となって十分な人材育成が行えず、その知識不足や、経験不足などから、またリスク管理を行うミドル部門の人員も十分に配置することができず、さまざまな新しい金融商品等への投資を行う本格的な資金運用を

行うには不十分な態勢であった。

(4) 態勢面の問題

　地域金融機関、特に中小の地域金融機関では資金運用に係るバックの事務処理業務についてもわずかな人数で行っているところが多く、債券や株式、投資信託などを中心とした事務処理は可能であるが、外貨建て資産や、デリバティブ、さらにヘッジ取引等さまざまな金融商品への投資まで考えると、事務処理体制が整わず、さまざまな金融商品への投資を行いたくてもできない状況にある金融機関も多いと考えられる。

(5) リスク管理態勢

　リーマンショックによって、金融機関の経営は大きな影響を受けた。特に、資金運用に大きく依存していた金融機関ほど影響は大きく、リスク管理態勢が整っておらず、当局における検査などにおいてもその不備を指摘されることが多かった。資金運用を高度化して新たなリスクテイクも行う場合にはそれに伴い高度なリスク管理態勢を構築する必要がある。しかしながら、リスク管理を担当するミドル部門を担う人材が不足、また管理機能のノウハウも十分ではない中小の金融機関も多かった。

② 資金運用の高度化に伴い解決すべき課題

(1) 人材育成

　最も重要であるが、最も困難であるのが人材育成である。資金運用を高度化していくためには専門的な知識を深めていく必要があるが、地域金融機関、特に中小の地域金融機関では、資金運用を行う資金が大量にあるわけではない。したがって効率性を考えれば、それほど多人数を資金運用に充てるわけにはいかない事情もある。しかしながら、専門家として資金運用を行うには相応の経験も必要となることに加え、ある特定の1人、ないしはごく少数の人間に任せっきりとするのは、リスク管理上も、問題になることも多

い。特に資金運用を高度化し、多様な金融商品を運用対象とする場合には、相当な知識・経験が必要である。一方、事務処理を行うバックの人材やリスク管理を行うミドルの人材も重要となる。

　人材育成については一朝一夕にはいかないが、自らの金融機関が置かれた状況、本来業務で収益が十分見込めるのか、もしくは資金運用への依存が大きく、高度化を図っていかざるをえないのかなど将来を展望しながら、必要に応じて計画的に人員を配置し、長期的な視点から人材育成を図っていかなければならないだろう。

(2) 事務処理体制

　デリバティブや外貨建ての金融商品をはじめとして多様な金融商品に投資を行う場合、それに伴い従来にない勘定処理や、決算に伴う新しい事務処理が発生することから、これに対応できる事務処理体制を構築する必要がある。たとえば、国債先物取引や、株価指数先物取引など取引所上場先物・オプション取引については、取引の安全性の確保、決済履行を担保するために証拠金制度が採用されている。これら先物取引によって、金利リスクや株価の変動リスクをヘッジする場合、証拠金の値洗いを毎日行い、必要に応じて不足額や余剰額のやりとりを行う必要もある。これらの事務を正確に行うには、企業会計や金融商品会計、取引制度などの知識、財務・税務の知識等を深める必要もある。また、新しい金融商品やデリバティブ、ヘッジ会計などの導入に際しては事前に監査法人と打合せをしておく必要もある。

　このような新しい事務処理にすべて対応することは少人数で行っている場合には困難になることもあり、外部のシステムの導入や、アウトソーシングを検討することも必要だろう。

(3) より高度な有価証券ポートフォリオの管理・リスク管理態勢の構築

　資産運用を高度化し、さまざまな金融商品に分散投資を行ってリスクリターンの効率を高めるためには、自らのポートフォリオの詳細な分析や計量

的な分析も欠かせない。投資戦略や運用計画を策定するときには、たとえば現在のポートフォリオに新たな金融商品、新たなリスクカテゴリーの商品を導入したとき、リスクリターンの改善見込み、リスクテイク状況、相関によるリスク削減効果がどのように変わるかなどについて、計量的に分析することは、投資計画の妥当性、信頼性などを確認していくうえで欠かせなくなると考えられる。

またマーケットの状況に応じてポートフォリオを管理、最適化し、よりフォワードルッキングなリスクリターン見通しの分析やリスク管理態勢を構築することも必要である。

特に中小の地域金融機関では、証券会社等から提供されている有価証券のポートフォリオ管理システムによってリスク管理を行い、また金融当局への報告や検査の対応を行っているところが多い。今後についても、経営資源の制約を考えれば引き続き同様の態勢を中心にせざるをえないと考えられるものの、さまざまな分析やシミュレーションを行うためには、自らより主体的にポートフォリオの管理・リスク管理態勢を高度化していく必要がある。

また国内債券、国内株式を中心としたポートフォリオであれば、従来のbpvなどの感応度中心のリスク管理で機能したが、資金運用の高度化を行いさまざまなリスクテイクを進める場合にはVaR等さまざまなリスクをより統合的に管理できる指標を使い、さらにストレステストなどのVaRの欠点を補うリスク管理手法を用いて、高度なリスク管理態勢を整備することが必要となる。

③ 資金運用の高度化のために解決すべき課題と解決の方法

(1) 外部資源の活用

「運用商品の高度化」「運用対象地域の高度化」を進めるには「運用方法・運用技術の高度化」を進めるほどには経営資源が必要でないと考えられるが、従来以上に資金運用の高度化を行うためには、現在のポートフォリオの

分析、リスク状況の分析、経営計画や資金運用・リスクテイク計画とリスクテイク状況の整合性の確認、過去のさまざまなマーケットデータの蓄積や分析、将来のマーケット見通しの点検などを従来以上に行う必要がある。

　地域金融機関は大手の金融機関などと比べ、経営資源が限られ、制約要因も多い。特に過去のデータ蓄積やさまざまな高度な分析を行うためには、経営資源（ヒト・モノ・カネ）がメガバンクなどと比べ、絶対的に不足していることは間違いない。したがって、ある程度のコストが必要となるが、外部の専門的な機関のサポートを受けることも1つの有力な手段となるであろう。

　たとえばさまざまな新しい金融商品への投資を行うことを含めた資金運用戦略や計画の策定、計量的な高度な手法を用いたポートフォリオの分析などについては、経営資源に限りのある地域金融機関が自ら行うには、自ずと限界がある。

　また、資産運用の高度化のために新たな金融商品への投資を行う場合、たとえば外国株式や外国債券（特に海外発行体が発行した外貨建ての債券など）への投資を考えても、個別銘柄への投資については情報収集や言語の問題などもあって地域金融機関にとっては相当ハードルが高いものと考えられる。

　特に海外マーケットへの投資に関しては、自力で運用を行うよりも、相応のコストは必要であるものの、外部委託すなわち専門の資産運用会社や外部の専門家が運用する商品である投資信託などを利用することも結果的には効率的であることも多いと考えられる。

　また世界中に存在するさまざまな分野の金融商品のなかから自らの運用方針や運用計画に適合するポートフォリオに組み込むための商品を選定すること、また多様な金融商品のモニタリングを継続して行うこと、その運用商品のリスクとパフォーマンスの測定や、運用対象商品の入替えなどをそれぞれの金融機関で行うことには限界があるといわざるをえない。

　これらについても、最近商品選定のアドバイスやコンサルティングを行ったり、商品の評価を行うなどの専門的なサービスを行う投資助言会社などの専門サービス会社も出てきており、これらの会社のサービスを利用すること

も可能であろう。

(2) 新たな投資商品の活用

　日本国内においても、最近、新しい金融商品、運用商品が非常に多くなってきており、運用商品の多様化が進んできている。しかしながら、バブル経済の崩壊以降、世界経済のなかで日本の占める地位は縮小しつつあり、金融市場においてもその傾向は変わらない。第1節の図表1－2－1のように、グローバルにみた場合投資対象となる金融商品は多岐にわたり、その投資対象は無限といえるほど幅広くなっている。しかし地域金融機関が投資対象として、それぞれの個別の金融商品を分析・確認し、投資していくことは、相当困難であるといわざるをえない。

　このような状況のなかで最近注目を集めている商品にETF（上場投資信託）がある。ETFは1990年に初めて登場し、日本では2001年に東京証券取引所に初めて上場した。現在では世界の取引所に5,000銘柄超、2兆7,000億ドル（約300兆円）を超えるETFが上場されている。

　ETFは、多様な金融商品に、簡単に投資できる優れた手段であり、地域金融機関が資金運用の高度化を行うための格好の投資手段である。東京証券取引所においても、最近相当数のETFが上場されたが、株価指数関連の一部のETF等を除き、依然流動性の面などを考えると、機関投資家の資金運用にとっては制約が多いといわざるをえない。しかしながら、海外上場のETFにまで目を向ければ、第1節の図表1－2－1に掲げた金融商品の相当部分をカバーしており、地域金融機関がグローバルな分散投資をスタートするにはETFへの投資だけでも十分可能であるといえよう。

　地域金融機関にとって資金運用の高度化に活用できるETFの優れた仕組みや特長は、次のように整理することができる。
① 海外の金融商品に比較的簡単に投資（海外株式投資とまったく同じ）ができ、国際分散投資の優れた手段である。
② 非常に低コストである（投資信託と比べ数分の1程度が多い）。
③ 流動性が高い。特にニューヨーク上場のETFは時価総額、売買高とも

に非常に大きい。
④ 指数に連動するETFが多く商品内容がわかりやすい。
⑤ 金融庁に届出があるETFは、ETFを設定・運用している会社のウェブサイトなどからさまざまな日本語でのデータや資料が取得できる。また場合によっては、個別の問合せなども可能である。

　従来は、国際分散投資のコア4資産の一部である海外の株式や債券への投資ですら、地域金融機関にとってはそのハードルが非常に高かった。しかしながらETFをうまく活用することによって、今後は国際的な分散投資も非常に簡単にできるようになるであろう。

　その具体的な詳しい仕組みや内容は第2部第4章で説明しているので参照していただきたい。

(3) アウトソーシングの検討

　いままでに投資したことのない新しい金融商品への投資を行うときには、必ず勘定処理や決算処理の事務が必要となる。これらを自ら行うときには、優秀な事務処理のスタッフも必要となる。経営資源の限られている地域金融機関にとってはその負担が大きいこともある。

　この問題を解決する1つの方法として特定金銭信託や特定金外信託、特定包括信託などを利用することも可能である。一般的に特金といわれ、いわゆるバブルの時期には投機的な手段として使われたこともあり、またバブル崩壊後には損失補てんの問題なども発生したため、イメージが悪かったり、誤解を受けている面もある。

　しかしながら本来的には、信託機能を利用して有価証券の運用における管理業務を合理化・省力化することが本来の重要な役割であり、あるべき姿の1つである。

　また、特定金銭信託などに特有の非常に有効な機能として、通常のバランスシート上に保有する同じ銘柄の有価証券の取得時価と分離して管理できるという機能もある。

　新しい金融商品への投資や、デリバティブの取引を行う、特にリスクヘッ

ジなどの手段として上場デリバティブ取引等を行うときにこれら信託機能を利用して事務をアウトソースすることが可能となる。また、これらの信託で保有する有価証券の保有目的を直接保有と同じように、口座単位で「その他の有価証券」に区分することも可能である。したがって、一定のコスト負担はあるものの、うまく利用すれば事務の効率化、新しい金融商品へのアクセスを容易にすることが可能であり利用するメリットも大きい。これら特定金銭信託などの具体的な機能や説明については第2部第6章で詳しく説明しており参照していただきたい。

第3章

地域金融機関の資金運用高度化の具体的手法

さまざまな制約条件を抱えている地域金融機関が資金運用を高度化するにはどのような方法を用いることができるか。第2章で検討したように、地域金融機関にとっては、経営資源特に人的資源に余裕がないなかで、株式や債券またはデリバティブなどを使ったトレーディングやディーリングによって運用を高度化し継続的に収益力を高めていくことは相当な困難がある。

　一方、有価証券運用ポートフォリオにおける運用対象商品や運用対象地域の高度化（さまざまな分散投資）、また運用手法の高度化のために外部の運用機関を利用することによって、運用の効率性を高め、資金運用内容の高度化を行うことは地域金融機関にとっても比較的容易であろう。したがって地域金融機関にとっては、ポートフォリオのアセットアロケーションを見直し、従来投資していなかったさまざまなカテゴリーの新しい運用商品に分散投資をして、リターンの源泉を増やすとともに、ポートフォリオ全体のリスクをできるだけ低減してリスクリターンの効率をアップし、いかに資金運用内容を高度化するかが中心となる課題である。

　しかしながら、運用ポートフォリオの中身を高度化し、従来投資してこなかったさまざまなカテゴリーの金融商品に投資するためには、さまざまな事務処理、リスク管理などがきちんと行える態勢をつくりあげる必要がある。これらができてはじめて、資金運用を高度化することができるのである。

　外部および内部のさまざまな環境分析を行い、運用方針や運用計画を決定し、足元のポートフォリオを分析し、具体的な投資戦略や投資商品を決定し実行に移していく。さらに運用結果の評価を行い、計画を見直していく。

　つまり運用の高度化においてもPDCAのサイクルで行うことは、従来の資金運用と変わるところはないが、資金運用の高度化を行っていくにあたっては、より詳細な運用計画やポートフォリオの分析、運用結果の評価、運用方針や運用計画の見直しを行う必要があるだろう。

　運用対象商品や運用対象地域の高度化、外部の運用機関の利用などを行うための具体的な取組方法・手順についてその一例をあげてみる。本章においては、これらに沿って、地域金融機関にとり、比較的簡単に実行できると考えられる資金運用高度化の具体的な方法について説明することとする。

【資金運用高度化の具体的な手順例】

① 資金運用方針、資金運用計画の策定……外部環境分析、内部の環境分析、地域金融機関にとってはその置かれた地域の環境、またそれぞれの金融機関の経営方針や財務状況を分析したうえで、資金運用に期待される役割をもとに、どのようなリスクをどれだけとって、収益目標を達成するのか、その方針と具体的な計画を立てる必要がある。

さらに従来よりも資金運用を高度化するためには、従来投資してこなかったさまざまな新しいカテゴリーの金融商品への投資を行うため、より精緻なリスクテイク方針、つまりどのようなリスクカテゴリーにどの程度投資するのかを、金融機関全体としての目標や収益計画と整合性をとったかたちで決定していく必要がある。

② ポートフォリオの分析……過去の資金運用実績と現在の運用ポートフォリオについて、さまざまな角度から分析する。また運用を高度化するためには、より詳細な、かつ計量的な分析が必要となる場合もある。地域金融機関にとっては、自ら計量的な分析を行うことは困難であり、必要に応じて外部専門機関によるポートフォリオ分析や、専門的な立場からのアドバイスやサポートを受けることも1つの方法である。

③ 具体的な投資戦略、アセットアロケーション計画の策定……ポートフォリオ分析に基づいて、具体的な投資戦略やアセットアロケーション計画を策定するが、新たな金融商品への投資によるリスク分散効果、効率的なポートフォリオの策定などについて、運用ポートフォリオの分析と同じく外部専門機関のアドバイス、サポートを受けることも役に立つであろう。

④ 投資対象となる商品の選定および分析、基本アセットミックスの決定……具体的な投資対象となる商品の分析と選定を行う。

⑤ 具体的な投資対象の決定および投資……グローバルに考えた場合には、投資対象は相当幅広くなるが、

・伝統的4資産のうちの外国株式と外国債券（外貨建て）、特に、比較的投資が容易な外国債券（外貨建て）
・インデックスタイプの信用リスク管理が容易な海外上場ETF、特にイ

ンカムゲイン収益が見込めるもの
- 従来のアセットとリスクプロファイルが異なり、効率性アップにつながるオルタナティブ商品。リスクを抑えながら絶対収益を目指すヘッジファンド

等を主な投資対象として検討する必要があるであろう。

⑥ リバランスの実行……時間の経過とともに、それぞれの資産の時価変動によりアセットアロケーションが基本アセットミックスと乖離してくるため、リバランスを行うことも必要となる。

⑦ 運用経過の確認とアセットアロケーション計画の見直し……運用経過・運用成績を確認することや、投資戦略の見直し、必要に応じてアセットアロケーション計画、基本アセットミックスの見直しを行う。これらも、外部専門機関のアドバイス、サポートは有効であろう。

さらに、バックの事務処理体制の整備が必要である。事務処理を省力化、合理化するために、特定金銭信託、特定金外信託、特定包括信託等を利用することにより、事務のアウトソーシングを行うことも1つの有力な方法である。特定金銭信託などを利用して、事務をアウトソーシングするには一定のコストは必要となるものの、そのメリットは大きい。

本章においては、これらの資金運用の高度化を行うための具体的な取組方法の詳細、過去の実際のデータをもとに、分散投資による運用効率アップの具体例などについて検討してみよう。

第1節 資金運用方針、資金運用計画の策定 リスクテイク・リターンの計画

資金運用方針や資金運用計画の策定については、通常と大きく異なるところはないが、従来投資してこなかったさまざまなカテゴリーの金融商品への投資を行うことになるため、金融機関全体としての経営方針や収益目標、リスクテイク方針との整合性、つまり資金運用においてどの程度のリスクをと

り、どの程度の収益を目指すのか、またどのようなリスクカテゴリーにどの程度投資するのか等を、より詳細にかつ金融機関全体としての目標や収益計画に沿ったかたちで決定することが必要になる。

第1章において、地域金融機関の置かれている外部経営環境、特に地方に拠点を置く地域金融機関の経営環境、言い換えれば地域経済の状況は、高齢化の進展や人口減少、大企業の海外での生産の拡大、東京圏への一極集中などから非常に厳しい状況が継続する見通しであること、また資金運用環境についても、日銀の異次元の金融緩和、マイナス金利政策の導入により、今後も低金利、もしくはマイナス金利が続くことが予想されること、また、逆に2％の物価上昇率が実現すれば、金利も大きく上昇する可能性が高まることなどから、従来と同じような資金運用を行っていれば資金運用収益は大きく減少していく可能性が非常に高いことをみてきた。したがって今後どのように資金運用を高度化していくかは、地域金融機関にとって最も重要な経営課題の1つであることは間違いない。

まず、このような経営環境のなかで資金運用において、どの程度リスクをとり、どの程度の収益を目指すのかという、大枠を決定しなければならない。

中長期の観点から特に地域経済と自らの経営環境を分析しなければならない。地方によっては都会に住む子どもへの相続発生によって預金の流出が始まっており、場合によっては預金の減少を想定しなければならない可能性もある。預金の減少を考えるならば、流動性の確保も重要な課題となるであろう。

1 内部経営環境要因

資金運用におけるリスクテイクの計画や収益計画を策定するためにはまず、金融機関としての経営体力、つまり自己資本の充実状況、財務状況などを分析し、どの程度のリスクテイクが可能なのか検証する必要がある。

リスクを抑制して運用するのかそれとも積極的にリスクを引き受けて収益をあげていくのかを決定する前提条件として、どの程度のリスクテイクがで

きるのかを決める経営体力や、リスクアセットの引受能力に直結する自己資本比率なども重要な要素となる。

　過大な市場リスク量を引き受けていれば、なんらかのストレス事象、リーマンショックなどのような大きな市場変動や、金利の大幅な上昇などの事態が発生した場合、自己資本が大きく毀損したり、自己資本比率が低下することにより金融機関経営に大きな影響を与え、最悪の場合には経営が立ち行かなくなる事態も想定される。

　また、高い収益目標の資金運用計画をつくったとしても、計画を達成するために実際の資金運用計画を実行できるだけの経営資源、物的資源や実際に運用に取り組む人の能力、またそれを支えるバックオフィス能力やリスクをきちんと管理できるミドルオフィスの人材がいなければ絵に描いた餅となってしまう。したがって、具体的なリスクテイクの計画や資金運用計画を策定する前提として内部の経営環境要因を分析、把握しておかなければならない。

② 外部環境要因

　次に、マクロ経済環境分析として、日本経済や世界経済の分析を行う必要がある。特にグローバルに分散投資を計画する場合には従来以上に世界経済の見通しなどの分析が必要になるであろう。日本の低金利、場合によってはマイナス金利政策が継続すると予想されるなか、また潜在的な金利リスクが増大していくなかで、資金運用の高度化を行うには、よりグローバルな視点からさまざまなリスクカテゴリーへの分散投資を進めて、より効率的な資金運用を目指す必要がある。そのためには日本のみならず世界の市場運用環境についての理解を深めなければならない。特に最近は世界の市場が相互に関連し、大きな影響を与え合い、マーケットの連動性が高くなってきている。過去と比べて、分散投資の効果が低下していることも事実であるが、まったくなくなってしまったわけではない。グローバルに分散投資を進めていくには、これら世界の経済状況、マーケット状況の把握・分析が欠かせなくなっている。

一方、地域金融機関としては、存立基盤である地域経済の分析も不可欠である。またこれらの外部環境要因の分析については中長期の観点から分析する必要性も大きい。外部環境要因の分析については、地域金融機関としての経営戦略とも密接にかかわってくるものであり、これらをふまえたうえで資金運用の計画も立てる必要がある。

③ 戦略目標、収益計画、運用計画の策定

外部環境要因や内部の経営環境要因などを勘案したうえで、それぞれの金融機関全体としての戦略目標や経営計画、収益計画をふまえて資金運用における戦略目標や収益計画を策定しなければならない。

市場部門の戦略目標策定にあたっては、金融機関自らが、リスクを最小限とした運用を行うのか、能動的にリスクをとりながら収益をあげていくのを目標にするのか等を決定する必要がある。

そのうえで、市場部門の戦略目標策定にあたっては、各業務分野の戦略目標との整合性も確保し、資産・負債（オフバランスを含む）の構成、市場性および流動性を勘案し、かつ自己資本の状況をふまえ検討することが重要である。

つまり、「どの程度の市場リスクをとり、どの程度の収益を目標とするのか」を定めるには「市場リスクを最小限度に抑えることを目標とするのか、能動的に一定の市場リスクを引き受け、これを管理するなかで収益をあげることを目標とするのか」などを明確にしなければならない。また、「収益確保を優先するあまり、市場リスク管理を軽視したものになっていないか。特に長期的な市場リスクを軽視し、短期的な収益確保を優先した目標の設定や当該目標を反映した業績評価の設定を行っていないか」（「　」内は金融検査マニュアル、市場リスク管理態勢の確認検査用チェックリスト：2015年11月）を検討したうえで決定しなければならない。

言い換えれば、市場部門の戦略目標の策定にあたっては、当然金融機関全体の戦略目標と整合的でなければならないし、自己資本等の経営体力とリスクテイクを行おうとしている市場リスク量を比較し経営体力からみて過大な

市場リスクをとることにならないのか、また運用に携わる人間の人的能力やリスク管理能力などもふまえて決定しなければならない。

　一方では、すでに述べたように、当面日本において低金利、場合によってはマイナス金利が続く可能性が高く、債券投資の収益性が低下していくことが予想され、また物価目標の2％が達成されるならば金利も大きく上昇することが予想される。したがって従来同様の資金運用を行っていたのでは収益目標を達成できない局面が必ずやってくるであろう。

　本業の収益で、金融機関としての必要な収益を確保することができるのであれば、資金運用においてはリスクを抑制し、流動性の確保を主眼とすることも可能であると考えられるが、資金運用への依存が大きくなるのであればある程度積極的にリスクを引き受けて収益をあげていく必要もあるだろう。そのためには、従来以上に資金運用を高度化するための戦略目標、リスクテイク方針の策定ないし見直しを行っていく必要がある。

　また、個々の金融機関によって物的資源・人的資源の状況が異なるために、投資対象、投資手法もそれぞれ異なることとなるだろう。

4 リスクテイクの計画（資本配賦計画）

(1) 金融機関の全体計画との関係

　金融機関全体としてのリスクテイク計画が決まり、各部門におけるリスクテイク量を割り振る。通常地域金融機関では、大手銀行ほど業務の多様化が進んでいないため、ほとんどが貸出金部門と資金運用部門の2部門でのリスクテイクであり、2部門における割振りが決まったならば、次に、資金運用部門としての詳細なリスクテイク計画を決めることとなる。

　資金運用においては、基本的には、金利リスク、信用リスク、為替リスク、価格変動リスクの4つが主要なリスクである。貸出金部門は基本的には金利リスクと信用リスクをとっている。貸出金の金利リスクが大きい場合には資金運用においては金利リスクを抑制的に運用しなければならないであろうし、逆に貸出金の金利リスクがさほど大きくなければ資金運用において金

利リスクをとることもできる。

　また、その他にもリスク分散の観点、運用の効率化の観点から、その他のどのようなリスクをどの程度とるかも決定する必要がある。

　また地域金融機関は基本的に、ある限られた地域を営業基盤として活動しているため、貸出金は基本的に限定された地域でリスクをとっている。リスク分散の観点からは有価証券の運用において、地域も分散する必要がある。また貸出金の信用リスクが大きい場合には、有価証券運用における信用リスクを抑制的に運用しなければならないこともあるだろう。

(2) 方針・目標の決定と管理態勢

　金融機関全体の計画との整合性を考慮しながら、リスクテイクの方針や目標を決めなければならない。貸出金や役務取引収益など本業において十分に収益をあげられるならば、資金運用部門においては安全性と流動性を重視して運用を行えば十分であることもあるだろう。一方地域金融機関によっては、貸出が伸び悩み、預貸率が低く本業で十分に収益があがらない金融機関も多い。この場合、資金運用部門においてある程度リスクをとりながら運用収益をあげていくことも必要になるだろう。

　また、リスクテイクの方針や目標を決めるときには、それに応じた市場リスク管理態勢の整備が可能か検討しておく必要がある。きちんとした市場リスク管理態勢が整わないままに、多様なリスクをとることはむずかしいし、もしそのようなリスクをとった場合には、万一の場合、経営危機に陥る可能性もある。

　リスク管理の方法として必ずしも高度なリスク管理方法が必要というわけではない。金融庁の金融検査マニュアルにも「金融機関が採用すべき市場リスク計測・分析方法の種類や水準は、金融機関の戦略目標、業務の多様性及び直面するリスクの複雑さによって決められるべきものであり、複雑又は高度なリスク計測・分析方法が、全ての金融機関にとって適切な方法であるとは限らない」（金融検査マニュアル、市場リスク管理態勢の確認検査用チェックリスト：2015年11月）とされており、必ずしも高度で複雑なリスク管理方法

が推奨されているわけではない。

しかしながら、特に資金運用を高度化するならば、相応のリスクをとりながら運用収益の増加を目指すことになるため、どのようなリスクをどの程度とり、それによっていかほどの運用収益を目指すのかをより詳細にかつ明確に決定しておくとともに、リスク管理態勢を事前に十分検討しておく必要があるだろう。

(3) リスクテイクの基本計画の策定

次に、リスクテイクの方針と目標が決まったならばどのようなリスクをどの程度とるかというリスクテイクの計画（資本配賦計画）をつくることが必要である。

資金運用部門は、金利リスク、信用リスク以外にもさまざまなリスクテイクが比較的容易にできる。市場リスクである為替リスクや株価の変動リスク、またグローバルにみた場合、同じ金利リスクや信用リスクであっても米国や新興国、アジア、欧州などさまざまな地域のリスクテイクも可能である。このように資金運用ではあらゆるといっていいほどのさまざまなリスクテイクが可能である。

したがって、これらのうちどのようなリスクをどの程度とるのかの基本的な計画を策定する必要がある。

(4) リスク計測のあり方

VaRショック、サブプライムローン問題やリーマンショックなどにより、統合（的）リスク管理の重要な手段であったVaRによる管理の欠点（テールリスクの存在）があらわになったこと、VaRは観察期間をどこに置くかによってリスク量が大きく異なること、VaRでリスク計測を行うときには通常、リスクファクター間の相関を考慮するが、そのさまざまなリスクファクター相互の相関関係も時期によって大きく変わること、など必ずしもベストのリスク管理方法というわけではない。

そのため従来どおり感応度を中心としたリスク管理を行っている金融機関

もあり、ポートフォリオの内容やリスクテイクの状況によっては、感応度を中心としたリスク管理のほうが優れている面も多い。

しかしながら、資金運用を高度化し従来以上にさまざまなリスクをとる運用を行っていく場合にはリスク管理についても高度化していく必要があるだろう。

従来のリスクカテゴリーに加え、新たに投資しようとしているリスクカテゴリーにどの程度資本配賦を行うか決定しなければならない。またリスク計測の方法も欠点はあるものの、その欠点を理解したうえでVaRのようにさまざまなリスクを統合的に計測できる指標を使う必要性も高まってくるであろう。そのうえでさらにさまざまなリスクの相関状況、相関関係の変動などについても十分に検討しなければならない。

(5) リスクアペタイト・フレームワークについて

また最近、大手銀行中心にリスクアペタイト・フレームワークが導入されてきている。「リスクアペタイト」は、組織の目的や事業計画を達成するために進んで受け入れるリスクの種類および量、と定義され、組織としてどのようなリスクをどの程度とるのかの方針を決定し、その方針を組織として明確に共有する仕組みである。資金運用においても、どのような資産にどの程度投資し、どれだけのリスクをとって収益をあげていくかという方針を決めるものともいえる。地域金融機関にとっては、今後の課題となるであろう。リスクアペタイト・フレームワークについては第2部第1章第2節1を参照願いたい。

5 流動性の計画

(1) 流動性の重要性

流動性リスクは、「運用と調達の期間のミスマッチや予期せぬ資金の流出により、必要な資金確保が困難になる、又は通常よりも著しく高い金利での資金調達を余儀なくされることにより損失を被るリスク（資金繰りリスク）

及び市場の混乱等により市場において取引ができなかったり、通常よりも著しく不利な価格での取引を余儀なくされることにより損失を被るリスク（市場流動性リスク）」と定義されている（金融検査マニュアル、流動性リスク管理態勢の確認検査用チェックリスト：2015年11月）。

流動性リスクは、金融機関にとって非常に重要な問題であり、過去にもさまざまなイベントが発生、リスクが顕在化するたびに大きな問題となり、リーマンショックのときのように流動性リスクの顕在化による金融機関の破綻も起こっている。特に地域金融機関にとっては重視しなければならないリスクである。

(2) 金融機関の収益と流動性

一方、金融機関の収益の多くは調達と運用の期間のミスマッチがその源泉となっている。流動性預金や比較的短期の定期預金で調達した資金を、短期の運転資金の貸出などのほかに、長期の設備資金や個人向けの長期住宅ローンなどの期間の長い貸出等で運用し収益をあげたり、資金運用においても長期の固定利付債や流動性に制約のある商品で運用することによって高い収益の獲得を目指すことも多い。

特に資金運用においては、ほとんど同一の商品内容であっても、流動性の劣る、もしくは流動性に制約のある商品は流動性プレミアムがつき、収益性が高いケースも多い。

流動性を重視した余裕をもった運用を行うことも重要であるが、あまりに流動性を重視しすぎると逆に非効率な運用となり、収益性が落ちているともいえる。

自らの資金調達構造や、財務構造、貸出等の運用内容などを把握し、資金運用における流動性の計画を立てたうえで資金運用を行うことが重要となる。

たとえば、資金調達のほとんどを占める預金は預金者の請求により、払戻しをする必要があるが、過去の利益の蓄積などによる自己資本は基本的には払戻しの必要のない無期限の資金と位置づけることもできる。自己資本に十

分な余裕があるのであれば、その一部を流動性は低いが、収益性の高い商品に計画的に投資し、より高い収益性を求めることも考えることができるであろう。

第2節　ポートフォリオ分析

　具体的な資金運用計画を策定するためには、過去の資金運用の実績や現在のポートフォリオの問題点等を詳細に分析することが必要である。

　投資計画、アセットアロケーションの計画を決定する前提として、運用中のポートフォリオを場合によっては、専門家の協力も得ながら詳細に分析する。特に計量的な分析は、地域金融機関が自ら行うことは相当困難であり、専門家、第三者の知恵を借りることも必要となるであろう。

1　目　　的

　ポートフォリオの高度化を進めるにあたっても、具体的な投資戦略や資金運用計画、アセットアロケーション計画の策定に先立ち、現在のポートフォリオをさまざまな角度から、たとえば資金運用収益の実績、リスクテイク状況、保有しているポートフォリオの内容、時価状況などを詳細に分析しておく必要がある。このような分析を行うことによってそのリスクプロファイルの詳細、獲得できた収益はとっていたリスクに対して見合うものであったのか、リターンの源泉は何であるのか、分散投資の効果はあったのかなど、さまざまな点を明らかにすることができる。

　また、資金運用は継続的に行っているものであり、年度の初めに資金運用を立案するときも必ず、その時点の運用資産のポートフォリオが存在する。また目標とするアセットアロケーションが決まったとしても、アセットアロケーションを大きく組み替える場合には必ず売却損益が発生することとなる。これらもふまえ、現状のポートフォリオの詳細を把握しておくことは、

投資戦略の策定や資金運用計画立案にとって必要不可欠である。

2 分析内容・分析手法

(1) 過去の運用実績の分析

　まず、過去の運用実績と時系列分析を行う。運用資産ごとに運用残高、運用収益額、利回り、売買損益、含み損益などの分析をし、自らの運用の特徴や、その強み・弱みなどを、可能であれば他の金融機関や業界平均との比較なども行い把握する。

　また運用資産の種類ごとに把握しておくべき内容も異なる。たとえば主な資産運用の手段である債券についていえば、より細かい分析をしておく必要があるだろう。

　たとえば上にあげたほかにも、債券の種類ごとに平均年限やデュレーション、残存期間別の残高、格付と残存期間のマトリックス、感応度などのリスク量の分析も重要である。

　また、仕組債や投資信託などに投資している場合には、それぞれの収益実績やとっているリスクの内容やリスク量などの分析も必要である。

(2) 市場リスクの分析

　市場リスクの代表的なものには、金利リスク、為替リスク、株式リスク、信用リスクがある。さらにはコモディティリスク、デリバティブ等におけるボラティリティの変動リスクや物価連動債における物価上昇率、REIT投資における不動産のリスクなども存在する。分析にあたってはさまざまなリスク計測・分析手法があるがこれらを組み合わせて適切な分析を行う必要がある。

　たとえば、金融検査マニュアルの「市場リスク管理態勢の確認検査用チェックリスト：2015年11月」には市場リスクの計測・分析方法の一例として次のような例が記載されている。

・ポジション残高、評価損益、実現損益

- 金利更改ラダーや資金満期ラダーなどに基づいた、ギャップ分析や静態的シミュレーション分析および動態的シミュレーション分析
- 感応度分析（デュレーション、BPV（ベイシス・ポイント・バリュー）、GPS（グリッド・ポイント・センシティビティ）等）
- 静態的シミュレーションおよび動態的シミュレーションを用いたシナリオ分析
- VaR（バリュー・アット・リスク）
- EaR（アーニング・アット・リスク）

これらを必要に応じて選択しながら市場リスクについて分析を行う。

③ より高度な分析手法

　資金運用をより高度化し、さまざまなリスクテイクをしたうえで資金運用を行っていく場合、円金利や日本株のリスクなどに加え、とろうとするさまざまなリスクファクターに関するリスク量を分析することが必要となってくる。さらにリスクファクターが増加すればするほどリスクファクター間の相関をどのようにとらえるかという問題が重要となる。

　一般的に相関は相関係数で計測され、分散投資を行うときにリスクを低減させる効果があるが、商品ごとの相関が必ずしも安定的であるとは限らない。長期間観測すると、相関関係が大きく変わっている場合も存在する。これらをどのようにリスク管理に組み込んでいくかというのは非常に重要な問題になる。

　ポートフォリオ分析を行う目的は足元でどのようなリスクをどの程度とっているかを判断することにあるが、もう1つ重要な目的は、具体的な運用計画を策定するにあたって、より効率的なポートフォリオをつくりあげるために、従来とっていなかったどのようなリスクをどの程度、追加的にとるのか、従来からとっているリスクを追加するのか、削減するのかなどの判断を行うためでもある。またその判断には、将来のマーケット環境の予測を反映させていく、つまりよりフォワードルッキングに行う必要がある。

　地域金融機関では、有価証券の市場リスクの分析を自らすべて行っている

ところは少なく、多くは証券会社から提供される市場リスク分析のツールを利用しているところが多い。そのような分析ツールには感応度やVaRなどが簡単に分析できるのに加え、それぞれのリスクの相関を考慮したかたちでリスク量も提供されていることが多い。しかしながら、基本的には、円金利、外貨金利、日本株等のリスク分析が中心であり、多様なリスクや多様なリスク間の相関を把握するには限界がある。また現に保有しているポートフォリオの現在のリスク分析が中心である。したがって、さまざまな運用資産に投資し分散投資を進めていくには、ポートフォリオ分析の高度化やリスク管理の高度化を十分に行える態勢の整備も必要となる。

4 外部専門機関を利用したポートフォリオの分析

　このように、ポートフォリオの分析を詳細に行うためには、計量的・数理的観点からの分析も欠かせない。計量的・数理的なより高度な分析を行うためには、より幅広い、さまざまな市場のデータの蓄積、リスクファクターの過去の動向、より深い分析を行うためのさまざまなリスクファクター間の相関関係の過去データ、また将来のマーケットの予測なども必要となってくる。

　しかしながら、経営資源、特に人的資源の限られた中小・地域金融機関では、これらすべてを自ら行うことは困難である。ある程度のポートフォリオの分析やマーケットデータ取得は、大手証券の提供する有価証券管理システムなどで行うこともできるが、よりフォワードルッキングに、さまざまなマーケット予測、相関関係の見通しなどを勘案して分析を行うことや、新たな投資商品への投資や、従来とっていなかったマーケットリスクをとることによって資金運用の効率化を高める場合、より専門的な立場からの分析や将来の収益見通し、資金運用計画やリスク管理計画との整合性のチェックなどが必要となるだろう。

　たとえば、
・ポートフォリオにどのようなリスクを追加すればより効率的なポートフォリオ、リスク対比で収益性の高いポートフォリオになるか。

- リスクの増加を抑えて期待リターンを上げるために、どのような商品を追加すればよいか。
- 新たに追加しようとする商品と保有しているポートフォリオとの相関関係はどうなっているか。
- オルタナティブ資産を追加することは、従来型資産との関係からみて効率性が高まるか。

などさまざまな観点からの分析が重要となる。

このような高度な分析を地域金融機関が自ら行うことには限界があり、ある程度のコストは必要となるものの専門的な機関に依頼して、そのアドバイスを得ることも1つの方法となるであろう。

ポートフォリオの計量的な分析やそれに基づく投資戦略の策定については第2部第1章を参照いただきたい。

第3節 投資戦略の策定とアセットアロケーション計画

内部環境要因や外部環境要因を分析したうえで策定した戦略目標、収益計画を達成するために、運用計画やリスクテイクの計画（資本配賦計画）を策定し、現在のポートフォリオの詳細な分析をふまえて、具体的な投資戦略やアセットアロケーション計画をつくることとなる。

従来型の資金運用で運用リターンが低下していく見通しであることを勘案すると、従来なじみのなかった投資商品への投資や制約の少ない投資戦略などを検討する必要がある。

また、さまざまな投資戦略や、制約の少ない投資戦略を実行に移すには、自家運用だけでなく外部委託を検討し外部運用会社の能力を活用することの重要性も高まる。

また投資の時間軸を長期において、短期的な収益のブレや、時価の変動をある程度許容しつつ、より高い収益を目指していく必要もあるだろう。

①　最も効率的なアセットアロケーションと最適なアセットアロケーション

　ポートフォリオ理論から導き出される中長期的にみて最も効率的なアセットアロケーションは、地域金融機関にとって必ずしも最適なアセットアロケーションとは限らない。なぜなら、地域金融機関は、中長期的な観点から最も効率的なアセットアロケーションを目指す年金や学校法人、個人などと違い、経費（預金利子や人件費・物件費等）を支払ったうえで、毎年決算を行うという特性上、毎年安定的な収益を計上する必要がある。

　また、ポートフォリオのリバランスを行うことにおいても、リバランスを行うと必ず入替えに伴う損益が発生する。入替えに伴う税負担の問題はあるが、基本的には年金や学校法人、個人などは時価ベースでの最大リターンを目指しているものの、金融機関の場合、有価証券の時価の評価損益の増減は、損益計算書には反映せず、評価差額は直接、貸借対照表の資本の部に反映される（ただし、保有目的がその他有価証券の場合であり、売買目的、満期保有目的の場合は異なる）。

　これらの点を考慮に入れながら有価証券の運用を行わざるをえないため、中長期的にみて最も効率的なアセットアロケーションが、地域金融機関にとっては必ずしも最適のものとは限らない。基本的にはインカムゲインを重視したアセットアロケーションによる金利収益の確保が柱であることが重要なポイントとなる。

②　ポートフォリオ分析をもとにしたリスクテイク計画の決定

　次に、さまざまな内部環境要因や外部環境要因を分析して策定された、資金運用における戦略目標や収益計画を達成するための現状のポートフォリオの詳細な分析の結果をもとに、資金運用全体のリスクテイクの範囲内で、どのようなカテゴリーのリスクをどの程度とるかを決定しなければならない。

　この場合、ポートフォリオ分析をもとにして、どのようなリスクカテゴ

リーにどの程度のリスクを引き受ければより効率的なポートフォリオになるのかを勘案し、金利リスクや為替リスク、価格変動リスク、その他のリスクなど、さまざまなリスクカテゴリーごとに市場リスクの引受計画を決定することとなる。

当然ながら、現状のポートフォリオでとっているリスクをみたうえで、
① 追加すべきリスク
② 削減すべきリスク
③ 相関状況の確認
④ 従来とっていなかった新たなリスクの追加
⑤ 全体の効率性を高めるためのヘッジファンドなどの絶対収益を目指すリスクの追加

などについて検討する。

さまざまなカテゴリーの資産に分散投資を行って資金運用を高度化し、より効率的なポートフォリオを目指す計画であればより詳細な計画が必要になるであろう。

たとえば外貨建て債に投資を行うならば従来の円金利に加えて外貨金利リスクをとることになるし、外貨金利リスクも、米国以外に欧州やオーストラリア、アジアなどにも投資対象を広げるならば、より多くのさまざまな外貨金利のリスクをとることになる。

同様に価格変動リスクにおいても、日本株だけでなく外国株などに投資対象を広げるのであれば、それぞれの価格変動リスクをとることになる。

さらに投資対象をオルタナティブ商品である不動産（REIT）やコモディティ、ヘッジファンドなどに広げるのであればそれらのリスクをどのように計測してリスク管理を行い、どの程度リスクをとるのかも決定しなければならない。

したがって分散投資を進め、資金運用の効率化を目指すならばそれに従ったリスクテイク計画をつくる必要があるし、またそれぞれのリスクの間の相関をどのように設定するかも重要な課題となる。

③ 基本アセットミックス（政策アセットミックス）の決定

　リスクテイク計画が決まったならば、それに沿ったかたちで基本的なアセットミックス、アセットアロケーションを決定することとなる。

　中長期的にみると、資金運用の結果は8〜9割がアセットアロケーション、つまり、どのような資産にどれだけ資金を配分するかで決まるともいわれる。したがって、特に中長期的な計画の策定にあたっては、基本となるアセットアロケーションの計画を慎重に策定する必要がある。

(1) アセットアロケーション決定の手順

　具体的なアセットアロケーション決定の手順は次のとおりである。

① アセットユニバースの決定……投資対象とする可能性のある商品を実際に投資するか否かは別にして、投資の選択肢を増やすために、幅広にリストアップしたうえで、さまざまな観点から絞り込み具体的な投資商品を決定する。

　アセットユニバースの分類は「リスクの内容で分類」するか「投資商品の種類で分類」する。

② アセットユニバースごとの過去のリスクリターンの実績の把握と将来の予測……長期的な観点からみたアセットごとのリスクリターンを把握したうえで、具体的なアセットアロケーションを決定する。通常、過去10年から20年程度の資産ごとのリスクリターンを分析し、最適なポートフォリオを検討する。ただし、過去のリスクリターンはあくまで過去の実績であり、将来を保証するものではない。過去のリスクリターンの実績に将来の見通しを加味することがどうしても必要となる。

　たとえば、過去10年程度でみれば、日本の債券のリターンは1％から2％程度であったが、マイナス金利政策のもとで10年超までの国債利回りがマイナスとなっている状況のなかで、将来も同程度のリターンが得られるものとしてアセットアロケーションを決定することが妥当だとは考えら

れない。

　つまり、フォワードルッキングな視点も交えて各商品のリスクリターンを決定する必要がある。バブルの崩壊前後でみた株式市場のように、素晴らしいパフォーマンスを上げた商品は次のときには最悪の結果となることも多い。

③　具体的なアセットアロケーションの決定

　以上の点を考慮しながら、また、ポートフォリオ分析をふまえて、基本の(政策)アセットミックスを中長期的な視点から決定する。

(2) 投資商品の分類

　次にアセットアロケーションを決定するときには、投資商品をさまざまな方法で分類し検討する必要がある。ここではその例をみておこう。

　一般的には次のように分類されることが多いが、そのほかにも、リスクの内容で分類したり、地域金融機関の資金運用にとって、コアとなる資産、ノンコア資産（コア資産の運用を補完する資産）、オルタナティブ資産（コア資産やノンコア資産とリスクプロファイルが異なり、また相関も低くリスク分散により効率が高まり、収益機会の多様化にもつながる資産）に分類するなどの方法がある。これらの分類をすることによって、それぞれの資産のリスクプロファイルを把握し、また相関を検討することによって、効率的なアセットアロケーションの作成につなげることができる。

① 　一般的な分類

　　a　伝統的資産

　　　　短期金融商品

　　　　国内債券、国内株式

　　　　海外債券、海外株式

　　b　非伝統的資産（オルタナティブ資産、代替投資資産）

　　　　証券化商品（ABS、MBS、RMBS、CMBSなど）

　　　　不動産（REIT）

　　　　コモディティ（商品）

ヘッジファンド
　　　プライベートエクイティ
　　　未公開株
　　　デリバティブ
　地域金融機関にとって、従来はなじみの薄い新興国の債券や株式などはオルタナティブ資産に分類してもよいだろう。
② リスクの内容による分類
　・金利リスクをとるもの（短期金利、長期金利、海外金利）
　・金利のイールドカーブリスクをとるもの（国内金利、海外金利）
　・為替リスクをとるもの
　・株価変動のリスクをとるもの
　・その他……物価変動、不動産、コモディティ、新興国、ボラティリティなど
③ コア資産、ノンコア資産、オルタナティブ資産……たとえば次のような分類が可能である（図表1－3－1）。

　これらの分類に基づいて、全体のアセットアロケーションを決定していく。資金運用の高度化を進めるために、従来のアセットアロケーションを大きく変更する必要性が出てくることも考えられる。本格的により分散を意識したポートフォリオ運用を一気に導入することは、すでに述べたように、資産の組換えによる損益、リスク管理、バックオフィスの事務処理能力など、さまざまな制約もあり困難であることも多い。ならば、運用ポートフォリオ全体ではなく、信託の機能を利用した事務のアウトソーシングなども活用し、その一部分でも行ってみることも必要である。そのような場合、
① 流動性を確保する資産
② インカムを中心とする期間収益を確保する資産
③ より効率的なリスクリターンを目指す資産
のように分け、①および②については、従来との継続性を重視したうえで、追加的に③への投資を考え、③を1つのポートフォリオとしてアロケーションの計画を考えることも1つの方法である。

図表1-3-1　運用商品の分類

コア資産	短期運用商品	インターバンク市場	コール市場
		オープン市場	短期社債、国庫短期証券、債券レポ
		その他	定期預金、流動性預金
	長期運用商品	債券	国債（固定利付債）、地方債、政府保証債、政府関係機関債、銀行社債、社債（事業債）、投資法人債、円建て外債
		株式と株式関連	現物（個別）株式、ETF（株価指数連動型の上場投資信託）
		その他	定期預金
ノンコア資産	短期運用商品		外貨建て預金、外貨建てMMF、信託受益権（短期）
	長期運用商品	債券	変動利付国債、物価連動国債、ABS、CMBS・RMBS、仕組債、外貨建て外国債券、外国債券ETF
		株式と株式関連	株式投資信託（除くETF、ヘッジファンド）、優先株、優先出資証券、外国株式、海外株式関連ETF
		その他	仕組預金、仕組貸出、信託受益権（長期）
オルタナティブ資産	アセットクラスとしてのオルタナティブ		プライベートエクイティ、コモディティ、商品ファンド、不動産関連、不動産投資信託（J-REIT）、クレジット関連（CDO、CLO等）、コモディティ関連ETF
	投資手法としてのオルタナティブ		ヘッジファンド

（出所）諸資料より筆者作成

4 具体的なアセットアロケーションの計画

次に、具体的な投資商品を決定しなければならない。しかしながら、効率的なポートフォリオをつくりあげるための具体的な投資商品の決定にあたっては、すでに述べたように経営資源、特に人的資源の状況やリスク管理能力の問題から、単に効率性のみで決定することは困難な場合があるため、このような点も考慮に入れながら具体的な計画を策定しなければならない。

実際に、具体的な投資商品を決定する場合においても、グローバルに考えると投資対象商品は無限といえるほど多い。

たとえば、海外債券、米国の債券のみで考えても、米国国債、物価連動国債、政府機関債、地方政府債、一般事業債（投資適格債、ハイイールド債）、証券化商品（ABS、CMBS、RMBSなど）などさまざまな投資対象が存在している。また投資方法も個別の銘柄に投資をするのか、それともインデックスに追随するような投資信託やETFに投資するのかなど、さまざまな手段が存在する。

また、外国株式に投資することによってポートフォリオの効率性が高まるとしても、個別株式に投資することは、情報の収集能力、分析能力、言語の問題などがあり、またバックの事務処理が可能かどうか、ミドルでのリスク管理ができるかどうか、など人的資源に乏しい地域金融機関が本格的に取り組むことは困難な問題も多い。

したがって、これらの問題を解決するには、第2章第4節で述べたように、外部資源の活用、つまり、専門的な投資助言やリスク管理などのアドバイスやコンサルティングを行う会社の利用や、投資信託、専門の資産運用会社の力を利用する、また、海外ETFなどのような新しい商品への投資を行ったり、バックの事務処理の外部委託（特定金銭信託等の信託の器）を利用することも、一定のコストは必要であるが有力な方法である。

ここでは、分散投資の有力な手段といえる海外ETFとオルタナティブ商品、およびオルタナティブ商品のうちヘッジファンドについて簡単に触れておく。詳細については第2部第4章および第5章を参照されたい。

(1) 海外ETF

　国内金利が過去最低水準にまで低下、日本銀行のマイナス金利政策導入後には残存期間10年を超える国債まで利回りがマイナスとなり、またクレジットスプレッドも縮小し、国内債券投資の期待リターンが大きく低下するなかで、国内債券投資による収益を維持するために、投資残高を増やしたり、デュレーションを長期化するという選択肢をやむなくとっている地域金融機関も増えてきている。いずれの方法も潜在的な金利リスクが大きく増加することになり、将来の金利上昇リスクを考えると、またリスクテイクが国内金利リスクに集中することにもなり、さらなる投資残高の積上げやデュレーションの長期化を行うことは困難になっているといえる。また地域金融機関は安定的なインカムゲインの獲得を資金運用収益の核とする必要があることを勘案すると、海外債券などへの投資が有力な手段となる。個別の外貨建ての外国債券への投資は比較的簡単であり、具体的に検討すべきであると考えられるが、外貨建て外国債券のなかでも海外の発行体の債券への投資は、発行体の信用リスク管理や事務処理、為替リスクなど解決すべき課題が多い。

　第4節の図表1－3－18のように、海外ETFには債券型のETFも多くあり、基本的にはなんらかのインデックスをベンチマークとしている。またその種類は米国の国債に投資するものから、投資適格債、ハイイールド債、新興国債券など多くの種類があり、地域金融機関がまず本格的な分散投資を行う対象としては格好の手段となりうる。

　たとえインカムゲイン獲得を目標にするにしても、純粋なインカムゲインだけでなく、たとえば、転換社債を対象にしたETFや、優先出資証券、バンクローンに投資するETF、高配当株式に投資するETFなど、少し商品性の異なった、しかし安定的な分配金を目標としたETFへの投資も1つの方法である。

　また、海外ETFには、債券以外に株式（世界株式、米国、欧州ほか多数の国）、コモディティである金や原油、REITなどを対象にした多様な商品がある。地域金融機関がグローバルに分散投資を行うことを検討するうえで十分

な商品が供給されているといえるだろう。

(2) オルタナティブ商品

オルタナティブ投資は、一般的に伝統的4資産、内外債券、内外株式と異なるリスクプロファイルをもつ資産、アセットクラスをポートフォリオに組み入れることによって、ポートフォリオのリスクリターンを改善し、より効率的なポートフォリオにすることを目的としている。

具体的には、投資対象として伝統的資産以外の、不動産投資（REIT）、インフラ投資、コモディティ、未公開株式（プライベートエクイティなど）等がある。これらを組み入れることによって、従来とは違ったリスクをとりポートフォリオのリスクリターンの改善を目指すものである。

もう1つは、投資対象は伝統的資産であるが、投資手法が従来とは異なるオルタナティブであり、絶対収益を目指すヘッジファンドがその代表である。

(3) ヘッジファンド

オルタナティブ投資のなかでも、ヘッジファンドは、マーケットの動向に左右されない絶対収益を目標とし、また伝統的資産と異なる投資対象に投資するものや、デリバティブなどを活用するもの、また伝統的資産である株式等に投資するが投資手法が異なるものなどがある。ヘッジファンドをポートフォリオに組み込み、ポートフォリオのリスクリターンの改善、効率化につなげることを目的とすることが多い。しかしながら、どのようなヘッジファンドに投資するかという選択方法やヘッジファンドへ投資する場合にどのようにリスク管理を行うかなど課題も多い。

オルタナティブ投資、ヘッジファンド投資については第5章を参照いただきたい。

第4節 投資対象商品の分析

　本格的な分散投資、特にグローバルな分散投資を行っていく場合、債券への投資を考えても、主要国、米国やドイツ、英国、オーストラリアなどの国債や政府機関債への投資については、為替相場の動向や景気動向、金利見通しなどの十分な分析が必要であるが、信用リスクについてはほぼ考える必要はない。しかしながら、個別の会社の社債などへ投資を行うとなると、個別の会社の財務内容、経営見通し、信用力などさまざまな観点から分析を行う必要がある。個別株への株式投資を行うのも同様詳細な分析が欠かせないし、より分散投資を進めるために、個別の証券化商品への投資やエマージング諸国への投資等を行おうとするならば、もっと高度な分析が欠かせなくなる。

　地域金融機関にとっては、これらの投資を行うとしても経営資源、特に人的経営資源が十分とはいえず、実際問題としてはハードルが非常に高いだろう。さらに、第2章第1節の図表1－2－1に掲げたようなさまざまな金融商品への投資を行おうとする場合も同様である。

　したがって、地域金融機関が、グローバルな分散投資を進める場合、個別の有価証券での投資よりは投資信託や海外ETFによるインデックス投資を中心に考える必要があるだろう。グローバルな分散投資を進める最初の段階では、第2章第2節でみてきたようなインデックスに連動する投資信託や海外ETFへの投資を基本とすることで十分といえるだろう。

　本節では、第2章でもみた、10種類の商品のインデックスの分析と、地域金融機関にとって分散投資の対象としやすい8種の債券型ETFについて、リーマンショックの時期を挟んだ、運用実績、値動きやリスクの状況などについて分析してみる。

1 さまざまなインデックスの分析

具体的な分散投資の方法として第2章第2節で取り上げた10種類の代表的なインデックスで（図表1－2－22と同じ）の分析を行ってみる。それぞれのインデックスの詳細や特徴などは第2章第2節を参照いただきたい。

分析は、2004年から2015年までの12年間で、それぞれのインデックスの収益率、また毎週の終値をベースに、前年末からの最大下落率、前年末からの最大上昇率、1年間の変動幅（前年末水準比較）を行った。

また、原通貨ベースと、ドル建てインデックスをその時の為替レートで円換算したベースの2つのパターンで行った。

図表1－3－2　各資産カテゴリー別のインデックスの推移（原通貨ベース：指数化）

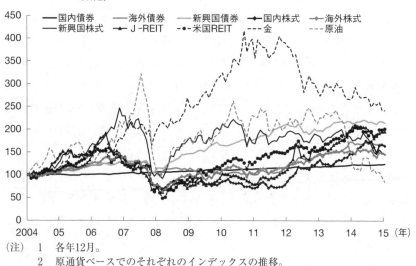

(注)　1　各年12月。
　　　2　原通貨ベースでのそれぞれのインデックスの推移。
　　　3　各インデックスは2004年12月末を100として指数化。
(出所)　Bloomberg L.P.

(1) 原通貨ベースでのリスクリターンの比較

【結果】
・金利の低位安定が続いていた国内債券はリターンが最も低いが、大きく低下する局面はなくリスクも最も小さかった。図表1-3-3のようにリスクとリターンはともに約2％程度となっている。また1年ごとの変動をみても図表1-3-5のようにほとんど変化がない。
・債券のインデックスは基本的にリスクが小さい。先進国の債券である海外債券の収益性は、リーマンショックにより落ち込み、その後長く低迷していたがここ数年間で回復傾向となっている。一方新興国債券はリーマン

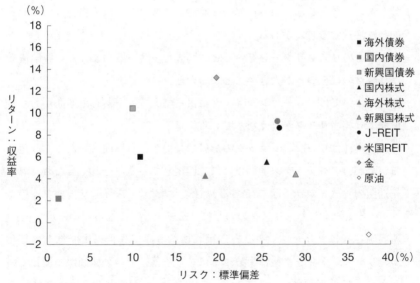

図表1-3-3　各資産カテゴリー別のリスクリターン（原通貨ベース）一覧

（注）1　2005～2015年末まで、週次データで作成。
　　　2　各インデックスの11年間のリスクリターンの関係をグラフ化。
　　　3　リターンは2005年初めから2015年末までの通算上昇率の1年当りの単純平均値。
　　　4　リスクは、各週ごとに1年前からの騰落率を計算し、その騰落率の2005年から2015年末までの期間の標準偏差。
（出所）Bloomberg L.P.

図表1－3－4　図表1－3－3の原データ

	国内債券	海外債券	新興国債券	国内株式
収益率平均	2.18	6.00	10.42	5.52
標準偏差	1.31	10.85	9.96	25.56

（注）　11年間のリスクリターン。
（出所）　Bloomberg L.P.

ショック後順調に回復していたがここ数年間は横ばい傾向となっている。全期間を通してみると、リスクは海外債券、新興国債券ともに10％程度であるが、海外債券の収益性はかなり高く、特に新興国債券は平均10％超と相当高くなっている。海外債券のCiti世界国債インデックスが円ベースに換算されており、実質的には為替リスクを含んでいるため、為替の変動影響を除いて考えると、海外債券の収益性、リスクともに相当程度低下することに注意する必要がある。

・1年ごとのリスクリターンをみると、図表1－3－5のように新興国債券はリスクのばらつきが大きいことがわかる。
・株式については、リーマンショックによって大きく下落した期間があり、債券より相当リスクが高くなっている。
・特に日本株はリーマンショックの影響が長引き、長期間にわたって低迷していたが、アベノミクス開始以降に急回復している。それでもなお、海外先進国の株式インデックスである、MSCIコクサイ・インデックス（除く日本）と比較すると、リスクのわりにリターンが低くなっている。
・新興国株式は、リーマンショック前には約5年で10倍にまで急上昇したが、リーマンショック後に半分以下にまで下落、その後株価が回復しているが最近は低下傾向となっている。2003年からみると約3倍の水準にあり、収益性も高いが、リスクが非常に高い。図表1－3－5でみるように、海外株式と比べて特に1年ごとのばらつきが非常に大きくなっている。
・REITは日本も米国もともにリスクも非常に高いが、収益性も高い。日

(単位:%)

海外株式	新興国株式	J-REIT	米国REIT	金	原油
4.27	4.40	8.63	9.24	13.22	▲1.12
18.41	28.91	27.02	26.79	19.68	37.40

図表1-3-5 各資産カテゴリー別リスクリターン(原通貨ベース)の1年ごと変動状況

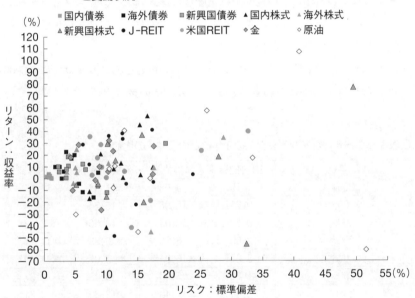

(注) 1 2005~2015年末まで、週次データで作成。
2 各インデックスのリスクリターンを1年ごとに計算しそれぞれプロットしたもの。
3 リターンは1年間の騰落率。
4 リスクは各週ごとに過去1年間の騰落率を計算、その騰落率の1年間の標準偏差を計算したもの。
(出所) Bloomberg L.P.

本、米国ともに2003年からリーマンショック前までに約3倍に上昇したが、リーマンショック後、ほぼ元の水準まで下落、その後は順調に上昇し、リーマンショック前の高値を抜いてきている。リーマンショック後の大きく下落した期間を含んでいるため、リスクが相当高くなっているが、一方で収益性も日米ともに10％に近く高い。収益性については、日米ともに1年間で40％程度値上りした年がある一方、40％以上も値下りした年があるなど、収益の変動幅が非常に大きいのも特徴となっている。

・本来REITは株式と債券の中間程度のリスクリターンに位置づけられると考えられているが、この期間では実際には株式以上に、リスクもリターンも高くなっている。また、第4章第3節3でみるように株式市場との連動性が非常に高いという特徴がある。

・コモディティである金はリーマンショックの影響をあまり受けずに、2003年から2011年にかけて約5倍にまで上昇、その後は下落して推移してい

図表1−3−6　各インデックスの1年ごとの収益率の比較

年	国内債券	海外債券	新興国債券	国内株式
2004	1.10	8.08	11.94	14.11
2005	0.75	10.06	10.76	45.23
2006	0.21	10.02	10.26	3.02
2007	2.66	6.10	5.83	▲11.11
2008	3.07	▲16.05	▲12.07	▲41.49
2009	1.72	5.03	29.45	9.37
2010	2.44	▲11.48	12.29	0.84
2011	1.87	0.20	8.02	▲17.00
2012	1.86	20.02	18.58	20.86
2013	2.14	22.68	▲6.49	52.96
2014	3.97	17.12	7.67	12.90
2015	1.11	▲4.22	0.72	8.14
単純平均	1.91	5.63	8.08	8.15
12年間収益率(A)	25.39	79.37	140.23	83.44
(A)÷12	2.12	6.61	11.69	6.95

（出所）　Bloomberg L.P.

る。全期間でみるとリスクも高いが、リターンは13%を超える水準であり最も高くなっている。
・原油は2003年からリーマンショック前には約4.5倍にまで上昇したが、リーマンショックによりほぼ元の水準まで急落、その後回復してきていたが、最近は大きく水準を切り下げている。そのため原油のリスクは最も大きくなっているが収益性は通算でマイナスとなっている。また、図表1－3－5でみるとおり、特に原油は1年ごとの変動が非常に大きい。

(2) 原通貨ベースでの1年ごとの収益率、最大下落率等の比較

次に、原通貨ベースでの2004年から2015年までの1年ごとの収益率、年初からの最大下落率、年初からの最大上昇率、1年間の変動幅を比較した。すべて、毎週の終値ベースでの比較となっており、実際のマーケットでついた値段の最大下落率等とは違いが生じている（図表1－3－6～図表1－3－9）。

(単位：%)

海外株式	新興国株式	J-REIT	米国REIT	金	原油
14.60	25.11	32.78	31.48	6.36	32.23
5.71	30.31	12.08	9.64	17.92	40.48
19.69	29.18	28.83	35.50	23.15	0.02
9.22	36.64	▲3.05	▲18.90	32.01	57.25
▲45.39	▲55.77	▲48.70	▲41.67	3.43	▲60.72
34.30	76.62	3.31	39.60	27.17	106.97
9.00	18.19	38.11	23.33	28.58	17.08
▲6.64	▲20.41	▲22.18	6.05	10.10	8.15
12.80	15.15	41.02	17.62	5.80	▲8.13
24.79	▲5.46	36.04	2.96	▲26.72	10.48
5.35	▲4.51	33.40	28.76	▲1.42	▲45.44
▲3.93	▲15.56	▲4.49	0.77	▲10.03	▲30.39
6.62	10.79	12.26	11.26	9.69	10.67
68.36	85.59	158.80	165.10	161.03	15.95
5.70	7.13	13.23	13.76	13.42	1.33

図表1-3-7　前年末比最大下落率

年	国内債券	海外債券	新興国債券	国内株式
2004	▲1.7	▲2.3	▲6.6	1.0
2005	▲0.1	▲1.8	▲2.2	▲1.5
2006	▲2.3	▲3.2	▲1.8	▲8.6
2007	▲0.7	▲1.5	▲1.5	▲13.5
2008	▲1.6	▲22.2	▲29.3	▲45.7
2009	▲1.0	▲9.5	▲1.5	▲14.7
2010	▲0.3	▲11.5	▲0.5	▲9.1
2011	▲1.1	▲0.9	▲1.1	▲19.6
2012	0.0	▲1.4	▲0.7	▲1.6
2013	▲0.2	0.9	▲10.5	3.3
2014	▲0.1	▲2.2	▲0.8	▲11.2
2015	▲1.0	▲4.5	▲0.3	▲4.5
単純平均	▲0.8	▲5.0	▲4.7	▲10.5

（注）　1　ただし、年初から下落した時期がなかった場合は最小の上昇率。
　　　2　年末最終週対比（週足）で比較。

図表1-3-8　前年末比最大上昇率

年	国内債券	海外債券	新興国債券	国内株式
2004	1.4	9.5	11.9	19.4
2005	1.8	11.7	10.8	45.2
2006	0.6	10.0	10.5	8.7
2007	2.7	6.4	5.8	8.0
2008	3.1	0.7	1.9	▲2.3
2009	1.8	8.8	29.9	16.3
2010	3.4	1.4	18.2	9.9
2011	1.9	8.0	8.5	8.3
2012	2.4	20.0	18.6	20.9
2013	3.0	22.7	0.9	53.0
2014	4.0	18.1	10.5	14.2
2015	1.1	0.0	4.5	18.8
単純平均	2.3	9.8	11.0	18.4

（注）　1　ただし、年初から上昇した時期がなかった場合は最小の下落率。
　　　2　年末最終週対比（週足）で比較。

(単位：％)

海外株式	新興国株式	J-REIT	米国REIT	金	原油
▲2.3	▲5.6	0.7	▲6.9	▲8.6	▲1.2
▲4.1	▲4.3	▲2.0	▲8.3	▲5.4	4.6
2.0	▲1.0	1.3	4.1	4.4	▲8.6
▲1.5	▲3.8	▲8.1	▲18.9	▲4.6	▲14.8
▲51.5	▲62.5	▲59.2	▲57.5	▲13.9	▲64.7
▲22.0	▲11.5	▲15.4	▲38.5	▲3.0	▲3.2
▲12.2	▲9.0	3.0	▲8.6	▲3.5	▲10.3
▲14.6	▲25.2	▲24.5	▲8.7	▲6.0	▲13.3
▲2.4	▲2.5	▲0.3	▲0.1	0.5	▲19.3
3.5	▲14.7	2.4	▲1.1	▲27.3	▲3.1
▲3.4	▲6.1	▲0.4	0.5	▲3.8	▲45.4
▲8.5	▲18.8	▲15.8	▲9.8	▲11.6	▲36.5
▲9.7	▲13.7	▲9.9	▲12.8	▲6.9	▲18.0

（出所）Bloomberg L.P.

(単位：％)

海外株式	新興国株式	J-REIT	米国REIT	金	原油
14.6	25.1	33.0	31.5	10.6	67.9
7.0	30.3	15.4	12.7	20.1	55.5
19.8	29.2	28.8	37.0	38.3	26.2
14.4	43.7	31.9	10.4	32.0	60.8
▲3.0	▲0.5	▲2.8	10.3	19.3	51.3
34.3	78.3	18.6	39.6	35.5	113.5
9.0	18.7	38.1	25.8	28.6	17.2
10.1	4.7	1.4	14.7	32.5	24.7
15.1	17.8	41.0	21.8	13.8	11.1
24.8	2.4	50.5	18.7	1.7	21.7
7.1	10.0	33.4	28.8	14.0	6.9
3.7	11.3	5.8	6.0	8.2	10.2
13.1	22.6	24.6	21.4	21.2	38.9

（出所）Bloomberg L.P.

図表１－３－９　１年間の変動幅

年	国内債券	海外債券	新興国債券	国内株式
2004	3.1	11.8	18.6	18.4
2005	2.0	13.5	13.0	46.7
2006	2.9	13.2	12.3	17.4
2007	3.4	7.9	7.3	21.5
2008	4.7	23.0	31.2	43.4
2009	2.8	18.3	31.4	31.1
2010	3.8	12.8	18.7	19.0
2011	2.9	8.9	9.7	27.9
2012	2.4	21.4	19.3	22.5
2013	3.1	21.8	11.4	49.6
2014	4.1	20.3	11.2	25.5
2015	2.1	4.5	4.8	23.3
単純平均	3.1	14.8	15.7	28.8

（注）　１　いずれも、年初の水準との比較。ただし、各週末の終値で計算しているため、１年間の最安値と最高値の差とはなっていないことに注意。
　　　　２　年末最終週対比（週足）で比較。
（出所）　Bloomberg L.P.

【結果】

・国内債券はすでにみたとおり、年間収益率は最も低いが、最大上昇率、最大下落率も低く非常に安定していることがわかる。

・リーマンショックの株式市場、REIT市場、原油市場への影響の大きさはすさまじかった。2008年の１年間だけで新興国株式や原油は半分以下に、国内株式、海外株式、日米のREITはともに４割以上下落した。最大下落率では、新興国株式、原油、海外株式、日米のREITが５割以上下落している。

・リーマンショック後の2009年の回復もまた非常に大きいものとなった。特に原油は106.97％、新興国株式は76.62％の上昇となった。１年間の変動幅が最も大きかったのは原油で116.7％、新興国株式は89.7％、米国REITが78.1％、海外株式が56.3％などとなっている。

・債券市場ではリーマンショックは国内債券にほとんど影響を与えなかった

(単位：％)

海外株式	新興国株式	J-REIT	米国REIT	金	原油
16.9	30.7	32.3	38.4	19.2	69.1
11.1	34.6	17.4	21.0	25.5	51.0
17.8	30.1	27.5	32.9	33.8	34.8
15.9	47.5	40.0	29.3	36.6	75.7
48.6	62.0	56.3	67.8	33.2	116.1
56.3	89.7	34.0	78.1	38.5	116.7
21.2	27.6	35.1	34.4	32.1	27.5
24.6	29.9	25.9	23.4	38.4	38.0
17.5	20.3	41.3	21.9	13.3	30.4
21.3	17.1	48.1	19.9	29.1	24.8
10.5	16.1	33.8	28.3	17.8	52.4
12.2	30.1	21.5	15.8	19.8	46.7
22.8	36.3	34.5	34.3	28.1	56.9

が、海外債券、特に新興国債券には大きな影響与えた。下落率は新興国債券で▲12.07％下落、海外債券で、▲16.05％下落となっているが、同時期にドルは▲19％下落、ユーロも▲23％の下落となっており、この為替変動の影響を除けば、実質的にプラスとなっている。最大下落率でみると、新興国債券は▲29.3％、海外債券は▲22.2％下落しているが、ともに為替変動の影響が大きい。
・アベノミクスが本格的にスタートした、2013年には国内株式は52.96％、J-REITは36.04％それぞれ上昇し、その後も堅調となっている。
・原油は特に値動き、下落率等変動が大きく、最もボラティリティが高い。

(3) 円ベースでのリスクリターンの比較

各インデックスのうち、新興国債券、海外株式、新興国株式、米国REIT、金、原油はそれぞれドルベースの指数であるため、その時の為替

図表1-3-10　各資産カテゴリー別のインデックスの推移（円換算ベース：指数化）

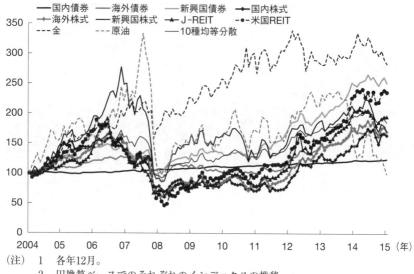

(注)　1　各年12月。
　　　2　円換算ベースでのそれぞれのインデックスの推移。
　　　3　各インデックスは2004年12月末を100として指数化。
　　　4　また、10種のインデックスに均等に投資した場合の推移を追加している。
(出所)　Bloomberg L.P.

レートで円に換算したベースで比較、また10種のインデックスに均等に投資した場合を追加した（図表1-3-10～図表1-3-13）。

【結果】

- 基本的には、ドルベースと同じであるが、円ベースに換算したために、最近の大幅な円安の状況を受けてリターンは大きく上昇している。一方リスクについては、金と原油は低下しているものの、リターンがより大きく上昇した新興国債券と米国REITはリスクもかなり高くなった。
- 海外債券と新興国債券を、為替リスクを除いた同一ベースで比較するには、本来であれば海外債券をドルベースで新興国債券の原通貨（米ドル）ベースと比較する必要があるが、ここでは逆に新興国債券を、円ベースに換算して比較してみると、新興国債券の円換算ベースのリスクリターンは、リターンが13.72％に対し、リスク14.50％となっており、海外債券の

図表1-3-11 各資産カテゴリー別のリスクリターン(円ベース)一覧

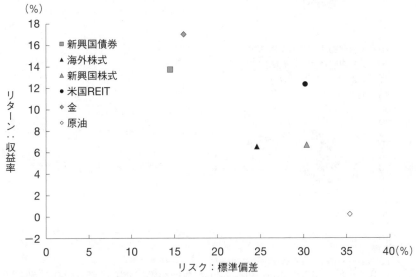

(注) 1 2005~2015年末まで、週次データで作成。
2 各インデックスの11年間のリスクリターンの関係をグラフ化。
3 リターンは2005年初めから2015年末までの上昇率の1年当りの単純平均値。
4 リスクは、各週ごとに1年前からの騰落率を計算し、その騰落率の2005年から2015年末までの期間の標準偏差。
(出所) Bloomberg L.P.

図表1-3-12 図表1-3-11の原データ　　　　　　　　　　　　　　　　　(単位:%)

年	新興国債券	海外株式	新興国株式	米国REIT	金	原油
収益率平均	13.72	6.53	6.68	12.34	17.00	0.23
標準偏差	14.50	24.58	30.36	30.18	16.06	35.38

(注) 11年間のリスクリターン。
(出所) Bloomberg L.P.

　リターンが6.00%、リスクが10.85%(図表1-3-4)と比べると、新興国債券のほうが海外債券より、リスク、リターンともに相当高いことがわかる。

・原油のリスクはあまり変わらないが、ドルベースのリターンは▲1.12%か

第3章　地域金融機関の資金運用高度化の具体的手法

図表1−3−13 各資産カテゴリー別リスクリターン（円ベース）の1年ごと変動状況

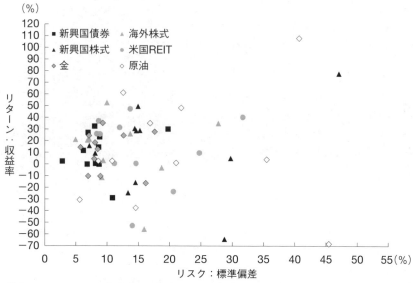

（注） 1 2005～2015年末まで、週次データで作成。
2 各インデックスのリスクリターンを1年ごとに計算しそれぞれプロットしたもの。
3 リターンは1年間の騰落率。
4 リスクは各週ごとに過去1年間の騰落率を計算、その騰落率の1年間の標準偏差を計算。
5 円で計算されている国内債券、海外債券、国内株式、J-REITについては、除いてある。
（出所） Bloomberg L.P.

らプラスに転換し、0.23％となっている。
・また1年ごとのリスクリターンについても同様の傾向がみられる。

(4) 円ベースでの1年ごとの収益率、最大下落率等の比較

(3)と同じく円に換算した円ベースで比較した（図表1−3−14〜図表1−3−17）。

【結果】
・円換算した場合、為替相場による影響が非常に大きくなりたとえば新興国

債券では年間の収益率が最も悪かったのがドルベースでは2008年の▲12.07％であるのに対し、円ベースでは同年の▲28.88％となっている。最もよかった年は、ドルベースでは2009年の29.45％に対し、円ベースでは2012年の32.53％となっている。最大下落率や1年間の変動幅でみると、円ベースでも40％を超え、原油や新興国株式ではいずれも60％を超える下落率や変動幅となっている。
- また特に新興国株式においては、2008年が▲64.23％下落し、翌年2009年には77.55％上昇するという大幅な変動が生じている。これらは他の商品でも基本的に同じ傾向となっている。
- またアベノミクスのスタートとともに大きく円安になったために、2012年からの3年間では円ベースの運用成績が急上昇している。

2 債券ETFの分析

1ではさまざまな投資商品のインデックスを分析したが、地域金融機関は、1年ごとに決算を行い、確実にインカムゲインを中心に安定的な収益を計上する必要がある。そのため分散投資を行うにあたっても、まず債券を中心にした分散投資を検討する必要がある。1の多様な金融商品の分析にあたっては代表的なインデックスを使い分析した。これらのインデックスはさまざまな投資信託やETFのベンチマークとなっていることが多いが、トラッキングエラーが避けられない。債券型のETFでも同様であるが、ここでは、米国市場に上場されている代表的な債券型ETFの過去の実際の値動きをもとに分析してみる。

今回分析対象としたのは図表1－3－18にある8種の債券型ETFである。いずれも純資産総額が日本円で5,000億円超の代表的な債券型ETFで出来高も多く投資対象としやすいものである。またこれらの債券型ETFは、すべて毎月分配金が支払われている。

設定日は最も早く設定されているもので2002年の7月その他はすべて2007年の1月から12月にかけて設定されている。したがってすべてのデータがそろう2008年以降で分析した。

図表1－3－14　各インデックスの1年ごとの収益率の比較（円ベース）

年	国内債券	海外債券	新興国債券	国内株式
2004	1.10	8.08	6.91	14.11
2005	0.75	10.06	27.08	45.23
2006	0.21	10.02	11.49	3.02
2007	2.66	6.10	▲0.18	▲11.11
2008	3.07	▲16.05	▲28.88	▲41.49
2009	1.72	5.03	30.14	9.37
2010	2.44	▲11.48	▲0.23	0.84
2011	1.87	0.20	2.41	▲17.00
2012	1.86	20.02	32.53	20.86
2013	2.14	22.68	14.41	52.96
2014	3.97	17.12	23.17	12.90
2015	1.11	▲4.22	0.46	8.14
単純平均	1.91	5.63	9.94	8.15
12年間収益率(A)	25.39	79.37	168.27	83.44
(A)÷12	2.12	6.61	14.02	6.95

（出所）　Bloomberg L.P.

図表1－3－15　前年末比最大下落率（円ベース）

年	国内債券	海外債券	新興国債券	国内株式
2004	▲1.7	▲2.3	▲2.5	1.0
2005	▲0.1	▲1.8	▲1.0	▲1.5
2006	▲2.3	▲3.2	▲6.1	▲8.6
2007	▲0.7	▲1.5	▲5.4	▲13.5
2008	▲1.6	▲22.2	▲40.6	▲45.7
2009	▲1.0	▲9.5	▲2.2	▲14.7
2010	▲0.3	▲11.5	▲2.8	▲9.1
2011	▲1.1	▲0.9	▲2.8	▲19.6
2012	▲0.0	▲1.4	▲0.6	▲1.6
2013	▲0.2	0.9	2.4	3.3
2014	▲0.1	▲2.2	▲3.7	▲11.2
2015	▲1.0	▲4.5	▲2.2	▲4.5
単純平均	▲0.8	▲5.0	▲5.6	▲10.5

（注）　1　ただし、年初から下落した時期がなかった場合は最小の上昇率。
　　　　2　年末最終週対比（週足）で比較。

(単位：％)

海外株式	新興国株式	J-REIT	米国REIT	金	原油
9.45	19.49	32.78	25.57	1.58	26.28
21.28	49.50	12.08	25.79	35.29	61.18
21.03	30.62	28.83	37.00	24.52	1.13
3.01	28.87	▲3.05	▲23.51	24.50	48.31
▲55.83	▲64.23	▲48.70	▲52.82	▲16.35	▲68.23
35.01	77.55	3.31	40.34	27.84	108.07
▲3.15	5.01	38.11	9.58	14.24	4.02
▲11.49	▲24.54	▲22.18	0.54	4.38	2.54
26.07	28.69	41.02	31.47	18.25	2.69
52.68	15.67	36.04	25.97	▲10.35	35.18
20.52	9.23	33.40	47.29	12.77	▲37.59
▲4.18	▲15.78	▲4.49	0.52	▲10.26	▲30.56
9.53	13.34	12.26	13.98	10.53	12.75
88.01	107.25	158.80	196.04	191.49	29.48
7.33	8.94	13.23	16.34	15.96	2.46

(単位：％)

海外株式	新興国株式	J-REIT	米国REIT	金	原油
▲0.6	▲2.5	0.7	▲2.8	▲4.5	▲3.0
▲3.5	▲3.1	▲2.0	▲7.3	▲4.1	6.7
▲0.5	▲3.3	1.3	1.3	1.5	▲8.6
▲3.4	▲5.7	▲8.1	▲24.0	▲4.9	▲13.3
▲58.6	▲68.1	▲59.2	▲63.7	▲26.6	▲71.9
▲15.6	▲10.1	▲15.4	▲33.4	▲3.1	▲3.3
▲15.6	▲10.3	3.0	▲9.9	▲5.7	▲11.7
▲19.3	▲29.3	▲24.5	▲13.6	▲4.8	▲17.7
▲0.9	▲1.1	▲0.3	0.0	3.3	▲15.6
6.1	▲2.8	2.4	5.9	▲14.0	5.1
▲6.3	▲9.4	▲0.4	▲0.9	▲0.5	▲37.6
▲9.5	▲19.0	▲15.8	▲10.8	▲11.8	▲36.7
▲10.6	▲13.7	▲9.9	▲13.3	▲6.3	▲17.3

(出所) Bloomberg L.P.

図表1-3-16 前年比最大上昇率（円ベース）

年	国内債券	海外債券	新興国債券	国内株式
2004	1.4	9.5	10.4	19.4
2005	1.8	11.7	28.2	45.2
2006	0.6	10.0	11.5	8.7
2007	2.7	6.4	5.0	8.0
2008	3.1	0.7	▲0.6	▲2.3
2009	1.8	8.8	30.5	16.3
2010	3.4	1.4	8.6	9.9
2011	1.9	8.0	6.0	8.3
2012	2.4	20.0	32.5	20.9
2013	3.0	22.7	19.8	53.0
2014	4.0	18.1	26.2	14.2
2015	1.1	0.0	6.5	18.8
単純平均	2.3	9.8	15.4	18.4

（注） 1　ただし、年初から上昇した時期がなかった場合は最小の下落率。
　　　 2　年末最終週対比（週足）で比較。

図表1-3-17 1年間の変動幅（円ベース）

年	国内債券	海外債券	新興国債券	国内株式
2004	3.1	11.8	12.9	18.4
2005	2.0	13.5	29.2	46.7
2006	2.9	13.2	17.6	17.4
2007	3.4	7.9	10.4	21.5
2008	4.7	23.0	40.0	43.4
2009	2.8	18.3	32.6	31.1
2010	3.8	12.8	11.3	19.0
2011	2.9	8.9	8.8	27.9
2012	2.4	21.4	33.1	22.5
2013	3.1	21.8	17.4	49.6
2014	4.1	20.3	29.9	25.5
2015	2.1	4.5	8.7	23.3
単純平均	3.1	14.8	21.0	28.9

（注） 1　いずれも、年初の水準との比較。ただし、各週末の終値で計算しているため、1年間の最安値と最高値の差とはなっていないことに注意。
　　　 2　年末最終週対比（週足）で比較。

(単位：%)

海外株式	新興国株式	J-REIT	米国REIT	金	原油
10.8	19.5	33.0	27.0	5.1	70.1
24.6	49.5	15.4	30.5	41.2	68.6
21.0	30.6	28.8	37.0	29.2	24.4
15.2	38.5	31.9	12.9	24.5	51.6
▲6.7	▲5.0	▲2.8	2.7	8.6	44.0
35.0	77.9	18.6	40.3	33.2	116.4
7.7	9.4	38.1	18.2	15.6	13.5
12.1	9.4	1.4	13.7	25.4	29.0
26.1	28.7	41.0	31.5	20.0	17.5
52.7	19.0	50.5	42.6	8.7	40.4
22.3	14.1	33.4	47.3	13.8	3.8
5.4	10.1	5.8	5.2	5.9	13.7
18.8	25.1	24.6	25.7	19.3	41.1

（出所）　Bloomberg L.P.

(単位：%)

海外株式	新興国株式	J-REIT	米国REIT	金	原油
11.3	22.0	32.3	29.8	9.5	73.0
28.0	52.6	17.4	37.8	45.2	61.9
21.5	33.9	27.5	35.7	27.7	33.0
18.6	44.2	40.0	36.9	29.4	64.9
51.8	63.1	56.3	66.4	35.2	115.9
50.6	88.0	34.0	73.8	36.3	119.7
23.3	19.7	35.1	28.1	21.3	25.2
31.4	38.8	25.9	27.4	30.2	46.6
27.0	29.7	41.3	31.4	16.7	33.1
46.6	21.8	48.1	36.7	22.7	35.2
28.6	23.5	33.8	48.2	14.3	41.4
14.9	29.1	21.5	16.0	17.7	50.4
29.5	38.9	34.5	39.0	25.5	58.4

（出所）　Bloomberg L.P.

また、ドルベース、円に換算した円ベースに加え、先物為替予約で連続して為替リスクをヘッジした円ヘッジベースの3つのパターンの分析を行った。

(1) 債券型ETFの時系列分析とリーマンショックの影響

債券型のETFで運用した場合の結果をみてみよう。使用したのは、ブラックロックのiシェアーズシリーズの債券型ETFである。

その明細は図表1－3－18のとおりであり、ハイイールド社債、投資適格社債、米ドル建てエマージング債券、MBS（資産担保証券）、米国クレジット債券（1～10年）、米国短期クレジット債券（1～3年）、米国短期国債（1～3年）、米国長期国債（7～10年）の8種類である。また分散投資としてそれぞれ均等に投資したケースもあわせて掲載した。

2007年12月末に投資を行い、そのままずっと継続的に保有していた場合の

図表1－3－18　債券型ETF明細

銘柄名	ティッカー	通貨	総経費率(％)	純資産総額(百万ドル)	取引所	12カ月利回り(％)	平均最終利回り
iシェアーズiBoxx米ドル建てハイイールド社債ETF	HYG	米ドル	0.5	14,270	NYSEアーカ	5.93	8.04
iシェアーズiBoxx米ドル建て投資適格社債ETF	LQD	米ドル	0.15	23,943	NYSEアーカ	3.47	3.85
iシェアーズJ.P.モルガン・米ドル建てエマージング・マーケット債券ETF	EMB	米ドル	0.4	4,595	NYSEアーカ	4.89	6.05
iシェアーズ米国MBS ETF	MBB	米ドル	0.29	7,544	NYSEアーカ	2.16	2.66
iシェアーズ米国クレジット債券1～10年ETF	CIU	米ドル	0.2	5,970	NYSEアーカ	2.47	2.83
iシェアーズ米国クレジット債券1～3年ETF	CSJ	米ドル	0.2	10,801	NYSEアーカ	1.15	1.86
iシェアーズ米国国債1～3年ETF	SHY	米ドル	0.15	11,485	NYSEアーカ	0.53	1.01
iシェアーズ米国国債7～10年ETF	IEF	米ドル	0.15	8,027	NYSEアーカ	1.89	2.17

（出所）　ブラックロック

結果をみてみよう。

　2007年は、マーケットで米国のサブプライムローン問題が取り上げられ始め、8月にパリバショック（世界の大手銀行グループの1つであるフランスのBNPパリバ傘下のミューチャル・ファンドが投資家からの解約を凍結すると発表したため、世界のマーケットが一時大混乱になった）が発生したものの、まだリーマンショックに至る前で、日経平均株価は2万5,000円から若干調整し2万円強となっていたが、米国S&P500指数やドイツDAX指数などはまだ高値近辺であった。したがって2007年12月からの運用を行った場合においては、リーマンショックの大きな影響のあった時期も含めた結果となっている。

　今回取り上げたETFは、すべてニューヨーク証券取引所に上場され、ドル建てである。

設定日	銘柄数	上位10発行体シェア（%）	20日平均出来高（千口）	実効デュレーション	ベンチマーク
2007年4月4日	1,008	14.3	3,743	4.26	iBoxx®米ドル建てリキッド・ハイイールド指数
2002年7月22日	1,493	23.8	904	8.00	iBoxx®米ドル建てリキッド・投資適格指数
2007年12月17日	300	39.7	258	6.91	J.P.モルガン・エマージング・マーケッツ・ボンド・インデックス・グローバル・コア・インデックス
2007年3月13日	314	98.6	49	3.93	Barclays U.S.MBS Index
2007年1月5日	3,322	16.8	41	4.15	バークレイズ米国クレジット（1～10年）インデックス
2007年1月5日	972	20.0	45	1.90	バークレイズ米国クレジット（1～3年）インデックス
2002年7月22日	91		242	1.82	バークレイズ米国国債（1～3年）インデックス
2002年7月22日	23		190	7.60	バークレイズ米国国債（7～10年）インデックス

a 原通貨（ドルベース）の運用（分配金込み）結果

原通貨（ドルベース）での運用（分配金込み）結果の推移（2007年12月末を100とした指数ベースでグラフ化）は、図表１－３－19のとおりである。

図表１－３－19 債券型ＥＴＦ価格推移（分配金込みドルベース）

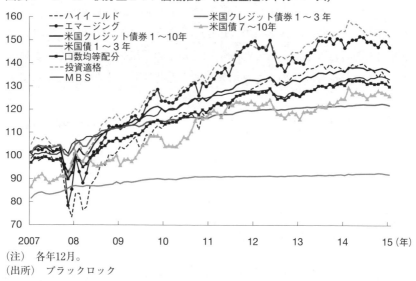

(注) 各年12月。
(出所) ブラックロック

図表１－３－20 運用結果比較（分配金込みドルベース）

年.月末	ハイイールド	投資適格	エマージング	MBS
2007.12	100.72	104.83	101.35	99.20
2008.10	78.44	92.23	78.32	101.25
2007.12対比	▲22.1%	▲12.0%	▲22.7%	2.1%
2010.10	113.01	127.96	128.61	118.35
2007.12対比	12.2%	22.1%	26.9%	19.3%
2008.10対比	44.1%	38.7%	64.2%	16.9%

(出所) ブラックロック

また、運用開始からリーマンショック直後の2008年10月末、リーマンショックの影響からかなり回復した2010年10月末の状況を比較したのが図表1－3－20のとおりである（分配金込みベース、ただし分配金の再投資は考慮していない。以下同じ）。

- 米ドル建てエマージング債券ETFは2007年12月末には101.35であったのが2008年10月末には78.32にまで下落（下落率：▲22.7％）しリーマンショックの影響が最も大きかった。また、最も下落したのも2007年12月末であったが、2010年10月末には128.61まで上昇、2007年12月末と比べ26.9％上昇、2008年10月末と比べると64.2％も上昇している。
- ハイイールド社債ETFも非常に大きな影響受けた。2007年12月末に100.72であったものが2008年10月末には78.44まで下落（下落率：▲22.1％）した。また、最も下落したのは2008年11月末で、73.39まで下落（下落率：▲27.1％）している。その後回復に向かい、2010年10月末には113.01まで上昇、2007年12月末と比べると上昇率12.2％、2008年10月末と比べると44.1％上昇した。
- 一方、8種の債券型ETFに口数で均等に投資した場合には、97.01であったものが、2008年10月末には、89.87となり下落率▲7.4％と、約1割弱の

米国クレジット債券 （1～10年）	米国クレジット債券 （1～3年）	米国債 1～3年	米国債 7～10年	8種均等配分
100.86	101.00	81.61	86.53	97.01
92.72	99.74	85.88	90.38	89.87
▲8.1％	▲1.2％	5.2％	4.4％	▲7.4％
121.35	115.26	90.11	108.49	115.39
20.3％	14.1％	10.4％	25.4％	18.9％
30.9％	15.6％	4.9％	20.0％	28.4％

下落にとどまっていた。また、最も下落したのも2008年10月末であった。その後、2010年10月末には、115.39と2007年12月末と比べ18.9％、2008年10月末と比べると28.4％上昇している。

・債券型ETFのなかには上記でみたようにハイイールド社債やエマージング債券のように価格が大きく下落したものもあったが、一方で米国債やMBS（資産担保証券）などのように逆に上昇しているものもある。債券のみへの投資であっても、分散投資をしていた場合には影響が抑えられ、分散投資の効果が十分に発揮されていることがわかる。

また分配金なしの場合は図表1－3－21のとおりとなっている。

特にハイイールド社債の時価ベースの利回りは価格が大きく下落したことから2009年には10％を超えていた時期もあった（第4節図表1－3－41）。

ハイイールド社債ETF、米ドル建てエマージング債券ETFの価格の落込みは、分配金込みベースと比較すると非常に大きい。これは、図表1－3－40（ドルベース・簿価ベースの分配金利回りの推移）、図表1－3－41（ドルベース・時価ベースの分配金利回りの推移）のように、ハイイールド社債や、

図表1－3－21　債券型ETF価格推移（分配金なしドルベース）

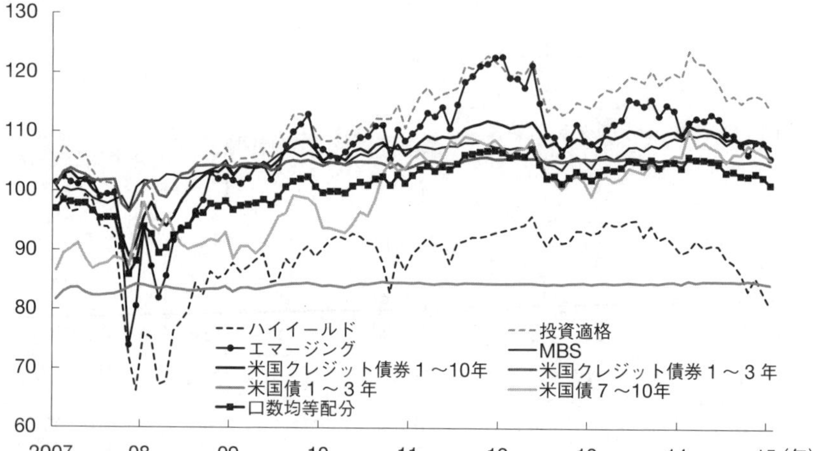

（注）　各年12月。
（出所）　ブラックロック

エマージング債券の分配金利回りが非常に高いため、分配金込みでの運用成績が相当上昇することが影響している。

b 円ベースでの運用結果

日本円を米ドルに交換して投資、それぞれのETFの価格にそのときの為替レートを乗じた結果（分配金込み、指数化）でみてみると図表1−3−22のとおりである。

リーマンショック当時大きく円高が進んだことから円ベースでみた場合、下落幅はドルベースよりも非常に大きくなった。ドルベースでの運用と同じ時点の価格を比較してみると、図表1−3−23のとおりとなる。

・米ドル建てエマージング債券ETFは2007年12月末には113.26であったのが2008年10月末には77.40にまで下落し（下落率：▲31.7%）、最も下落率が大きかった。最も下落した時点も2008年10月末であったが、2010年10月末には105.72まで上昇した。2007年12月末と比べると円高の影響が非常に大きく▲6.7%の下落となっていたが、リーマンショック後で価格が非常に落ち込んだ2008年10月末と比べると36.6%上昇している。

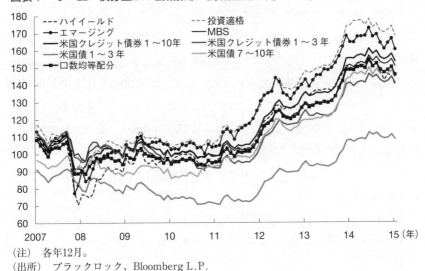

図表1−3−22 債券型ETF価格推移（分配金込み円ベース）

(注) 各年12月。
(出所) ブラックロック、Bloomberg L.P.

図表1-3-23 運用結果比較（分配金込み円ベース）

年.月末	ハイイールド	投資適格	エマージング	MBS
2007.12	112.55	117.15	113.26	110.86
2008.10	77.64	91.10	77.40	99.96
2007.12対比	▲31.0%	▲22.2%	▲31.7%	▲9.8%
2010.10	94.18	105.21	105.72	96.94
2007.12対比	▲16.3%	▲10.2%	▲6.7%	▲12.6%
2008.10対比	21.3%	15.5%	36.6%	▲3.0%

（出所）　ブラックロック、Bloomberg L.P.

・ハイイールド社債ETFでは2007年12月末に112.55であったのが2008年10月末には77.64まで下落、下落率は▲31.0％に達している。また、最も大きく下落したのは2008年11月末の70.69、下落率が▲37.2％となっていた。2010年10月末には94.18まで回復したが、2007年12月末対比では、まだ下落率が▲16.3％であった。大きく落ち込んだ2008年10月末と比べると、21.3％の上昇となっている。

この時期、為替相場は大幅な円高となり2007年12月末の1ドル111円75銭が2008年10月末には98円47銭まで、11.9％の円高となったが、その後も、さらに円高が続き、2010年10月末には80円40銭となり2007年12月末と比べて28.1％、2008年10月と比べて18.4％の円高となっていた。そのため、円ベースでみた場合、ドルベースと比べると下落幅はより大きくなり、為替相場の変動による影響が非常に大きいことがわかる。

アベノミクスがスタートして以降は大幅な円安となったため、大きく価格は回復している。

また分配金なし、円ベースの場合は図表1-3-24となり、価格の落込みおよび低迷状態がより長く続いていることがわかる。

米国クレジット債券（1〜10年）	米国クレジット債券（1〜3年）	米国債 1〜3年	米国債 7〜10年	8種均等配分	ドル円為替レート
112.71	112.86	91.20	96.70	108.41	111.75
91.54	98.42	84.70	89.18	88.74	98.47
▲18.8%	▲12.8%	▲7.1%	▲7.8%	▲18.1%	▲11.9%
99.51	94.26	73.36	88.68	94.73	80.40
▲11.7%	▲16.5%	▲19.6%	▲8.3%	▲12.6%	▲28.1%
8.7%	▲4.2%	▲13.4%	▲0.6%	6.8%	▲18.4%

図表1-3-24 債券型ETF価格推移（分配金なし円ベース）

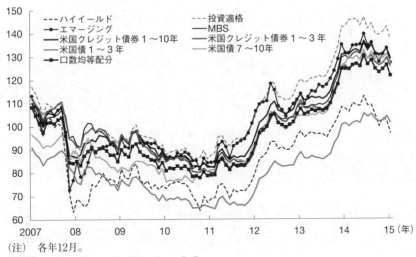

(注) 各年12月。
(出所) ブラックロック、Bloomberg L.P.

c 円で投資し為替予約を使って為替リスクをヘッジした場合の運用結果

この場合には、bと同じく日本円を米ドルに交換して投資するが、為替リスクのヘッジのために先物為替予約を連続して行ったものとして計算した。

第3章 地域金融機関の資金運用高度化の具体的手法 183

なお、為替リスクヘッジのための為替予約はそれぞれ月末の3カ月先物予約レートを用い、直先スプレッド（直物為替相場と先物為替相場の価格差）を年率に換算して各月末の為替レートを連続して調整したものと仮定して計算すると、図表1－3－25のとおりとなる（ただし、その時の直物為替レートお

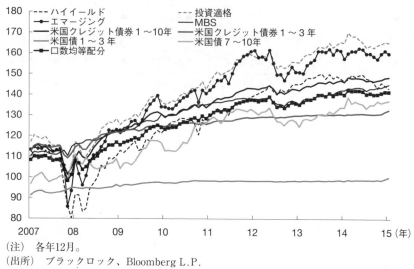

図表1－3－25　債券型ETF価格推移（分配金込み円ヘッジベース）

(注)　各年12月。
(出所)　ブラックロック、Bloomberg L.P.

図表1－3－26　運用結果比較（分配金込み円ヘッジベース）

年.月末	ハイイールド	投資適格	エマージング	MBS
2007.12	112.55	117.15	113.26	110.86
2008.10	85.85	100.95	85.73	110.82
2007.12対比	▲23.7%	▲13.8%	▲24.3%	0.0%
2010.10	122.59	138.81	139.52	128.39
2007.12対比	8.9%	18.5%	23.2%	15.8%
2008.10対比	42.8%	37.5%	62.7%	15.9%

(出所)　ブラックロック、Bloomberg L.P.

よび先物為替レートはいずれも売買の仲値（ミッドサイド）を利用しているため、実際の為替先物予約をする場合とは少し誤差が生じる）。

　また、円ベースでの運用と同じように、ドルベースでの運用と同じ時点の価格を比較してみると、図表1－3－26のとおりとなる。

　この場合には、ヘッジコストが必要なためドルベースでの投資よりは収益性が劣り、また円安が進んだときの円ベースでの収益よりも収益性が低いが、為替相場の影響が排除され運用の安定性は円ベースでの投資に比べ飛躍的に高まっている。したがって、為替リスクをヘッジしたうえでの海外債券への投資を行うことは運用の高度化において、相応のリスクをとる必要があるものの、メリットが大きく検討に値するといえるだろう。

　しかしながら、為替リスクヘッジのコストはたとえばドルであれば基本的に日米の金利差となるが、ヘッジコストは必ずしも安定しているわけでなく、特に為替先物予約でのヘッジにおいて顕著であるが、ドルの需給関係によってコストが金利差以上となる場合もあることに注意しなければならない。特に、2015年後半から日米金利差と比べてかなり高くなっている状況が続いている。また米国の金利が上昇した場合にはヘッジコストが上昇するうえに、米国の債券価格が下落することにも注意しなければならない。

米国クレジット債券 （1～10年）	米国クレジット債券 （1～3年）	米国債 1～3年	米国債 7～10年	8種 均等配分	ヘッジコスト折込み後 為替レート
112.71	112.86	91.20	96.70	108.41	111.75
101.49	109.16	93.99	98.92	98.36	109.45
▲10.0%	▲3.3%	3.1%	2.3%	▲9.3%	▲2.1%
131.64	125.03	97.74	117.68	125.18	108.48
16.8%	10.8%	7.2%	21.7%	15.5%	▲2.9%
29.7%	14.5%	4.0%	19.0%	27.3%	▲0.9%

図表1－3－27　債券型ETF価格推移（分配金なし円ヘッジベース）

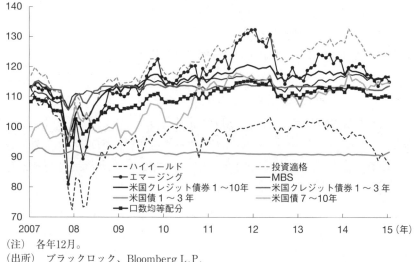

（注）　各年12月。
（出所）　ブラックロック、Bloomberg L.P.

為替リスクをヘッジし分配金なしベースで計算したものは、図表1－3－27のとおりとなっている。

(2)　債券型ETFの1年ごとの分析

債券型ETFの1年ごとの収益率、年初からの最大下落率、年初からの最大上昇率、1年間の変動幅の分析を行う。各個別のETFと8種のETFに均等配分した場合を分析する。なお、本分析では、分配金なしのベースで行っている。ETFはそれぞれの原債券等から受け取る利子、配当金等についてはほとんどすべてを分配金として投資家に支払うことから、実際に取引される価格であること、したがって当然、ETFの時価評価は分配金なしベースでの評価となり、保有する金融機関の決算の評価損益に直結することから、本分析では分配金なしベースで行う。

a　ドルベースの分析

各ETFをそのままドルベースで運用した場合、
① 年間収益率（図表1－3－28）

② 最大下落率（図表1－3－29）
③ 最大上昇率（図表1－3－30）
④ 1年間の変動幅（図表1－3－31）

【結果】

・リーマンショックの影響を受けた2008年には、ハイイールド社債、エマージング債券が大きな影響を受け値下りした。特にハイイールド社債の値下り率が大きくなっている。一方、短期の米国債、長期の米国債は値上りしている。
・エマージング債券は変動幅が大きく、ハイイールド社債はリーマンショック時の価格下落が非常に大きかった。
・8種のETFに均等に分散投資していた場合、図表1－3－28のように年間収益率の安定性は非常に高くなる。ただし、短期の米国債（1～3年）や短期の米国クレジット債券に単独で投資した場合には、運用収益はかなり低くなるものの、安定性は非常に高い。
・1年ごとの収益率や、最大下落率、1年間の変動幅をみると、ハイイールド社債やエマージング債券などは非常に価格変動が激しい。
・特にリーマンショックが起こった2008年および2009年には1年間の変動幅がハイイールド社債でそれぞれ35.6％、35.4％、またエマージング債券で34.2％、28.0％と非常に大きかった。
・分散投資を行った場合には、最大下落率や1年間の変動幅もかなり少なくなっている。
・金利リスクの小さい短期の米国債や米国クレジット債券（1～3年）は価格の変動幅が非常に小さくなっている。
・投資適格社債や長期の米国債は、デュレーションが長いこともあり変動幅が比較的大きい。
・最大下落率や1年間の変動幅においても同じような傾向となっている。
・2015年に入って、世界的なマーケットの混乱もあり運用成績は落ち込んでいる。

図表1−3−28　1年ごとの収益率の比較（ドルベース）

年	ハイイールド	投資適格	エマージング	MBS
2008	▲25.1	▲3.8	▲9.4	3.2
2009	17.7	3.9	11.1	1.4
2010	1.9	3.7	5.1	1.6
2011	▲1.0	4.9	2.5	2.4
2012	3.9	6.9	11.8	0.2
2013	▲0.2	▲6.2	▲11.7	▲3.3
2014	▲3.0	4.3	2.2	4.4
2015	▲10.5	▲3.7	▲4.4	▲0.8
単純平均	▲2.0	1.2	0.9	1.1
8年間収益率(A)	▲19.9	9.5	4.7	9.2
(A)÷8	▲2.5	1.2	0.6	1.1

（出所）　ブラックロック

図表1−3−29　前年末比最大下落率（ドルベース）

年	ハイイールド	投資適格	エマージング	MBS
2008	▲36.3	▲21.9	▲33.0	▲2.1
2009	▲17.7	▲8.0	▲14.6	▲0.6
2010	▲5.7	▲0.7	▲2.8	▲0.4
2011	▲8.4	▲1.2	▲2.3	▲1.4
2012	▲3.3	0.0	▲1.4	▲0.3
2013	▲3.3	▲8.7	▲14.0	▲4.5
2014	▲5.9	0.4	▲1.0	0.1
2015	▲11.6	▲3.8	▲5.0	▲0.8
単純平均	▲11.5	▲5.5	▲9.3	▲1.3

（注）　1　ただし、年初から下落した時期がなかった場合は最小の上昇率。
　　　2　年末最終週対比（週足）で比較。

(単位：%)

米国クレジット債券 1〜10年	米国クレジット債券 1〜3年	米国債 1〜3年	米国債 7〜10年	8種 均等配分
▲2.3	▲0.1	3.3	15.0	▲2.9
5.0	3.5	▲1.1	▲10.1	3.5
2.0	▲0.1	0.9	5.4	2.5
1.9	▲0.1	0.6	12.5	3.0
3.9	1.2	▲0.1	2.4	3.9
▲3.3	0.0	0.0	▲8.0	▲4.4
1.2	▲0.4	0.0	6.0	2.0
▲1.5	▲0.4	0.1	0.6	▲2.5
0.9	0.5	0.5	3.0	0.6
6.8	3.6	3.6	23.0	4.8
0.9	0.5	0.5	2.9	0.6

(単位：%)

米国クレジット債券 1〜10年	米国クレジット債券 1〜3年	米国債 1〜3年	米国債 7〜10年	8種 均等配分
▲14.8	▲10.0	0.1	▲0.8	▲12.9
▲5.2	▲3.6	▲1.8	▲11.1	▲6.4
▲0.5	▲1.2	▲0.3	▲0.5	▲0.6
▲0.4	▲0.8	▲0.5	▲2.2	▲0.7
0.0	0.0	▲0.3	▲2.8	▲0.3
▲4.6	▲0.9	▲0.3	▲8.2	▲5.8
0.3	▲0.4	0.0	0.2	0.1
▲1.5	▲0.4	0.1	▲1.2	▲2.5
▲3.3	▲2.2	▲0.4	▲3.3	▲3.6

(出所)　ブラックロック

図表1-3-30 前年末比最大上昇率(ドルベース)

年	ハイイールド	投資適格	エマージング	MBS
2008	▲0.7	2.7	1.2	3.4
2009	17.7	6.2	13.4	3.2
2010	3.6	8.2	11.5	3.4
2011	2.8	6.6	3.9	3.1
2012	5.0	7.9	11.9	1.1
2013	3.2	0.6	▲0.1	0.1
2014	2.8	5.6	7.0	5.2
2015	2.1	4.1	3.0	1.3
単純平均	4.6	5.2	6.5	2.6

(注) 1 ただし、年初から上昇した時期がなかった場合は最小の下落率。
　　 2 年末最終週対比(週足)で比較。

図表1-3-31 1年間の変動幅(ドルベース)

年	ハイイールド	投資適格	エマージング	MBS
2008	35.6	24.6	34.2	5.5
2009	35.4	14.2	28.0	3.9
2010	9.3	8.9	14.4	3.8
2011	11.2	7.8	6.2	4.5
2012	8.3	8.0	13.3	1.4
2013	6.6	9.3	14.0	4.7
2014	8.7	5.3	8.0	5.1
2015	13.7	7.9	8.0	2.1
単純平均	16.1	10.7	15.8	3.9

(注) 1 いずれも、年初の水準との比較。ただし、各週末の終値で計算しているため、1年間の最安値と最高値の差とはなっていないことに注意。
　　 2 年末最終週対比(週足)で比較。

(単位：％)

米国クレジット債券 1〜10年	米国クレジット債券 1〜3年	米国債 1〜3年	米国債 7〜10年	8種 均等配分
2.6	2.8	3.5	15.0	1.7
6.0	3.8	▲0.3	▲1.8	4.5
5.1	0.8	1.5	12.3	5.7
3.1	0.9	0.9	12.7	3.2
4.4	1.6	0.1	3.6	4.2
0.4	0.3	0.2	0.8	0.3
2.5	0.4	0.5	7.6	3.4
2.1	0.7	0.8	4.9	1.9
3.3	1.4	0.9	6.9	3.1

(出所)　ブラックロック

(単位：％)

米国クレジット債券 1〜10年	米国クレジット債券 1〜3年	米国債 1〜3年	米国債 7〜10年	8種 均等配分
17.4	12.8	3.4	15.8	14.6
11.2	7.3	1.5	9.3	10.8
5.6	2.0	1.8	12.8	6.3
3.5	1.7	1.3	14.9	4.0
4.4	1.5	0.4	6.4	4.5
5.0	1.2	0.5	9.0	6.1
2.2	0.7	0.5	7.5	3.2
3.6	1.1	0.7	6.1	4.4
6.6	3.6	1.3	10.2	6.7

(出所)　ブラックロック

b　円ベースの分析
　各ETFはドル建てであり、運用結果を円に換算した場合を分析した。
① 　年間収益率（図表１－３－32）
② 　最大下落率（図表１－３－33）
③ 　最大上昇率（図表１－３－34）
④ 　１年間の変動幅（図表１－３－35）

【結果】
・2008年のリーマンショックの影響から、大きく円高が進み、2007年12月末の１ドル110円台から、2009年１月には90円割れとなったこともあり債券型ETFは全体に大きく値下りした。ドルベースでみたのと同様にハイイールド社債、エマージング債券が特に大きく値下りした。その後も円高傾向が続き2011年半ばには80円割れまで円高が進んだため債券型のETFの価格は、その間ずっと低迷していた。またドルベースでは、リーマンショックの影響をほとんど受けていなかった米国債も、短期債、長期債ともに円高の影響受け価格は大きく下落した。
・アベノミクスがスタートし、円高修正が始まった2012年12月以降は円安の影響によりいずれのETFも大きく値段が回復している。
・2013年半ばからは米国の量的緩和縮小観測をめぐり、米国金利の動きやエマージング諸国の動揺からドルベースでは価格が下落したが、円安の影響から、円ベースでは大きく上昇している。
・円ベースにおいては、為替の影響が大きくなり2008年のリーマンショック時にはハイイールド社債が▲39.4％の下落、エマージング債券が▲26.7％と大幅な下落となっている。
・１年ごとの収益率や、最大下落率、１年間の変動幅はドルベースよりもさらに変動が大きくなり、ハイイールド社債やエマージング債券などは2008年には大幅な円高の影響もあり、最大下落率で40％以上も下落した。
・また、アベノミクスがスタートして以降は大きく値上りし、2013年にはハイイールド社債が20％以上、為替レートの影響を直接的にいちばん大きく受ける米国クレジット債券（１～３年）や米国債（１～３年）も20％以

上、上昇した。
- 分散投資を行った場合には、最大下落率や1年間の変動幅もかなり少なくなっている。
- また、ドルベースでは安定していた短期の米国債や、米国クレジット債券（1〜3年）も為替の影響受けて大きく変動している。
- アベノミクスの影響による円安によって、2012年から2014年にかけては非常に好調な運用成績となっていた。
- 2015年になり、円安が一服したことまた世界的なマーケットの混乱から、ドルベースと同様に運用成績が落ち込んでいる。

c 円ヘッジベースの分析

各ETFはドル建てであり、円をドルに交換して投資すると同時に、為替先物予約を用い、為替リスクをヘッジして運用した場合を分析した。
- 為替リスクのヘッジは、2(1)cで説明したとおりである。
① 年間収益率（図表1−3−36）
② 最大下落率（図表1−3−37）
③ 最大上昇率（図表1−3−38）
④ 1年間の変動幅（図表1−3−39）

【結果】
- 基本的にはドルベースと同様の値動きとなっているが、ヘッジコスト分だけドルベースよりも収益率は落ちている。
- ただし、米国の短期金利が2008年のリーマンショックの影響から大きく低下、2009年以降はほぼゼロ金利が続いていたことから、為替リスクヘッジのコストが非常に安くなっていたことに留意しておく必要がある。
- しかしながら、為替リスクヘッジコストの安さがより優位性を際立たせていたことを除いても、円ヘッジベースの債券型ETFへの投資の優位性は、過去、十分にあったといえるだろう。
- 最大下落率や、1年間の変動幅もドルベースとほぼ同様の動きとなっている。

第3章 地域金融機関の資金運用高度化の具体的手法

図表1-3-32　1年ごとの収益率比較（円ベース）

年	ハイイールド	投資適格	エマージング	MBS
2008	▲39.4	▲22.2	▲26.7	▲16.5
2009	18.3	4.4	11.7	1.9
2010	▲9.5	▲7.9	▲6.6	▲9.7
2011	▲6.1	▲0.5	▲2.8	▲3.0
2012	16.2	19.5	25.0	12.0
2013	22.1	14.8	8.0	18.3
2014	11.0	19.3	16.9	19.4
2015	▲10.5	▲3.7	▲4.4	▲0.8
単純平均	0.3	3.0	2.6	2.7
8年間収益率(A)	▲14.2	17.3	12.2	17.0
(A)÷8	▲1.8	2.2	1.5	2.1

（出所）　ブラックロック、Bloomberg L.P.

図表1-3-33　前年末比最大下落率（円ベース）

年	ハイイールド	投資適格	エマージング	MBS
2008	▲47.3	▲30.0	▲43.7	▲17.7
2009	▲10.9	▲4.3	▲10.1	▲2.3
2010	▲9.9	▲7.9	▲6.6	▲9.7
2011	▲12.9	▲3.3	▲7.2	▲4.7
2012	▲1.9	0.0	▲1.3	▲0.4
2013	3.7	1.6	▲2.1	2.6
2014	▲3.2	▲1.7	▲4.0	▲1.7
2015	▲11.1	▲3.7	▲4.4	▲1.7
単純平均	▲11.7	▲6.2	▲9.9	▲4.5

（注）　1　ただし、年初から下落した時期がなかった場合は最小の上昇率。
　　　　2　年末最終週対比（週足）で比較。

(単位：%)

米国クレジット債券 1～10年	米国クレジット債券 1～3年	米国債 1～3年	米国債 7～10年	8種 均等配分
▲21.0	▲19.2	▲16.4	▲7.0	▲21.4
5.5	4.0	▲0.6	▲9.7	4.0
▲9.4	▲11.2	▲10.4	▲6.4	▲8.9
▲3.4	▲5.3	▲4.6	6.7	▲2.4
16.1	13.1	11.7	14.4	16.2
18.3	22.3	22.3	12.6	16.9
15.8	14.0	14.4	21.3	16.6
▲1.5	▲0.4	0.1	0.6	▲2.5
2.6	2.2	2.1	4.1	2.3
14.5	11.0	11.1	31.8	12.3
1.8	1.4	1.4	4.0	1.5

(単位：%)

米国クレジット債券 1～10年	米国クレジット債券 1～3年	米国債 1～3年	米国債 7～10年	8種 均等配分
▲25.9	▲21.1	▲17.8	▲13.3	▲26.1
▲2.5	▲1.5	▲5.1	▲10.7	▲4.2
▲9.4	▲11.2	▲10.6	▲6.4	▲8.9
▲4.5	▲6.2	▲6.0	▲0.9	▲4.7
0.0	0.0	▲0.4	▲0.9	▲0.2
2.1	2.7	2.5	1.1	2.3
▲2.4	▲3.6	▲3.5	▲0.9	▲2.4
▲1.5	▲2.0	▲1.7	0.1	▲2.5
▲5.5	▲5.4	▲5.3	▲4.0	▲5.8

(出所) ブラックロック、Bloomberg L.P.

図表1－3－34　前年末比最大上昇率（円ベース）

年	ハイイールド	投資適格	エマージング	MBS
2008	▲4.5	▲1.3	▲2.5	▲1.7
2009	18.9	9.0	14.7	11.6
2010	4.0	5.5	5.7	3.7
2011	6.5	4.1	4.2	3.6
2012	16.2	19.5	25.0	12.0
2013	23.3	18.5	17.0	19.3
2014	12.5	19.8	19.8	20.5
2015	4.3	2.6	4.7	4.0
単純平均	10.1	9.7	11.1	9.1

（注）　1　ただし、年初から上昇した時期がなかった場合は最小の下落率。
　　　　2　年末最終週対比（週足）で比較。

図表1－3－35　1年間の変動幅（円ベース）

年	ハイイールド	投資適格	エマージング	MBS
2008	42.8	28.7	41.2	16.1
2009	29.9	13.4	24.8	13.9
2010	13.9	13.3	12.4	13.5
2011	19.4	7.3	11.5	8.2
2012	18.1	19.5	26.3	12.4
2013	19.6	16.9	19.1	16.7
2014	15.6	21.5	23.8	22.2
2015	15.4	6.3	9.1	5.7
単純平均	21.8	15.9	21.0	13.6

（注）　1　いずれも、年初の水準との比較。ただし、各週末の終値で計算しているため、
　　　　　1年間の最安値と最高値の差とはなっていないことに注意。
　　　　2　年末最終週対比（週足）で比較。

(単位：％)

米国クレジット債券 1〜10年	米国クレジット債券 1〜3年	米国債 1〜3年	米国債 7〜10年	8種 均等配分
▲1.6	▲0.7	▲0.5	1.1	▲2.2
10.3	10.9	9.2	5.1	8.7
4.6	3.6	3.7	5.8	4.2
4.4	4.4	4.2	8.1	4.2
16.1	13.1	11.7	14.4	16.2
19.8	22.3	22.3	18.8	19.5
17.1	15.2	15.7	22.1	18.0
4.1	4.6	4.8	4.7	3.9
9.3	9.2	8.9	10.0	9.1

（出所）　ブラックロック、Bloomberg L.P.

(単位：％)

米国クレジット債券 1〜10年	米国クレジット債券 1〜3年	米国債 1〜3年	米国債 7〜10年	8種 均等配分
24.2	20.4	17.3	14.4	23.8
12.8	12.4	14.4	15.8	12.9
13.9	14.9	14.3	12.2	13.1
9.0	10.6	10.1	8.9	8.9
16.1	13.0	12.0	15.3	16.4
17.7	19.6	19.8	17.7	17.2
19.5	18.8	19.2	22.9	20.3
5.6	6.6	6.5	4.6	6.5
14.9	14.5	14.2	14.0	14.9

（出所）　ブラックロック、Bloomberg L.P.

図表1－3－36　1年ごとの収益率比較（円ヘッジベース）

年	ハイイールド	投資適格	エマージング	MBS
2008	▲26.6	▲5.8	▲11.3	1.1
2009	17.3	3.5	10.7	1.0
2010	1.6	3.4	4.8	1.3
2011	▲1.3	4.6	2.2	2.0
2012	3.6	6.6	11.5	0.0
2013	▲0.4	▲6.3	▲11.9	▲3.5
2014	▲3.2	4.0	1.9	4.1
2015	▲7.7	▲0.7	▲1.4	2.3
単純平均	▲2.1	1.1	0.8	1.0
8年間収益率(A)	▲23.4	4.7	0.1	4.4
(A)÷8	▲2.9	0.6	0.0	0.5

（出所）　ブラックロック、Bloomberg L.P.

図表1－3－37　前年末比最大下落率（円ヘッジベース）

年	ハイイールド	投資適格	エマージング	MBS
2008	▲37.6	▲23.3	▲34.2	▲3.7
2009	▲17.8	▲8.1	▲14.7	▲0.9
2010	▲5.8	▲0.7	▲2.8	▲0.4
2011	▲8.6	▲1.3	▲2.4	▲1.4
2012	▲3.4	▲0.1	▲1.4	▲0.3
2013	▲3.4	▲8.8	▲14.1	▲4.7
2014	▲6.2	0.4	▲1.0	0.1
2015	▲10.5	▲4.0	▲4.0	▲1.1
単純平均	▲11.7	▲5.7	▲9.3	▲1.5

（注）　1　ただし、年初から下落した時期がなかった場合は最小の上昇率。
　　　　2　年末最終週対比（週足）で比較。

(単位：%)

米国クレジット債券 1～10年	米国クレジット債券 1～3年	米国債 1～3年	米国債 7～10年	8種 均等配分
▲4.4	▲2.2	1.1	12.6	▲4.9
4.6	3.1	▲1.5	▲10.5	3.1
1.7	▲0.4	0.6	5.1	2.2
1.6	▲0.4	0.3	12.2	2.7
3.6	0.9	▲0.4	2.1	3.7
▲3.5	▲0.2	▲0.3	▲8.2	▲4.6
0.9	▲0.6	▲0.3	5.7	1.7
1.6	2.7	3.2	3.7	0.5
0.8	0.4	0.4	2.8	0.5
2.1	▲1.0	▲0.9	17.6	0.2
0.3	▲0.1	▲0.1	2.2	0.0

(単位：%)

米国クレジット債券 1～10年	米国クレジット債券 1～3年	米国債 1～3年	米国債 7～10年	8種 均等配分
▲16.3	▲11.5	▲0.9	▲1.8	▲14.4
▲5.3	▲3.7	▲2.1	▲11.4	▲6.5
▲0.5	▲1.3	▲0.3	▲0.5	▲0.7
▲0.5	▲1.1	▲0.5	▲2.2	▲0.8
▲0.1	0.0	▲0.4	▲2.8	▲0.3
▲4.7	▲1.0	▲0.4	▲8.3	▲5.9
0.3	▲0.6	▲0.3	0.1	0.1
▲1.5	▲0.6	▲0.3	▲1.5	▲2.2
▲3.6	▲2.5	▲0.7	▲3.5	▲3.8

(出所)　ブラックロック、Bloomberg L.P.

図表1-3-38 前年末比最大上昇率(円ヘッジベース)

年	ハイイールド	投資適格	エマージング	MBS
2008	▲1.4	2.4	1.0	1.4
2009	17.3	5.8	13.0	2.9
2010	3.3	7.9	11.3	3.3
2011	2.8	6.4	3.7	3.0
2012	4.8	7.7	11.6	0.9
2013	3.2	0.5	▲0.1	0.1
2014	2.7	5.5	6.9	4.9
2015	2.0	4.1	2.8	2.3
単純平均	4.3	5.0	6.3	2.3

(注) 1 ただし、年初から上昇した時期がなかった場合は最小の下落率。
    2 年末最終週対比(週足)で比較。

図表1-3-39 1年間の変動幅(円ヘッジベース)

年	ハイイールド	投資適格	エマージング	MBS
2008	36.2	25.7	35.3	5.1
2009	35.0	13.9	27.7	3.8
2010	9.1	8.6	14.1	3.6
2011	11.3	7.6	6.1	4.4
2012	8.2	7.7	13.0	1.2
2013	6.6	9.3	14.1	4.7
2014	8.9	5.1	7.9	4.8
2015	12.5	8.1	6.8	3.3
単純平均	16.0	10.8	15.6	3.9

(注) 1 いずれも、年初の水準との比較。ただし、各週末の終値で計算しているため、1年間の最安値と最高値の差とはなっていないことに注意。
    2 年末最終週対比(週足)で比較。

(単位：%)

米国クレジット債券 1〜10年	米国クレジット債券 1〜3年	米国債 1〜3年	米国債 7〜10年	8種 均等配分
2.1	2.3	2.2	12.6	1.4
5.7	3.4	▲0.3	▲1.8	4.1
4.9	0.6	1.2	12.0	5.4
2.9	0.8	0.8	12.4	3.0
4.1	1.3	0.1	3.5	3.9
0.3	0.3	0.0	0.7	0.2
2.4	0.3	0.4	7.4	3.2
2.0	2.7	3.2	4.9	1.9
3.1	1.5	0.9	6.5	2.9

（出所）ブラックロック、Bloomberg L.P.

(単位：%)

米国クレジット債券 1〜10年	米国クレジット債券 1〜3年	米国債 1〜3年	米国債 7〜10年	8種 均等配分
18.4	13.9	3.1	14.4	15.8
11.0	7.1	1.8	9.6	10.6
5.3	1.9	1.6	12.5	6.1
3.4	1.9	1.2	14.6	3.8
4.2	1.3	0.5	6.3	4.2
5.0	1.3	0.5	9.0	6.1
2.1	0.9	0.6	7.2	3.1
3.6	3.3	3.5	6.3	4.1
6.6	3.9	1.6	10.0	6.7

（出所）ブラックロック、Bloomberg L.P.

d 分配金について

　以上分析した結果については、分配金なしベースでみてきたが、特に債券型のETFでは、投資の重要なファクターでもある分配金利回りがかなり高く、ETFの価格変動に加えて、分配金利回りについてよくみておく必要がある。債券型ETFの分配金の利回り推移は、図表１－３－40（ドルベース・簿価ベースの分配金利回りの推移）、図表１－３－41（ドルベース・時価ベースの分配金利回りの推移）のとおりである。このグラフは、

・投資を開始した時からの簿価利回りおよび時価利回りをそれぞれ、ドルベースで計算している。
・債券型ETFは毎月分配となっているため、分配金利回りは12カ月の移動平均で算出している。
・また、インカムに加えて時々キャピタルゲインなどの分配があるため、スムーズな線となっていない部分もある。

図表１－３－40　債券型ETF分配金利回り推移（ドルベース・簿価利回り・12カ月移動平均）

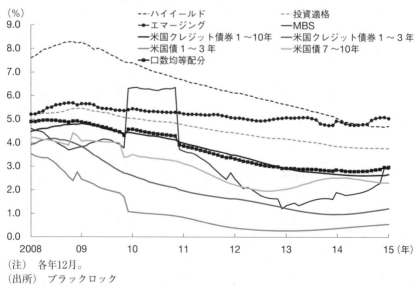

(注)　各年12月。
(出所)　ブラックロック

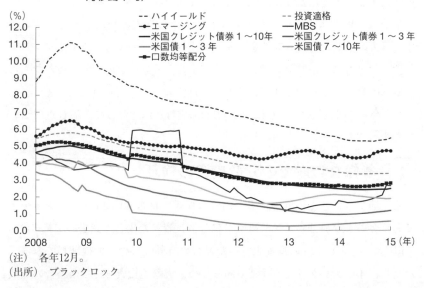

図表1-3-41 債券型ETF分配金利回り推移（ドルベース・時価利回り・12カ月移動平均）

（注）各年12月。
（出所）ブラックロック

【結果】
・金利全般の低下傾向を受けて、分配金利回りは低下傾向をたどっていたが、ここ1～2年は下げ止まってきている。
・8種のETFに分散投資した場合には、足元2.5％から3％程度の分配金利回りがあり、リスクは高くなっているものの、かなり有利な投資対象といえる。

第5節　ポートフォリオの作成

　第3節において、アセットアロケーションを決定するときには長期的な観点から、アセットごとの過去のリスクリターンを把握し、その実績をもとに将来見通しを加味して、アセットアロケーションを決定する必要があること

を説明した。また分散投資を行うことによってより効率的なポートフォリオを作成することの重要性について説明してきた。

　本節においては、具体的なポートフォリオの作成の際に参考となるように、過去の分散投資の有効性を、すでに述べた10種の多様な資産に対する分散投資とともに、地域金融機関にとって主要な分散投資の対象となるであろう債券のカテゴリーのETFに限定した分散投資について検証してみる。

　また実際のポートフォリオ作成（投資の実行）にあたっての注意点についても述べてみたい。

1　多様な資産での分散投資の検証

　第4節でみてきた内外の債券、内外の株式、日米のREIT、コモディティである金および原油のインデックスに分散投資した場合の過去の実績（すべて円換算ベース）で分散投資を行った場合の有効性について検証してみる。ただし、インデックスでの検証であるため、実際の投資を行った場合の実績とは異なる可能性があることに注意する必要がある。

　分散投資の投資割合については図表1－3－42のような6つのパターンで同一金額ベースでの分散投資を行った場合の実績を検証してみる。

【前提条件】
・分析期間は2005年から2015年末までの11年間
・分析対象は円換算ベース

(1)　収益率の推移

　図表1－3－43は、円換算ベースでそれぞれ(A)から(F)の割合で分散投資した場合のインデックスの推移である（各インデックスは2004年12月末を100として指数化した）。また、図表1－3－44は2004年からの1年ごとの収益率である。

(2)　リスクリターンの比較（全期間）

　図表1－3－45は2005年から2015年末までの全期間の、それぞれの分散投

図表1－3－42　分散投資のさまざまな資産構成割合

	国内債券	海外債券	新興国債券	国内株式	海外株式	新興国株式	J-REIT	米国REIT	金	原油
(A)均等に分散	1.00	1.00	1.00	1.00	1.00	1.00	1.00	1.00	1.00	1.00
(B)主要4資産に分散（伝統的？）	4.00	4.00		1.00	1.00					
(C)主要4資産（含む新興国）	4.00	3.00	1.00	1.00	0.70	0.30				
(D)債券中心幅広く分散（除く商品）	4.00	2.00	0.50	1.25	0.50	0.25	1.00	0.50		
(E)債券セクターのみで分散	4.00	4.00	2.00							
(F)債券を厚めに幅広く分散	3.00	2.00	1.00	1.00	0.70	0.30	1.00	0.50	0.25	0.25

（出所）　筆者作成

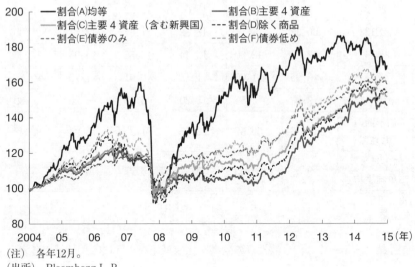

図表1－3－43　分散投資類型別累積収益率（円ベースの比較）

（注）　各年12月。
（出所）　Bloomberg L.P.

資のリスクリターンをプロットした図である。

　また、図表1－3－45の具体的な数値は、図表1－3－46のとおりである。

図表1－3－44　1年ごとの収益率の比較

(単位：％)

年	割合(A) 均等	割合(B) 主要4資産	割合(C) 主要4資産（含む新興国）	割合(D) 除く商品	割合(E) 債券のみ	割合(F) 債券低め
2004	14.95	6.34	6.65	10.48	5.11	11.23
2005	30.10	12.66	15.68	16.38	10.16	19.27
2006	17.82	7.05	8.10	11.66	7.01	13.10
2007	8.28	1.82	3.00	▲0.97	3.40	1.93
2008	▲45.24	▲19.54	▲23.29	▲28.41	▲13.10	▲32.52
2009	33.77	6.53	11.27	10.53	8.81	16.15
2010	6.31	▲4.20	▲2.44	2.89	▲3.86	3.33
2011	▲6.64	▲2.23	▲3.17	▲5.98	1.38	▲5.29
2012	21.42	13.17	15.51	17.52	16.30	19.34
2013	20.32	21.16	18.82	21.65	13.51	21.05
2014	12.85	12.90	13.44	17.55	14.95	16.36
2015	▲5.95	▲1.05	▲1.15	▲0.91	▲1.25	▲2.38
単純平均	9.00	4.55	5.20	6.03	5.20	6.80
12年間の上昇幅	115.06	60.57	70.46	81.25	76.94	92.48
同1年当り単純平均	9.59	5.05	5.87	6.77	6.41	7.71

（出所）　Bloomberg L.P.

　図表1－3－47は、分散投資の効果を比較可能なように、10種類の各資産のカテゴリーごとのリスクリターンをあわせてプロットしたグラフである。

図表1－3－45　さまざまな分散投資のリスクリターン（円換算）

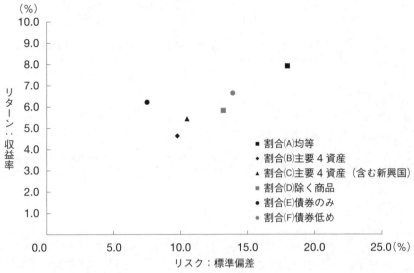

(注)　1　リターンは2005年から2015年末までの全期間の通算の上昇率を1年当りに単純平均。
　　　2　リスクは各週末ごとに1年前からの騰落率を計算し、その騰落率の2005年から2015年末までの期間の標準偏差。
(出所)　Bloomberg L.P.

図表1－3－46　図表1－3－45の原データ

(単位：%)

	割合(A)均等	割合(B)主要4資産	割合(C)主要4資産（含む新興国）	割合(D)除く商品	割合(E)債券のみ	割合(F)債券低め
収益率平均	7.92	4.64	5.44	5.82	6.21	6.64
標準偏差	17.98	9.77	10.50	13.19	7.52	13.89

(出所)　Bloomberg L.P.

図表1−3−47 各資産カテゴリー別のリスクリターン(円ベース)一覧

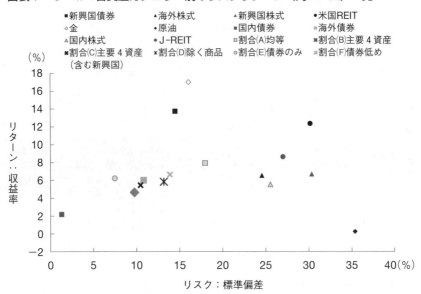

(注) 2005〜2015年末まで週次データで作成。
(出所) Bloomberg L.P.

(3) 1年ごとのリスクリターン

図表1−3−48はそれぞれ分散投資した場合のリスクリターンを1年ごとに計算し、すべてをプロットしたものである。

(4) リスクリターンの結果

① 図表1−3−47に個別のインデックスのリスクリターン(ドルベースのものは円ベースに換算後)とそれぞれ分散投資したものを載せた。10種のインデックスに均等に分散投資した場合には、個別に投資している場合と比べて、リスク、リターンともに平均的な位置になっており、明らかに個別のリスクの高い商品のみに投資することに比べるとリスクの低減効果が確認できる。しかしながらこの時期でみると、金や新興国債券のみに投資した場合と比較するとほぼ同じリスクで金や新興国債券よりリターンが少

図表 1 − 3 − 48　各種分散投資リスクリターンの 1 年ごと変動状況（円ベース）

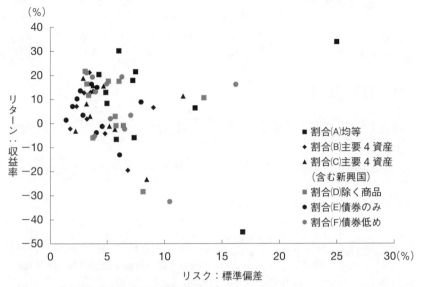

（注）　1　リターンは各 1 年間の騰落率。
　　　　2　リスクは各週ごとに過去 1 年間の騰落率を計算、その騰落率の 1 年間の標準偏差。
（出所）　Bloomberg L.P.

なくなっている。
② 債券のみに分散投資した場合、リスクが最も低くリターンは平均的な水準にある。
③ 図表 1 − 3 − 47 でみるように 10 種のインデックスに均等に分散投資した場合よりリスクの高い資産を少なく、リスクの低い資産の割合を多くした場合、明らかに、変動幅（ボラティリティ）は小さくなり、リスクリターンの状況は改善していると考えられる。
④ 特に、債券のみに分散した場合のリスクリターンは非常に良好であるといえる。これは、リーマンショックの期間が含まれているため、他の資産の変動が大きくリスクリターンに悪い影響を与えている面もある。
⑤ 図表 1 − 3 − 48 でみるように 1 年ごとの変動状況をみても、債券のみに投資した場合のばらつきが小さいことがわかる。

(5) 最大下落率

図表1－3－49は、1年ごとにみて年初から最も大きく下落したときの下落率である。

(6) 最大上昇率

図表1－3－50は、1年ごとに年初から最も大きく上昇したときの上昇率である。

図表1－3－49　前年末比最大下落率

(単位：％)

年	割合(A) 均等	割合(B) 主要 4資産	割合(C) 主要4資産（含む新興国）	割合(D) 除く商品	割合(E) 債券のみ	割合(F) 債券低め
2004	0.79	0.28	0.36	0.56	▲1.05	0.52
2005	▲1.20	▲1.04	▲0.96	▲1.27	▲0.86	▲1.21
2006	1.26	▲2.14	▲2.52	▲1.19	▲3.59	▲0.06
2007	▲3.40	▲2.27	▲2.49	▲4.74	▲1.51	▲4.12
2008	▲48.57	▲23.04	▲27.63	▲32.74	▲19.36	▲36.21
2009	▲3.27	▲5.73	▲5.05	▲5.52	▲4.42	▲4.24
2010	▲5.84	▲4.83	▲3.70	▲2.55	▲3.86	▲3.31
2011	▲10.14	▲3.70	▲4.56	▲7.93	0.13	▲6.93
2012	1.06	▲0.47	▲0.29	▲0.01	▲0.58	0.33
2013	3.52	1.27	1.62	1.92	1.12	2.36
2014	▲3.14	▲2.24	▲2.70	▲1.82	▲1.80	▲2.07
2015	▲9.01	▲3.00	▲3.05	▲5.42	▲2.02	▲6.12
単純平均	▲6.27	▲3.99	▲4.36	▲5.03	▲3.25	▲4.99

(注)　1　ただし、年初から下落した時期がなかった場合は最小の上昇率。
　　　2　年末最終週対比（週足）で比較。
(出所)　Bloomberg L.P.

図表１－３－50　前年末比最大上昇率　　　　　　　　　　　　　　　（単位：％）

年	割合(A) 均等	割合(B) 主要4資産	割合(C) 主要4資産（含む新興国）	割合(D) 除く商品	割合(E) 債券のみ	割合(F) 債券低め
2004	16.72	6.72	6.96	10.48	6.04	11.23
2005	30.35	12.86	15.68	16.38	10.94	19.27
2006	17.82	7.05	8.10	11.66	7.07	13.10
2007	12.88	4.96	5.98	8.47	3.84	9.10
2008	▲1.21	▲2.77	▲2.79	▲3.14	0.25	▲3.25
2009	33.77	7.63	11.75	11.53	9.73	16.39
2010	9.08	2.07	3.26	5.20	2.31	6.18
2011	8.45	3.47	3.54	1.98	4.09	4.05
2012	21.42	13.17	15.51	17.52	16.30	19.34
2013	21.66	21.16	18.82	21.65	13.51	21.05
2014	15.46	13.46	14.51	17.69	15.98	17.37
2015	5.32	2.68	3.85	3.57	1.68	3.89
単純平均	16.95	8.16	9.21	10.86	8.19	12.17

(注)　1　ただし、年初から上昇した時期がなかった場合は最小の下落率。
　　　2　年末最終週対比（週足）で比較。
(出所)　Bloomberg L.P.

(7)　1年間の変動幅

　図表１－３－51は、1年間の変動幅であり、いずれも、前年末の水準との比較をしている。

(8)　最大下落率、最大上昇率、1年間の変動幅の結果

・債券のみの分散投資の場合、平均年収益率は、6.41％（図表１－３－44）であったが、最大下落率は▲19.36％、最大下落率の平均は▲3.25％、1

図表1-3-51　1年間の変動幅

(単位：％)

年	割合(A) 均等	割合(B) 主要4資産	割合(C) 主要4資産（含む新興国）	割合(D) 除く商品	割合(E) 債券のみ	割合(F) 債券低め
2004	15.93	6.44	6.60	9.92	7.09	10.71
2005	31.54	13.90	16.64	17.65	11.80	20.48
2006	16.57	9.19	10.62	12.86	10.65	13.16
2007	16.29	7.23	8.47	13.20	5.35	13.22
2008	47.36	20.26	24.84	29.61	19.61	32.96
2009	37.04	13.36	16.81	17.05	14.15	20.64
2010	14.92	6.89	6.96	7.75	6.17	9.49
2011	18.59	7.18	8.11	9.91	3.96	10.98
2012	20.37	13.64	15.81	17.53	16.88	19.01
2013	18.14	19.89	17.20	19.73	12.39	18.68
2014	18.60	15.70	17.22	19.51	17.78	19.43
2015	14.33	5.68	6.90	8.99	3.70	10.01
単純平均	23.21	12.15	13.57	15.88	11.44	17.16

（注）1　いずれも、年初の水準との比較。ただし、各週末の終値で計算しているため、1年間の最安値と最高値の差とはなっていないことに注意。
　　　2　年末最終週対比（週足）で比較。
（出所）Bloomberg L.P.

年間の変動幅の最大は19.61％、1年間の変動幅の平均は11.44％であった。

　一方、これを平均年収益率が6.95％であった日本株式と比較すると、最大下落率は▲45.7％、最大下落率の平均は▲10.48％、また1年間の変動幅は最大49.6％、1年間の変動幅の平均は28.85％となっている（第4節(2)参照）。債券のみへの分散投資は収益率は劣るものの、リスクの小ささを考えると非常に優れていると考えられる。

・主要4資産への分散投資の場合、平均年収益率は5.05％（図表1-3-44）

であるが、最大下落率は▲23.04％、最大下落率の平均は▲3.99％、1年間の変動幅の最大は20.26％、最大変動幅の平均は12.15％となり、日本株式のみに投資した場合と比べ収益率はやや劣るもののやはり分散投資によるリスク削減効果は非常に大きく、優れた分散投資効果を発揮しているといえる。

② 債券ETFの分析および分散投資

では次に、第4節で分析した米国上場の債券型ETF8種に口数で均等に分散投資した場合のリスクリターンをみてみよう（スタート時の各ETFの価格は81.61から100.72である）。

【前提条件】

・標準偏差を計算するための収益率の計算は各週末の価格の1年前との比較とする（各週末ごとの1年間のリターン）。

・各ETFのデータがそろうのが2007年末以降であるため、年間収益率の計算は2008年から可能である。一方、標準偏差の計算は、2009年から2015年までの7年間しかできないためリスクリターンは7年間で計算する。

・ただし、7年間では、大きくETFの価格が変動したリーマンショック直後のデータが抜けてしまう。一方、それぞれのETFのベンチマークとなっているインデックスにはより古いデータが存在しているため、2008年からの標準偏差の計算ができる。

参考のために、リーマンショックの直後の変動を含めた8年間のリスクリターンについてもETFの収益率とベンチマークの標準偏差を使って参考に検証してみることとする。

・各リスクリターンは、第4節と同様にドルベース、円ベース、円ヘッジベースの3つのパターンで作成する。

(1) 分散投資のリターンの状況

図表1-3-52は、8種類のETFに口数で均等に分散投資した場合の分配金込みのリターンの推移で、それぞれドルベース、円ベース、円ヘッジ

図表1－3－52　債券型ETF8種口数均等分散リターン推移（分配金込み、ドル、円、円ヘッジ）

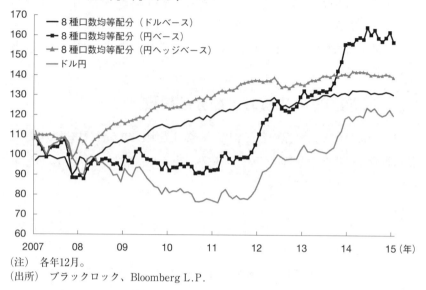

（注）　各年12月。
（出所）　ブラックロック、Bloomberg L.P.

ベース、とともにドル円為替レートの推移を示した。

【結果】

・ドルベース、円ヘッジベースでみると、リーマンショックにより一時、かなり落ち込んだものの、その後は順調に回復を続けたが、2013年後半の米国の量的緩和解消見通し観測に伴う思惑から米国の金利が上昇、新興国の混乱等の影響により一時落込みがみられるものの、再び回復軌道に乗った。足元では原油価格の大幅な値下り、中国をはじめとした新興国の経済低迷、米国の金利引上げ見通しに伴う思惑などにより横ばいから下落する状況となっている。

・ドルベースと円ヘッジベースを比較すると、ヘッジコスト分が影響してドルベースよりも収益率は低くなっているものの、日米の金利差が小さく、ヘッジコストが低位にとどまり、運用成績への影響は小さかった。

・円ベースでみると、為替相場の影響が非常に大きく、リーマンショック以降の円高の時期は運用成績が低迷、アベノミクス以降は大きく円安が進ん

だために運用成績が急上昇している。

(2) 7年間のリスクリターンの分析

図表1-3-53は、各ETFのデータによる2009年から2015年までの7年間のリスクリターンである。図表1-3-54は、図表1-3-53の原データである。

【結果】

○ドルベース

・短期の米国債が、年平均収益率（リターン）0.8％、7年間の標準偏差（リ

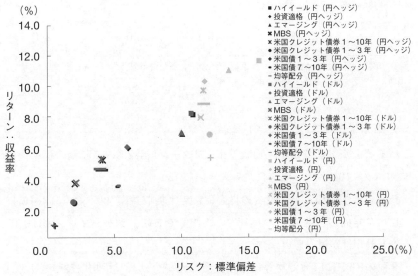

図表1-3-53 各債券型ETF7年間リスクリターン（分配金なし、ドル、円、円ヘッジ）

(注) 1 リターン（収益率）は7年間の通算の上昇率を1年当りの収益率の平均（分配金を含むベース）。
2 リスクは週次で計算した過去1年間の収益率をもとに全期間の標準偏差を計算（ただし、分配金なしのデータで計測）。
3 各ETFの種類ごと、とともに8種のETFに口数で均等に分散投資した場合のリスクリターンを、それぞれドルベース、円ベース、円ヘッジベースで計算し、プロット。

(出所) ブラックロック、Bloomberg L.P.

図表1-3-54　図表1-3-53の原データ（7年間のリスクリターン）

	ハイイールド	投資適格	エマージング	MBS
ドルベース平均収益率	8.2	6.0	6.9	3.6
ドルベース標準偏差	10.7	6.0	10.0	2.2
円ベース平均収益率	11.6	10.3	11.0	7.9
円ベース標準偏差	15.8	11.8	13.5	11.5
円ヘッジベース平均収益率	8.1	5.9	6.8	3.6
円ヘッジベース標準偏差	10.9	6.1	10.1	2.1

（注）　平均収益率は分配金あり、標準偏差は分配金なしで計算。
（出所）　ブラックロック、Bloomberg L.P.

スク）0.5%と、ともに最も小さい。
・ハイイールド社債が年平均収益率（リターン）8.2%、7年間の標準偏差（リスク）10.7%と、ともに最も大きい。
・長期の米国債のみでの投資の場合は、年平均収益率（リターン）3.4%に比べ7年間の標準偏差（リスク）は5.2%であり、シャープレシオは0.65倍と効率性が最も悪い。
・8種のETFに口数で均等に分散投資した場合は、年平均収益率（リターン）4.5%、7年間の標準偏差（リスク）3.9%と、ともに中程度となり、またシャープレシオも1.15倍と効率的といえる。ただし、米国クレジット債券（1～10年）のみに投資した場合、年平均収益率が5.2%、標準偏差が4.0%、シャープレシオが1.30倍とほぼ同程度である。

○円ヘッジベース

(単位：%)

米国クレジット債券 1〜10年	米国クレジット債券 1〜3年	米国債 1〜3年	米国債 7〜10年	8種均等配分
5.2	2.3	0.8	3.4	4.5
4.0	1.9	0.5	5.2	3.9
9.7	6.8	5.3	7.9	8.8
11.6	12.1	12.2	11.3	11.7
5.1	2.3	0.8	3.4	4.5
4.1	2.0	0.6	5.1	4.1

・リスクリターンはドルベースとほぼ同じであるが、ヘッジコスト分だけ収益性が劣るため、やや効率性が悪くなっている。

○円ベース
・円ベースでの投資は、図表1－3－52でもみたように、為替相場の影響が非常に大きくなっている。
・なかでもハイイールド社債やエマージング債券については収益性が高くなっているものの非常にリスクが高くなっている。ハイイールド社債のリターンは11.6％、リスクは15.8％、エマージング債券のリターンは11.0％、リスクは13.5％である。
・また為替相場の変動の影響が非常に大きいことがわかる。たとえば米国債1〜3年ではリターン5.3％に対しリスクが12.2％とドル建てのリターン、0.8％、リスク0.5％と比べ極端に大きくなっている。

- 8種のETFに口数で均等に分散投資した場合は、効率性はよくなっているものの、投資適格社債や米国クレジット債券（1～10年）に比べれば、効率性で劣っている。8種に分散投資のリターンは8.8％、リスクは11.7％、シャープレシオは0.75倍、投資適格社債のリターンは10.3％、リスクは11.8％、シャープレシオは0.87倍、米国クレジット債券（1～10年）のリターンは9.7％、リスクは11.6％、シャープレシオ0.84倍である。
- ドルベースや、円ヘッジベースと比べると、為替相場の影響を受け、リスク、リターンともに相当高くなっている。

(3) 8年間のリスクリターンの分析

図表1－3－55は、各ETFのデータによる2008年から2015年までの8年間のリスクリターンで、リーマンショックのあった2008年を含んでいる。
- リスクは、ベンチマークとなるそれぞれのインデックスを使い計算した。
- 他は期間を8年とした点を除き、図表1－3－53と同様に計算してある。図表1－3－56は、図表1－3－55の原データである。

【結果】

図表1－3－53でみた、7年間のリスクリターンとの比較を行った。
○ドルベース
- ハイイールド社債のリターンは8.2％から3.8％へと大きく落ちているにもかかわらず、逆にリスクは10.7％から14.4％へと大きく上昇し、効率性が大幅に悪化している。シャープレシオは0.76倍から0.26倍へ悪化。
- エマージング債券についても同様である。リターンは6.9％から5.6％へ、リスクは10.0％から11.3％へ、シャープレシオは0.69倍から0.50倍に悪化。
- 米国長期債は、2008年は金利が大きく低下した時期であり、特に長期の米国債の相対的な優位性が高まり、リターンが大きく上昇している。リターンは3.4％から5.7％に、リスクは5.2％から5.8％へとわずかに上昇。シャープレシオは0.65倍から0.98倍に改善している。
- 米国短期債は、リスク、リターンともにやや大きくなっているが全体のなかでは最も小さいのは同じ。リターンは0.8％から1.6％へ、リスクは

図表1－3－55　各債券型ETF 8年間リスクリターン（分配金なし、ドル、円、円ヘッジ）

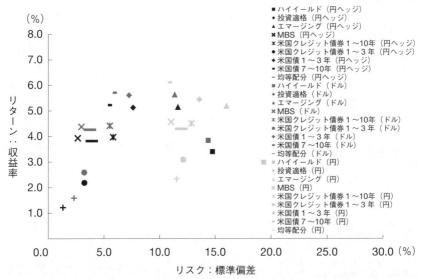

(注)　収益率は分配金を含むベース。
　　　リスクはベンチマークインデックスを利用。
(出所)　ブラックロック、Bloomberg L.P.

0.5％から2.3％へ。シャープレシオは1.6倍から0.70倍となっている。
・8種に口数で均等に分散投資したものはリスクリターンともに大きく変わらない。リターンは4.5％から4.3％にわずかに悪化、リスクは3.9％から3.7％に改善し、シャープレシオは1.15倍から1.16倍になった。個別のカテゴリーでみるとリスクリターンが大きく悪化しているものもあるが、米国債やMBSの改善が寄与した。

　分散投資を行った場合には、リーマンショックの影響を挟んでもほとんどリスクリターンは変わらず、分散投資の効果が十分に発揮されているといえる。

○円ヘッジベース
・ドルベースとほぼ同じであるが、2008年のはじめは米国の金利が高かったためにヘッジコストも相当高かった。2008年を通じて金利が大きく低下し

図表1−3−56　図表1−3−55の原データ（8年間のリスクリターン）

	ハイイールド	投資適格	エマージング	MBS
ドルベース平均収益率	3.8	5.6	5.6	4.4
ドルベース標準偏差	14.4	7.2	11.3	3.0
円ベース平均収益率	3.0	5.4	5.2	4.6
円ベース標準偏差	19.3	13.6	16.0	11.0
円ヘッジベース平均収益率	3.4	5.1	5.1	3.9
円ヘッジベース標準偏差	14.7	7.6	11.6	2.6

（注）　1　8年間の平均収益率と標準偏差。
　　　　2　標準偏差はベンチマークのインデックスを使用。
　　　　3　平均収益率は分配金ありで計算。
（出所）　ブラックロック、Bloomberg L.P.

たために、ヘッジコストも急激に下がった。当初のヘッジコストの高さが響いて、リターンはドルベースとの比較で0.5％程度低くなっている。

○円ベース

・円ベースでみた場合、2008年は大きく円高が進んだ時期であったために、全体的に収益性を大きく低下し、リスクも上昇しているものが多い。8種のETFに分散投資した場合、リターンは8.8％から4.3％に悪化、リスクは11.7％から12.0％とわずかに上昇し、シャープレシオは0.75倍から0.36倍へと大きく悪化した。全体として、7年間の円ベースのリスクはほとんど変わらないものの、収益率は大きく悪化しハイイールド社債のように7年間では11.6％であったものが8年間では3.0％まで大きく悪化している。

(単位：%)

米国クレジット債券 1～10年	米国クレジット債券 1～3年	米国債 1～3年	米国債 7～10年	8種均等配分
4.4	2.6	1.6	5.7	4.3
5.5	3.2	2.3	5.8	3.7
4.5	3.1	2.3	6.1	4.3
12.8	12.1	11.5	10.8	12.0
4.0	2.2	1.2	5.2	3.8
5.8	3.2	1.3	5.4	3.9

(4) 分配金の状況について

債券型ETFについては分配金の利回りの状況をチェックしなければならないが、これについては第4節で説明しているので参照いただきたい。

3 ポートフォリオ作成の留意点

以上みてきたように、さまざまなリスクプロファイルをもつ金融商品へ分散投資を行うことによって、より効率的なポートフォリオをつくり、資金運用におけるリスクリターンを改善し資金運用の効率を高めることができる。

また地域金融機関のように、安定的なインカムゲインを中心とした収益を計上する必要がある場合には、必ずしも株式やコモディティなどリスクの高

い商品を入れずに、債券のカテゴリーのみで分散投資を行っても効率的なポートフォリオをつくることができる。

　また、目標とすべき、ポートフォリオ、アセットアロケーションを決定したとしても、すぐにそのアセットアロケーションをつくりあげることは得策ではなく、あくまで中長期的な目標としてある程度の時間をかけてポートフォリオをつくりあげるべきであろう。

　資金運用においては資産配分、アセットアロケーションとともにマーケットタイミングも非常に重要となる。資産の分散とともに、時間の分散を十分に考慮しなければならない。

　ポートフォリオを構築するにおいて過去のリスクリターンの分析が重要であることをみてきたが、過去のリスクリターンはあくまでも過去であり、将来がそのまま当てはまるわけではない。バブル期の終盤の時点でみれば、株式市場のリスクリターンが非常によかったが、その後株式市場の暴落とともに大幅に悪化し、株式のリスクリターンは最悪となった。またアベノミクスが始まる直前の株式市場や為替市場は、リスクリターンが非常に悪かったが、アベノミクスが始まり急激に改善した。人間の心理としては非常にむずかしいこととなるが、マーケットが大幅に調整して割安になっていれば買い、大幅に上昇して割高になっているときには売却する、要は逆張り的な発想が重要になるのである。

第6節　基本的なアセットミックスの見直しとリバランス

　中長期的に基本アセットミックスを決めてポートフォリオをつくったとしても、そのポートフォリオは必ずしも永続的なものではない。

　その後の資産価格の変動によって、価格の上昇した資産は残高割合が増え、価格の低下した資産は残高の割合が減少することによって基本のアセットミックスからズレが生じる。基本のアセットミックスにズレが生じた場

合、とるべきリスクと目標とするリターンが当初の計画と異なってしまう。計画していたリスクよりも実際のリスクが多くなったり、計画のリターンが目標に届かなかったりすることとなる。これらを調整するためにアセットミックスを変更する必要が生じる。つまりアセットアロケーションが市場の相場変動により、予定・計画と乖離した場合にシェアが上昇した資産を売却し、シェアが低下した資産を購入し、当初計画のアロケーションバランスとなるよう調整することであり、リバランスは、基本のポートフォリオ、すなわちアセットミックスは変わらないが、マーケット状況、資産の価格変動により、ポートフォリオの配分が変わったときに基本のポートフォリオに戻す作業であるといわれる。

しかしながら、マーケット状況や資産価格の変動による場合のほか、金融機関が置かれた外部環境や内部環境が変化することによっても目指すべき基本的なアセットミックスが変化することも十分ありうる。たとえば地域の経済状況が好転し貸出が大きく増加したり、貸出金利回りの改善や調達コストの低下により金融機関全体としての収益状況が改善するならば、資金運用に回せる資金が減少したり、資金運用に求められる収益は減少することもあるだろう。また逆に地域経済の活性化ができないままであれば、金融機関の本業収益は厳しくなり、資金運用に課される役割や期待は大きくなる可能性もある。

このように、運用ポートフォリオを不断に見直したり、環境変化に伴い目標とするポートフォリオを変更したりすることが重要となる。

次に、ポートフォリオリバランスを行うときに注意すべきポイントをあげておこう。

1 リバランスのタイミング

年金資産等の場合には、その運用期間はかなり長くポートフォリオのリバランスもそれほど頻繁に行われるわけではない。しかしながら地域金融機関においては、1年ごとの決算があり、1年ごとに運用収益の目標が存在すること、預金や貸出金の増減状況によって運用資産の増減も多いこと、などを

考えると、基本的なアセットミックスの見直しやリバランスは少なくとも年に1度程度は行う必要があるだろう。また場合によってはマーケットの大きな変動などに伴い見直しの必要が生じることもありうる。

2 リバランスに伴う注意事項

① 損益の発生……年金資産の運用の場合にはすべて時価評価のうえでトータルリターンの増加が目標となるが、地域金融機関の場合、すべて時価評価をするものの、含み損益は基本的には損益の計上を行わず、資本直入として直接バランスシートの資本の部に反映させる一方、売買に伴う損益は損益計算で当期の損益に計上される（ただし、保有目的がその他有価証券の場合であり、売買目的、満期保有目的の場合は異なる）。つまり、ポートフォリオのリバランスを行うと必ず損益が発生するために、決算に影響を与え、思わぬ利益や損失を計上することとなる可能性がある。

したがって、ポートフォリオのリバランスを行うときもアセットアロケーションの変更を決めた場合においても即座に行うのではなく、売却による不必要な利益や損失を避けるために、運用資金の増減状況や債券などの償還状況を勘案しつつ、ある程度の期間をもって、じっくりとアセットアロケーションの変更を行うなどの柔軟な対応をする必要があるだろう。

② 手数料などのコストの発生……リバランスを行うために、有価証券を売却したり購入したりする場合には、手数料や売買に伴う価格差などによりコストが発生する。さほど多くないとはいえリバランスの量が多くなればコスト負担も増加することにも注意しなければならない。①に述べた、不必要な利益や損失の計上を避けるのと同じようにリバランスのタイミングを債券などの満期や償還期限があるものにあわせて行うことによって、リバランスを可能な限り追加的投資のみで行えば、リバランスによる損益の発生やコスト負担を抑えることが可能となる。

第7節 特定金銭信託・特定金外信託の活用

1 事務負担の軽減のために特定金銭信託を活用

　資金運用を高度化するために、さまざまな新しい金融商品に投資する必要があるが地域金融機関、特に中小の地域金融機関では、バックオフィスの事務をいかに行うかが重要なポイントとなる。特に外貨建ての資産やいままで投資してこなかった種類の金融商品に投資する、またはリスクヘッジのためにデリバティブ取引などを活用する場合、どうしても事務処理体制を整備し、新しい金融商品への投資に支障がないようにしなければならない。しかしながら、少人数で事務処理を行っている、もしくは他の業務と兼務しながら事務処理を行っているなどさまざまな面での制約がある金融機関が多いと思われる。

　これを解決する1つの手段として、第2章第4節3(3)で触れたように、事務をアウトソーシングすることを検討する必要がある。そのため、信託の機能を利用し、事務を委託するのが最も簡便であるだろう。

　たとえば、海外ETFに投資する場合、次のような事務上の問題点がある。東証上場のETFであれば、円貨でかつ、東京証券取引所の取引時間帯で取引できるが、現状では流動性に難があり、円滑に取引することがむずかしいこともある。したがって海外市場で海外上場のETFを取引するならば、

① 取引時間が海外現地時間になること、特にニューヨークの場合には、まったく日本の正反対の時間帯で取引しなければならない。
② 決済がドルベースとなり、ドル資金の調達や勘定処理、為替リスクヘッジなど、かなり複雑な事務処理が発生するため、バックオフィスの負担が大きくなる。特に、海外上場の債券型のETFは基本的に分配金が毎月、かつ外貨で支払われるため、多数のETFに投資した場合、さらに事務処理が複雑となる。

これらについては、ある程度の費用がかかるものの、特定金銭信託、特定金外信託や特定包括信託等の仕組みを利用することで解決できる。

　信託の機能や特定金銭信託、特定金外信託の詳細については、第2部第6章で詳しく説明しているので参照いただきたい。

2 保有目的区分について

　従来、特定金銭信託や特定金外信託は、特金、営業特金として、バブル時代にいわゆる「財テク」の手段（持合い株式と簿価分離ができることが大きなメリットとなっていた）として利用された。そのためほとんどが保有目的区分を「売買目的」にしていた。

　しかしながら、いわゆる「財テク」の手段ではなく、純粋にポートフォリオで、中長期的に投資する目的で「その他有価証券」区分で保有することによって、通常のポートの「その他有価証券」と同様に、特定金銭信託、または特定金外信託で保有する有価証券も、時価評価したうえで評価差額を、売買損益に計上せず資本直入で直接「資本の部」に計上することが可能となる。したがって「その他有価証券」に区分すれば、通常の有価証券投資と変わらずに、事務だけを外出し、アウトソーシングすることが可能となり大きなメリットと考えられる。

　保有目的区分の詳細については第2部第6章を参照いただきたい。

第4章

資金運用の高度化に伴うリスク管理の高度化

第1節　統合的リスク管理のいっそうの進化

1 地域金融機関のリスク管理の現状

　地域金融機関におけるリスク管理の現状は、どうであろうか。たとえば、図表1-4-1のように分析されているものがある。

　また、金融検査マニュアルの「市場リスク管理態勢の確認検査用チェックリスト」によれば、「金融機関の戦略目標、業務の規模・特性及びリスク・プロファイルに見合った適切な市場リスク管理態勢が整備されているかを検証する」、また「金融機関が採用すべき市場リスク計測・分析方法の種類や水準は、金融機関の戦略目標、業務の多様性及び直面するリスクの複雑さによって決められるべきものであり、複雑又は高度なリスク計測・分析方法が、全ての金融機関にとって適切な方法であるとは限らない」となっている（金融検査マニュアル、市場リスク管理態勢の確認検査用チェックリスト：2015年11月）。

図表1-4-1　中小・地域金融機関におけるリスク管理態勢の現状

組織面	技術面
・リスク管理委員会などの運営ルールは文書では存在するが、実効的な運用には課題が多い。 ・専門知識を有するスタッフの確保がむずかしい。	・金融機関全体のリスク量（VaR）を計測できていない金融機関も存在する。 ・リスク量の計測にとどまっており、意思決定を促す水準にまで達していない場合がある ・規制対応がメインとなっており、本質的なリスク管理高度化へ向かっていない例もある

（出所）『市場リスク・流動性リスクの評価手法と態勢構築』（2015年9月、金融財政事情研究会刊）より引用

ここに指摘されているように、すべての中小・地域金融機関において高度なリスク計測や分析方法が必ずしも必要とされているわけではない。

しかしながら、上記の分析にあるように、地域金融機関、特に中小の地域金融機関においてはリスク管理態勢の、組織面、技術面において問題を抱えている、もしくは改善の余地が多い金融機関が多いことも間違いない。

規制対応の面を考えてみよう。国際的な規制として、まずバーゼル銀行監督委員会によるバーゼル合意（BIS規制）がある。バーゼル合意は1980年代に発生した中南米諸国を中心とする発展途上国の累積債務問題の深刻化、デリバティブ取引のリスク管理や米国のS&L危機といわれた住宅用不動産の抵当権付融資を行う中小の貯蓄貸付組合の倒産の急増などさまざまな問題が発生したため、システミックリスクの拡大を防ぐ目的でスタートした。1988年策定された「バーゼルⅠ」が最初で、国際的な活動を行う金融機関は自己資本比率が8％以上であることを求められるようになった。バーゼルⅠは2004年に改定され、「バーゼルⅡ」となり、いわゆる3つの柱による規制として、

① 最低所要自己資本比率規制（自己資本比率8％とともに、リスクアセット算出方法の精緻化が行われた）
② 監督上の検証（銀行自身による経営上必要な自己資本額の検討と当局によるその妥当性の検証）
③ 市場規律（開示の充実による市場からの監視）

の3つが定められた。

わが国では1992年度末からバーゼルⅠが本格的に適用され、2006年度末にバーゼルⅡに移行した。これらバーゼル合意については国内金融機関の基準も設けられ、国際的に活動する金融機関とは別の規制が適用された。

2007年のサブプライムローン問題、2008年のリーマンショックを受けて、金融機関への規制がさらに強化され、バーゼルⅡをベースに、①証券化商品の取扱いについての規制強化、②トレーディング勘定の規制強化（ストレスVaRの採用など）などが導入された（バーゼル2.5）。また、今後はバーゼルⅢによるさまざまな面からのいっそうの規制強化が合意されている。バーゼル

Ⅲでは、国際的に活動する金融機関への規制をより強化することが大きな目的となっているが、国内で活動する地域金融機関にも、国内基準が設定されている。

地域金融機関にとっては、次第に強化されている規制に対応するためにさまざまなルールをつくったり、リスク量を計測する、報告書をつくるなどその作業は大幅に増加し、負担は非常に重く相当な労力が費やされている。特にリーマンショック以降の規制強化もあり、対当局への報告も大幅に増加し、ますます負担感は増している。

図表1－4－1で指摘されているように、地域金融機関によってはこれら規制への対応に追われ、規制への対応がすなわちリスク管理となっているところもあり、本来の目的である経営計画や経営判断を行うためのリスク管理を行うことができていないところもある。さまざまな報告や資料も当局の報告のために作成されているが、経営陣やマネージメントの経営判断に有効に活用することまでできていないところも多い。

このように地域金融機関によっては、必ずしも十分なリスク管理態勢が構築されているとは言いがたいところもある。しかしながら、本業における厳しい経営環境、特に厳しい収益環境が継続すると見込まれるため、程度の差はあれ資金運用収益への依存が高まる傾向が続くことは間違いないと考えられる。したがって資金運用収益の増強のため、資金運用を高度化していくならばそれに見合ったリスク計測や分析方法を採用するとともに、より実効的なリスク管理態勢、専門的な人材の育成を行い、リスク管理を充実させていく必要がある。

②　統合リスク管理と統合的リスク管理

「統合的リスク管理」とは、金融機関の直面するリスクに関して、自己資本比率の算定に含まれないリスク（与信集中リスク、銀行勘定の金利リスク等）も含めて、それぞれのリスクカテゴリーごと（信用リスク、市場リスク、オペレーショナルリスク等）に評価したリスクを総体的にとらえ、金融機関の経営体力（自己資本）と比較・対照することによって、自己管理型のリスク管

理を行うことをいう。

　「統合リスク管理」とは、統合的リスク管理方法のうち各種リスクをVaR等の統一的な尺度で計り、各種リスクを統合（合算）して、金融機関の経営体力（自己資本）と対比することによって管理するものをいう。他方、「統合リスク管理」によらない統合的リスク管理とは、たとえば、各種リスクを個別の方法で質的または量的に評価したうえで、金融機関全体のリスクの程度を判断し、金融機関の経営体力（自己資本）と対照することによって管理するものが考えられる（金融検査マニュアル、統合的リスク管理態勢の確認検査用チェックリスト：2015年11月）。

　地域金融機関によっては、これら「統合リスク管理」もしくは「統合的リスク管理」への取組みがいまだに十分とはいえないところもあるだろう。しかしながら分散投資を進めてさまざまなリスクをテイクし資金運用の効率を高めていくためにはそれに伴い、リスク管理も高度化していかなければならない。

　そのためにはそれぞれの金融機関が自ら全社的な課題であることを認識し、経営資源も投入しながら進めていく必要があるだろう。

③ リスク管理の組織態勢について

　統合的リスク管理をより進化させ、市場リスク管理の高度化を図っていくためには、市場リスク管理の中核となるミドル部門の強化が欠かせない。通常、資金運用計画に従って、フロント部門が投資の意思決定・実行を行い、バック事務部門が、事務処理および事務面からのフロント部門へのけん制を行い、ミドル部門がリスク管理を行う態勢がとられる。

　大手銀行は別にして、地域金融機関特に中小の金融機関については、ミドル部門の強化が課題である。組織的な独立、けん制態勢の確立はもちろん、経営への報告、コミュニケーションが十分に行える態勢を確立し、内部監査部門においても独立、かつ充実した監査・検査が行えるように機能面や人材面での充実を図る必要性が高い。地域金融機関にとっては、預貸率の低下、貸出金利回りの低下などの環境変化から、資金運用の高度化を図っていく必

要性が高まり、特に従来にないさまざまなカテゴリーの金融商品やオルタナティブ資産、ヘッジファンドなどに投資を行い資金運用の高度化を図るためには、これらのリスク管理を行える人材を配置する必要がある。

　さまざまな新しい金融商品への投資については、実際の投資経験がない場合にはリスクの所在やリスク管理のポイントの把握もむずかしい場合が多くフロント実務の経験者を配置する必要性も高いと考えられる。そのためにはある程度厚い人材を配置し、人事ローテーションの確立や外部のセミナー、研修などを積極的に利用し人材の育成に努める必要があるだろう。

4 リスク計測について

　統合的リスク管理を進化させ、市場リスク管理を高度化させるためには、市場リスクの計測についても、リスクを統一的に計測把握できるVaR等の指標を用いる必要がある。

　一般的なリスク計測手法である感応度やVaRについては第3節で解説しているが、それぞれのリスク計測手法の欠点を理解し、その欠点を補う方策を考え実行に移す必要がある。特に統合的リスク管理のためのVaRについては市場の大幅な変動、ショックによるリスク（テールリスク）を十分にとらえ切れないことや、市場の変動率の変化や金融商品の間の相関関係の変化によっても計測されるリスク量が大きく異なるという問題点が大きい。

　最近これらを補うために期待ショートフォール（ES）やストレステストの活用が行われている。しかしながらこれら期待ショートフォールやストレステストについても欠点がないわけではない。したがってそれぞれのリスク計測手法をその欠点も含めて十分に理解し、さまざまなリスク管理手法を複合的、複眼的に利用する必要がある。

　またオルタナティブ投資による、いままでとっていない新しいリスクをとる運用を行ったり、投資信託におけるアクティブ運用やヘッジファンドなど外部の運用担当者のスキルを活用する運用を行ったりする場合には、それにふさわしいリスク管理を行わなければならない。特にヘッジファンド投資については運用担当者のスキルに負う部分が大きいため、定性的なリスク管理

が重要であり、チェックリストを活用したり、運用担当者へのインタビューなどさまざまな面から管理を行う必要があるだろう。また、最近増加しつつある、投資信託やヘッジファンドの評価やコンサルティングを行う会社等を利用することも選択肢となるだろう。

　リスク管理にはただ1つの正解があるわけではない。自らの金融機関とその経営体力やその時々の経営環境、目標とする資金運用方針・計画、運用資産の内容などによって、当然異なるであろう。したがって自らにとってふさわしい、また、必要と思われる最適なリスク計測手法、リスク管理方法を使っていくことが重要である。

5　流動性の管理の重要性

　流動性リスクはすでに述べたように金融機関にとって、きわめて重大でかつイベント性の高いリスクとなっており、リスクの顕在化により金融機関としての存続が危ぶまれることすら起こる。実際に大手の金融機関であっても、サブプライムローン問題時のリーマンブラザーズの破綻やAIGの救済などわずかな期間で一気に破綻や経営危機に追い込まれている。

　特に地域金融機関においては、流動性リスクが顕在化したときに破綻に瀕するリスクはきわめて大きいと考えられる。

(1)　資金運用における流動性リスク

　資金運用部門は、「余資運用」といっていたように、従来は金融機関の本業である貸出金に回せない資金を安全に運用し流動性を確保する役割が大きかった。

　しかしながら、預貸率が低下し余資といえなくなるなかで、資金運用を高度化しさまざまな金融商品への投資を多様化しつつある。一方で資金運用においては流動性と収益性は、表裏の関係にあるともいえ、高い収益性の商品へ投資する場合には流動性を犠牲にしなければならない可能性もある。今後さらに資金運用の高度化を進めていくならば、それに伴って流動性の管理についてもより高度化していく必要があるだろう。

(2) 流動性リスク管理におけるストレステスト

　金融機関全体としては、流動性リスク管理、資金繰り管理における、流動性リスク管理計画、規程や組織態勢の整備、コンティンジェンシープラン、ストレステストなどさまざまな課題や問題があるが、ここでは資金運用における流動性リスクの問題について簡単に触れてみよう。
　資金運用において流動性リスクを勘案した運用を行う場合に検討するポイントをいくつかあげておく。

① 　運用資産の満期構成（マチュリティラダー）……金融機関全体としての資産負債のマチュリティラダーを分析するうえで、資金運用においても当然マチュリティラダーを意識した運用を行う必要がある。特に債券については利払いや満期などのキャッシュフローの発生するタイミングが決まっているため、資金繰り計画を立てるうえで重要なポイントとなる。
　　また、貸出金などを含めた全体のマチュリティラダーのなかで必要に応じてバランスを調整する役割を担うことも検討しなければならない。
② 　流動性資産（支払準備資産）の割合や残高……また運用資産のなかには、国債のように非常に流動性が高くすぐに現金化できる資産から、たとえばプライベートエクイティのように資金化にかなりの時間を要するものまでさまざまである。したがって運用資産のなかでどの程度を流動性資産に充てるかは全体の流動性リスクも勘案しながら決定する必要がある。

　流動性リスクのストレステストは基本的にはなんらかのシナリオを設定したストレステストを行うことになる。
　これは通常のマーケット変動のように流動性の危機が頻繁に生じるわけでなく、流動性リスクの顕在化がさまざまな要因で起こるためである。金融機関固有の内部的な要因によって起こることもあれば、マーケット全体の危機的な状況から起こることもある。このようなことから、たとえば金利の上昇や株価の暴落、為替の急激な円高などのように単純にストレス状況を決めることができない。
　流動性リスクのストレステストはどのようなシナリオを設定するかによっ

て結果が大きく変わり、あまりに厳しい非現実的なシナリオを設定した場合には、流動性確保にかかるコストが非常に大きくなる場合もある。

(3) 資金運用におけるストレスへの対応

資金運用においてストレス事象が起こったときにはどのような対応が可能であろうか。

最も重要な点は容易に換金できるか、すなわち保有している運用資産の資金化の容易さ、および資金化に要する時間である。これらを十分に把握しなければならない。

また一方で、資金化が容易であっても資金化することによって大きな損失が発生する可能性もある。これらをふまえ万一の場合、有価証券などをどのような順にどの程度資金化可能なのか、また、そのときの財務や損益への影響がどの程度発生し、その影響への対応をどうするのか等の計画を全体のコンティンジェンシープランの一部としてあらかじめ立案しておく必要があろう。

6 外部の第三者機関の利用

統合的リスク管理を進化させ、市場運用におけるリスク管理を高度化するには、従来からの、たとえば証券会社から提供される有価証券の管理システムなどのみで行うことには、どうしても限界があるといわざるをえない。よりリスク管理を高度化するためには、従来のリスク管理からさらに1歩進めて、さまざまな計測すべきリスクを分析、そのデータの蓄積、相関の推定などをよりフォワードルッキングなかたちで計量的、金融工学的な分析も行いながら、取り組んでいく必要がある。これらについても第3章までで説明したさまざまなカテゴリーごとの相関の推定、ボラティリティ、VaRなどはパソコンの表計算ソフトの利用で基本的なものは十分可能である。これらを自ら行うこともリスク管理への理解を深めるため重要なことであろう。

またリスク管理は資金運用の計画と表裏一体でもあり、たとえばどのような追加的なリスクをとって、どのようにポートフォリオを効率化するのかな

どを計量的に決定するならば、リスク管理におけるリスク計測なども同様に行う必要があるだろう。これらについては地域金融機関、特に中小の金融機関単独で行うことは、独自のシステムを導入するためのコスト、システムを運用する人材などの問題もあり困難である可能性も高い。したがって外部のサポート機関、コンサルティングなどを行う会社等の利用を検討することも1つの方法である。

またこれらのリスク管理において専門的な外部のコンサルティング会社などを使う大きなメリットの1つは人材の育成面である。地域金融機関にとってリスク管理を行うミドル部門の人材不足は大きな課題であることは間違いない。自ら人材を育成しようとしてもその育成方法すら手探りといえる状態ではないか。外部のコンサルティング会社を利用することによって、そのノウハウの吸収はもとより、人材の育成・養成面でのサポートを受けることも可能であろう。この点は非常に大きなメリットであり、外部のコンサルティング会社の活用を検討するうえで大きなポイントとなると考えられる。

第2節　さまざまな将来のストレス事象を乗り切る

金融機関が資金運用を行っていくうえで避けられないのが、さまざまなマーケットの大きな変動、ストレス事象がかなり頻繁に発生することである。このようなストレス事象を乗り切ることができなければ、金融機関の存続に大きな影響を与える。実際にバブルの崩壊やリーマンショックなどの時に、大きな赤字を出し、また外部からの支援や資本増強、救済合併や破綻に追い込まれた金融機関も存在した。

資金運用の高度化を行えば、分散投資効果によって、エクスポージャーの増加ほどリスクは増加しないのが通常であるが、最近は経済のグローバル化が進展し、さまざまなマーケットで相関関係が強まり、値動きが同じ方向になることが多くなってきている。このため、なんらかのストレス事象が発生

した場合は過去の実績や従来考えられていたほど、分散投資によるリスク低減効果を得られない状況が起こる可能性が強くなっている。

1 ストレス事象のまとめ

　過去のさまざまなストレス事象について整理してみよう。図表1－4－2は過去に起こったさまざまなバブルの崩壊、経済危機や経済危機を引き起こすきっかけとなった事象、その他のストレス事象である。

　これらすべてについて、詳細に述べることはできないが、ストレステストとして利用可能なものについてもう少し詳細な説明をしたものが図表1－4－3である。

　また、そのなかでいくつか、「プラザ合意による円高」「ブラックマンデー」「バブルの崩壊」「VaRショック」「リーマンショック」について、当時のマーケットの状況をみてみることとする。これらは、「シナリオに基づくストレステスト」を行う際に実際に過去に起こったストレスイベントとして使われることが多いものである。これらの事例をそのまま利用してストレステストを行うこともできるし、またフォワードルッキングなストレス事象のシナリオづくりをする際に参考とすることもできるため、利用していただきたい。

　「バブルは同じ顔をしてやってこない」といわれるようにさまざまなストレスイベントが過去とまったく同じように起こることはありえない。つまりストレステストをより高度なリスク管理として行う場合には、感応度や過去のストレスイベントによるストレステストに加え、よりフォワードルッキングなかたちで行うことが重要となる。しかしながら過去の実際に起こったストレス事象、金融危機をつぶさに調べることはフォワードルッキングなストレステストを行うに際しても参考となることが多いであろう。

第4章　資金運用の高度化に伴うリスク管理の高度化

図表1－4－2 主なストレス事象

時　期	イベント	時　期	イベント
1600年代	チューリップバブル	1720年頃	南海泡沫事件
1720年頃	ミシシッピ計画	1929年～	世界大恐慌
1971年8月	ニクソンショック	1973年10月～	第一次オイルショック
1980～1982年、1980年代後半	S&L（米国貯蓄貸付組合）危機	1982年～	中南米債務危機
1985年9月	プラザ合意	1987年10月	ブラックマンデー
1988年～	北欧銀行危機	1989年11月	ベルリンの壁崩壊
1990年	バブル崩壊	1991年1月	湾岸戦争
1991年12月	ソビエト連邦崩壊	1992年	欧州通貨危機
1997年～	アジア通貨危機	1997年11月	山一證券が破綻
1998年8月	ロシアがデフォルト	1998年10月	日本長期信用銀行破綻・国有化
1998年	資金運用部ショック	1998年	LTCMの破綻
1999年2月	日銀ゼロ金利政策導入	2000年4月	ITバブル崩壊
2001年9月	9.11NY同時多発テロ	2001年11月	エンロン事件
2001年12月	アルゼンチンデフォルト	2002年7月	ワールドコム破綻
2003年7月	VaRショック	2006年1月	ライブドアショック
2007年～	米国住宅バブルの崩壊	2007年8月	パリバショック
2008年9月	リーマンショック	2010年	ユーロ危機
2011年3月	東日本大震災・福島第一原発事故		

（出所）諸資料より筆者作成

図表１−４−３　ストレステストとして利用可能なストレス事象例

時　期	イベント	内　容
1971年8月	ニクソンショック	1971年8月に、米国のニクソン大統領が、当時世界で唯一金と交換できる兌換紙幣であったドル紙幣と金との兌換を停止した。ブレトン・ウッズ体制下で、ドルが基軸通貨となっていたIMF中心の国際通貨体制が大きく変化し、世界経済に大きな影響を与えた。その後、一時的にスミソニアン体制として固定相場に復帰したが長く続かず、1973年には戦後長らく続いた、それまでの固定為替相場制（１ドル＝360円）から変動相場制に移行していった。
1973年10月	第一次オイルショック	原油価格高騰をきっかけに物価が急上昇、景気後退に陥り、日本では２桁インフレとなり第二次世界大戦後初めて実質GDPがマイナス成長となった。また米国でも戦後初の実質GDPのマイナスを記録している。
1985年9月	プラザ合意	1980年代前半、米国で財政赤字と貿易赤字のいわゆる「双子の赤字」を抱え経済危機の懸念が高まった。そのため、ドル高を是正する目的でG５といわれる先進国の蔵相会議が開催され為替のドル安誘導が合意された。特に日本円は、米国の対日貿易赤字が巨額であったため、大きく円高が進み約１年でドルの価値は急減し、230円台から150円台まで下落した。これがきっかけとなって日本がバブル経済に突入したと考えられている。
1987年10月	ブラックマンデー	1987年10月19日月曜日にニューヨーク株式市場で起きた株価の大暴落。この日ニューヨークダウ平均株価が１日で508ドル、約20％も急落し、当時史上最大の暴落となった。コンピュータを利用したプログラム売買が活発になっており、機関投資家が一斉にプログラム売買による売り（損切りの売り）を行ったことが原因の１つといわれている。その影響は世界中に及び、日本でも日経平均株価が約3,836円、率にして約15％も暴落した。
1990年	バブル崩壊	1985年のプラザ合意による円高不況の対策のために積極財政と金融緩和が同時に行われ、景気拡大と株式や土地への投機が進みバブル景気となった。1989年12月

		末に日経平均株価は3万8,900円台まで上昇したのをピークに下落に転じた。また1990年3月からは日本銀行による急激な金融引き締め、バブルつぶしが始まりバブルは一気に崩壊した。地価が大幅に下落し、銀行の不良債権は急増、北海道拓殖銀行や日本長期信用銀行、日本債券信用銀行、山一証券、三洋証券などが破綻し、その後の失われた20年につながっていった。
1998年	資金運用部ショック	1998年末から1999年はじめにかけて長期国債の価格が暴落、長期金利が急上昇、10年国債の流通利回りが0％台から、2％を超えるまで急上昇したもの。当時の大蔵省資金運用部が国債の引受けを大幅に減額するとともに、毎月2,000億円行われていた資金運用部の国債の買切りが停止されしたことがきっかけとなったため、資金運用部ショックといわれている。
1998年	LTCMの破綻	1998年にヘッジファンドのロングタームキャピタルマネジメントが破綻した事件。このヘッジファンドにはデリバティブの価格決定式としてあまりに有名な「ブラック・ショールズ式」の生みの親でノーベル賞学者であるマイロン・ショールズと同じくノーベル賞学者であるロバート・マートンがかかわっていたことで大きな話題となった。一時は千数百億ドル（日本円で十数兆円）の資金を動かしていたといわれる。1997年のアジア通貨危機、1998年のロシア危機の時に運用に失敗し破綻、米国FRB主導で銀行団による緊急融資が行われた。
2000年4月	ITバブル崩壊	1990年代末期に米国を中心にインターネット関連企業のブームが起こり、これらドットコム企業を中心とする株式が異常に上昇した後、2001年にかけてバブルがはじけた。ナスダック総合指数は1996年はじめ1,000前後から2000年3月には5,000を超えた。いわゆる「new economy」としてブームとなったが2002年にはナスダック総合指数も一時、1,500割れにまで下落した。日本においても通信・携帯電話や半導体、コンピュータ関連株が大きく上昇した。その一角を占めていた光通信は2000年3月に20日間連続ストップ安で最高値の100分の1近くまで下落した。

2003年7月	VaRショック	VaR（バリューアットリスク）は1990年代後半以降、金融機関のリスク管理の標準的な手法となった。VaRは、過去の金利や株価などの変動をもとに統計的手法を使い、一定期間保有した場合に、一定の確率で予想される損失額を算出し、リスク管理を行うもので、過去の相場変動によりそのリスク量は大きく変動する。2002年から2003年には長期金利がじりじり低下を続け、10年国債の利回りは当時の史上最低である0.43％まで低下した。20年国債の入札が１％を割れたのを１つのきっかけに長期金利は上昇に転じ、金融機関の保有する債券のVaRで計算したリスク量が増加、リスクを削減するために、債券の売却や債券先物の売りを行ったため、さらに金利は上昇し、リスク削減する必要に迫られたため、また債券の売却を行わざるをえなくなって債券の売却を加速するという、売りが売りを呼ぶ展開となり、スパイラル的な金利の急上昇を引き起こしたもの。2003年９月には1.6％台まで急上昇した。マーケット参加者の多くが同じ行動をとりマーケットの変動が増幅されるという問題がクローズアップされた。
2008年9月	リーマンショック	2007年起こったサブプライム住宅ローン危機により、関連商品への多額の投資を行っていた米国大手投資銀行であるリーマンブラザーズが多額の負債を抱え破綻。負債総額は6,000億ドルを超えていたといわれる。日本では株式市場の暴落、急激な円高を引き起こし、経済への影響は発生源である米国を超え、世界で最も大きな影響を受けた国の１つとなった。
2010年	ユーロ危機	ギリシャの政権交代によって国家の債務隠しが発覚したことをきっかけに欧州で国家債務危機が次々に発生、ギリシャをはじめ、スペイン、ポルトガル、イタリア、中東欧諸国などに波及した。ユーロの統一通貨導入とユーロ圏の南北経済格差などの問題が指摘されている。
2011年3月	東日本大震災・福島第一原発事故	東日本大震災、東京電力の福島第一原発事故が発生。株価は２日間で1,600円あまり下落。円が一時70円台に突入、当時の史上最高値76円台になった。

（出所）　諸資料より筆者作成

2 ストレス事象発生のときのマーケットの振返り

(1) プラザ合意

　プラザ合意の合意文書は、1985年9月22日、日曜日に発表されたが、それまで円相場は240円を挟んで動いていた。週末の9月20日に240円10銭であったのが週明け、9月23日には一気に231円90銭（いずれも終値）まで8円以上の円高になった。その後も10月3日には212円台、翌年1986年1月には200円割れ、約1年後の1986年9月には150円前後まで急激に円高が進んだ（図表1－4－4）。わずか1年で、3分の2以下の水準にまで円高となった。この円高不況対策による財政支出や金融緩和が後のバブル経済の原因ともいわれている。

図表1－4－4　プラザ合意前後の円相場

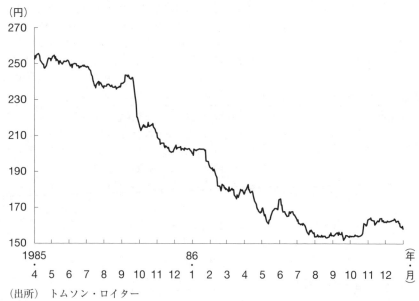

（出所）　トムソン・ロイター

(2) ブラックマンデー

1929年1月24日、世界大恐慌の幕開けとなった「暗黒の木曜日」の連想から「ブラックマンデー」といわれる。1987年10月のはじめには、ダウ工業株30種平均株価は2,640ドル台をつけていたが、10月16日金曜日の終値では2,246ドル台に調整していた。週明け月曜日の10月19日には、大暴落となり一気に1,738ドル台にまで下落した。わずか1日で20%を超える大暴落となった。その後も長く株価の低迷が続いた（図表1-4-5）。

その影響は世界中に及び、日本においても日経平均株価は、10月19日の2万5,746円から、ニューヨークの10月19日終了後の10月20日には2万1,910円まで、1日で値下り幅は3,800円を超え、率にして15%もの値下りとなった。

(3) バブルの崩壊

プラザ合意による円高不況の景気対策として、積極財政と大幅な金融緩和により、長く続いていた景気拡大、不動産や株式の大幅な値上りも1989年12

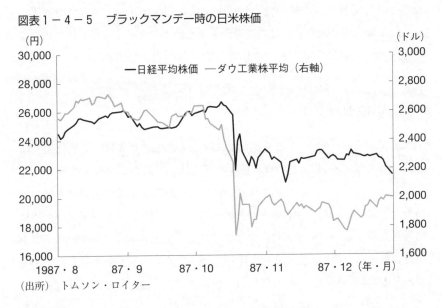

図表1-4-5　ブラックマンデー時の日米株価

(出所) トムソン・ロイター

図表1-4-6 バブル崩壊時の日経平均株価

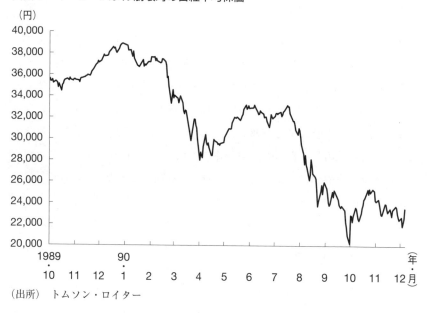

(出所) トムソン・ロイター

月末の大納会に日経平均株価が3万8,915円で大天井を打ち、翌1990年1月から一転して値下りが続いた。1990年4月には2万8,000円台まで下落、いったん持ち直したが、7月の後半から再度値下りが始まり10月はじめには2万円割れ寸前にまで下落、1年弱で約半分の水準まで値下りした（図表1-4-6）。

(4) VaRショック

2002年2月の1.5％台をピークに2002年から2003年にかけて、長期金利はじりじりと低下を続け、2003年6月半ばには、当時の史上最低金利である0.435％をつけた。多くの金融機関が同じような手法でリスク管理を行っていたために、いったん金利が上がり始めると、金利リスクを削減するために債券を売却するか、債券先物の売り建てによって金利上昇リスクのヘッジを一斉に行ったために、売りが売りを呼ぶ展開になり金利が急上昇した。2003年6月の0.4％台から、7月には1.1％台にまで上昇し、いったん8月上旬に

図表1-4-7　VaRショック時の10年国債利回り

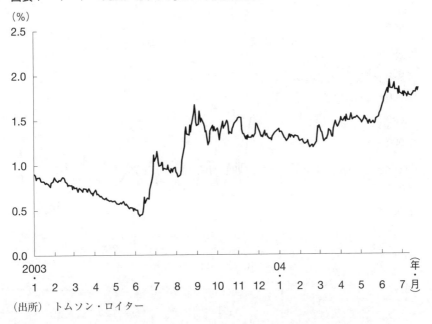

(出所) トムソン・ロイター

かけて下がったものの、再び上昇し始め、8月末から9月には1.6％台まで上昇した。わずか3カ月弱で1.2％という大幅な上昇であった（図表1-4-7）。

(5) リーマンショック

　2007年、米国の住宅バブル、信用力の低い顧客向けの住宅ローン、サブプライムローンのデフォルトが相次ぎ、このサブプライムローンを複数回にわたり証券化した証券化商品が相次いでデフォルト、世界的な投資銀行の1つであったリーマンブラザーズが約6,000億ドルといわれる負債を抱えて倒産、大きな金融危機に発展した。日本の金融機関はサブプライムローン関連の商品への投資は少なかったが、世界的な経済の落込みや急激な円高により、結果的に日本経済は大きな景気後退に陥り世界で最も大きな影響を受けた国の1つとなった。

図表1－4－8　リーマンショック時の日経平均株価とドル円相場

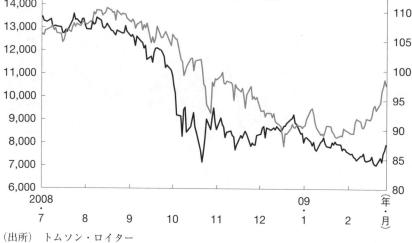

（出所）　トムソン・ロイター

　2008年8月から9月のはじめにかけて、円相場は100円台後半から110円程度で推移していたが、リーマンブラザーズの破綻以降じりじりと円高に進み始め10月はじめには100円割れ、12月には90円割れ、12月中旬には87円台まで急激に円高が進んだ。約3カ月で約20％もの円高となった（図表1－4－8）。

　また日経平均株価も、円相場と並行して暴落し、2008年8月には1万3,000円台であったのが、リーマンブラザーズが破綻した9月15日には1万1,609円に下落、その後下げ足を早め、10月27日には7,162円、と半分近い水準にまで暴落した。その後一時回復したものの、翌2009年3月10日には7,054円まで下落した。

３　最後に

　今後も、必ずさまざまな危機はやってくる。米国の著名な経済学者である、ジョン・ケネス・ガルブレイスはその著書「バブルの物語　暴落の前に

天才がいる（原題：A Short History of Financial Euphoria - Financial Genius is Before the Fall）」（ダイヤモンド社、1991年）の序文で「頭脳に極度の変調をきたすほどの陶酔的熱病（euphoria）は繰り返し起こる現象であり、それに取り付かれた個人、企業、経済界全体を危険にさらすものだ」「予防の働きをする規制は明らかな形では全く存在しないのであって、個人的、公的な警戒心を強く持つこと以外に予防策はありえないのである」と述べ、繰り返し起こるバブルに対する警戒心をもつことが必要であることを述べている。

さまざまなストレス事象や、金融危機は必ずやってくるし、おそらくそれは従来の危機とは異なり、予想もしないかたちでやってくるだろう。そのようなことに備えるためにも、過去の歴史を振り返ったうえで、よりフォワードルッキングなリスク管理を行わなければならない。

第3節　資金運用の高度化・リスク管理の高度化に必要な概念

ポートフォリオの資金運用を高度化するためには、さまざまな金融商品に投資し、分散投資を進めることによってさまざまなリスクカテゴリーへの投資を行い、分散投資効果を活用して、より効率的な資金運用を行うことである。したがって、従来以上にさまざまなリスクを全体的に統合的に管理し、リスク管理も高度化する必要がある。

最も基本的なリスク管理指標である感応度（センシティビティ）をはじめとし、VaR（バリューアットリスク）、ストレスVaR、相関とその変動、ストレステストとその限界、マクロストレステスト、期待ショートフォールについて説明する。

①　感応度

感応度はリスク管理における最も基本的な指標で、リスクファクター（金利、株価、為替など）の変化によって有価証券やポートフォリオの価値がど

の程度変化するかを測定するものである。

　非常に簡潔でわかりやすい点に優れ、時系列でも簡単に比較できるという長所がある。たとえ同一のポートフォリオであっても、VaRの場合は観測期間のとり方や、計測する時点つまりボラティリティが高まった後なのか、低くなった後なのかによっても、その値は大きく異なる。しかし感応度は同一のポートフォリオであればいつの時点でも基本的に同じ値をとるといえる（ただしオプション性、非線形リスクをもつ商品が含まれる場合は異なる。たとえばオプションを内包した仕組債などではデュレーションが大きく変化する可能性があるなど）。

　一方、短所としては実際のマーケットの動きを反映していないことと、非線形リスクや複雑なリスク特性をもつ商品（証券化商品や仕組債など）のリスク計測には不向きなことである。

　為替や株価に対する感応度を計測するには、1％や10％で計測する場合と、1円や100円などで計測する場合がある。

　一方金利は1ベーシスポイント（bp、0.01％）や10ベーシスポイントで計測することが多い。また計測方法にはベーシス・ポイント・バリュー法（BPV法）とグリッド・ポイント・センシティビティ法がある。

① ベーシス・ポイント・バリュー法（BPV法）……BPV法は、イールドカーブが1bpや10bp平行移動（短期から長期まですべての年限で同一の幅で移動）した場合にポートフォリオの価値がどれだけ変化するか測定するものである。計測が簡単でわかりやすい半面、実際のマーケットで金利がパラレルに変化することはまれであるため、実際とはかけ離れた計測値ともいえる。また債券のデュレーションは、金利が平行移動したときの債券の価格変動の目安となるものであり債券の金利感応度である。

② グリッド・ポイント・センシティビティ法（GPS法）……GPS法はイールドカーブ上のある期間（グリッドポイント）の金利が変化したときに、債券ないしポートフォリオの価値がどれだけ変化するかを計測するもので、これをさまざまな期間において別々に計算し、足し合わせることによって感応度を計測する。BPV法が金利の平行移動を前提とするのに対

し、GPS法はさまざまなイールドカーブの形状の変化に対応した感応度の計測が可能である。BPV法に比べて計算は複雑となる。

2 バリューアットリスク（VaR）

(1) 定義と3つの算出方法

VaRとは、金融庁告示の定義によれば「特定のポジションを一定期間保有すると仮定した場合において、将来の価格変動により一定の確率の範囲内で予想される最大の損失額をいう」（銀行法第14条の2の規定に基づき、銀行がその保有する資産等に照らし自己資本の充実の状況が適当であるかどうかを判断するための基準（2006年金融庁告示第19号第1条第28による））となっている。

つまり、VaRは有価証券ないしポートフォリオを一定期間、たとえば1日とか10日間保有していた場合に、その間の時価の変動による最大損失額を推計するものである。

VaRを計算するには、保有期間を決定するとともに信頼水準つまり起こりうる確率をどの程度とするか、たとえば99％や95％、99.9％などのように決めたうえで計算する。計算方法には、ヒストリカル法、分散共分散法、モンテカルロシミュレーション法の3つがある。

VaRは、さまざまなリスクファクターを同じ尺度で計算できるため、統合リスク管理ないし統合的リスク管理の手法として利用される。

① 分散共分散法……分散共分散法はマーケットにおける時価の変動が正規分布、つまり左右対称の釣鐘型に分布しているとの前提で計算する。ロジックがわかりやすく計算も簡単であるが、過去の変動の実績は外れ値つまり正規分布で想定されるよりも大きな変動が頻繁に現れるため、リスクがきちんと計測できていない欠点がある。

　また、オプションやオプション性の非線形のリスクを有する商品について計測するには不向きである。

② ヒストリカル法……実際の過去の市場の変動を計測し、その変動の態様が将来発生すると仮定し、VaRを計測するものである。過去に実際に起

こったマーケットの変動をもとにするため納得性があるものの、観測期間をどのように設定するかによってその数値が大きく異なる。市場の動きが平穏な時、ボラティリティが低い時が観測期間となっている場合にはVaRの数値は低く計算されるが、VaRショックの時のようにいったん、大きな変化が起こり、ボラティリティが増大した場合にはVaRの数値は急激に増大し、マーケットのボラティリティが低下し、ボラティリティの高い期間が観測期間から外れるまではVaRの数値は高いままとなる。

観測期間を長期間とする場合には観測値は安定的になる傾向があるものの、直近のマーケットの状況の織込みが遅れ、乖離が発生する場合が出てくる。また逆に短くとれば、その時点のマーケットの状況をよく反映したものとなるが、変動幅は大きくなる。

③ モンテカルロシミュレーション法……乱数を用いて市場のリスクファクターの変動をランダムに発生させて、それぞれの場合の時価の変化を計測することを、数万回から数十万回実行してその損益分布状況からVaRの値を計算するものである。分散共分散法の正規分布の仮定という欠点を補いまた非線形リスクにも対応できるが、乱数を用いてリスクファクターの変動を発生させるためリスクファクターの変動自体が正規分布的であるという欠点が存在する。

(2) メリットとデメリット

VaRを利用することのメリットは、さまざまな種類のリスクを共通の尺度で計測して、リスク管理することができる点である。金利リスクや株価リスク、為替リスクなどの市場リスクのみならず、信用リスクやオペレーショナルリスクなども計測し、全体として管理できることである（統合リスク管理、または統合的リスク管理）。

デメリットは、マーケットの異常時、そのリスクを的確にとらえられずにリスクを過小評価する可能性が高くなる。いわゆるテールリスクをとらえられないという問題である。

またマーケットが大きく変動した直後はヒストリカル法で計算すると、

VaRの値は大きくなってしまう。また、異常な変動の後は、その時期が観測期間から外れるまで、基本的にVaRの値は大きい状況が続いてしまう。

ヒストリカル法で計算する場合には、計算するためのデータ蓄積に手間暇がかかる。またモンテカルロシミュレーション法はシミュレーションの数にもよるが、相当時間がかかる。しかしながら、最近はパソコンの発達により以前よりはかからなくなった。

たとえば、日経平均株価を例として、ヒストリカル法でVaRの値を簡単に計算してみよう。図表1－4－9は2001年から2015年末までの日経平均株価の推移とそれぞれの日の終値を10日前の終値と比較した変動率の推移である。

また図表1－4－10は、リーマンショック前の2005年とリーマンショックの2008年、2009年、最近の2014年の4年間の変動率を順に並べてグラフ化したものである。各年のデータ数はそれぞれ245個（ただしデータ数が少ない年には変動率0％のデータを加えて、245個としてある）VaRのイメージをとらえ

図表1－4－9　日経平均株価と変動率の推移（10日前比）

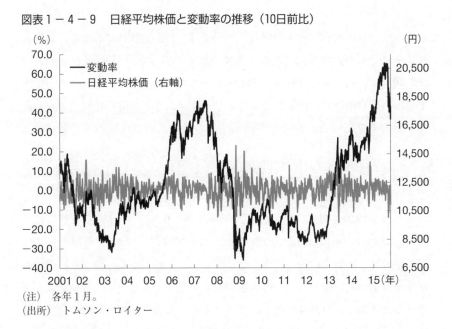

(注)　各年1月。
(出所)　トムソン・ロイター

第4章　資金運用の高度化に伴うリスク管理の高度化　251

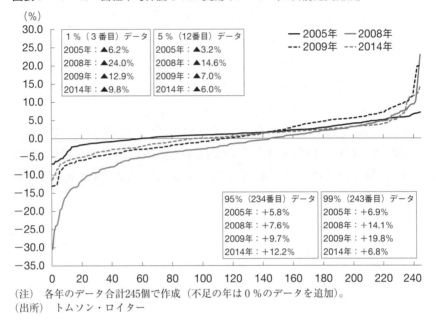

図表1-4-10 日経平均株価のVaR変動イメージ（10日前比変化幅）

（注） 各年のデータ合計245個で作成（不足の年は0％のデータを追加）。
（出所） トムソン・ロイター

るならば、信頼水準が99％の場合、2.45番目と242.55番目であるが、簡略化してそれぞれの観測期間である1年間のデータの3番目と243番目とする。また同様に、信頼水準が95％の場合には、12番目と234番目のデータが該当する。信頼水準99％で測定した場合、リーマンショック前の比較的安定したマーケットであった、2005年が観測期間の場合、信頼水準99％であれば、▲6.2％、＋6.9％となるが、リーマンショックのあった2008年の場合、▲24.0％、＋14.1％となり、同じ信頼水準99％であっても観測期間が異なることにより、下落した場合のVaRの数値は約4倍となることがわかる。

また最大の変動幅をみた場合、2005年は▲7.0％、＋7.1％であるのに対し、2008年は、▲30.4％、＋23.0％と、VaRの数値と最大変動幅との差は2005年に対し2008年は相当大きくなっていることがわかる。つまりVaRは観測する対象の期間によってその数値が大きく変動するともに、変動が大きくなったときには、いわゆるテールリスクとして最大変動幅がVaRの数値を大

きく上回ることが実際に起こっているのがよくわかる。

(3) 利用するうえでの留意点

VaRを利用するにあたっては、上記のようなメリット・デメリットを十分に理解したうえで、利用しなければならない。

そのうえで保有期間をどう設定するか。たとえば、トレーディングの場合、ポートフォリオで基本的にバイ＆ホールドする場合、政策投資株式のように長期間保有が前提で万一の売却には時間がかかる等、その運用する資産の運用方針などによって決める必要があるだろう。

また、(1)②ヒストリカル法のところでみたようにデータの観測期間をどのように設定するかも重要である。

VaRを使ってリスク管理を行うときには、マーケットの変動が少なかった場合には、VaRの値が小さくなり、リスクを大きくとってしまう可能性がある一方、マーケットが大きく変動しているときもしくは変動した後には、VaRの値が非常に大きくなるために、本来であれば投資するチャンスの時期であるにもかかわらず、投資ができないという可能性もある。したがってVaRのみに頼ることなく、さまざまな手法を組み合わせることも必要となる。

またVaRを、リスクカテゴリーごと、金利や為替、株価などによって別々に計算した場合には、それらの相関関係を考慮する必要があることにも注意しなければならない。3でみるように、相関関係は必ずしも安定しているわけでなく、順相関であったのが、場合によっては逆相関になることもある。相関関係が大きく変われば、相関関係を考慮したVaRの数値も大きく変動することとなる。

(2)メリットとデメリットでみたように、VaRの数値は観測する対象の期間によって大きく変動、また大きく変動するときほどVaRの数値と最大変動幅の差が大きくなることがわかった。したがってVaRを利用するときは、そのような欠点をよく理解したうえで、4で述べるストレステストを併用し、まれにしか発生しないようなストレス事象に備えることが大変重要になる。

(4) ストレスVaR

バーゼル2.5においてトレーディング勘定の抜本的見直しのために、内部モデル採用行について導入され、ストレスVaRとして、マーケットのストレス期のデータを用いたVaRを計測することとなった。基本的にはトレーディング勘定において使用されるものであるが、ポートフォリオ運用におけるストレステストとして利用することもできる。

3 相　　関

(1) 相関と相関係数

相関関係は一般的には2つの値の関連性で、資金運用においてはたとえば株式と債券の値動きや、個別銘柄の株価や株価指数相互の間などでも、たとえばTOPIXとS&P500の値動きの連動性などを表す。相関関係の強弱は統計的な処理を行った相関係数で表され、-1から1の間の数値で示される。正の数値の場合には同じ方向に変化する関係性（正の相関関係）があり、数値が高くなるほどその傾向が強くなり1の場合はまったく同じように変化する。負の数値の場合には逆の方向に変化する関係性（負の相関関係）があり、数値が低くなるほどその傾向が強くなり、-1の場合にはまったく逆の方向に変化する。またゼロの場合にはまったく無関係に数値が変化する。したがって、分散投資を行う場合、相関関係が強いほど分散投資の効果はなく逆相関関係が強いほど分散投資効果が発揮される。

通常相関関係は、過去のデータをもとに計測する。長期間のデータをもとに計算すると安定的となるが、古いデータも計算の期間に入るため、実際の動きと大きく異なることも多くなる。一方短期間のデータで計算する場合、数値は不安定となるが実際の動きに近くなる。また相関関係は、必ずしも長期間同じような値をとるわけでなく、長期の間には大きく変化することも多い。

ポートフォリオ理論において分散投資を行うことによって、リスクを減ら

し投資の効率を高めることができるが、これはあくまでも複数の資産の間での相関関係が低いないしは逆相関となっているからであって、完全な順相関となっている資産の間では分散投資の効果はまったくない。たとえば株式と債券は一般的には逆相関になっているといわれるが、マーケットの大きな変動たとえばリーマンショック時のような、市場の大変動が起こった場合には従来の相関関係が大きく崩れ、ほとんど似たような動きになった例もある。

また最近はマーケットのグローバル化が進み相関関係が強くなって多くの資産の間で似たような動きになってきたといわれている。リスク管理を行うにあたって、相関の状況やその安定性などを理解することは非常に重要なことである。通常、VaR等でリスク管理を行う場合には、相関を考慮したうえでリスク量を計算する。市場のストレス時において、従来低い相関であった資産の間で、相関関係が急に高まる事態が発生すると、リスク量が急激に増加することとなる。これらのことについてもリスク管理のなかで十分に考慮しておかなければならない点である。

(2) 2つの資産の間の相関

たとえば図表1－4－11はTOPIXとS&P500の長期間の相関関係の変化を示したグラフである。

1980年から2015年末までの各月末のデータをもとに、1985年以降それぞれの各月末の過去5年間の相関関係を計算している。最近では、リーマンショックが終わって、大きく円高が進み、日米株価が逆方向に動いていた局面が影響している期間を除けば、1に近くほぼ似たような動きとなっている時期がほとんどであるが、1990年代、日本のバブルが崩壊した時は日米の株価が逆方向に動いていた期間が多く、かなり逆相関となっていた時期も存在していたことがわかる。

また、図表1－4－12は、TOPIXとS&P500を円に換算した場合の値動きおよび相関係数のグラフである。1980年代後半から1990年代は、大きく円高が進んだために、原通貨ベースとは異なる動きとなっているが、2000年代に入ってからは一時期を除いて非常に強い相関になっている。

図表1－4－11　TOPIXとS&P500の相関関係（原通貨ベース）

（注）　各年1月。
（出所）　トムソン・ロイター

図表1－4－12　TOPIXとS&P500の相関関係（円換算ベース）

（注）　各年1月。
（出所）　トムソン・ロイター

相関関係や相関係数は分散投資を行うときにリスク削減効果を考慮する、ないしリスクを計測するときに欠かせない概念である。特に観測期間や時期によって、相関関係も大きく変化することには十分注意しなければならない。

単純にある時点で過去の実績から推定された相関を将来もそのまま利用することには問題があると考えられる。よりフォワードルッキングな視点から、非常に困難ではあるが、マクロ経済やマーケットの現状や将来の変化の可能性・予想を織り込むかたちで将来の相関の想定をする必要があると考えられる。

また最近では、グローバル化の進展によりリーマンショックの時のようにさまざまな国の市場で、さまざまな金融商品の価格が同じ方向に動く、つまり相関関係が相当高くなってきていることにも注意しなければならない。

以上みてきたように、現代ポートフォリオ理論におけるリスクリターン、分散投資については観測期間、時期によっては必ずしも理屈どおりにはいかない面もあるが、分散投資の効果がすべて否定されるわけではない。したがって、ポートフォリオ運用にあたっては、これらを理解しながら、よりフォワードルッキングな視点も交えながら投資戦略、投資計画を立て資金運用を高度化していく必要があるだろう。

(3) さまざまな資産の間における相関の状況

第2章、第3章で取り上げた、分散投資のさまざまな10種類の資産カテゴリー（第2章の図表1－2－1参照）間の相関状況についてみてみよう。

これら10種類の資産間の月次の価格の推移をもとに相関係数を、スプレッドシートの関数を使い計算した。

ドルベースの指数については月末の為替レートによって、円ベースに換算したものについて計算した。

また、2003年3月末から2015年の12月までの全期間（図表1－4－13）における相関に加え、全期間を3つに分け、それぞれの期間の相関も計算してみた。

① 2003年3月末から2008年2月末まで(図表1-4-14)
② 2006年4月末から2011年3月末まで(図表1-4-15)
③ 2011年1月末から2015年12月末まで(図表1-4-16)
　結果は次のとおりとなった。
① 全期間でみると債券カテゴリー同士の相関関係は、国内債券は海外債券で、0.73、国内債券と新興国債券で0.87、海外債券と新興国債券で0.95と

図表1-4-13　相関関係　月次・円換算ベース(2003年3月末〜2015年12月末)

	国内債券	海外債券	新興国債券	国内株式	海外株式	新興国株式	J-REIT	米国REIT	金	原油
国内債券	1.00									
海外債券	0.73	1.00								
新興国債券	0.87	0.95	1.00							
国内株式	0.15	0.72	0.59	1.00						
海外株式	0.36	0.85	0.75	0.94	1.00					
新興国株式	0.43	0.70	0.64	0.67	0.75	1.00				
J-REIT	0.54	0.89	0.85	0.86	0.95	0.73	1.00			
米国REIT	0.57	0.89	0.88	0.86	0.94	0.72	0.97	1.00		
金	0.92	0.64	0.78	0.11	0.30	0.58	0.47	0.50	1.00	
原油	0.28	0.41	0.35	0.31	0.40	0.75	0.36	0.36	0.48	1.00

(出所)　Bloomberg L.P.

図表1-4-14　相関関係　月次・円換算ベース(2003年3月末〜2008年2月末)

	国内債券	海外債券	新興国債券	国内株式	海外株式	新興国株式	J-REIT	米国REIT	金	原油
国内債券	1.00									
海外債券	0.74	1.00								
新興国債券	0.63	0.97	1.00							
国内株式	0.37	0.86	0.93	1.00						
海外株式	0.59	0.97	0.98	0.92	1.00					
新興国株式	0.67	0.97	0.95	0.87	0.97	1.00				
J-REIT	0.55	0.90	0.92	0.88	0.95	0.88	1.00			
米国REIT	0.48	0.90	0.96	0.94	0.95	0.86	0.94	1.00		
金	0.67	0.94	0.92	0.83	0.91	0.95	0.81	0.83	1.00	
原油	0.68	0.92	0.90	0.83	0.87	0.92	0.78	0.79	0.91	1.00

(出所)　Bloomberg L.P.

強い相関関係が観察される。

② しかしながら、リーマンショックを挟んだ2006年から2011年でみると、国内債券と海外債券は▲0.63、国内債券と新興国債券は▲0.16と逆相関となっている。海外債券と新興国債券は0.55と低くなっているものの順相関である。これは急激に進んだ円高の影響も大きいと考えられる。

③ 特に最近の2011年から2015年にかけては、国内債券と海外債券で0.95、

図表1－4－15　相関関係　月次・円換算ベース（2006年4月末～2011年3月末）

	国内債券	海外債券	新興国債券	国内株式	海外株式	新興国株式	J-REIT	米国REIT	金	原油
国内債券	1.00									
海外債券	▲0.63	1.00								
新興国債券	▲0.16	0.55	1.00							
国内株式	▲0.88	0.71	0.58	1.00						
海外株式	▲0.77	0.80	0.68	0.96	1.00					
新興国株式	▲0.41	0.77	0.81	0.73	0.86	1.00				
J-REIT	▲0.69	0.66	0.68	0.92	0.94	0.77	1.00			
米国REIT	▲0.73	0.64	0.71	0.94	0.95	0.75	0.93	1.00		
金	0.86	▲0.36	0.16	▲0.63	▲0.48	▲0.04	▲0.45	▲0.46	1.00	
原油	▲0.34	0.69	0.48	0.47	0.59	0.73	0.38	0.48	0.06	1.00

（出所）　Bloomberg L.P.

図表1－4－16　相関関係　月次・円換算ベース（2011年1月末～2015年12月末）

	国内債券	海外債券	新興国債券	国内株式	海外株式	新興国株式	J-REIT	米国REIT	金	原油
国内債券	1.00									
海外債券	0.95	1.00								
新興国債券	0.97	0.99	1.00							
国内株式	0.92	0.97	0.96	1.00						
海外株式	0.93	0.99	0.98	0.98	1.00					
新興国株式	0.71	0.85	0.82	0.85	0.89	1.00				
J-REIT	0.94	0.98	0.97	0.97	0.98	0.88	1.00			
米国REIT	0.96	0.98	0.99	0.97	0.98	0.83	0.97	1.00		
金	0.48	0.42	0.48	0.33	0.36	0.37	0.43	0.44	1.00	
原油	▲0.21	▲0.08	▲0.17	▲0.15	▲0.08	0.13	▲0.09	▲0.24	▲0.13	1.00

（出所）　Bloomberg L.P.

い相関が観察される。

④ 国内債券と国内株式は全期間では0.15と相関関係が低い。またリーマンショックの時期を含んだ2006年から2011年では▲0.88と強い逆相関となっていた。

⑤ コモディティ、特に原油は全期間でみると他のカテゴリーとの相関関係が低い。特に最近は、原油が大きく値下りし他のカテゴリーの資産との弱いながらも逆相関が目立っている。しかしながらリーマンショック前の2003年から2008年は他のカテゴリーとの相関が強かった。

⑥ 直近の2011年から2015年でみると、コモディティ（特に原油）以外の各商品間の相関関係が非常に強くなってのがよくわかる。さまざまなマーケットの商品が同じような値動きになっている傾向が強いという最近の印象は間違いなく事実であることがよくわかる。

(4) 相関関係の安定と変動

次にいくつかの商品間における相関関係の推移をグラフでみてみよう。
相関関係の計測を行ったのは次の2つの商品間である。

・国内債券－国内株式
・国内株式－海外株式
・国内株式－新興国株式
・国内株式－J-REIT
・国内債券－海外債券
・国内債券－新興国債券
・国内株式－金
・J-REIT－米国REIT
・新興国株式－新興国債券

いずれもドル建ての指数は円ベースに換算したものである。また月次で過去5年間の相関関係を計算し毎月の結果をグラフ化したものである。したがって2003年3月末から5年間で計算した2008年2月末からのグラフ（図表

1-4-17）となっている。

① 2008年9月に起きたリーマンショックの影響が相関係数の計算期間に入ってきた2008年の秋以降、相関関係が劇的に変化し始めている。特に「国内債券－国内株式」「国内債券－海外債券」「国内株式－金」などは順相関から大きく逆相関に変化した。
② しかしながら、リーマンショックの影響が薄れ始めると同時に相関関係は戻り始め、リーマンショックの影響がほぼ抜ける2013年夏頃からは順相関に変化した。それ以降は「国内株式－金」を除いて相関関係が非常に強まっている。
③ 国内株式とJ-REITの相関は一時期を除いて非常に強いことがわかる。
④ また国内株式と海外株式、J-REITと米国REITの相関は全期間を通じて非常に強い。
⑤ 国内株式と新興国株式の相関は、国内株式と海外株式の相関ほどは強くない。

図表1－4－17　商品間における相関関係の推移

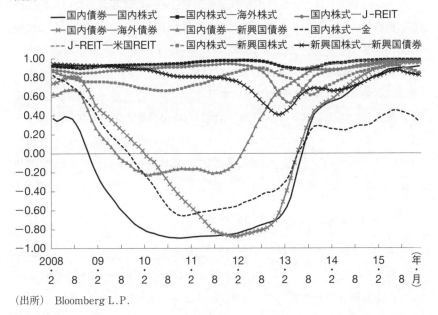

（出所）Bloomberg L.P.

⑥　特に最近は、さまざまな商品間の相関関係が非常に強まる傾向がはっきりとみてとれる。

　このように相関関係は必ずしも安定しているわけではなく、時期によって、大きく変化し、順相関から逆相関に、また逆相関から順相関に変化することさえ起こっている。これらのことはリスク管理を行ううえで非常に重要なポイントとなるであろう。

　VaRなどでリスク管理を行っている場合、リスク量が低く収まって、リスクテイク計画の範囲内であったとしても、一度マーケットの大きな変動に見舞われた場合に、リスク量が劇的に変化する可能性があることを常に頭に入れておく必要がある。またこれらをリスク管理上、ストレステストなどに織り込むことも重要となる。

4 ストレステスト

(1) ストレステストとは

　ストレステストは、通常時のマーケットではめったに起こらない、発生確率は相当低いが、発生した場合に大きな影響があるマーケットの大きな変動の発生に備えて、あらかじめその影響を事前に調べ、テストすることをいい、具体的には「過去に発生した外部環境（経済、市場等）の大幅な変化並びに現在の外部環境、業務の規模・特性及びリスクプロファイルの状況を踏まえた適切なストレス・シナリオを設定し」「市場等のストレス時における資産・負債（オフ・バランスを含む。）の現在価値の変動額等について計測」（金融検査マニュアル、市場リスク管理態勢の確認検査用チェックリスト：2015年4月）することをいう。

(2) ストレステストの3つの手法

　ストレステストの手法を3つに分けて説明する。
①　感応度（センシティビティ）によるストレステスト……金利や為替レート、株価指数などの特定のリスクファクターを大きく変動させて、ストレ

スが加わったときにポートフォリオの価値がどれだけ変化するかを測定する方法。バーゼル規制のアウトライヤー基準の金利リスク量の計算における、「金利がイールドカーブに沿って2％上下に平行移動した場合のリスク量」はまさに感応度によるストレステストである。

② シナリオによるストレステスト

○ヒストリカルシナリオによるストレステスト……過去に実際に市場で起こったさまざまな大きな変動、ストレスイベントが再び、起こったと仮定した場合にポートフォリオにどの程度の価値変動が起こるか計測する方法。

○仮想シナリオによるストレステスト……ストレス事象は必ずしも過去と同じことが起こるわけでなく、むしろ過去とまったく違う事象が起こることが多い。そのためなんらかのストレスシナリオを想定し、想定したシナリオが起こったときにどの程度の価値変動がポートフォリオに起こるか測定する方法。

③ マクロ・ストレステストのシナリオを利用したストレステスト……日本銀行は金融システム全体の安定性を評価するためにマクロ・ストレステストを行いその内容を「金融システムレポート」として年2回公表している。

マクロ・ストレステストは「実体経済や金融環境にストレスがかかった状態を想定することによって、その下で金融機関に対し顕在化する様々なリスクを把握するとともに、先行きの収益や自己資本等の影響を算出した上で、金融システム全体の安定性を評価する手法」（金融システムレポート別冊シリーズ：マクロ・ストレス・テストのシナリオ設定について、日本銀行金融機構局2015年10月より）である。

日本銀行の行っているマクロ・ストレステストのシナリオは、個別の金融機関が行うストレステストのストレスシナリオ設定の参考になると考えられ、これらを利用したストレステスト行うことも1つの方法である。

日本銀行では、ホームページに各金融機関が行うストレステストの参考となるよう日本銀行のストレスシナリオにおける主要経済指標についてた

図表1－4－18　マクロ・ストレス・テストのシナリオ別データ

年	海外実質GDP 暦年、前年比、%			米国実質GDP 暦年、前年比、%			欧州実質GDP 暦年、前年比、%			アジア実質GDP 暦年、前年比、%		
	ベースライン	テールイベント	特定イベント	ベースライン	テールイベント	特定イベント	ベースライン	テールイベント	特定イベント	ベースライン	テールイベント	特定イベント
2015	3.100	3.100	3.100	2.500	―	2.500	1.900	―	1.900	6.600	―	6.600
2016	3.400	1.738	2.429	2.600	―	1.862	2.000	―	1.522	6.300	―	4.990
2017	3.600	0.632	1.129	2.600	―	0.643	2.000	―	0.731	6.200	―	3.000
2018	3.903	3.689	2.195	2.684	―	1.462	1.892	―	1.100	6.376	―	3.900

年	株価（TOPIX） 年度平均、pt			国庫短期証券利回り（3カ月物） 年度平均、%			国債利回り（6年物） 年度平均、%			国債利回り（11年物） 年度平均、%		
	ベースライン	テールイベント	特定イベント	ベースライン	テールイベント	特定イベント	ベースライン	テールイベント	特定イベント	ベースライン	テールイベント	特定イベント
2015	1,516	1,516	1,516	▲0.021	▲0.021	▲0.021	0.016	0.016	0.016	0.294	0.294	0.294
2016	1,320	865	1,082	▲0.167	▲0.173	▲0.167	▲0.174	▲0.312	▲0.174	0.043	▲0.232	0.043
2017	1,320	592	1,082	▲0.225	▲0.291	▲0.225	▲0.133	▲0.408	▲0.133	0.130	▲0.363	0.130
2018	1,320	592	1,082	▲0.228	▲0.382	▲0.228	▲0.063	▲0.426	▲0.063	0.238	▲0.332	0.238

(注)　1　需給ギャップの実績は、日本銀行による試算値。
　　　2　各シナリオ（ベースライン、テールイベント、特定イベント）については、金融マクロ計量モデルに基づく試算値。日本銀行の見通しではない。

とえば、図表1－4－18のように公表されている。2015年10月号からはストレスシナリオとして「テールイベント・シナリオ」と「特定イベント・シナリオ」の2つが公表されている。

(3) ストレステストの限界

2001年から2015年までの日経平均株価を使ってストレステストの必要性を検証してみよう。

VaRを計算したときと同様に、日経平均株価の毎日の終値を10営業日前と比較しその変動幅を計算する。その変動幅を1％刻みで集計しヒストグラムのグラフにした（図表1－4－19）。また、実線は、もし変動幅の分布が正規分布であった場合にどのような形状となるかを表している。

その他地域実質GDP 暦年、前年比、%			需給ギャップ 年度、%			実質GDP 年度、前年比、%			名目GDP 年度、前年比、%		
ベースライン	テールイベント	特定イベント	ベースライン	テールイベント	特定イベント	ベースライン	テールイベント	特定イベント	ベースライン	テールイベント	特定イベント
0.900	—	0.900	▲0.2	▲0.2	▲0.2	0.9	0.9	0.9	2.3	2.3	2.3
1.800	—	0.828	0.4	▲4.6	▲0.6	1.3	▲4.2	0.3	1.9	▲3.6	0.9
2.400	—	▲0.188	▲0.1	▲5.5	▲1.6	0.1	▲1.0	▲0.5	1.3	0.2	0.8
3.018	—	1.402	0.0	▲5.2	▲1.8	0.8	0.3	0.4	1.1	0.7	0.8

米国債利回り（11年物） 年度平均、%			名目為替レート 年度平均、円／ドル			インタレスト・カバレッジ・レシオ（ICR） 年度平均、倍			当座比率 年度末、%		
ベースライン	テールイベント	特定イベント	ベースライン	テールイベント	特定イベント	ベースライン	テールイベント	特定イベント	ベースライン	テールイベント	特定イベント
2.14	2.14	2.14	120.00	120.00	120.00	11.8	11.8	11.8	83.7	83.7	83.7
2.27	1.57	4.27	115.00	98.83	115.00	11.4	7.2	10.7	85.0	75.5	83.6
2.46	1.21	4.46	115.00	89.13	115.00	11.2	7.2	9.8	84.0	76.8	82.2
2.61	1.16	4.61	115.00	89.13	115.00	10.5	7.5	8.9	83.8	76.6	81.7

（出所）　日本銀行金融機構局「金融システムレポート（2016年4月号）のマクロ・ストレステストのシナリオ設定」添付のシナリオ別データより抜粋（2016年4月）

　2001年から2015年までのこの間の営業日数、つまりデータ数は3,499個となっている。ここで仮に、保有期間を10日間、その観測期間を15年間とし、信頼区間を99％とした場合のヒストリカルVaRを計算してみる。観測期間において下落率が最も大きいところから35番目（3,499個のデータの1％）のデータは、▲11.7％となっており、一方上昇率が最も大きいところから35番目のデータは＋11.0％となっている。したがって、この場合のVaRは▲11.7％と計算できる。

　しかしながら、最も変動幅が大きかったのは、リーマンショック時の2008年10月10日で8,276.43円と10日前から3,616.73円、率にして▲30.4％下落した時である。

　一方、この間の変動が仮に正規分布であったと仮定すれば、▲30.4％下落

図表1－4－19　日経平均株価の変動幅の分布（日次ベース：10日前比較）

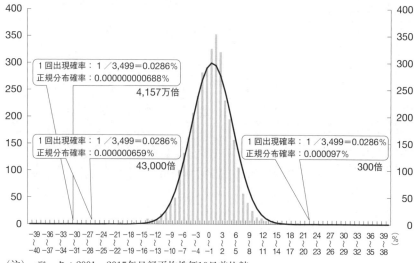

（注）　データ：2001～2015年日経平均株価10日前比較
　　　　実線：正規分布の場合
（出所）　トムソン・ロイター

する確率、つまり▲30～▲31％の下落が出現する確率は0.000000000688％となる。実際には、3,499日の間で1回出現しているため出現確率は0.0286％（1÷3,499）であり、実際に観測された変動は、正規分布として、分散共分散法で観測された確率の実に約4,157万倍となっている。

つまり、正規分布とした場合に予測される発生確率のとおりであれば、15年間に1回ではなく、約6億2,300万年に1回しか発生しないことが起こったといえるのである。

2番目に変動が大きかったのもリーマンショック時の2008年10月16日で8,458.45円、10日前から2,909.81円、率にして▲25.6％の下落となった。これも同様に出現確率は0.0286％であるが、正規分布から導かれる確率は、0.000000659％と約4万3,000倍となっている。この場合も同様に、約65万年に1回しか発生しないことが起こったといえるのである。

これがいわゆる「ファットテール」である。つまり、実際の市場の変動においては「例外的だが蓋然性のある金融市場の大きな変化」、テールイベン

ト、テールリスクの出現が相当頻繁に起こることがわかる。このようにストレス事象の発生がかなり頻繁であることを前提にすれば、ストレステストはリスク管理において欠かすことができないといえる。

(4) 期待ショートフォール

期待ショートフォールは次のように定義されている。

「ある一定の信頼水準以上の損失規模およびその発生可能性の双方を勘案し、あるポジションの危険度を計測するものである。すなわち、ある一定の信頼水準を越えた仮想損失額の期待値である」(バーゼル銀行監督委員会：市中協議文書「トレーディング勘定の抜本的見直し」要旨の日本銀行による仮訳(2012年5月10日)より)

また、「VaRが「信頼区間外の事象を除けば最大どの程度の損失を被るか」を計測する指標であるのに対し、期待ショートフォールは「損失がVaRを超える場合に平均的にどの程度の損失を被るか」を測定する」(出所：日本銀行金融研究所：金融研究2001年12月、期待ショートフォールによるポートフォリオのリスク計測―具体的な計算例による考察―)

VaRの場合には、決められた信頼水準において最大の損失可能性を計測するものだったが、期待ショートフォールは、損失がVaRを超えることになった場合に平均的にどの程度の損失を被るかを計測するものである。つまりストレス事象が発生した場合に平均的にどの程度の損失を被るのか、テールリスクをより適切に把握できるものといえる。しかし、あくまで「平均的に」であり「最大」の損失を計算するものではないことに注意が必要である。期待ショートフォールは、CVaR (Conditional VaR) と呼ばれることもある。

第2部

個別編

第1章

ポートフォリオの計量分析と投資戦略の策定

金融機関の資金運用高度化には、意思決定を的確に支援する多面的な「計量分析」が重要となる。有価証券ポートフォリオの構築・運営に係るPDCAサイクル（Plan-Do-Check-Action）において、投資戦略策定のポイントとこれを支援する計量分析の手法を、近年の潮流や先端的な事例も含めて紹介する。なお、本章ではPDCAサイクルを以下のように整理している。

・Plan……投資目標の設定（第2節）
　　　　　および、投資対象の期待リターンとリスクの推計（第3節）
・Do……基本ポートフォリオの策定（第4節）
・Check……現状ポートフォリオの計量分析（第1節）
・Action……モニタリングとコンティンジェンシー・プラン（第5節）

　PDCAサイクルのC（Check）に当たる「現状ポートフォリオの計量分析」を第1節に掲載したのは、資金運用高度化に向けた態勢整備が、現状分析を通じた理想と現実のギャップの把握から始まるケースが多いためである。

第1節　現状ポートフォリオの計量分析

1　ポートフォリオリスクの要因分解

　現状ポートフォリオが「どのようなリスク」を「どの程度」とっているかを計量的に把握するためには、ポートフォリオリスクの要因分解を行うとわかりやすい。ポートフォリオのリスク（標準偏差）を σ_p、ポートフォリオのうち第 i 番目の資産の金額ウェイトを w_i、第 i 番目の資産のリターンとポートフォリオリターンの共分散を $COV(r_i, r_p)$ とすると、ポートフォリオリスクにおける第 i 番目の資産のリスク寄与率（分散比）は、次式（1-1）で計算できる。

$$\text{第 i 番目の資産のリスク寄与率} = w_i \frac{COV(r_i, r_p)}{\sigma_p^2} \qquad (1-1)$$

たとえば、各資産の期待リターン、リスク、および相関係数を図表2－1－1のように想定したとする。外国債券（H）は、為替をフルヘッジした外国債券を意味している。現状ポートフォリオが図表2－1－2に示すようなものであったとすると、ポートフォリオの期待リターンは0.67％、リスク（標準偏差）は1.68％と計算され（リスク（標準偏差）および相関係数を用いて、ポートフォリオ・ウェイトに基づき計算する）、さらに式（1－1）を用い

図表2－1－1　各資産の期待リターン・リスクの想定例

	期待リターン（年率）（％）	リスク（標準偏差、年率）（％）	相関係数				
			円債（短期）	円債（中期）	円債（長期）	国内株式	外国債券（H）
円債（短期）	0.1	0.5	1.00	0.82	0.61	▲0.22	0.18
円債（中期）	0.3	1.7	0.82	1.00	0.93	▲0.36	0.33
円債（長期）	0.6	3.7	0.61	0.93	1.00	▲0.35	0.45
国内株式	5.0	18.9	▲0.22	▲0.36	▲0.35	1.00	▲0.21
外国債券（H）	1.2	4.1	0.18	0.33	0.45	▲0.21	1.00

（注）　外国債券（H）は、為替をフルヘッジした外国債券を意味する。
（出所）　筆者作成

図表2－1－2　現状ポートフォリオとリスク寄与率の例

	現状ポートフォリオ		期待リターン寄与額（億円）	リスク寄与率（％）	99％VaR寄与額（Component VaR；億円）	
	保有時価（億円）	時価ウェイト（％）			うち、単独要因	分散要因
円債（短期）	2,700	27.0	2.7	4.3	▲17	▲31	14
円債（中期）	4,200	42.0	12.6	28.3	▲111	▲167	56
円債（長期）	2,100	21.0	12.6	30.9	▲121	▲182	61
国内株式	700	7.0	35.0	34.5	▲135	▲308	173
外国債券（H）	300	3.0	3.6	1.9	▲8	▲28	21
合計	10,000	100.0	66.5	100.0	▲391	▲716	324
現状ポートフォリオの期待リターン					0.67％		
現状ポートフォリオのリスク（標準偏差）					1.68％		

（出所）　筆者作成

れば、各資産のリスク寄与率を求めることができる。図表2－1－2では、資産別の期待リターン寄与額と、リターンが正規分布に従うと仮定して簡便的に求めたポートフォリオの99％VaR（Value at Risk）の資産別寄与額、すなわちComponent VaRもあわせて掲載している。同指標は、ポートフォリオ全体のVaRにリスク寄与率を掛けることで求められる。なお、ここでの投資の期間は、いずれも1年としている。

図表2－1－2より、たとえば以下のように感じるかもしれない。
・ポートフォリオに占める円債比率は、時価ウェイトでは短・中・長期円債の合計9割であるが、リスク寄与率でみても合計63％程度ある。ポートフォリオ・パフォーマンスの6割強は円債で決まることとなり、リターン源泉のさらなる分散が望まれる。
・期待リターン寄与額でみると、円債は合計27.9億円と、ポートフォリオ全体の期待リターン額（66.5億円）の4割強。つまり、円債はリスクではポートフォリオの約6割を占める一方、リターンでは約4割しか貢献しておらず、ポートフォリオ効率性の面で改善の余地が示唆される。
・国内株式、および外国債券（H）は、単体での99％VaRはそれぞれ－308億円、－28億円あるものの、円債との分散効果が大きいため、最終的なポートフォリオのVaR（－391億円）に占める寄与額はそれぞれ－135億円、－8億円にとどまっている。

②　ポートフォリオの整合性チェック

現状ポートフォリオは通常、年度計画策定時などに想定した当初計画ポートフォリオ、すなわち「基本ポートフォリオ」と、さまざまな要因で投資ウェイトが乖離する。この乖離には、短期的な相場予想に基づく一時的、意図的なものもあれば、相場変動に伴う時価ブレなど意図せざるものも考えられる。そこで、現状ポートフォリオのリスクやリターンが、当初計画と整合的かをチェックすることが望まれる。

図表2－1－2のようなリターンやリスクの要因分解を通じ、基本ポートフォリオと現状ポートフォリオの属性比較を行うことが考えられるが、それ

とは別に、現状ポートフォリオから逆算される「インプライド・ビュー」、すなわち各資産の期待収益率をどのように想定していれば現状のポートフォリオが正当化されるか、を確認することで、現状ポートフォリオの妥当性を判断することも考えられる。

インプライド・ビューは以下のような考え方に基づいている。まず、次式（1-2）のような効用Uをもつ投資家を考える。

$$U = \mu_p - \frac{\lambda}{2}\sigma_p^2 = w_p'\mu - \frac{\lambda}{2}w_p'\Sigma w_p \qquad (1-2)$$

ただし、μ_pはポートフォリオの期待リターン、σ_pはポートフォリオのリスク（標準偏差）、λは投資家のリスク回避度、またw_pはポートフォリオ・ウェイトベクトル、w_p'は同ベクトルを転置したもの、μは各資産の期待リターンベクトル、Σは分散共分散行列である。つまり、ポートフォリオのリターンが高いほどうれしく、リスクは小さいほどうれしい、通常のリスク回避的な投資家を想定していることとなる。このような効用Uを最大化した結果、現状ポートフォリオw_pが最適なウェイトとなるような期待リターン$\hat{\mu}$は、次式（1-3）のように表せることが知られている。

$$\hat{\mu} = \lambda \Sigma w_p \qquad (1-3)$$

このような$\hat{\mu}$を、現状ポートフォリオから逆算される「インプライド・ビュー」と呼ぶ。図表2-1-1で想定したリスクを用い、一定のリスク回避度λのもとで図表2-1-2の現状ポートフォリオから逆算される「インプライド・ビュー」を図表2-1-3に示す。

図表2-1-3より、たとえば以下が確認できる。
・現状ポートフォリオでは円債（長期）を2,100億円保有しているが、これは同資産の期待リターンを1.0％と想定しないと正当化できない。想定する期待リターンが0.6％なのであれば、円債（長期）の保有量は現状では多すぎる可能性がある。
・同様に外国債券（H）は、現状では300億円しか保有していないが、これは同資産の期待リターンを0.5％と想定しないと正当化できない。想定す

図表２－１－３　ポートフォリオから逆算されるインプライド・ビューの例

(単位：％)

	想定していた期待リターン（年率）	ポートフォリオから逆算されるインプライド・ビュー（年率）
円債（短期）	0.1	0.1
円債（中期）	0.3	0.5
円債（長期）	0.6	1.0
国内株式	5.0	3.5
外国債券（H）	1.2	0.5

(出所)　筆者作成

る期待リターンが1.2％なのであれば、外国債券（H）の保有量は現状では少なすぎる可能性がある。

つまり、現状ポートフォリオは、図表２－１－１で想定する各資産の期待リターン・リスクとは整合性が一部とれていない可能性が示唆される。

３　現状ポートフォリオの計量的な評価

　ポートフォリオリスクの要因分解や基本ポートフォリオとの整合性チェックに加え、その後の市場環境変化もふまえたポートフォリオの収益性やリスク、効率性などの観点から、現状ポートフォリオを総合的に評価することが考えられる。さまざまな将来シナリオに基づくストレステストも評価項目の１つと位置づけられる。また、期待収益は、時価ベースの経済価値的な収益の観点に加え、クーポン収入・配当金、実現損益や減損など、会計上の業務純益の観点からの分析も必要となる。

　このような多面的な計量分析の結果、たとえば金利水準の極端な低下や市場ボラティリティの上昇などにより、円金利リスクに過度に頼った現状ポートフォリオの改善や、資金運用高度化に向けた態勢整備の必要性が認識された場合、これをどのように行うことが考えられるか、PDCAサイクルに沿ってみていくこととする。まずはPDCAサイクルのP（Plan）のうち、投資目

標の設定を第2節で、そして投資対象の期待リターンとリスクの推計を第3節で取り上げる。

第2節 投資目標の設定

1 リスクアペタイト・フレームワーク

　2007～2008年の金融危機を経て、銀行のコーポレートガバナンス強化の一環として「リスクアペタイト・フレームワーク（RAF：Risk Appetite Framework）」が提唱されている。ここでいう「リスクアペタイト」とは、「経営目標を達成するために意図的に許容するリスクの種類と量」を指し、RAFはこのようなリスクアペタイトを明示し、経営者や現場担当者がリスクテイクをするメカニズムを、第三者がみてもわかるように整理する包括的な内部統制の仕組みといえる。

　2007年頃までは、市場・信用・オペレーションなどのリスクをVaRなどの統一的な尺度で合算し、金融機関全体のリスクが資本勘定との対比でどの程度になるかを確認し、リスクを制御する「統合的」なリスク管理が世界的に主流であった。ところが、そのお手本とされ、規制上も十分な自己資本水準を有していた欧米の大手金融機関が金融危機時に相次いで経営危機に直面した反省をふまえ、管理すべきリスクの範囲や種類、リスクをとらえる視点を抜本的に見直すことを意識して提唱されたのがRAFである。

　従来型の「統合的」なリスク管理も本来であればRAFと同様の精神は内包していた側面もあるが、あえて従来型の「統合的」リスク管理と比較したRAFの特徴を整理すると、以下があげられよう。

・「経営戦略」を判断する枠組みへ……自己資本との対比で「リスクが許容範囲内か」を確認する枠組みから、「どのリスクをどの程度とりたいか」を経営者として意思表示する枠組みへ変わり、「収益の源泉」の意識に加

え、「適切にリスクテイクしているか」という、リスク下限の視点も必要になった。
・「統合的」から「包括的」へ……VaR等の単一リスク指標に過度に依存せず、ストレステスト、流動性リスク、カウンターパーティーリスクやレピュテーションリスクも含め、さまざまな定量的・定性的リスク分析を通じて、金融機関の潜在的なリスクまで「包括的」に把握・管理する。
・「バックワードルッキング」から「フォワードルッキング」へ……VaRなど、過去の価格変動に基づくバックワードルッキングなリスク指標に加え、将来シナリオに基づくストレステストや、「会社が直面する5大リスクは何か」「環境変化に応じたエマージングリスク（顕在化しつつあるリスク）は何か」など、フォワードルッキングな観点を重視する。

RAFの観点から有価証券運用を考えると、有価証券からどの程度のリターンを獲得しにいくか、そのために投資対象をどこまで広げるか、また各投資対象からのリスクをどこまで許容するかなどを、期待リターン、リスク、および必要となる管理態勢などを考慮して検討し、投資目標として明文化することとなる。

2 投資目標の多面性

投資目標といっても、実はさまざまな側面がある。伊藤［2009］などでも触れられているが、たとえば金融機関でいえば以下のような論点の整理が望まれる。
・中期目標vs.単年度目標
・業務純益vs.総合損益
・与信ポートフォリオとの関係

(1) 中期目標vs.単年度目標

金融機関では通常、たとえば3年などの中期的視野で立てる「中期経営計画」と、毎年更新する「年度計画」が存在する。有価証券運用でも同様に、中期経営計画と整合的な「中期目標」と、年度計画と整合的な「単年度目

標」が存在して然るべきである。この「中期目標」に基づいて検討されるのが「基本ポートフォリオ」と呼ばれるものであり、有価証券運用のパフォーマンスは、この基本ポートフォリオの資産配分でおおむね9割は説明できる、とされる。

投資目標の設定は、まず3年程度の中期的な視野で中期経営計画との整合性を意識して大局的に行い、この結果決定された「基本ポートフォリオ」の資産配分ウェイトに一定の「乖離許容幅」を設け、その範囲内で資産配分を調整することも視野に毎年の「単年度目標」を立てる、という手順が1つの考え方となろう。

(2) 業務純益vs.総合損益

金融機関にとって、投資目標を利息・配当金収入を中心とした「業務純益」ベースで考えるのか、これに有価証券の時価評価額の変化も加えた「総合損益」ベースで考えるかは、悩ましい問題である。3年程度の中期的な観点では、ポートフォリオの経済的な実力を表す「総合損益」ベースで投資目標を掲げつつ、会計上の収益、すなわち「業務純益」は、各年度で必要となる制約条件として位置づける、という整理も1つの考え方となろう。

(3) 与信ポートフォリオとの関係

金融機関における運用には融資と有価証券運用があるが、この融資部分、すなわち与信ポートフォリオの価値変動と有価証券ポートフォリオの価値変動の相関なども、本来であれば考慮することが望ましい。この結果、融資をどこまで積み上げ、それを補完する意味で有価証券ポートフォリオをどのように構築するか、という観点である。

現実的には、融資の総額を調整する自由度は必ずしも高くないうえ、与信ポートフォリオの精緻な時価評価も容易ではないため、融資と有価証券運用は別個に扱われるケースも多いが、与信ポートフォリオの時価を株、金利、為替などの市場リスクファクターに対する感応度も考慮して管理し、与信ポートフォリオとの相関も意識しながら有価証券の目標設定や基本ポート

フォリオの構築を行う、という考え方は、本来的には望ましいものと思われる。

3 許容するリスクと投資対象

　有価証券運用では、前述のリスクアペタイト・フレームワークを活用し、目指したい収益目標と、そのために許容するリスクの種類や量を常に検討する必要がある。たとえば金利低下などで円債中心の従来型のポートフォリオに限界を感じる場合、このような観点は特に重要となる。

　前述の図表2－1－2のようなポートフォリオの場合、6割方が円金利リスクであったが、同ポートフォリオのリスクリターン改善には以下のような発想が考えられよう。

- 円金利リスクの分散……為替フルヘッジ型の外国債券への投資拡大による金利リスクの国際分散や、円債券と無相関になると思われる「ゼロベータ・ポートフォリオ」のような商品の導入。
- 円債と逆相関する資産への投資……中期的に円債と逆相関すると思われる国内株式や外国株式への投資拡大。
- リターン源泉のさらなる多様化……J－REIT、私募REIT、為替リスク、新興国債券、MBS、保険リンク商品、ヘッジファンド、インフラファンドなど。

　たとえば円金利リスクの分散の一環で外国債券に投資する場合、日本国債と同等以上の格付の外国国債であれば、許容可能なリスクと判断しやすいかもしれない。また、外国債券に付随する為替を自動的にフルヘッジするのが本当によいかどうか、という論点もあろう。特に海外金利の上昇に応じて円安となる傾向があるとすれば、金利上昇が懸念される国の国債を保有する際に、為替リスクは下方リスクを限定したかたちで一部許容する、という発想もありえよう。

　また、円金利の低下により、株式の配当利回りが円債と比べて魅力的な水準であると感じる場合、たとえば低ボラティリティ・高配当型の日本株ファンドを導入する、という発想もありえよう。これは、近年着目される「ス

マート・ベータ」の一種であり、低ボラティリティ・高配当アノマリーにより、過去の長期的な傾向としては、リスクはTOPIXの7割程度などと低い一方、リターンは平均すればTOPIX並みである、とする実証分析が多い。

ここで、許容する投資対象の拡大に伴うポートフォリオの期待リターン・リスクの変化の例をみてみよう。図表2－1－4では、図表2－1－1で想定した資産に、低ボラティリティ・高配当型の国内株式やJ-REIT、為替の下方リスク制御（ダイナミックヘッジ）型の外国債券など、計6資産を加え、その想定リターンやリスクの例を掲載している。

図表2－1－5では、図表2－1－4を前提に、前述の図表2－1－2の現状ポートフォリオと、投資ユニバースを以下の①～③のように拡大した場

図表2－1－4　各資産の期待リターン・リスクの想定例

(単位：％)

	期待リターン		リスク	
	トータルリターン（年率）	うち、クーポン・配当部分	標準偏差（年率）	99％VaR（変化率換算；年率）
円債（短期）	0.1	0.2	0.5	▲1.1
円債（中期）	0.3	0.5	1.7	▲4.0
円債（長期）	0.6	0.8	3.7	▲8.7
国内株式	5.0	1.8	18.9	▲44.0
国内株式（低ボラ高配当）	5.0	2.4	13.2	▲30.8
J-REIT	6.5	3.3	22.4	▲52.2
外国債券（H）	1.2	1.2	4.1	▲9.5
外国債券（UH）	2.2	2.0	10.3	▲24.0
外国債券（DH）	1.8	1.6	7.8	▲12.5
外国株式（UH）	6.0	2.2	19.4	▲45.0
その他オルタナティブ	2.0	0.0	6.5	▲15.1

(注)　(H) は為替フルヘッジ、(UH) は為替ヘッジなし、(DH) は為替ダイナミックヘッジにより為替の下方リスクを年率3％に限定していることを意味する。
(出所)　筆者作成

合の効率的フロンティアの関係を示している。

① 債券のウェイト調整のみ許容

　投資ユニバース：図表2－1－2の5資産のまま。

　制約条件：国内株式は700億円でウェイト固定、外国債券（H）は300億円が上限、円債は自由にウェイト変更可。

② 債券と株のウェイト調整を許容

　投資ユニバース：図表2－1－2の5資産のまま。

　制約条件：国内株式は500億〜1,000億円の範囲でウェイト変更可、外国債券（H）は1,000億円が上限、円債は自由にウェイト変更可。

③ 投資ユニバースを拡大

　投資ユニバース：図表2－1－4の全11資産。

　制約条件：国内株式は500億〜1,000億円の範囲でウェイト変更可、外国債券（H）は1,500億円が上限、国内株式（低ボラ高配当）・

図表2－1－5　投資対象の拡大に応じた効率的フロンティアの例

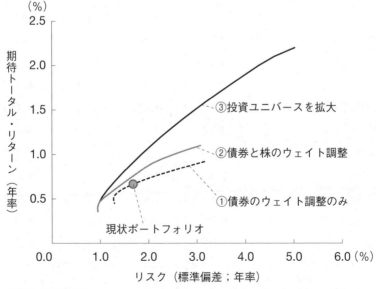

（出所）　筆者作成

J-REIT・外国株式（UH）は500億円が上限、外国債券（UH、DH）は1,000億円が上限、円債は自由にウェイト変更可。

図表2－1－5より、許容するリスクの拡大に応じて、同じリスクでもポートフォリオのリターン獲得の可能性が広がるようすがみてとれよう。必要に応じて外部ファンドや外部コンサルタントなどのリソースも活用しつつ、目指したい収益目標と、そのために許容可能なリスクの種類や量を吟味することで、有価証券運用の可能性が広がることが考えられる。

第3節　投資対象の期待リターンとリスクの推計

1　フォワードルッキングな収益予想

期待リターンを推計する際には、フォワードルッキングな観点が欠かせない。期待リターンの推計は一種の「アート」であり、唯一の正解などは存在しないが、以下では3年などの中期的な観点で、資産クラス別の期待リターンを推計する手法の例と、マルチアセット型の外部ファンドなどの期待リターンを推計する手法の例を紹介する。

(1) 資産クラス別の期待リターン推計方法の例

a　債券の期待リターン

最もシンプルな期待リターンの推計方法は、現状のイールドカーブが不変と想定して、投資の期間に応じた期待リターンを推計する方法である。債券の期待リターンとして最終利回りを用いる考え方は、Arnott et al.［2008］、Cardinale et al.［2014］、などでも採用されているが、特にCardinale et al.［2014］では実証分析の結果、最終利回りがその後の債券リターンをおおむねよく説明していると指摘している。最終利回りに、その後のロールダウン効果を加味することも考えられよう。

また、特に金利水準が低い場合には、金利の非対称性を考慮して期待リターンを推計することも考えられる。たとえば長期金利がゼロに近いような状況では、仮に1年後に金利が上昇している確率と下落している確率が半々であると考えたとしても、金利が上昇する場合の上昇幅と、金利が下落する場合の下落幅とでは、上昇幅のほうがずっと大きい可能性が考えられる。このような金利変化の非対称性を考慮すると、特に満期の長い債券は、期待リターンをマイナスと想定すべき、ということも考えられる。

b　株式の期待リターン

　株式の中期的な期待リターンの推計方法としては、投資家の要求するリスクプレミアムに着目した「デマンドサイドアプローチ」、企業の生み出す将来収益に着目した「サプライサイドアプローチ」、そしてCAPMなどの均衡理論に着目するような「均衡アプローチ」などが存在する。

　「デマンドサイドアプローチ」の代表例として、長期的な過去平均リターンを期待リターンとしてそのまま採用する「ヒストリカル法」と、過去平均リターンを実質金利、インフレ、債券のタームプレミアム、そして債券リターンに対する株式リスクプレミアムなどの個々の要素（ビルディング・ブロック）に分解し、このうち過去平均値をそのまま使う部分と直近の市場実勢で置き換える部分とを選別する「ビルディング・ブロック法」があげられる。ヒストリカル法よりはビルディング・ブロック法のほうが、期待リターンとしては実感にあいやすい。

　「サプライサイドアプローチ」は、株式リターンを配当利回りや利益成長率、そしてバリュエーションの変化などから推計するものである。市場が過熱し、配当利回りが下がったときには期待リターンが低くなるなど、フォワードルッキングな側面が相対的に強いため、近年ではよく用いられている。

　「均衡アプローチ」は、プライス・オブ・リスクを想定し、リスク水準に比例した期待リターンを想定したり、前述の式（1－3）のように、市場ポートフォリオの構成比から市場が内包するインプライド・ビューを逆算するような手法である。

c　為替の期待リターン

　為替の期待リターンは、カバーなし金利パリティー（UIRP：Uncovered Interest Rate Parity）に基づき、円と外貨の金利差をそのまま為替の期待リターンとするケースや、フォワード・レート・バイアスの存在も考慮して為替の期待リターンはゼロと置くケースなどが見受けられる。また、より長期的な期待リターン推計には、購買力平価などを参考にする場合も考えられよう。

(2)　外部ファンドの期待リターン推計方法の例

　外部ファンドの購入時などに、過去3～5年程度の実績リターンを将来の期待収益とみなす場合も見受けられるが、これは本来好ましくない。たとえば、資産ごとのリスク調整後リターンはおおむね等しいと考え、各資産のリスク寄与度が等しくなるように資産配分を行う「リスクパリティ型」のマルチアセット・ファンドでは、仕組み上、債券の保有比率が高くなる傾向があるため、金利低下局面では良好なパフォーマンスとなることが多いが、このような過去リターンは金利上昇局面ではあまり参考にならない可能性も考えられる。

　外部ファンドの期待リターンを推計する際には、ファンドの資産クラス・エクスポージャーまたはリスクファクター・エクスポージャーが平均的にどのようになっているかを推計し、各資産クラスまたはリスクファクターの期待リターンを掛け合わせてファンド収益を予想することが考えられる。また、市場エクスポージャーでは説明できない「スキル（α）」の部分は、今後もどの程度再現性があるかを判断しつつ加味することが望まれる。

2　リスクの推計

　有価証券投資の基本ポートフォリオ策定にあたり、リスクをどのように定義し、どのように推計するかも重要な論点となる。平均分散アプローチなど、ポートフォリオ理論ではリターンの「標準偏差（ボラティリティ）」をリスクとする場合が多いが、ほかにもたとえば「VaR」や「期待ショー

フォール（Expected Shortfall）」などの下方リスク測度も存在し、特に投資対象のリターンが正規分布とは異なる場合に有用となる。自らが制御（コントロール）すべきと考える事象を特定し、適切と思われるリスク測度（ないしは、リスク測度の集合）のもとでポートフォリオ構築を検討する必要がある。

リスクの推計方法もさまざまである。たとえば各資産の標準偏差をヒストリカルデータから推計する場合、どの程度の期間のデータを用いるのか、直近のデータを重視する指数平滑法（Exponential smoothing）などの手法を用いるのかどうか、などを、想定する投資の期間に応じて選択することとなる。資産間の相関係数に関しても同様である。

バンキング勘定の基本ポートフォリオ算出に用いる中長期的なリスクの推計に適した手法と、トレーディング勘定で求められる短期的なリスク推計に適した手法が異なることにも留意すべきである。短期的なリスクの推計には、オプション・インプライド・ボラティリティ（Option-implied volatility）などを活用することも考えられよう。インプライド・ボラティリティの活用に関してはPoon and Granger［2003］などを、またフォワードルッキングなリスク分析に関しては伊藤［2015］などを参照されたい。

３ 動態的リスク制御と期待リターン

ポートフォリオ運営において、動態的なリスク制御が想定される場合がある。たとえば、一定以上の損失を回避するためのロスカットルールの導入やダイナミックヘッジ型の下方リスク制御、また金利水準に応じて債券デュレーションを変化させるような戦略の導入である。

このような動態的なリスク制御は、投資対象への平均的なエクスポージャーを希薄化させる効果があるため、下方リスク制御などの効果がある一方で、期待リターンの希薄化という側面も認識する必要がある。基本ポートフォリオ構築の際に、このような動態的リスク制御の影響まで考慮することも考えられよう。

目標リターンやリスク許容度などの投資目標と、各資産の期待リターンお

よびリスク・相関係数が推計されれば、PDCAサイクルのD（Do）に当たる「基本ポートフォリオの策定」が可能となる。第4節で、これらをみていくこととする。

第4節 基本ポートフォリオの策定

1 基本ポートフォリオと乖離許容幅

　有価証券運用のパフォーマンス（リターンの時系列変動）の約9割は、ベースライン的な資産配分比率、すなわち「基本ポートフォリオ」によって説明できる、とされる。これを確認する実証研究としては、Brinson et al. [1986] やIbbotson and Kaplan [2000] などが有名である。

　金融機関の場合、ALM的な観点から円債への投資を基本としつつ、一部の資産を外債や政策保有株に振り分ける、というイメージも強いが、超低金利下で有価証券運用を経営上も収益の重要な源泉と位置づける場合、前述のような投資目標の設定や投資対象の期待リターン・リスクの推計を経て、基本ポートフォリオを戦略的に策定することが重要となる。

　では、基本ポートフォリオ次第で、目指せるリターンがどの程度変わりうるかをみてみよう。第2節3の図表2−1−4の相場想定と、同節の「3③ 投資ユニバースを拡大」で用いた制約条件のもとで、図表2−1−2に示した現状ポートフォリオと同じ99％VaRで、期待リターンを最大化した最適ポートフォリオを図表2−1−6に示す。

　図表2−1−6をみると、最適ポートフォリオは現状ポートフォリオと同じ−391億円の99％VaRでありながら、期待リターン額は合計で97.3億円と、現状ポートフォリオの66.5億円を大幅に上回っていることがわかる。保有金額をみても、図表2−1−3で相対的に不利と判断された円債（長期）が売却され、かわりに配当利回りの高い国内株（低ボラ高配当）やJ−REIT、

図表2－1－6　現状ポートフォリオと最適ポートフォリオの比較例　(単位：億円)

	現状ポートフォリオ			最適ポートフォリオ		
	保有金額	期待リターン寄与額	99％VaR寄与額（Component VaR）	保有金額	期待リターン寄与額	99％VaR寄与額（Component VaR）
円債（短期）	2,700	2.7	▲17	3,723	3.7	▲9
円債（中期）	4,200	12.6	▲111	2,751	8.3	▲23
円債（長期）	2,100	12.6	▲121	0	0.0	0
国内株式	700	35.0	▲135	500	25.0	▲148
国内株式（低ボラ高配当）	0	0.0	0	220	11.0	▲43
J-REIT	0	0.0	0	50	3.3	▲14
外国債券（H）	300	3.6	▲8	1,361	16.3	▲48
外国債券（UH）	0	0.0	0	0	0.0	0
外国債券（DH）	0	0.0	0	1,000	18.0	▲66
外国株式（UH）	0	0.0	0	95	5.7	▲25
その他オルタナティブ	0	0.0	0	300	6.0	▲16
合計	10,000	66.5	▲391	10,000	97.3	▲391

(出所)　筆者作成

為替ダイナミックヘッジ型外国債券やオルタナティブ投資など、幅広い資産に分散投資されていることがわかる。収益の源泉もComponent VaRも、最適ポートフォリオのほうが分散されていることがみてとれる。

このように、現状と同じVaRで期待リターンが大幅に改善され、かつ各資産の保有金額が自身の許容可能な制約条件の範囲内なのであれば、基本ポートフォリオとしてふさわしい、と最終判断することもできよう。

図表2－1－6の最適ポートフォリオを基本ポートフォリオに採用するとして、実際のポートフォリオのウェイトが基本ポートフォリオからどの程度までであれば乖離を許容するか、その乖離許容幅もあわせて決めることが望ましい。一般的には、ボラティリティの高い資産ほど乖離許容幅も広くとり、頻繁なリバランスによる売買コストの発生を回避したり、短期的な相場観による付加価値の獲得、すなわちTAA（Tactical Asset Allocation）に自信

があるほど乖離許容幅を広くして自由度を確保したりすることが考えられる。

2 基本ポートフォリオ最適化における工夫

　基本ポートフォリオを平均分散アプローチ（Mean-Variance Approach）により最適化して算出する手法は、その有用性・簡便性からMarkowitz［1952］以来広く定着しているが、実務的には以下のような課題が指摘されている。

・最適化結果として、極端なウェイトの解が出やすい
・期待リターンやリスクなどのパラメータ推計誤差を最大化している可能性
・下方リスク制御など、非線形なリターン分布の資産を的確に表現できない
・期中の投資行動を考慮できない（1期間モデル）

　このような課題に対して、ポートフォリオ最適化に関するさまざまな工夫が提唱されている。たとえば、極端なウェイトの解を回避する手法としては、ウェイト制約の活用以外にも、期待リターンを市場ポートフォリオなどから逆算したインプライド・ビューと混合するBlack and Litterman［1992］型の最適化などが有名である。また、期待リターンやリスクなどのパラメータ誤差を考慮した最適化手法には、「リサンプリング法」などの手法が存在する。リターン分布の非線形性を考慮する最適化としては、リスクを分散ではなくCVaRなどの下方リスク測度で表現したCVaR最適化などがあり、また期中の投資行動まで考慮した多期間最適化も提唱されている。

　たとえば今後3年間で金利の段階的な上昇を見込む場合などは、あえて初年度は債券からの目標収益を少なめに設定してデュレーションを短めに制御し、金利の上昇にあわせてデュレーションを長期化することで、中期的な累積収益を最大化するような、金利水準トリガーでのリバランスを内包した動態的な基本ポートフォリオ変更ルールの採用、なども考えられよう。このような工夫も随時導入し、より安定感のある基本ポートフォリオの策定を目指すことが考えられる。

3 ポートフォリオ構築上の工夫

　基本ポートフォリオは、中期的にもさまざまな状況に耐えうると思えるものにしておくことが重要となる。このため、特にリターンを積極的にねらいにいくような基本ポートフォリオを採用する場合には、同時に相場急落時のテイルリスク管理の仕組みも内包させておくことが望まれる。

　テイルリスク管理の仕組みとしては、段階的なロスカットルールの採用やアウト・オブ・ザ・マネーのオプションの活用、また時価変動がP／Lに直接影響することを回避するために、その他有価証券と位置づけられる投資信託の活用などが考えられよう。

第5節　モニタリングとコンティンジェンシー・プラン

1 ポートフォリオのモニタリング

　金融機関の有価証券運用において、ポートフォリオの継続的なモニタリングと、必要に応じたポートフォリオの軌道修正は重要である。これはPDCAサイクルのなかのA（Action）に該当する。

　モニタリングすべき項目は一般的には多岐にわたるが、当初想定からの乖離という観点からは、「絶対リスクモニタリング」「リターンモニタリング」、そして基本ポートフォリオに対する「相対リスクモニタリング」などが考えられよう。「絶対リスクモニタリング」の例としては、資産クラス別の市場エクスポージャー金額（デルタ枠）やポートフォリオリターンのボラティリティ（2次モーメント）、歪度（Skewness；3次モーメント）、尖度（Kurtosis；4次モーメント）などの高次モーメント指標、ポートフォリオリスクの内訳（Component VaR）や累積最大損失などがあげられる。

　「リターンモニタリング」の例としては、図表2－1－7のように、当初

図表2－1－7　ポートフォリオの累積リターンモニタリングのイメージ
（期待リターン年率3％、リスク年率3％の場合）

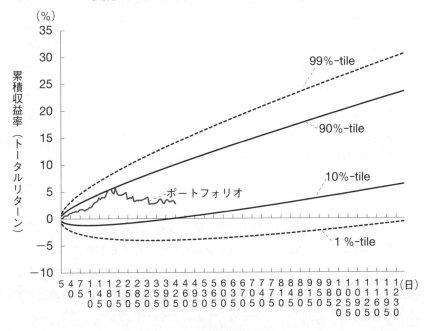

（出所）　筆者作成

　設定したポートフォリオの期待リターンとリスクから想定されるレンジ内に実際のポートフォリオ・パフォーマンスが収まっているかどうかをモニタリングすることが考えられる。
　また「相対リスクモニタリング」の例としては、当初設定した基本ポートフォリオに対する現状ポートフォリオのウェイト乖離が許容範囲内にあるかのモニタリングや、基本ポートフォリオに対するトラッキングエラー（Tracking error）、すなわち、アクティブリターン（＝現状ポートフォリオのリターン－基本ポートフォリオのリターン）の標準偏差のモニタリングなどがあげられる。仮に現状ポートフォリオのウェイトが基本ポートフォリオに対する乖離許容幅から逸脱していた場合、許容範囲内に戻すようなリバランス

を行うことが考えられる。

　これらに加え、当初設定された各投資対象資産の期待リターンやリスクの水準、および相関構造などが、各モニタリング時点においても現実的な水準となっているか否かを確認する必要があろう。このような計量的な観点からのモニタリングは、可能な限りきめ細かく実施し、必要に応じたポートフォリオの修正を行うことが望まれる。

　リバランス実施のトリガーとしては、たとえば以下があげられる。
・評価期間内における累積損失額、ないしは期末に向けた累積VaR額が、あらかじめ設定した額を超過した場合
・基本ポートフォリオからの各資産ウェイトの乖離幅が、乖離許容幅を超過した場合
・期待リターン、リスク、相関係数の前提に大幅な修正が必要となった場合
・資本配賦額、デルタ枠など、所与の制約条件にヒットした場合

　なお、ポートフォリオのリバランスには取引コストが発生することも念頭に置く必要がある。上記リバランスルールは、取引コストとリスクの関係を計量的な観点から分析したうえで設定することが望まれる。

② 予兆管理とコンティンジェンシー・プラン

　近年、金融機関のフロント部門（市場部門）、およびリスク管理部門で、資産価格変動リスクに対する「予兆管理（Early warning system）」の態勢高度化ニーズが高まりつつある。予兆管理という言葉の定義はさまざまであるが、ここでは「下方リスク顕在化の可能性をフォワードルッキング（Forward looking）な計量的・定性的分析により予知し、プロアクティブにリスクを制御する試み」と定義する。予兆管理の態勢構築には、今後相場の急落につながりうるシナリオをフォワードルッキングに列挙し、これらのシナリオが顕在化する際に反応すると思われる経済ファンダメンタルズ、市場環境、財政状況、などの各種指標を特定したうえで、過去データも活用しながらこれらの指標と資産価格の関係を統計的に分析し、今後の価格水準動向を評価・推論する試みとなる。

金融資産価格の将来変動を正確に予測することはきわめてむずかしく、一定の限界性があることはよく知られている。しかし一方で、予兆対象となる資産価格の変化に影響を及ぼすと考えられる指標の動向を網羅的、かつ、客観的に分析し、過去の関係をふまえて計量的に相場予兆を探ることは、一定の「気づき」を与えうるという意味で相応の意義があるものと考えられる。低金利環境下における運用収益の低下や金利上昇リスクの高まり、世界景気の不透明感や地政学的リスクの存在などを考慮すると、このようなフォワードルッキングな観点からの、システマティックな予兆管理フレームワークの活用には一定の合理性があるものと思われる。

　資産価格のダウンサイドリスクを「スコア化」し、可視化されたスコアを継続的にモニタリングするような予兆管理のプロセスとして、たとえば以下があげられる。

・予兆対象資産に対する先行事象のなかで、指標化やデータの観測が可能で、リスク発生を予測するうえで有効と考えられるものを選定し、それらの指標群をベースにスコア（KRI：Key Risk Indicator）を構築
・KRIに対して、"これ以上になると経営・運営に重要な影響を及ぼしうる"と考えられる閾値と、当該閾値に到達した場合の対応方針を事前に決定（リスク顕在時における対策が後手に回るリスクを回避）
・閾値の決定にあたっては、過去のリスク顕在化事例を分析し、当該リスクが発生する前にKRIがどのように推移し、どのような値となったか、などを参照しながら判断

などの方法が考えられる。特に、図表2－1－8のうち「(4)対応方針」に記

図表2－1－8　KRI、閾値、対応方針を記載するリストの例

(1)予兆スコア	(2)閾値	(3)警戒レベル	(4)対応方針
スコア値	●〜●	通常期	…
スコア値	●〜●	要注意	…
スコア値	●〜●	警戒	…

（出所）　筆者作成

載する内容は、予兆情報が一定のシグナルを発生した場合にとるべきコンティンジェンシー・プランとなりうるものである。フロント部門、および、リスク管理部門によって当該コンティンジェンシー・プランを策定したうえで、同内容を金融機関内の会議体（ALM委員会など）を通じて共有することが考えられる。スコア値は少なくとも週次から月次の頻度では更新を行い、経営層とも情報共有しながら継続的にモニターすることが考えられる。

なお、相場予兆などを契機にポジション調整を行う場合、その規模次第では相場に影響を与え、それに反応した他の市場参加者の売りを誘ってしまうような事態も考えられるため、仮に意図どおりポジションを調整することが困難になった場合でも最悪の事態は防げるよう、基本ポートフォリオの段階で下方耐性のあるポートフォリオを採用することがそもそも重要である点も認識する必要があろう。

3 パフォーマンス評価

ポートフォリオ・パフォーマンスの計量的な評価は、その後の相場想定やリスク管理方法の大きなヒントにもなる重要なプロセスといえる。ポートフォリオのリターンを、基本ポートフォリオのリターンで説明可能な「ポリシー効果」、基本ポートフォリオのウェイトからの乖離に起因する「アロケーション乖離効果」、各資産クラス内で、売買タイミングや銘柄選択効果などにより市場ベンチマークを上回る「マネジャー・スキル効果」などにポートフォリオ・パフォーマンスを要因分解し、リターン源泉やその安定性、リスク調整後リターンの観点からの効果などを整理することが考えられる。特に外部ファンドなども活用する場合、当該ファンドのパフォーマンスを市場と連動する"ベータ要因"と、マネジャー・スキルに起因する"アルファ要因"に分解し、ファンドの優劣を判断する事が重要となろう。

【参考文献】

伊藤敬介［2009］「資産運用の目標設定―理論と実務の橋渡しを目指して―」『証券アナリストジャーナル』47(9)、pp.92-98。

伊藤敬介［2015］「フォワードルッキングなリスク分析」『証券アナリストジャーナル』53(5)、pp.47-52。

Arnott, R., J. Hsu, and J. West [2008], "The Fundamental Index: A Better Way to Invest," Wiley & Sons.

Black, F. and R. B. Litterman [1992], "Global Portfolio Optimization," *Financial Analyst Journal*, Vol. 48, No. 5, pp.28-43.

Brinson, G. P., L. R. Hood and G. L. Beebower [1986], "Determinants Of Portfolio Performance," *Financial Analysts Journal*, Vol. 42, No. 4, pp.39-44.

Cardinal, M., Navone M. and Pioch A. [2014], "The Power of Dynamic Asset Allocation," *Journal of Portfolio Management*, Spring.

Ibbotson, R. G. and Kaplan, P. D. [2000], "Does Asset Allocation Policy Explain 40, 90, or 100 Percent of Performance?", *Financial Analyst Journal*, Vol. 56, No. 1, pp.26-33.

Markowitz, H. M. [1952], "Portfolio Selection", *Journal of Finance* 7, pp.77-91.

Poon, SH. and CWJ Granger [2003], "Forecasting Volatility in Financial Markets: A Review," *Journal of economic literature* 41, pp.478-539.

第 2 章

外貨建て外国債券投資の実務

第1節 外国債券投資の意義

1 資金運用における外国債券投資

　外国債券は、一般に①発行地が日本以外、②発行体が日本国籍以外、③発行通貨が外貨建てのいずれかに該当するものを指し、「外債」とも呼ばれる。

　発行市場・発行体・通貨で分類すると図表2−2−1のとおりとなり、網掛け部分の円債以外のすべての債券が外国債券に該当する。

　本節では、日本以外の市場において取引され、本邦機関投資家の投資の有力な選択肢であると思われる外貨建ての外国債券について述べていくこととしたい。

　外貨建て債券への投資は、国内債券にはない「為替リスク」が存在するものの、国内債券と比較して相応に利回り水準が高く、一般的にクレジットスプレッドもワイドな水準となっていることが多いことから、国内債券への投資と比較して、相応に高いリターンが期待できる。また、「為替リスク」

図表2−2−1　発行市場・発行体・通貨による債券の分類

		日本国籍の発行体		外国籍の発行体	
		円	外貨	円	外貨
各国の国内市場	日本	円債	外貨建て国内債（注1）	円建て外債（サムライ債）（注2）	外貨建て国内債（ショーグン債）
	海外	円建て外債（注1）	外貨建て外債	円建て外債（注1）	外貨建て外債
ユーロ市場		ユーロ円債	ユーロ債	ユーロ円債	ユーロ債

（注）　1　発行事例はほとんどない。
　　　　2　近年では、TOKYO PRO-BOND Market上場債の起債事例が出てきている。
（出所）　筆者作成

ヘッジ後でも、そのヘッジ方法によっては、依然として国内債券と比較して高いリターンを期待できる機会がある。

また、国債以外の投資対象のバリエーションがやや限定的な国内債券市場と比較して、外国債券市場は、世界中の投資家が集まるマーケットであることから、信用力・流動性に優れる国債から、国際機関債、政府機関債、地方債、銀行社債、事業会社債、モーゲージ債、カバードボンド、ハイイールド債、ハイブリッド債に至るまで、多種多様な投資クラスを有しており、投資家のリスク許容度に応じて、投資対象の選択が可能となっている。

２ 世界の債券マーケットの概要

世界の債券マーケットは、大別すると国内市場と国際市場（ユーロ市場）に分類される。国内市場は、各国の規制が適用されるマーケットで、主に各国の居住者（政府、金融機関、事業会社等）によりその国の通貨で発行される債券が流通している。同マーケットで発行される債券は、「国内債（ドメスティック債）」と呼ばれる。日本国債、米国債等の各国の国債は、通常、この国内市場で発行・取引されている。決済については、米国債であればFedwireなど、その国の決済機関を通じて行われる。

ユーロ市場は、国内市場以外のマーケットで、各国の規制から除外されて自由に取引ができるマーケットとなっており、同市場で流通する債券は、「ユーロ債」と呼ばれる。決済は、Euroclear等の国際決済機関を通じて行われる。

各国の国内市場およびユーロ市場の債券の発行残高は図表２－２－２のとおり。

なお、２カ国以上の国内市場または国内市場およびユーロ市場で発行される債券として、「グローバル債」と呼ばれるフォーマットがあり、発行額が30億ドルを超えるような大型の起債（国際機関債や世界的に有名な金融機関・大手企業の債券等）では、このフォーマットを用いて世界中のマーケットで取引が可能な債券を起債している。

起債方法は、日本の国内市場では、１件ごとに目論見書等の契約書関連を

図表2-2-2　各国の国内市場およびユーロ市場の債券の発行残高

(単位：十億ドル)

		計		
		政府	金融機関	事業会社等
国内市場		76,014	42,618	23,782	9,614

国内市場		76,014	42,618	23,782	9,614
	日本	10,962	8,359	2,095	509
	米国	33,848	15,610	13,172	5,067
	欧州	14,893	10,954	3,406	533
	英国	2,836	2,577	89	170
	フランス	2,561	1,893	473	195
	イタリア	2,313	1,888	407	18
	ドイツ	2,208	1,680	528	0
	スペイン	1,209	912	293	4
	その他	3,766	2,004	1,615	146
	中国	6,092	1,763	2,351	1,977
	オーストラリア	1,284	551	691	42
	カナダ	1,498	980	296	221
	韓国	1,449	505	453	491
	その他	5,988	3,898	1,318	773
ユーロ市場		20,638	2,960	14,819	2,859
合計		96,652	45,578	38,601	12,473

(出所)　BIS Quarterly Review March 2015

　一から作成する方法が一般的であるが、海外の国内市場およびユーロ市場では、発行体と引受金融機関の間で、あらかじめ大まかな発行条件を定めた「債券発行プログラム」を設定し、契約書作成の手間を削減し、機動的な起債を可能としてきた。代表的な債券発行プログラムとしては、MTNプログラムがあげられ、国内市場で使われる国内MTN（ドメスティックMTN）、ユーロ市場で使われるユーロMTNに分けられる。なお、2011年に開設され

たTOKYO PRO-BOND Marketは、プログラム上場が可能となっており、近年では当市場を活用した発行が徐々に増加している。

③ 投資対象商品の多様性

図表2-2-3のとおり、日本の債券市場は、国債の発行残高が8割程度を占めるなど、国債中心のマーケットとなっている。大手の機関投資家が国債＋αの利回りを志向した場合に、運用資金を振り向ける対象が不足しているが、海外の債券市場では、国債の発行残高と金融機関債の発行残高が拮抗しているなど、国債以外にも多様な投資対象が存在する。

④ 金利水準の比較

世界の長期国債利回りは、低成長、低インフレ、中央銀行の金融緩和等を背景に、図表2-2-4のとおり、低下基調となり、歴史的にみると低水準となっている。ただ、そのような状況下でも、日本国債と比較した場合、世界の国債利回りは依然高水準であり、代表的な指標となる米国債の利回りは日本国債利回りと比較して、200bp（2.00％）程度高い水準にある。

各国の短期国債利回りは、残存期間が短ければ短いほどその国の中央銀行

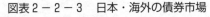

図表2-2-3　日本・海外の債券市場

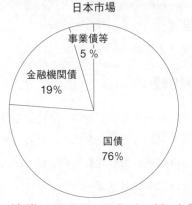
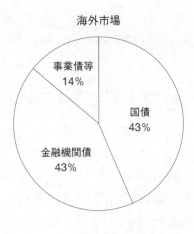

（出所）　BIS Quarterly Review March 2015

図表2-2-4 各国の長期国債利回り

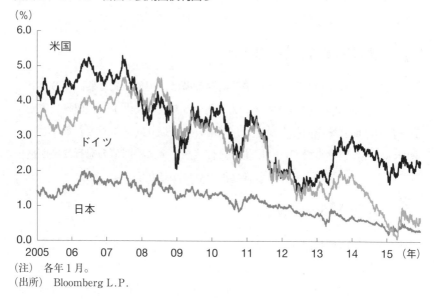

(注) 各年1月。
(出所) Bloomberg L.P.

が設定する政策金利の水準に近い利回りで取引されることとなることから、中央銀行の金融政策への市場参加者の見通しが利回り水準に影響を与えることとなる。

　一方、長期国債利回りは、理論的には「期待潜在成長率＋期待インフレ率＋リスクプレミアム」で説明されることが一般的である。日本と比較して他国の長期国債利回りが高いのは、その国の成長率やインフレ率に関する市場の見通しが異なっていることが要因として考えられる。

5 クレジットスプレッドの比較

　通常、国債以外の債券については、日本・海外ともに同年限の国債またはスワップレートに金利を上乗せするかたちで利回りが形成される。当該上乗せ金利部分は「クレジットスプレッド」と呼ばれ、債券発行体の信用力、債券の流動性等を背景に日々変動しており、投資家は国債（またはスワップレート）＋aのリターンを得ることが期待できる。

図表２－２－５　A格社債の国債とのスプレッドについての日本債券市場と外国債券市場の比較

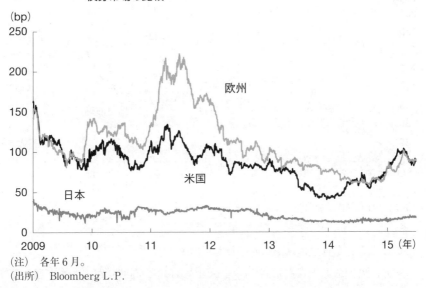

(注)　各年６月。
(出所)　Bloomberg L.P.

　基本的に発行体の信用力が低い債券（低格付の債券）ほど、スプレッドは拡大する傾向にあるほか、取引量が少なく買い手と売り手の気配値（オファービッド）が大きく離れる銘柄については、スプレッドが拡大することとなる。また、起債等で一時的に需給が緩むとスプレッドは拡大する可能性がある。

　A格社債の国債とのスプレッドについて、日本債券市場と外国債券市場を比較した場合、図表２－２－５のとおり、外国債券市場のほうがスプレッドの水準が高いことが認められる。投資家は外国債券市場への投資により、日本債券市場への投資と比較して高いリターンを期待することができる。

⑥　日本の機関投資家による外国債券投資の現状

　日本国内の主な金融機関（都市銀行＋地方銀行＋第二地方銀行＋信用金庫）の日本国債の保有残高は、図表２－２－６のグラフのとおり、預貸率の低下を背景に増加基調にあったが2013年以降は、日本銀行が巨額の国債買入れを

図表２－２－６　日本国内の主な金融機関の日本国債、外債の保有残高

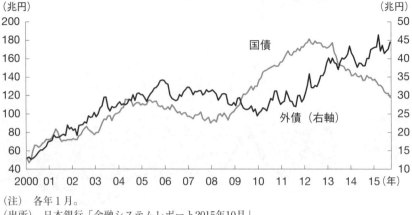

（注）　各年１月。
（出所）　日本銀行「金融システムレポート2015年10月」

開始したことを背景に減少傾向に転じている。

　一方、外国債券の保有残高は、日本国債（10年）利回りが１％を下回った2012年頃から増加基調に転じ、2015年９月時点では、国債以外の円債の残高（41兆円）を上回る44兆円にまで増加している。

第2節　投資対象

　本節では、バリエーションの豊富な外国債券について、主に日本国内の投資家の投資対象となりうる具体的な商品について、その概要を説明していきたい。

１　国　債

　各国の中央政府（財務省等）が発行する債券で、その国の国内市場で発行される。信用力・流動性がきわめて高く、当該国の金融政策を反映し、国債のイールドカーブはさまざまな金利系商品の基準となる。特に、米国債、ド

イツ国債は、それぞれドル、ユーロの指標債として、世界中の投資家の間で取引されている。債券の種類は、期間1年未満の割引債、期間1〜30年の固定利付債、ストリップス債、物価連動債が一般的である。

2 国際機関債

　国際間の取決めに基づいて設立された国際機関（Supranational Organization）が発行する債券で、さまざまな通貨で発行が行われている。主要な発行体はAAA格を有しており、米ドル等の主要通貨で発行される指標債（ベンチマーク債）はスープラ債と呼ばれ、高い流動性を有している。発行体としては、国際復興開発銀行（IBRD、通称「世界銀行」）、欧州投資銀行（EIB）等が一般的である。

3 政府機関債・地方債

(1) 米国の政府機関債

　特別立法により設立され政府が支援する機関（GSE：Government Sponsored Enterprises）が発行するベンチマーク債で、流動性が高く、米国市場では米国債に準ずる債券として取引されている。発行体としては、連邦抵当金庫（FNMA、通称「ファニーメイ」）、連邦住宅抵当貸付公社（FHLMC、通称「フレディマック」）等が一般的である。

(2) 米国のエージェンシーモーゲージ債（Agency MBS）

　上述のFNMA、FHLMCに加え、連邦政府抵当公庫（GNMA、通称「ジニーメイ」）が元利金の支払を保証する住宅ローン担保証券。なお、GNMAは、FNMAおよびFHLMCと異なり米国政府の部局のため、GNMA保証債は政府保証債となる。

(3) 米国以外の政府機関債

　米国以外の政府機関または地方政府が発行する債券で、さまざまな通貨で

発行が行われている。主要な発行体は所在国同様の高格付を有しており、米ドル等の主要通貨で発行されるベンチマーク債は、高い流動性を有している。特に欧州の政府機関の発行が多く、ユーロ圏債券市場では、国債の代替商品として取引されている。

ドイツ復興金融公庫（KfW）等いくつかの発行体が起債する債券は、中央政府の保証がついており、所在国の国債と同様の信用力となっている。

④ 金融機関債

各国の金融機関が発行する債券で、米国・欧州の大手金融機関の起債が多い。

(1) 無担保シニア債

投資家は、金融機関の破綻時には、株主、劣後債権者等に対して優先的に債務の弁済を受けることができる。発行額が10億ドルを超える大型の公募債から少額の仕組債まで、発行形態はさまざまである。

(2) カバードボンド

欧州の金融機関が、各国ごとに規定されたカバードボンド法に基づき、公共部門向け債権や信用力の高い住宅ローン債権等、倒産隔離された資産プールを担保として発行する債券。債権者は担保資産への優先請求権に加え、発行体に対しても他の債権者と同順位の請求権をもつことから、同金融機関の無担保債よりも高い信用力を有する。

(3) 劣後債

シニア債権者に対して、債務弁済の順位が劣る債券。バーゼルⅢの適用開始とともに、銀行発行の債券は、主に以下の2種類のタイプの債券が起債されているが、銘柄ごとにさまざまな条件の差異も大きく投資にあたっては十分な検討が必要である。

a　その他Tier 1 債（Additional Tier 1 ）

償還期限のない永久劣後債。バーゼルⅢの普通株式等Tier 1 比率が、一定の比率（債券ごとに定められるが5.125％以上）を下回ると株式に強制転換されるか元本削減となる。また、発行体は、裁量により利金支払を停止することができる。

b　Tier 2 債

期間 5 年以上の期限付劣後債。発行体が実質破綻に陥った場合に株式に強制転換されるか元本削減となる。その他Tier 1 債と異なり、債券がデフォルトするまでは、利金支払が停止されることはない。

5　事業債

各国の事業会社が発行する債券で、米国の大手事業会社の起債が多く、最近ではハイブリッド債（劣後債）の起債例も増えてきている。格付がBBB格以上の投資適格債の市場が中心だが、ハイイールド債（またはジャンク債）といわれるBB格以下の債券についても米国を中心に盛んに取引されている。

第 3 節　取引方法

1　口座開設

国内投資家が外国債券に投資を行う場合、取引先の証券会社と決済口座情報の交換、本人確認等の手続を経て、外国債券の取引口座（通常は、円債の取引口座とは区別される）を開設する。

また、外国債券の場合、債券の決済・保管は、各国に設立された証券保管決済機関（CSD：Central Securities Depository）（米国債のFedwire、DTC等）もしくは国際的な証券保管決済機関（ICSD：International Central Securities Depository）（Euroclear等）で行われるため、投資家は同決済機関に直接ある

いは間接的に口座を保有する必要がある。

　CSD／ICSDに直接口座を開設する場合、外国債券の残高が1兆円を超えるような日本国内の大手投資家は、米国債・モーゲージ債以外の債券のほとんどが決済・保管可能なEuroclear Bank SA／NVに口座を開設するケースが多い。

　一方、外国債券の残高がさほど大きくない地域金融機関は、手数料等の関係でCSD／ICSDに直接口座を保有することが現実的でないことから、取引先の証券会社に債券の保護預りを依頼するか、海外のカストディアン（国内大手信託銀行の現地法人等）を経由して間接的に口座を保有することとなる。

②　約　　定

　投資家は、購入または売却対象債券を決定し、口座を開設した証券会社等に対し、売買価格の提示依頼（引合い）をする。米国債等の流動性の高い債券の場合は、円債同様、同時に複数の証券会社に引合い（コンペ）を行うケースが多い。なお、証券会社の提示する売買価格には証券会社の利益となる手数料も含まれている。

　米国債等の流動性の高い債券であれば、円債同様、東京時間での引合い・約定も可能だが、事業債等については、証券会社が在庫として債券を保有しているケース以外では、債券の流動性が増すロンドン時間またはニューヨーク時間での取引となるケースが多い。また、債券の在庫を保有している場合でもトレーダーが海外の拠点の社員である場合は、やはりロンドン時間またはニューヨーク時間での取引となる。

　ロンドン時間午前中の取引の場合は、日本時間の夕方から夜に当たることから、日本の投資家がリアルタイムで取引を行うことも可能だが、ニューヨーク時間の場合は、日本時間の深夜もしくは早朝となることから、通常は、売買条件を伝え取引の執行を証券会社に依頼する「リーブオーダー」にする。具体的には、雇用統計やFOMC等の重要イベントの発表にあわせ、債券購入の場合、直近のマーケット水準よりも低めの価格（売却の場合、高めの価格）で注文を出すケースなどがある。

③ 決　済

　決済は、投資家がCSD／ICSDに口座を保有しているか、保護預りを依頼しているかによって、以下のように分類される。投資家の買い約定を想定したそれぞれのケースの大まかな事務フローは以下のとおり。

(1) 投資家がCSD／ICSDに直接口座を保有

① 投資家が証券会社と約定する。
② 投資家がCSD／ICSDに決済日付で証券会社への資金の支払および証券会社からの債券の受取りを同時に行うことを指示する。
③ 証券会社がCSD／ICSDに決済日付で投資家への債券の受渡しおよび投資家からの資金の受取りを同時に行うことを指示する。
④ 投資家および証券会社が、決済日当日までにCSD／ICSDの口座に資金および該当債券を用意する。
⑤ 決済日当日に、CSD／ICSDが資金および債券の残高を確認次第、決済指図に基づき、投資家および証券会社の口座に資金と債券の同時引渡し（DVP決済）を実施し、決済が完了する。

(2) 投資家がCSD／ICSDに間接的に口座を保有（カストディアン経由）

① 投資家が証券会社と約定する。
② 投資家はカストディアンに決済日付で証券会社への資金の支払および証券会社からの債券の受取りを同時に行うことを書面等で指示する。
③ カストディアンは、投資家の指示に基づき、CSD／ICSDに決済日付で証券会社への資金の支払および証券会社からの債券の受取りを同時に行うことを指示する。
④ 証券会社がCSD／ICSDに決済日付でカストディアンへの債券の受渡しおよびカストディアンからの資金の受取りを同時に行うことを指示する。
⑤ 証券会社が、決済日当日までにCSD／ICSDの口座に該当債券を用意す

る。
⑥ 決済日当日に、CSD／ICSDが資金および債券の残高を確認次第、決済指図に基づき、カストディアンおよび証券会社の口座に資金と債券の同時引渡し（DVP決済）を実施し、決済が完了する。

(3) 証券会社に保護預りを依頼している場合

① 投資家が証券会社と約定、債券の保護預りを依頼する。
② 投資家は決済日付で証券会社に購入資金を支払う。
③ 証券会社がCSD／ICSDに決済日付で該当債券残高を自己口座から顧客保護預り口座に振り替えることを指示する。
④ 証券会社が、決済日当日までにCSD／ICSDに該当債券を用意する。
⑤ 決済日当日に、CSD／ICSDが債券の残高を確認次第、決済指図に基づき、債券を証券会社自己口座から顧客保護預り口座へ振替えを行い、決済が完了する。

投資家および取引先の証券会社が決済日までに資金および債券を所定の口座に用意でき次第、決済は完了するが、資金あるいは債券のいずれかもしくはその両方が決済日までに用意されなかった場合は、決済は未了（フェイル）となる。米国債のフェイルの場合は、市場慣行に基づき、債券購入者がフェイルチャージを算出し、売却者側に対しフェイルチャージを請求できる。

米国債以外のフェイルについては、フェイルチャージの慣行は特に定められていない。フェイルが発生した場合でも、経過利息に影響は与えないが、利金権利日（通常、利払日の前営業日）に債券を保有しているものに利金が支払われるため、フェイルが利金権利日をまたいだ場合は、投資家は購入先の証券会社に利金を請求する必要がある。長期にわたりフェイルが解消しない場合、当事者証券会社同士の協議により金銭等による解決が図られる場合がある。

4 外貨調達

上述のとおり、外国債券の投資を実行した場合、決済のため、投資家は、決済日までに外貨建ての債券購入資金を用意する必要がある。国内の投資家の主な外貨調達手段は以下のとおりで、投資家は一定の制約のもとで、各調達手段のなかから最も有利な取引を選択していくこととなる。

(1) 為替取引（スポット取引のみ）

最も単純な外貨調達手段で、投資家が、「円売り／外貨買い」で手持ちの円資金を約定時点のレート（スポットレート）で外貨資金に変換する。取引時には、外貨の必要額（債券の購入決済代金）にあわせて、取引先に円売りの金額を提示してもらう。単純なスポットレートの取引なので、米ドル等の主要通貨であれば、取引先間の提示レートの差異はほとんどない。通常は、決済日は、T（約定日）＋2とする。

(2) 為替取引（スポット取引＋フォワード取引）

上記(1)のスポット取引に加えて、フォワード取引を同時に行う「為替スワップ」と呼ばれる取引。フォワード取引とは、将来のある時点の為替を約定する取引となり、たとえば、期間3カ月の外貨調達を行いたい場合は、3カ月後のフォワード取引を行う。「為替スワップ」で行うフォワード取引は、スポット取引と逆サイドの取引となり「円買い／外貨売り」となる。スポット取引とフォワード取引を組み合わせることにより、調達期間終了時の円資金の金額が確定することとなり、為替ヘッジを行うことができる。期間は1年以内が多い。

取引の際は、スポット取引とフォワード取引の差となる「直先スプレッド」を取引先に提示してもらう。直先スプレッドは理論的には2通貨間の金利差で決まるため、円より金利の高い外貨を調達する場合は、「直先スプレッド」の分、調達期間終了時（フォワード取引時）の円為替レートが割り引かれる（ディスカウントされる）こととなり、このディスカウント額が外

貨の調達コストとなる。

(3) マネー取引

投資家が、主に金融機関から外貨資金の借入れを行う取引。期間は1年以内が多い。借入先の金融機関は、国内外の大手金融機関および国際機関等となる。借入レートは、銀行の基準金利（LIBOR等）に投資家の信用力に見合った一定の金利を上乗せしたものとなる。

外貨借入れのためには、通常、事前にコミットメントラインもしくは調達枠を金融機関に設定してもらう必要がある。同ライン・枠は最低年1回は見直され、投資家の格付が下がった場合や信用力が低下した場合には、同ライン・枠が減額あるいは取り下げされることもある。同ライン・枠の維持もしくは増額のため、取引先金融機関と継続的なコンタクトが求められる。

(4) 外貨預金

投資家が、顧客から外貨建ての預金の預入れを受ける取引。国外に支店を有する金融機関の場合は、現地の日系企業等の顧客から外貨建ての預金を受け入れることが可能。期間は1年以内のものが多く、調達コストは為替スワップやマネー取引と比べると低コストとなるケースが多い。また、邦銀大手行の間では、期間1年以内の譲渡性預金（NCD）のかたちで広く投資家から預金を集めるケースも増えてきている。

また、一部の国内のネット系銀行では、個人から外貨預金を積極的に受け入れており、当該預金を原資に外債運用を行っている。

(5) レポ取引

投資家が手持ちの外国債券（米国債等）を証券会社等に貸し出し、その担保として現金の差入れを受ける取引。債券レポ取引には、現金担保付レポ取引、無担保レポ取引があるが、本件は現金担保付レポ取引となる。なお、慣例的に債券を貸し出すこと（現金を調達すること）をレポ取引、債券を調達すること（現金を貸し出すこと）をリバースレポ取引と呼んでいる。

レポ取引の対象は、当事者間が合意すればどのような債券でも取引は可能だが、実質的には、国債、国際機関債、政府機関債等の流動性の高い債券に限定されており、特に米国債、米国政府機関債のレポが一般的。期間は、オーバーナイトから3カ月くらいまでが中心。

(6) 通貨スワップ

投資家が、取引先と異なる2通貨間の金利交換を行う取引。取引開始時と終了時点で円貨と外貨を交換する「元本交換あり」のかたちで行うことが一般的である。なお、「元本交換なし」のかたちは、クーポンスワップとも呼ばれる。

投資家は手持ちの円資金を使って、外貨を調達することとなり、たとえば、ドルを調達する場合は、ドル円の通貨スワップを実施することとなる。

キャッシュフローとしては、取引開始時と取引終了日に元本の交換があり、期中は3カ月ごとに元本通貨に対応する変動金利の交換がある。変動金利の交換については、ドルと円の通貨スワップであれば3カ月ドルLIBORに対して3カ月円LIBORを、ユーロと円の通貨スワップであれば3カ月Euriborに対して3カ月円LIBORを交換することとなる。

取引時には、取引先が3カ月ドルLIBORに対して、もう一方の通貨の3カ月LIBORに上乗せされるスプレッドを提示する。同スプレッドは、一般的に「ベーシススプレッド」と呼ばれている。

ヘッジ会計を適用させるため、投資対象の外国債券にキャッシュフローをあわせて行うケースが多い。

取引に際しては、取引先とデリバティブの基本契約（ISDA Master Agreement）や担保契約（CSA：Credit Support Annex）等を締結する必要があり、小規模な金融機関の場合にとっては、取引導入にあたるハードルは低くない。

5 利払い・償還

(1) 経過利息の計算

外国債券を取引する際の債券価格は利息を含まない価格（通称「Clean Price」。なお、利含み単価は「Dirty Price」と呼ばれる）のため、セカンダリー

図表２−２−７　主な債券の計算方法

	経過日数	年間日数	備考
米国債 英国債 オーストラリア国債	前回利払日から受渡日までの実日数片端入（Act）	（前回利払日から次回利払日までの実日数片端入）×2（Act）	オーストラリア国債は額面10オーストラリアドルにつき、小数点第4位を四捨五入
ドイツ国債 フランス国債 イタリア国債 スペイン国債 オランダ国債	前回利払日から受渡日までの実日数片端入（Act）	前回利払日から次回利払日までの実日数片端入（Act）	フランス国債の経過利子率（クーポン×経過日数／年間日数）は、小数点第8位を四捨五入
ユーロ債 スイス・フラン債	前回利払日から受渡日までの日数片端入（1カ月：30日）	360日	スイス・フラン債は、小数点第2位まで求め、第2位の値が2以下は0に、8以上は10に、それ以外は5に調整
米国事業債	前回利払日から受渡日までの日数片端入（1カ月：30日、受渡日が31日の際は、31日で計算）	360日	
カナダ・ドル債	前回利払日から受渡日までの実日数片端入（Act）	365日	経過日数が183日以上となる場合、182.5日分

(出所)　筆者作成

取引で債券を売買する際は、元本金額に経過利息金額を加え、受渡金額を計算する必要がある。

債券の元本金額は「売買額面金額×債券価格／100」、利息部分は「売買額面金額×利率／100×経過日数／年間日数」で計算されるが、経過日数および年間日数については、債券の種類によって異なり、主な債券の計算方法は図表2－2－7のとおり。

(2) 利払金および償還金の受領

外国債券の利息および償還金は、発行体が代理人を通じ、CSD／ICSDに資金を振り込み、CSD／ICSDが債券保有者の口座に入金を行う。具体的な事務フローは以下のとおり。

① 計算代理人（Calculation Agent）が支払額を計算し、発行体、支払代理人（Paying Agent）および共通預託銀行（Common Depositary Bank）に連絡する。
② 支払代理人は共通預託銀行と連絡をとり、支払額・発行体の残高等を確認する。
③ 共通預託銀行はCSD／ICSDに支払日・支払額等を通知する。
④ CSD／ICSDは債券保有者に支払額等の事前通知を実施する。
⑤ 支払代理人は発行体から資金を受領する。
⑥ 支払代理人はCSD／ICSDに資金を送金する。
⑦ CSD／ICSDは債券保有者の口座に資金を入金する。

証券会社に外国債券の保護預りを依頼している場合は、⑦で入金された資金を証券会社が各投資家の口座に送金することとなる。また、債券が源泉徴収の対象となる場合は、証券会社が源泉徴収を行い、源泉徴収後の金額を投資家へ支払う。

6 期限前償還・権利行使等

債券によっては、期限前償還、発行体が保有する各種権利の行使等のイベントが発生する場合がある。その場合は、発行体が代理人経由でCSD／

ICSDに通知し、CSD／ICSDが債券保有者に連絡をすることとなる。また、各種権利行使のイベントで投資家の意思を問うべき事象が発生した場合は、発行体から代理人経由でCSD／ICSDに投資家への回答依頼が届き、CSD／ICSDが投資家へ回答を依頼する。投資家の回答は、CSD／ICSD・代理人経由で発行体に伝わることとなる。

証券会社が債券を保護預りしている場合は、証券会社がCSD／ICSDからの連絡・依頼事項を投資家に伝えることとなる。主な期限前償還、各種権利行使イベントは以下のとおりである。

(1) コール条項による期限前償還

目論見書等で定められたコール条項に基づく償還。コーラブル債の場合はノンコール期間があり、その後、利払日ごとにコール判定があるケースが一般的。最近では、米国の金融機関および事業会社を中心に償還日の1カ月前もしくは3カ月前から償還日まで発行体がいつでも債券を償還できる条項がついた債券が増えてきている（発行体が借換えのタイミングを計ることができるオプション）。債券は100円（パー）で償還されることが一般的である。

(2) Make-Whole条項による期限前償還

目論見書等で定められたMake-Whole条項に基づく償還。発行体が、償還日まで任意のタイミングで「参照国債＋上乗せ金利」で割り引いて償還する権利を有する。上乗せ金利は、通常、10bp～30bpと投資家にとって有利な（発行体にとって不利な）レベルで設定されており、頻繁に同条項に基づく償還が行われるわけではない。M＆A関連での債務継承・整理等で同条項に基づく償還が行われるケースが散見される。償還は、「参照国債＋上乗せ金利」で割り引いた価格か100％のいずれか高い単価で償還される。

(3) 債券買取オファー（Tender Offer）

目論見書等で特に定めはなく、発行体が任意に債券の買取りを投資家に提案する。債務整理等、目的はさまざまで、買取りの条件も債券によって異な

る。通常、買取条件と回答期限が呈示され、投資家は買取りに応じたい場合、期限までに発行体に回答を行う必要がある。債券の買取条件は、市場実勢にプレミアムを加算し、投資家にとって有利な条件が提示されることが多い。

(4) 債券交換オファー（Exchange Offer）

目論見書等で特に定めはなく、発行体が任意に新規債券を発行し、同債券と既存債券の交換を投資家に提案する。債券買取オファーと同様に、債務整理等、目的はさまざまで、交換の条件も債券によって異なる。通常、交換条件と回答期限が呈示され、投資家は交換に応じたい場合、期限までに発行体に回答を行う必要がある。通常、債券の交換条件は、市場実勢にプレミアムを加算し、投資家にとって有利な条件が提示されることが多いが、交換に伴い、発行体、保証人、担保が変更になるケースもあり、交換条件については、債券買取オファー以上に十分な審査が必要である。

7 運用戦略の実例

本節では国内投資家の間で一般的な運用戦略の実例を簡単に示したい。外国債券への投資の場合は、まず、為替リスクをとる（一部でもとる）かあるいはまったくとらないかという点で分かれる。

為替リスクをとる運用は、通称「為替オープン投資」とも呼ばれ、主に国内生保や年金による海外国債投資が一般的である。日本国債と海外国債の利回り差が拡大しているケースあるいは為替レートが今後円安方向に向かうことが見込まれる（あるいは大きくは円高に向かわないことが見込まれる）ケースに投資が行われやすい。

当然に為替レートが円高に向かうと円換算後の投資リターンが大きく目減りするもしくは損失が発生する可能性が出てくるため、社内で為替レートの変動に対する確固たる見通し・売買方針を定める必要がある。為替レートの動向によって、益出し・損出しを余儀なくされるケースがあることから、売却時に高い流動性が見込まれる米国債等の流動性の高い債券が投資対象の中

心となる。

　また、為替レートの未ヘッジ部分を相場観等にあわせながら、随時、調整していく運用方法もあるが、この場合でも当然に為替レートに対する確固たるビューが不可欠となる。

　為替リスクを完全に排除したい場合は、外貨調達の実施もしくはデリバティブによるヘッジを行うこととなる。

　以下で、国内の投資家の間で一般的に行われている運用戦略の一例をあげる。

(1) レポ調達による固定債投資

　レポ取引による資金調達が可能な固定債（米国債等）を購入し、同債券を担保に資金を調達する。債券の購入先の証券会社とレポ取引もセットで行うケースが多い。購入した債券の利回りとレポ取引のレポレート（調達コスト）の差がリターンとなる。

(2) レポ調達による変動債投資

　レポ取引による資金調達が可能な変動債（変動のモーゲージ債等）を購入し、同債券を担保に資金を調達する。債券の購入先の証券会社とレポ取引もセットで行うケースが多い。購入債券の利回りとレポ取引のレポレート（調達コスト）の差がリターンとなる。

(3) 為替スワップ・マネー取引・外貨預金調達によるクレジット固定債投資

　為替スワップ・マネー取引・外貨預金により外貨資金を調達し、米ドル等主要通貨建ての固定債（金融機関債・事業債等）を購入する。購入債券の利回りと為替スワップ等の調達コストの差がリターンとなる。

(4) 為替スワップ・マネー取引・外貨預金調達によるクレジット変動債投資

為替スワップ・マネー取引・外貨預金により外貨資金を調達し、米ドル等主要通貨建ての変動債（金融機関債・事業債等）またはアセットスワップした固定債を購入する。購入債券利回り（LIBOR＋a（EUR建てならEuribor＋a））と為替スワップ等の調達コストの差がリターンとなる。

(5) 通貨スワップによる変動債投資

米ドル等主要通貨建ての変動債（金融機関債・事業債等）（またはアセットスワップした固定債）を購入し、通貨スワップによりキャッシュフローを円建てで確定させる。購入債券のLIBORに対するスプレッドと通貨スワップのベーシスコストの差がリターンとなる。

第4節　為替リスク

歴史的な超低金利が続く国内債券市場の運用機能低下を回避する選択肢として、利回り水準が高くクレジットスプレッドも拡大している外国債券への投資が有益であることは第1節で述べたとおりである。

債券投資のリスクには「金利リスク」「信用リスク」などがあげられるが、外国債券投資には国内債券投資にない「為替リスク」が存在する。さまざまな要因で日々変動する為替相場の変動リスクを負って外国債券投資を行った場合、円安の局面においては為替差益を享受することができるが、サブプライムローン問題に端を発した金融危機のような急激な円高局面においては為替差損が発生し、決算に深刻な影響を及ぼす場合もある。

本節ではこの為替リスクを低減させ、安定的に外国債券投資の運用成果を享受するための為替リスクのヘッジ方法、外国債券投資にかかるコストおよ

び取引において留意すべき点について説明する。

1 為替リスクのヘッジ方法

為替リスクのヘッジ方法として通貨スワップ、為替スワップ、通貨オプション、マネー取引などの外貨建て負債の導入等が考えられるが、本項では、多くの金融機関が採用する通貨スワップと為替スワップの概要を説明する。

(1) 通貨スワップ

通貨スワップとは、2通貨間における金利の交換を行う取引である。通貨スワップには、元本交換を行う取引（図表2－2－8）と、クーポンスワップと呼ばれる元本交換を行わない取引があり、外貨建て債券購入の為替リスクヘッジには元本交換がある通貨スワップを用いることが多い。通貨スワッ

図表2－2－8　通貨スワップ

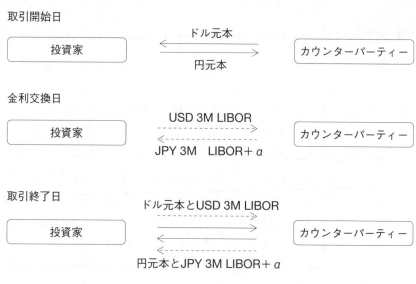

(出所)　筆者作成

プにおいて代表的な取引としては、各国主要変動金利である3カ月ドルLIBOR、3カ月円LIBOR、3カ月Euribor、3カ月オーストラリアドルBBSWを交換する取引等があげられる。

　通貨スワップを外貨建て債券購入と同時に締結し、購入時に円資金をスワップカウンターパーティーの外貨資金と交換し、利払日および満期日（＝債券の償還日）に外貨資金をスワップカウンターパーティーの円資金と交換することにより、投資家は為替相場の変動リスクをヘッジすることができる。

　通貨スワップは外貨建て債券のキャッシュフローをすべて円建てに交換するため、同じ発行体の円建て債券への投資と経済効果は変わらない。この場合にねらうべき収益は前節で紹介した日本と海外でのクレジットスプレッドの差による収益である。つまり、同じ発行体や信用リスクが同レベルの外貨建て債券投資において、通貨スワップ後の円金利が、同様の条件のもと発行された円建て債券以上の収益を享受できる場合に有効な運用である。同取引を行う場合は、外貨建て債券の利回り水準に加え、通貨スワップの変動要因を注視し、タイミングをとらえることも重要である。

　図表2－2－9に米ドル建て固定金利を円建て変動金利と交換する通貨スワップを用いた為替リスクヘッジの具体例を示す。約定時と償還時のドルと円の元本の受払いは省略し、期中のキャッシュフローについてのみ表示する。実際には為替ヘッジに係る通貨スワップ取引は一契約としてまとめて行うことが多いが、ここでは市場で一般的な取引に分解して表示する。

　通貨スワップを行うことにより、元本および金利の為替リスクが完全にヘッジされ、実質的に円建ての変動債となることがわかる。後述するが、昨今はドル調達コストの高止まりによって、為替リスクを完全にヘッジすると円建て債券を直接購入する場合よりも不利になってしまうことも多く、銘柄の選定がむずかしい状況にある。

(2)　為替スワップ

　為替スワップとは、前節で説明したように、直物で「円売り／外貨買

図表2−2−9 キャッシュフローの流れ

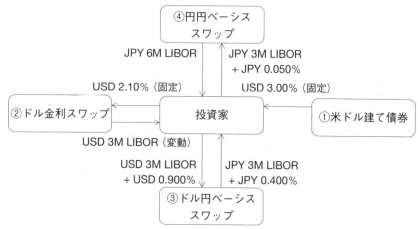

投資家の受払い
　受取合計：USD 3.00% + USD 3M LIBOR + JPY 3M LIBOR + JPY 0.400%
　　　　　　+ JPY 6M LIBOR
　支払合計：USD 2.10% + USD 3M LIBOR + USD 0.900% + JPY 3M LIBOR
　　　　　　+ JPY 0.050%
　ネット合計：JPY 6M LIBOR + JPY 0.350%

(注)　①購入した米ドル建て債券より受け取った固定金利(米ドル)を、②固定払い変動受けの金利スワップにより3カ月ドルLIBORと交換する。続いて、③3カ月ドルLIBOR払い3カ月円LIBOR受けのドル円ベーススワップを行う。最後に④円円ベーススワップで3カ月円LIBORを6カ月円LIBORと交換することで、できあがりが6カ月円LIBOR+0.35%となる。
(出所)　筆者作成

い」、先物で反対の売買である「円買い／外貨売り」をセットで行う取引をいい、直物と先物の差である「直先スプレッド」で取引を行う(図表2−2−10)。

　外貨建て債券の投資における為替ヘッジのための為替スワップの場合は、直物で「円売り／外貨買い」を行い、先物で「円買い／外貨売り」を同時に締結する。直先の期間を対象債券の受渡日から償還日とした為替スワップを行った場合、通貨スワップと同様に為替リスクをヘッジすることが可能になる。

　為替スワップは短期の取引を繰り返し行うローリングヘッジ(先物の外貨

図表2－2－10　為替スワップ

直先スプレッド＝▲50銭

（出所）　筆者作成

売り期日に新しい為替スワップの直物の外貨買いと先物の外貨売りを行う）で利用されることが多い（図表2－2－11）。

　為替スワップを利用したローリングヘッジを行うことは外貨資金を短期変動金利で調達することと同じ効果がある。したがって、将来的な短期金利の上昇（ヘッジコストの上昇）リスクを負いつつ長短金利差による収益機会をねらうことが可能になる。

　短期のローリングヘッジは特に外貨金利の長短金利差（長期金利＞短期金利）が円金利のそれより大きい場合にメリットがある。デメリットは将来ロールを行う際の調達コスト（直先スプレッド）の上昇（拡大）リスクを負うことであり、逆鞘になるおそれもある。ロール期間が長ければ調達コスト上昇リスクが減る一方、長短金利差による収益機会は減少する。円建て運用におけるALMと同様に、ロール期間はヘッジコストの期間別での年率比較と今後の見通しをもとに判断する。ヘッジ期間が短いほど取引数の増加による事務負荷に加え、各取引のBid-Offerの売買コストもかかるため、3カ月から1年の期間が選択されることが多い。

② カウンターパーティーリスクと流動性

　通貨スワップの説明において、為替リスクをヘッジした外貨建て投資は円

図表２－２－11　為替スワップのローリングヘッジ
３カ月ごとに為替スワップによるローリングヘッジを行う場合の取引例

仮想取引条件

	取引	SPOT	３カ月物 直先スプレッド
現在	為替スワップ１	１ドル＝120.00円	▲10銭
３カ月後	為替スワップ２	１ドル＝118.00円	▲8銭
６カ月後	為替スワップ３	１ドル＝119.00円	▲7銭

約定日 決済期日	取引	円売り／ドル買い	円買い／ドル売り	ローリングの際の為替売買損益
現在	為替スワップ１	100万ドル １ドル＝120.00円		
３カ月後	為替スワップ２	100万ドル １ドル＝118.00円	100万ドル １ドル＝119.90円	190万円
６カ月後	為替スワップ３	100万ドル １ドル＝119.00円	100万ドル １ドル＝117.92円	▲108万円
９カ月後			100万ドル １ドル＝118.93円	

（出所）　筆者作成

投資と同様の取引とみなせると述べたが、契約満期前にスワップカウンターパーティーがデフォルトすることによって当初の契約どおりの支払が行われないリスクは残る。外貨建て債券の為替評価損はスワップ契約の為替評価益で打ち消されるが、スワップカウンターパーティーがデフォルトするとスワップ契約は解約となり、スワップの評価益すべての回収は困難となることで、債券の評価損のみが顕在化するおそれがある。したがってスワップカウンターパーティーの信用リスクにも注意を払う必要がある。

為替スワップ、通貨スワップはともに締結後の為替相場および金利等の変動により、投資家、カウンターパーティーの双方にエクスポージャーが発生

する可能性のある与信取引である。同額の取引であれば期間が長いほど潜在的なリスク額は大きくなる。為替スワップの場合は通貨スワップと比べて契約期間が短いため、スワップカウンターパーティーリスクは相対的に小さいが、同様に注意が必要である。

マネー取引は貸し手にとって借入人の信用リスクを無担保で負う取引である。貸し手の与信枠が借入可能額の上限となることに加え、借入人の信用リスクに応じた金利の上乗せコストが課される。格付の低下等、借入人の信用力の低下が明らかな場合は当然のこと、リーマンショック後のように市場参加者が疑心暗鬼となって相互に信用リスクが不透明な状況でも、与信リスクの回避のため貸し手の与信枠は減額または停止されるおそれがある。

為替スワップ、通貨スワップともに円資金を担保に提供して外貨資金を調達するのと同じ資金の流れの取引であり、マネー取引の貸し手に相当するカウンターパーティーにとって、マネー取引と比べ与信リスクが低い取引である。カウンターパーティーにとっての与信リスクはカレント・エクスポージャー方式の再構築コスト＋アドオンに相当する額である。そのため同額の与信枠のなかで多額の取引が可能であり、コストの安い資金調達手段としての利便性が非常に高い取引といえる。

また、為替スワップ市場そのものの流動性は非常に高く、通常の市場環境であれば売買幅（Bid-Offerの差）は非常に小さく、リーマンショック後の金融危機の際でも売買幅はワイドになったものの取引自体を行えない状況にはならなかったことからも有効なヘッジ手段といえる。

昨今の日本国債の利回り低下、日銀の国債購入による国債の流動性低下により、国内機関投資家の外貨建て債券投資は急増しており、それに伴う為替スワップ等を含めた外貨資金調達に係る今後の流動性リスクに対して備えが必要である。ヘッジ手段およびカウンターパーティーの多様化と調達期日の分散を図ることが重要である。

第5節　コスト

1　為替リスクのヘッジコスト

　外貨建て債券投資を行う際に調達コストやヘッジコストが運用成果に影響を与える要因となることは周知のとおりである。

　通貨スワップ取引を行う場合は約定時に償還までの為替リスクを完全にヘッジするため、約定時のコストを計算すればよいが、為替スワップのローリングヘッジを行う場合はヘッジコスト、すなわち直先スプレッドの見通しを予測することが不可欠である。直先スプレッドの変動要因は、2通貨間の金利差および需給によって変動するベーシスに分解される。本項では、同ベーシスに焦点を当て、変動要因をまとめる（図表2－2－12）。

　ベーシス拡大の代表的な要因として、各国の金融政策をはじめとするマクロ要因、国内銀行または生保等による外貨調達、海外発行体によるサムライ債発行に絡んだ為替ヘッジ等のミクロ要因などがあげられる。利下げや緩和政策を行えば流動性が供給され、その国の通貨は相対的に調達コストが下がり、反対に流動性を減少させるとその国の通貨は相対的に調達コストが上がる。国内投資家による外貨調達もマーケットに与える影響は大きく、特に期末には円の取り手となる海外勢がドル資金を手元に置きたいバイアスがかかるためベーシスが拡大しやすい。海外発行体によるサムライ債発行に関しても、通常は発行と同時に通貨スワップを締結してドルやユーロに変換することが大半であるためベーシス拡大の要因となる。

　反対にベーシス縮小要因には、海外投資家による円資産投資のための円資金調達や国内発行体による外貨建て債券の発行等があげられる。

　国内発行体による外貨建て債券の発行は、基軸通貨であるドル調達を目的としたものがほとんどであり、この場合は上述の海外発行体によるサムライ債発行と異なり、ベーシス変動の要因とはならない。

図表2－2－12　ベーシス変動要因

外貨需要超過（ベーシス拡大）	円需要超過（ベーシス縮小）
・ドルの流動性の低下（金融引締め等） ・円の流動性の上昇（金融緩和等） ・円売り介入 ・海外発行体によるサムライ債の発行 等	・ドルの流動性の上昇（金融緩和等） ・円の流動性の低下（金融引締め等） ・円買い介入 ・国内発行体による外貨建て債券の発行（円資金にする場合） ・海外投資家による円資産投資のための円資金調達 ・ヘッジファンド等による円キャリートレード ・中央銀行によるドルの資金供給 等

（出所）　筆者作成

　ベーシスのマイナス幅が大きい場合には、外貨資金を保有していれば通貨スワップによって低コストでの円資金調達が可能となる。2016年1月の日銀のマイナス金利政策導入の発表以前から日本の短期国債がマイナス金利まで買われた要因の1つとして、国債を下回るマイナス金利での円資金調達が可能な海外投資家による円債投資があるといわれている。

　その他、中央銀行によるドル資金供給やヘッジファンドによる円キャリートレード、為替系仕組債のダイナミックヘッジなどが円需要超過要因としてあげられる。

　ドル円クロスカレンシーベーシススワップは2007年のサブプライムローン問題に端を発した世界金融危機の前後で様変わりしていることがわかる（図表2－2－13）。サブプライムローン問題以前は市場の需給を反映しつつも±10bp程度のレンジでの動きであった。サブプライムローン問題によるドル資金の流動性危機を経験してからは恒常的なドル資金需要に加え、各国の金融緩和策等の影響によりマイナス幅が拡大し、期末要因による影響も受けて変動幅の大きい状況が続いており、ドル建て債券投資のための資金調達環境

図表2-2-13 ドル円クロスカレンシーベーシススワップ推移

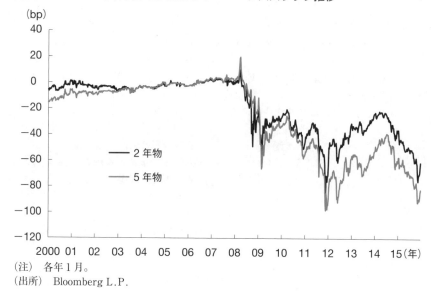

(注) 各年1月。
(出所) Bloomberg L.P.

図表2-2-14 ドルと円の短期金利差と為替スワップのヘッジコスト推移

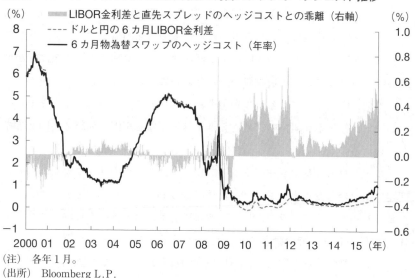

(注) 各年1月。
(出所) Bloomberg L.P.

は悪化している。短期の為替スワップ市場においても同様にドルと円の金利差と為替スワップから算出されるヘッジコストとの間に乖離幅（ドル円クロスカレンシーベーシススワップに相当する部分）が金融危機以降大きくなっていることが図表2－2－14のグラフからみえる。

② 外貨決済にかかるコスト

　外貨建て債券投資にかかる為替リスクのヘッジコスト（外貨資金調達コストと同義）は前述のとおりであるが、投資家が外貨決済を行う場合には国内の円の資金決済とは異なるコストがかかる。以下では証券会社への購入代金の支払および元利金の受払いを外貨で行う場合における決済にかかるコストについて説明する。

　決済にかかるコストは決済口座を国内に保有するか、海外に保有するか、また、決済時に為替両替を行うか否かによって異なる。

　国内の決済口座を利用する場合、為替両替の有無に関係なく発生する手数料は外国送金手数料と、利用する銀行次第ではあるが、送金元と送金先の間に中継を行う銀行（コルレス銀行）を経由する場合のコルレスチャージがある。

　為替両替を行う方法には、公示レート（SPOT）または為替予約（CONT）があり、この時のマーケットレートとのスプレッドが売買コストとなる。為替両替を行わず、外貨預金口座から外貨を送金（NOEX）する場合にはリフティングチャージ（為替取扱手数料）がかかる（図表2－2－15）。

　海外の銀行に外貨決済口座を保有して決済を行う場合にはリフティングチャージは課されないが、国内の円資金からの手当、海外で受け取った外貨収益の日本への回金の際に為替の売買コストがかかる。

　国内の外貨建て預金口座を決済に使用して為替スワップのローリングヘッジを行う際は、ロール時の外貨決済が煩雑になることを避けるため、同一銀行と為替スワップを行う（一社引合い）こととなるため、提示されるレートには注意が必要である。

　一般的に国内の事業法人や海外口座をもたない地域金融機関が市場レート

図表2－2－15　国内の銀行口座を決済口座とする場合のコスト

決済種別	内　容	為替に関連するコスト	送金に関連するコスト
SPOT	当日の公表相場を基準とする為替両替	TTM（公表仲値）との差の売買コスト	送金手数料 コルレスチャージ（中継手数料）
CONT	事前に締結した為替予約を使用した為替両替	締結時の市場のミッドレートとの差の売買コスト	
NOEX	外貨預金口座による受払いで、為替両替なし	両替がない場合の取扱手数料（リフティングチャージ　例：1／20％　最低2,000円）	

（出所）　筆者作成

をもとに外貨購入を行う場合は、①為替予約を締結、②円口座から資金を払い出して為替予約を使用し、外貨で送金の手順となる。一方、海外口座をもつ地域金融機関等がインターバンクの為替取引で外貨買い・円売りを行えば、円を国内で支払い、外貨を海外の口座で直接受け取ることが可能であり、国内の円口座から外国送金は不要になる。

海外との受払いには時差があるため、決済日のズレには十分注意が必要である。また、保護預けの場合は通常保護預け先による受取確認後の投資家への支払になるため、受取外貨を円転するための為替取引の受渡日にも注意が必要である。

以上が海外口座を保有していない投資家が一般的に送金を行う方法である。

海外に外貨決済口座（該当通貨建て口座）を保有している場合は、インターバンク市場（ダイレクトマーケット）で円を外貨に換えた際に、送金先に海外の外貨口座を指定することで外貨リフティングチャージを回避し、外国送金手数料と売買コストだけに抑えることができる（場合によってはコルレスチャージがかかる）。

いずれの方法を選択するにしても国内債の売買よりコストがかさむことを念頭に置く必要がある。

これまでに述べたことでわかるように、外貨建て債券投資は、国内債と比べて約定から決済までに係る事務処理も多くなる点に留意する必要がある。ローリングヘッジを行う場合には保有期間中に何度も為替予約を行う必要があることや、海外に口座を保有する場合には口座管理も行う必要がある。会計処理や税制に対する対応も必要である。これらに対応するためには相応の人員と時間を割かなければならず、継続的にかかる間接的コストとして考えなければならない。

第6節　会計制度（金融機関にとって）

本節では外貨建て債券投資に関連する取引に係る会計について、主に為替差損益の扱いにおける有価証券の保有区分による違いとヘッジ手段との関連を説明する。地域金融機関が外貨建て債券投資およびそのヘッジ等を行う場合に関連する主な会計基準は図表2－2－16のとおりであり、本節ではその略称を使用する。

1 外貨建て債券の会計

(1) 外貨建て取引の外貨ベースの評価方法と円換算のための為替相場

ヘッジ会計の適用時を除き、外貨建て取引は、原則取引発生時の為替相場による円換算額をもって記録する。取引発生時の為替レートは、取引発生日の直物為替相場または合理的に算定された直近の一定期間の直物為替相場の平均為替レート等を使用する。ただし、取引発生日の直近の一定の日における直物為替相場（たとえば取引の行われた月の前月末日の相場）の使用も認め

図表2－2－16　地域金融機関が外貨建て債券投資・ヘッジを行う場合に関連する主な会計基準

名　称	本節略称	設定者	種　別
金融商品会計に関する実務指針	実務指針	日本公認会計士協会	会計制度委員会報告第14号
金融資産の時価の算定に関する実務上の取扱い		財務会計基準機構 企業会計基準委員会	実務対応報告第25号
金融商品に関する会計基準	金融商品会計基準	財務会計基準機構 企業会計基準委員会	企業会計基準第10号
銀行等金融機関における金融商品の時価等の開示に関する監査上の留意事項（中間報告）		日本公認会計士協会	業種別委員会報告第44号
銀行等金融機関における金融商品の状況の開示の監査に関する実務指針		日本公認会計士協会	業種別委員会報告第45号
銀行業における金融商品会計基準適用に関する会計上及び監査上の取扱い		日本公認会計士協会	業種別監査委員会報告第24号
銀行業における外貨建取引等の会計処理に関する会計上及び監査上の取扱い		日本公認会計士協会	業種別監査委員会報告第25号
外貨建取引等会計処理基準	外貨基準	金融庁 企業会計審議会	－
外貨建取引等会計処理基準注解	外貨基準注解	金融庁 企業会計審議会	－
外貨建取引等の会計処理に関する実務指針	外貨実務指針	日本公認会計士協会	会計制度委員会報告第4号

（出所）　筆者作成

られている（外貨基準一1、外貨基準注解注2）。

決算時の直物為替相場には、原則決算日の直物為替レートを用いる。決算日の前後一定期間の直物為替相場の平均為替レートの使用も例外的に認められているが、この場合、決算日の直物為替レートと決算時の為替レートとして適用した平均為替レートを財務諸表等に注記しなければならない（外貨基準注解注8、外貨実務指針第11項）（図表2－2－17）。

外貨建て取引の会計処理は外貨ベースで金融商品会計基準に従って評価し、次に外貨基準に従って円換算額を算出する手順で行う。外貨預金を含む外貨建て金銭債権債務は原則として取得原価または償却原価で評価し、円換算される際の換算差額を当期の損益として処理する。一方、有価証券はその保有目的区分によって会計処理が異なる。なお、外貨建て金銭債権債務および外貨建て債券について償却原価法を適用する場合の償却額は、外貨ベースの償却額を期中平均為替レートを使用して円換算する（外貨基準注解注9）。

図表2－2－17　外貨建て債券投資に関連する科目の決算時の円換算（外貨基準一2(1)）

種別		外貨ベース （円換算前）	換算為替レート （注）
外貨建て金銭債権債務 （含む外貨預金）		取得原価・債務額または償却原価	決算時の為替相場
外貨建て有価証券	満期保有目的有価証券	取得原価または償却原価	決算時の為替相場
	売買目的有価証券	時価	決算時の為替相場
	その他有価証券 （債券）	時価	決算時の為替相場
デリバティブ取引		時価	決算時の為替相場

(注)　外貨建て金銭債権債務および外貨建て債券の償却額は、期中平均相場で換算。
(出所)　筆者作成

(2) 外貨建て債券の保有目的区分の違いによる換算差額の処理

外貨基準一2(2)では「決算時における換算によって生じた換算差額は、原則として、当期の為替差損益として処理する。(中略) また、金融商品に係る会計基準による時価評価に係る評価差額に含まれる換算差額については、原則として、当該評価差額に関する処理方法に従う」とされている。以下、決算時に生じる換算差額の会計処理を保有目的区分別に説明する。

外貨建て売買目的有価証券の場合、外貨による評価差額を決算時の直物為替相場で円換算した換算額と外貨による取得原価に係る為替差損益を当期の評価損益として処理する(外貨実務指針第12項)。

外貨建て満期保有目的債券の場合は、為替差損益として処理する。なお、償却原価法を適用する場合には、外貨建ての当期償却額を期中平均相場により円換算し、利息の調整項目として処理し、換算差額から同額を控除した額を為替差損益として処理する(外貨実務指針第13項)。

外貨建てその他有価証券の場合は、外貨による時価を決算時の直物為替相場により換算し、換算差額は、外貨基準一2(2)により、原則として、金融商品会計基準第18項の評価差額に関する処理方法に従い純資産に計上する(以下「原則法」という)。取得原価に係る換算差額も評価差額と同様に処理される。ただし、外国通貨による時価を決算時の為替相場で換算した金額のうち、外国通貨による時価の変動に係る換算差額(外貨ベースでの評価差額を決算時の直物為替相場で換算した金額)を評価差額とし、それ以外の差額については為替差損益として処理することができる(以下「容認処理」という)(外貨実務指針第15、16項)。

なお、有価証券の時価の著しい下落により、決算時の為替レートによる換算を行ったことによって生じた換算差額は、当期の有価証券の評価損として処理する(外貨基準一2(2)、外貨基準注解注10)。その場合、外貨ベースの時価を決算時の為替レートにより円換算し、生じる換算差額は当期の有価証券の評価損として処理する。「著しく下落した」かどうかは、外貨ベースの期末時価と取得価格を比較して判断する。ただし、外貨建てその他有価証券

（債券）については、時価の著しい下落は生じていなくても、為替相場の著しい円高（外貨安）により、円換算後の評価額が著しく下落するときには、外貨ベースの時価を決算時の為替レートにより円換算し、この場合に生じる換算差額を当期の損失として処理する（外貨実務指針第19項）。

以上の保有目的区分による違いをまとめると以下のイメージとなる。

a　その他有価証券の決算時の会計処理
【前提条件】
額面100ドルの債券を97ドル、為替レート1ドル＝120円で購入。決算期末の時価98ドル、直物為替レート1ドル＝124円とする（図表2－2－18）。

図表2－2－18　その他有価証券の決算時の会計処理イメージ

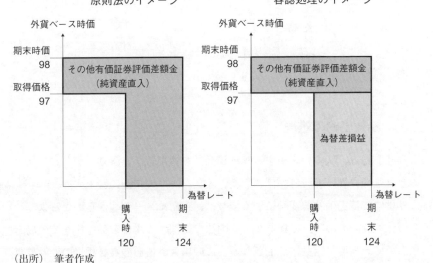

（出所）　筆者作成

b　満期保有目的有価証券と売買目的有価証券の決算時の会計処理
【前提条件】
aと同じ前提条件で（満期保有目的有価証券の場合には期末の償却原価を98ドル、期中平均の為替レートを1ドル＝122円とする）行った場合のイメージは図表2－2－19のとおりとなる。

図表2－2－19 満期保有目的有価証券（償却原価法適用時）、売買目的有価証券の決算時の会計処理イメージ

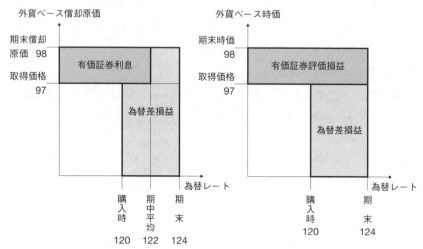

（出所）　筆者作成

(3) 為替予約の処理

為替予約は、次項に説明するヘッジ会計を適用しない限り、デリバティブの会計処理に従って時価評価のうえ、差額を当期の損益に計上する。

外貨建て債券の為替変動による損益は、上記イメージ図からわかるようにその他有価証券の区分で保有して原則法で処理する場合を除くすべての場合において、当期の損益に計上される。この場合、債券の為替相場の変動による差損（益）と為替予約の差益（損）がほぼ見合うため、外貨建て債券と為替予約の合計でみた場合に為替変動が損益へ及ぼす影響はほぼ相殺される。

一方、その他有価証券の区分で保有し、原則法で処理する場合には債券部分の為替差損益が当期の損益に計上されず、ヘッジ目的で締結する為替予約が会計上ヘッジの役割を果たさない。この会計上の差異を解消するヘッジ会計を次に説明する。

2 ヘッジ会計

(1) デリバティブ取引とヘッジ会計の必要性

デリバティブとは一般的に「金融派生商品」と訳され、実務指針によれば、①その権利義務の価値がある特定の基礎数値の変化により変化する、②想定元本か決済金額のいずれかまたは両方を有する契約、③当初純投資が不要または少額、④純額（差金）決済が必要または可能であるという特徴を有する金融商品、と定義されている。具体的には先物取引、先渡取引、オプション取引、スワップ取引等が該当するとされている。

デリバティブ取引の特徴は少額の資金で多額の効果が得られる「レバレッジ効果」であり、ヘッジ手段として利用されることが多い。原則として時価評価が義務づけられ、その評価損益は当期の損益に計上することとされている。

外貨建てその他有価証券の為替換算差損益を純資産の部に直接計上し（原則法）、デリバティブ取引（為替予約等）で為替リスクをヘッジした場合、そのままでは損益計算書におけるヘッジ手段とヘッジ対象から生ずる損益または評価差額の損益計算書への計上時期が一致しない。このような不一致を解消するためにヘッジ対象に係る損益とヘッジ手段に係る損益を同一の会計期間に認識し、ヘッジの効果を会計に反映させるための特殊な会計処理をヘッジ会計という。

(2) ヘッジ会計適用が認められるヘッジ取引

ヘッジ会計の適用が認められるヘッジ取引は、①相場変動を相殺するものと、②キャッシュフローを固定するもの、に限定される。

①には固定利付債の金利変動による債券価格の変動をヘッジするための金利スワップ取引（金利変動化）、外貨建て債券取引の為替変動リスクをヘッジするための通貨スワップ、先物為替予約などがある。②には変動利付債の利率変動を固定化するための金利スワップ（金利固定化）などがある。

ヘッジ対象は、相場変動等による損失の可能性がある資産または負債で、相場変動等が評価に反映されていないもの、評価に反映されているが評価差額が損益として処理されないものもしくは当該資産または負債に係るキャッシュフローが固定され、その変動が回避されるものである。

(3) ヘッジ会計の方法

ヘッジ会計には以下の方法がある。

a 繰延ヘッジ（ヘッジ対象手段の損益を繰延べ）

時価評価されているヘッジ手段に係る損益または評価差額を、ヘッジ対象に係る損益が認識されるまで純資産の部において繰り延べる方法である。純資産の部に計上されるヘッジ手段に係る損益または評価差額については、税効果会計を適用する（実務指針第174項）。

b 時価ヘッジ（ヘッジ対象の損益を反映）

ヘッジ対象である資産または負債に係る相場変動等を損益に反映させることにより、その損益とヘッジ手段に係る損益とを同一の会計期間に認識する方法である（実務指針第160項）。

c 金利スワップの特例処理

ヘッジ会計の要件を満たし、かつ、その想定元本、利息の受払条件（利率、利息の受払日等）および契約期間が当該資産または負債とほぼ同一である場合の金利スワップを時価評価せず、両者を一体として、実質的に変換された条件による債権または債務と考え、金利スワップに係る金銭の受払いの純額等を資産または負債に係る利息に加減して処理することができる（金融商品会計基準注14、実務指針第178項）。

d 振当処理

ヘッジ会計の要件を満たしていることを条件に当分の間の特例として容認された処理で、為替予約等により固定されたキャッシュフローの円貨額により外貨建金銭債権債務を換算し、直物為替相場による換算額との差額を、為替予約等の契約締結日から外貨建金銭債権債務の決済日までの期間にわたり配分する方法である（外貨基準注解6、外貨実務指針第3項）。為替予約

締結日時点の直物為替相場と予約レートとの差額を利息の調整として期間案分して処理する。

(4) ヘッジ会計の適用条件

ヘッジ会計の適用は、①ヘッジ取引が企業のリスク管理方針に従っていること、②企業のリスク管理方針に関する明確な内部規定および内部統制組織が存在すること、③ヘッジ手段の効果が定期的に確認されること、これらすべてが満たされる必要がある。

(5) デリバティブ取引以外のヘッジ手段のヘッジ会計適用

デリバティブ取引以外の現物資産については、ヘッジの効果を適切に財務諸表に反映するために、ヘッジ会計の適用が不可避なもののみにヘッジ手段を限定し、評価基準の例外を最低限にとどめている（実務指針第334項）。

外貨建て債券投資において為替変動リスクのヘッジ手段としてデリバティブ取引以外でヘッジ会計適用が認められるのは、外貨建て債券をその他有価証券の区分で保有し、外貨建て取引等の外貨建て金銭債権債務または外貨建て有価証券をヘッジ手段とする場合に限定されている（実務指針第165項）。

第 3 章

外国株投資の実務

第1節　外国株投資の意義

1　伝統的4資産の1つで国際分散投資には欠かせない

　伝統的4資産とは、「国内株式」「国内債券」「外国株式」「外国債券」の4つを指す。

　上記の4資産に分散投資すること、すなわち、国内のみならず世界のさまざまな国や地域の通貨や企業に分散して投資することにより、リスク軽減、言い換えると、収益の安定性を追求することが可能となる。2014年の10月末に厚生年金および国民年金の積立金の管理・運用を行うGPIF（年金積立金管理運用独立行政法人）（以下「GPIF」という）の基本ポートフォリオの変更の発表があり、日本株式、および、外国株式の資産構成比率が12%から25%へ大幅に上昇することになった（図表2－3－1、図表2－3－3）。

図表2－3－1　GPIFの基本ポートフォリオの変更（2014年10月31日）

【変更前】　　　　　　　　　　　　　　　　　　　　　　　　　　　（単位：%）

	国内債券	国内株式	外国債券	外国株式	短期資産
資産構成比率	60	12	11	12	5
乖離許容幅	±8	±6	±5	±5	－

【変更後】　　　　　　　　　　　　　　　　　　　　　　　　　　　（単位：%）

	国内債券	国内株式	外国債券	外国株式
資産構成比率	35	25	15	25
乖離許容幅	±10	±9	±4	±8

（出所）　GPIF

図表2－3－2　家計金融資産に占める外貨建て資産の割合

2015年9月末	残高 (兆円)	構成比 (％)
総計	1,684	100.0
外貨預金	5.1	0.3
外貨建て投資信託	27.4	1.6
外貨建て対外証券投資	8.1	0.5
外貨建て資産合計	40.7	2.4

(出所)　日本銀行資金循環統計（2015年第3四半期速報）

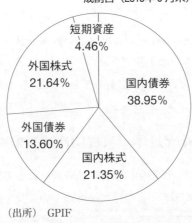

図表2－3－3　GPIF運用資産別構成割合（2015年9月末）

(出所)　GPIF

　安定的に運用を行うことが求められるGPIFにおいて日本株式のみならず外国株式の資産構成比率が大幅に上昇したことは運用商品として外国株式の重要度が高まっている表れであるといえる。GPIFが外国株式の資産構成比率を高めているのとは対照的に、日本の家計金融資産に占める外国株式を含む外貨建て資産の割合はわずか2％強にとどまっている（図表2－3－2）。

2 各国の時価総額

　世界最大の経済大国である米国は、時価総額（＝株価×発行済株式数）ベースで世界の約38％を占める（図表2－3－4、図表2－3－5）。

　上位10カ国で全体の8割のシェアを握る構図となっている。日本のシェアは米国、中国に続き世界3位の約8％にとどまっている。個別企業でみても上位50社のうち32社が米国企業で、日本企業はトヨタ自動車の1社のみとなっている。トップ10をみてみると、すべて米国企業である。これらの企業はグローバルで稼いでいる企業が大半であり、日本人にもなじみのある企業が並んでいる（図表2－3－6）。

3 各国のGDP（国内総生産）

　GDP（名目）においても米国が2位以下を大きく引き離して1位となっており、日本は米国の4分の1強でしかない。このようにGDP（名目）でみても、国際分散投資を検討すべきであることがわかる（図表2－3－7、図表2－3－8）。

4 各国の経済成長率（実質GDP成長率）

　日本は欧米と比べて、2020年に向けて低成長率にとどまることが予想されている。一方、米国は2020年に向けて2％以上の成長を維持すると予想されている。新興国に目を向けてみると、以前に比べ成長率は高くないようにみえるが、中国・インドにおいては2014年、2015年と同様、2016年も6％以上の高成長が見込まれている（図表2－3－9、図表2－3－10）。

　低成長が見込まれる日本よりも、高成長が期待できる国の外貨資産に投資することを検討すべきではないだろうか。

図表2-3-4　時価総額国別ランキング

(単位：百万ドル)

順位	国	時価総額
1	米国	21,961,914
2	中国	5,208,530
3	日本	4,636,756
4	香港	3,546,617
5	英国	3,150,481
6	フランス	1,827,359
7	ドイツ	1,687,586
8	カナダ	1,557,787
9	スイス	1,413,169
10	インド	1,387,175
	全世界	58,689,704

(注)　2016年1月末。
(出所)　Bloomberg L.P.

図表2-3-5　時価総額国別シェア

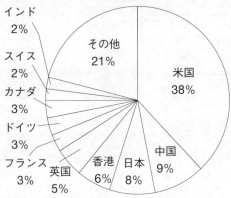

(注)　2016年1月末。
(出所)　Bloomberg L.P.

第3章　外国株投資の実務

図表2－3－6　時価総額個別企業ランキング　　　　　　（単位：百万ドル）

順位	銘柄名	国	時価総額
1	アップル	米国	539,710
2	アルファベット	米国	516,774
3	マイクロソフト	米国	435,724
4	エクソンモービル	米国	324,085
5	バークシャー・ハサウェイ	米国	319,651
6	フェイスブック	米国	319,381
7	ジョンソン・エンド・ジョンソン	米国	288,980
8	アマゾン・ドット・コム	米国	276,384
9	ゼネラル・エレクトリック	米国	274,642
10	ウェルズ・ファーゴ	米国	256,565
11	ネスレ	スイス	234,560
12	中国移動［チャイナ・モバイル］	香港	225,427
13	ロシュ・ホールディング	スイス	222,428
14	AT&T	米国	221,841
15	プロクター・アンド・ギャンブル	米国	220,936
16	JPモルガン・チェース	米国	219,027
17	中国工商銀行［ICBC］	中国	213,081
18	ウォルマート・ストアーズ	米国	212,478
19	ノバルティス	スイス	205,580
20	ベライゾン・コミュニケーションズ	米国	203,322
21	アンハイザー・ブッシュ・インベブ	ベルギー	202,021
22	トヨタ自動車	日本	198,707
23	中国石油天然気［ペトロチャイナ］	中国	196,617
24	ファイザー	米国	188,215
25	コカ・コーラ	米国	186,658
26	ビザ	米国	178,884

27	騰訊［テンセント・ホールディングス］	中国	175,053
28	アリババ・グループ・ホールディング	中国	165,960
29	シェブロン	米国	162,740
30	ザ・ホーム・デポ	米国	159,449
31	ウォルト・ディズニー・カンパニー	米国	157,302
32	中国建設銀行［チャイナ・コンストラクション・バンク］	中国	153,109
33	オラクル	米国	152,546
34	バンク・オブ・アメリカ	米国	147,232
35	インテル	米国	146,383
36	ペプシコ	米国	144,665
37	中国農業銀行［アグリカルチュラル・バンク・オブ・チャイナ］	中国	144,600
38	ノボ　ノルディスク	デンマーク	143,517
39	メルク	米国	141,549
40	フィリップ　モリス　インターナショナル	米国	139,452
41	ロイヤル・ダッチ・シェル	英豪	138,960
42	匯豊控股［HSBCホールディングス］	英国	137,842
43	サムスン電子	韓国	137,546
44	コムキャスト	米国	136,262
45	中国銀行［バンク・オブ・チャイナ］	中国	135,891
46	ユニリーバ	英蘭	132,342
47	シティグループ	米国	126,845
48	IBM	米国	121,060
49	シスコシステムズ	米国	120,760
50	アルトリア・グループ	米国	119,817

(注)　2016年1月末。
(出所)　Bloomberg L.P.

図表2-3-7　世界各国名目GDP（2014年）

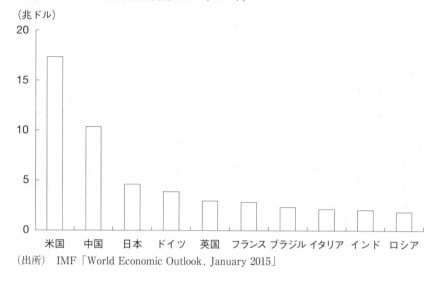

(出所)　IMF「World Economic Outlook, January 2015」

図表2-3-8　GDP（国内総生産）国別ランキング

（単位：兆ドル）

順位	国	名目GDP（2014年）
1	米国	17.35
2	中国	10.36
3	日本	4.60
4	ドイツ	3.87
5	英国	2.95
6	フランス	2.83
7	ブラジル	2.35
8	イタリア	2.15
9	インド	2.05
10	ロシア	1.86

(出所)　IMF「World Economic Outlook, January 2015」

図表2-3-9 世界経済見通し（IMF：2016年4月発表）

(前年比、単位：%)

	2015年	2016年予測	2017年予測
世界	3.1	3.2	3.5
米国	2.4	2.4	2.5
ユーロ圏	1.6	1.5	1.6
ドイツ	1.5	1.5	1.6
日本	0.5	0.5	▲0.1
英国	2.2	1.9	2.2
中国	6.9	6.5	6.2
インド	7.3	7.5	7.5
ブラジル	▲3.8	▲3.8	0.0

（出所） IMF「World Economic Outlook, April 2016」

図表2-3-10 日米欧の経済成長率の見通し（2001～2020年）

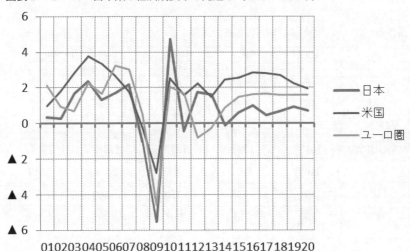

（注） 2015年以降は国際通貨基金（IMF）予想値（2015年10月時点）
（出所） IMF

5 外貨資産を保有する意義

外貨を保有することがリスク分散につながる。

前述したとおり、今後日本経済は低成長を続ける公算が高いこと、また、国の抱える借金が1,000兆円を超える財政状況（2014年度末、出所：財務省）であること、そして、当面日本は低金利、マイナス金利が継続する見込みであることから中長期的にみて、他通貨と比較して日本円の魅力が低下していくことが想定される（図表2－3－11～図表2－3－13）。よって、外国株式を通じて外貨資産を保有することがリスク低減につながるのではないだろうか。

図表2－3－11　国および地方の借金の推移　　　　　　　　　　（単位：兆円）

年	1998	2003	2008	2009	2010
国	390	493	573	621	662
地方	163	198	197	199	200
国＋地方	553	692	770	820	862
対GDP比	108％	138％	157％	173％	179％
年	2011	2012	2013	2014	2015
国	694	731	770	809	837
地方	200	201	201	201	199
国＋地方	895	932	972	1,009	1,035
対GDP比	189％	196％	201％	205％	205％

(注)　1　GDPは2013年度までは実績値、2014年度は実績見込み、2015年度は政府見通しによる。
　　　2　各年とも年度末。
(出所)　財務省

図表2−3−12 国および地方の借金の推移

(単位:兆円)

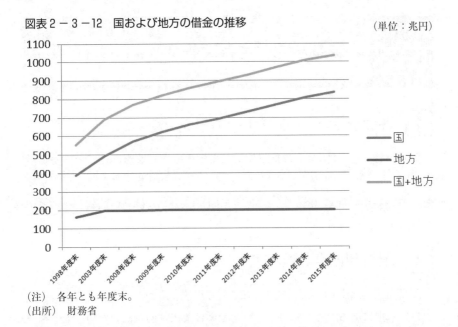

(注) 各年とも年度末。
(出所) 財務省

図表2−3−13 主要国の長期金利の推移

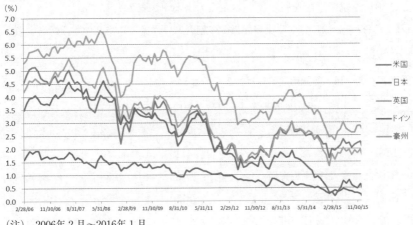

(注) 2006年2月～2016年1月。
(出所) Bloomberg L.P.

第2節 投資対象およびマーケット

1 各マーケットのバリュエーション

ROE(株主資本利益率)は株主に対してどの程度利益をあげているかを示す指標で、経営の効率を示す指標であり、日本国内でも非常に注目度が高まっているが、日本(8.51%)に比べ米国(12.78%)は高い数値となっている(図表2-3-14)。

2 配当利回り、配当性向

配当利回り(注1)、配当性向(注2)を比較すると、日本は主要国のなかで最低水準にある。それに対し、欧米企業は配当性向が高いため、配当利回りも相対的に高い水準となっている(図表2-3-15)。個別企業でみてみると、50年連続で増配を行っている企業もある(図表2-3-16)。

(注1) 投資金額に対する受取配当金の割合をいう。1株当りの年間配当金額を

図表2-3-14 各国市場のバリュエーション　　(単位:倍、実績ROEは%)

国	代表的な指数	予想PER	実績PBR	実績ROE
米国	S&P500指数	17.42	2.62	12.78
中国	上海総合指数	14.19	1.56	11.52
日本	日経平均株価	19.32	1.58	8.51
香港	香港ハンセン指数	8.50	1.04	13.56
英国	FTSE100指数	27.41	1.73	6.69
フランス	フランスCAC40指数	19.92	1.36	8.33
ドイツ	ドイツDAX指数	21.86	1.53	7.67

(注) 2016年1月末。
(出所) Bloomberg L.P.

株価で除して算出する。
(注2) 企業の、当期純利益に対して、配当金が占める割合のこと。「配当性向＝1株当りの配当額÷1株当りの当期純利益×100」で算出する。

米国には30年以上連続で増配を続けている企業が数多くあり、プロクター・アンド・ギャンブル（P&G）やコカ・コーラなどインターナショナルで稼いでいる企業を中心にわれわれにもなじみのある企業が名を連ねてい

図表2－3－15　主要国の配当利回り、配当性向　　　　（単位：%）

国	代表的な指数	配当利回り	配当性向
米国	S&P500指数	2.27	50.57
中国	上海総合指数	2.29	33.01
日本	日経平均株価	1.80	33.73
香港	香港ハンセン指数	4.44	32.61
英国	FTSE100指数	4.35	98.29
フランス	フランスCAC40指数	3.39	58.82
ドイツ	ドイツDAX指数	3.06	64.91

(注)　2016年1月末。
(出所)　Bloomberg L.P.

図表2－3－16　主な連続増配企業

社　名	年数	社　名	年数
プロクター・アンド・ギャンブル	58	ペプシコ	42
スリーエム	57	シスコシステムズ	40
コカ・コーラ	52	マクドナルド	39
ジョンソン・エンド・ジョンソン	52	エクソンモービル	32
ターゲット	47	アフラック	32
ウォルマート・ストアーズ	42	AT&T	31

(注)　2014年末時点。
(出所)　米国会社四季報

る。日本企業に目を向けてみると、花王の26年連続が最高となっている。

③ 自社株買い（金額、時価総額に対しての割合）

　主要国のなかでは金額ベース、時価総額に対する比率ともに圧倒的に米国が自社株買いを行っている。それに対し、日本は金額こそ多いようにみえるが、時価総額に対する比率でみると、1％を割り込んでおり、他国に比べ自社株買いに積極的であるとはいえない数値となっている（図表2－3－17）。

④ 日米欧の人口推移見通し

　日欧は年を経過するごとに人口が減っていくのに対して、米国は人口が増加していく。当然のことながら人口が増えていく国の経済は強く、人口が減っていく国の経済は弱くなっていく（図表2－3－18）。

⑤ 人口動態（人口ピラミッド）

　米国、インドは2050年に向けて人口全体も伸びていくが、経済活動の主役となる生産年齢人口（15～64歳）の層が厚くなっている。それに対し、日本は2050年に向けて人口全体が減っていくのに加え、経済活動の主役となる生

図表2－3－17　主要国の自社株買い実績（2014年）

国	代表的な指数	自社株買い金額（億米ドル）	自社株買い金額／時価総額（％）
米国	S&P500指数	5,714.5	3.09
中国	上海総合指数	49.3	0.13
日本	日経平均株価	252.9	0.89
香港	香港ハンセン指数	56.2	0.21
英国	FTSE100指数	228.4	0.71
フランス	フランスCAC40指数	155.6	1.04
ドイツ	ドイツDAX指数	172.0	1.29

（出所）　Bloomberg L.P.

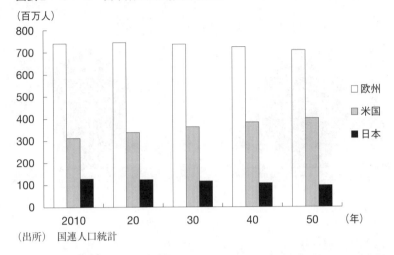

図表2-3-18 日米欧の人口推移見通し

(出所) 国連人口統計

産年齢人口（15～64歳）の層が薄くなっているのがわかる（図表2-3-19）。

前述したとおり、人口が減っていく国の成長力には限りがあり、経済活動も活発化しにくい。日本以外の成長が見込まれる（人口が増加していく）国への投資を検討すべきはないだろうか。

6 個別銘柄、預託証券（DR）、海外ETF、外国籍投資信託

(1) 個別銘柄

普通株式（普通株）は、株主に対して与えられる権利内容について、なんら制約（限定）のない標準となる株式のことを指す。一般に企業（株式会社）が発行できる株式は、その権利内容の差異によって分類され、普通株以外に、たとえば、優先株や後配株（劣後株）などがある。前者の優先株とは、普通株よりも配当や残余財産の分配を優先して受ける権利が認められた株式であるのに対して、後者の劣後株とは、普通株よりも配当や残余財産の分配を請求する権利などが制限された株式となっている。

図表2−3−19 各国の人口動態(人口ピラミッド)

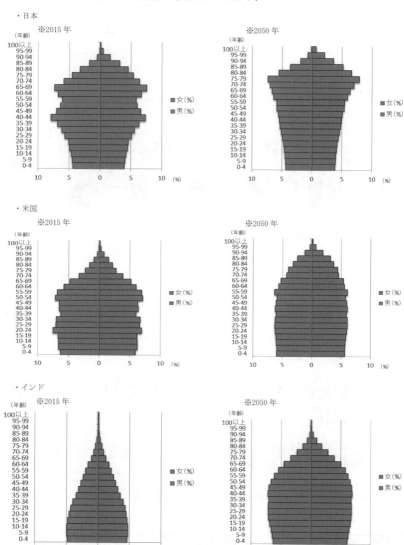

(出所) 国連人口統計

(2) 預託証券（DR）

　代替証券の一種で、海外企業が本国で発行した株式の預託を受けて信託銀行等が発行する証券のことをいう。これを証券取引所に上場することにより、海外企業は直接上場せずに、第三国での資金調達ができる。各国において株式に関する規制や制度が異なる事情より、海外からの上場がむずかしい場合や、資金調達を容易に行いたい場合等に用いられる手段である。投資家にとっては、海外企業の株式を直接取得する場合とほぼ同じ権利（配当の受取りや議決行使権）を享受したり、売買することができる。

　代表的な預託証券（DR）として、米国預託証券（ADR）（以下「ADR」という）がある（図表2－3－20）。ADRは主にニューヨーク証券取引所やナスダックに上場され、通常の米国株式と同様、米ドル建てで売買が行われる。

図表2－3－20　米国預託証券（ADR）：流通スキーム（原株式がブラジル企業の場合）

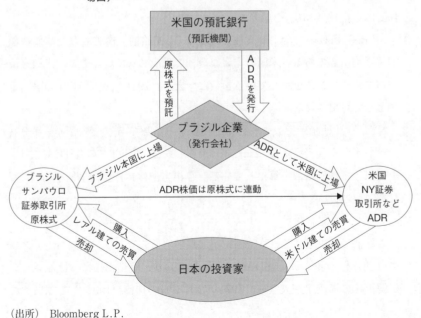

（出所）　Bloomberg L.P.

一部のADRはロンドン（インターナショナル）市場に上場し、米ドル建てで売買が行われるなど、米国以外の市場に上場され売買が行われる場合もある。ほかにも欧州預託証券（EDR）やロンドン証券取引所で売買されるグローバル預託証券（GDR）等がある。

(3) 海外ETF

ETFとはExchange Traded Fund（金融商品取引所で取引される投資信託の意）の略で、株価指数や商品価格指数、金利指数、債券指数、為替指数等の指標（以下「株価指数等」という）に連動することを目的に運用される指数連動型の投資信託で、金融商品取引所に上場している商品である。ETFの組入資産は主としてこれら株価指数等の対象資産となる（図表2－3－21）。

図表2－3－21の銘柄のなかには、日本国内の市場にも上場している銘柄（SPDR S&P500ETF）があり、円建てで売買することが可能となっている。

ただし、銘柄によっては出来高が少ないものもあるので注意が必要である。

代表的な指数（米国）を紹介する。

① S&P500指数……全主要業種を代表する500銘柄で構成された時価総額加重平均指数である。米国の主要な会社で構成されているので、米国経済のパフォーマンスを示している指数といえる。1941年から1943年の平均を10として算出される。

② NYダウ30種総合指数……世界を代表する指数である。ダウ・ジョーンズ社が米国を代表する優良30銘柄（ただし鉄道・公共事業の会社は対象外）を選出し、株価指数を算出している。算出方法は、株価の単純平均（ただし除数は変更）。

③ ナスダック総合指数……ナスダック（NASDAQ）で取引されているすべての銘柄で構成されている時価総額加重平均指数である。米国ハイテク株やIT関連株の多くがNASDAQに上場しており、時価総額におけるハイテク関連株の構成比が大きい。1971年2月5日の株価を100として算出される。

図表2－3－21　ETF時価総額トップ10　　　　　　　　　（単位：百万ドル）

順位	銘柄名	ティッカー	上場市場	時価総額
1	SPDR S&P500 ETF	SPY	米国	174,510
2	iシェアーズ・コアS&P500 ETF	IVV	米国	66,667
3	iシェアーズMSCI EAFE ETF	EFA	米国	56,390
4	バンガード・トータル・ストック・マーケットETF	VTI	米国	53,637
5	バンガードS&P500ETF	VOO	米国	40,106
6	パワーシェアーズQQQトラスト・シリーズ1	QQQ	米国	37,778
7	iシェアーズ・コア　米国総合債券ETF	AGG	米国	31,799
8	バンガードFTSEエマージング・マーケッツETF	VWO	米国	31,794
9	iシェアーズ・ラッセル1000グロースETF	IWF	米国	28,459
10	バンガード　FTSE先進国市場ETF	VEA	米国	28,063

(注)　2016年1月末。
(出所)　Bloomberg L.P.

　ETFのメリットとしては、以下の3点があげられる。
① 　株価指数等に連動することを目的に運用されるため値動きがわかりやすく、連動を目標とする株価指数等を構成する資産のすべてに投資するのと同等の効果を少額の投資から得ることができる。
② 　通常の株式投資のように個別の企業に投資するのとは異なり、株価指数等を構成する対象資産に幅広く投資することになるため、分散投資（リスク分散）の効果を得ることができる。
③ 　一般の投資信託の場合買付け・解約の申込み後に決定される基準価額で買付け・解約を行うが、ETFの場合は通常の株式と同じように取引市場の取引時間中に、市場価格で売買することができる。
　以上から、機関投資家から個人投資家に至るまで海外ETFの認知度が向

上しており、純資産、本数も増加傾向にある。

(4) 外国籍投資信託

　外国籍投資信託は、「外国投信」とも呼ばれ、外国の法律に基づいて海外で設定・運用される外国籍の投資信託（ファンド）をいう。これに対して、国内の投信会社が設定したファンドで、たとえ海外に投資するものでも、日本の法律に基づいて設定・運用されるものは「国内投資信託（内国証券投資信託）」といい、日本国内で設定され、主として外国証券に投資するファンドは「国際株式型」や「外国債券型」などと呼ばれる。

　外国籍投資信託は、ほとんどが外貨建て（米ドル、ユーロ、ポンド、オーストラリアドルなど）であるが、なかには円建てのものもある（日本国内で販売されるものは、米ドル建てがいちばん多い）。そのなかでもいちばん身近なものとして、「外貨建てMMF」がある。また、海外では、日本とファンドの運用規制が大きく異なるため、日本では設定できないようなタイプのものもある。ちなみに、ファンドの外国籍については、米国以外では、ルクセンブルクやアイルランドなどが多く、いずれも投資に対する税金が低い国で組成され、運用・管理されている。

　一般に外国籍投資信託には、さまざまな種類のものがあり、日本国内で販売されるファンドは、金融庁への登録が義務づけられている。また、その運用にあたっては、外貨ベースでは高収益（高い運用利回り）でも、為替相場次第では投資効果が大きく異なってくるので、為替リスクには十分に注意が必要である（投資した後に、円安基調であれば為替差益のメリットがある一方で、円高基調になると為替差損のリスクがある）。

第3節 口座開設・取引・注文・約定

1 国内での口座開設

　有価証券の売買を行うにあたり証券口座の開設を行うのは日本も海外も変わりはないが、日本の居住者が海外の有価証券に投資を行う場合、日本国内の証券会社に外国証券口座を開設し、外国（委託）取引、国内店頭（仕切り）取引、国内委託取引（日本国内の市場に上場している外国証券の委託取引）で売買を行うのが一般的である。

　日本国内の証券会社で外国証券口座の開設を行い、外国証券を証券会社で保護預りとすれば、現地市場での決済受渡しや、配当金の受取りに際しての納税など、自身で行うとなると煩雑な処理を証券会社が行うため、容易に外国証券への投資が行える。

　また、外国証券口座を開設するにあたり、すでに証券会社に国内株等の口座を開設している場合は、外国証券取引口座約款の交付を受け、外国証券取引口座設定の申込書を提出することで簡易に外国証券口座の開設が行える。

　米国市場の証券を取り扱う証券会社での口座を開設している（または、これからする）際には、外国証券取引口座設定の申込書以外にも、米国で2014年に成立したFATCA（Foreign Account Tax Compliance Act：外国口座税務コンプライアンス法）に係る本人確認書類の提示や提出を求められる場合がある（図表2－3－22）。

　さらに、現在では証券総合口座の開設が外国証券取引口座の開設も兼ねている証券会社が多いため、証券総合口座を保有している場合には、すでに外国証券口座が開設されている場合もある。外国証券口座の有無については、口座開設をしている証券会社に問合せを行えばすぐに確認できる。

　外国証券口座を開設する場合、外国証券口座管理料を徴求する会社と、無料（または、条件付きで無料）の証券会社があるので、ランニングコストを考

図表2－3－22　国内証券会社での口座開設時に交付または徴求される書類等（例）

個人の場合	法人の場合
・各証券会社所定の口座開設申込書 ・各証券会社所定の約款・規定集（交付書類） ・契約締結前交付書面集（交付書類） ・本人確認書類	・各証券会社所定の口座開設申込書 ・各証券会社所定の約款・規定集（交付書類） ・契約締結前交付書面集（交付書類） ・本人確認書類（通常、取引担当者の本人確認書類も必要） ・事業内容確認書類（通常、本人確認書類で事業内容の確認ができる場合は不要） ・場合により、実質支配者届出書

（出所）　筆者作成

えるうえでも、事前に確認することが望ましい。また、信託銀行を通じて、外国証券の売買を行うことを検討する場合には、まず、外国証券の売買を行える口座であるかを、信託銀行に事前に確認することが必要である。

2　海外での口座開設

　日本の居住者が外国証券を売買する際には、日本国内の証券会社で外国証券口座開設を行うのが一般的であると述べたが、海外の証券会社に直接口座を開設するという選択肢もありうる。海外で直接口座を開設するのは、証券会社に支払う手数料が比較的安い、売買できる銘柄が豊富などのメリットがある半面、開設時に手間がかかる、確定申告が必要かつ煩雑になるなど、実際に海外での口座開設を行うのはハードルが高い。

　ここでは、金融機関などの適格機関投資家が米国で口座開設を行う場合の流れについて簡潔に説明する。

　外国の証券会社に口座を開設するにあたり、まず、現地での証券の保管や決済業務を代行する現地保管銀行（カストディアン）と証券の管理等を委託する契約を結ぶ必要がある。カストディアンで保管や決済を行う場合、カス

トディフィー（管理費用）として、証券を保管しておけば保管料が、売買の決済を行えば決済手数料が発生する。ランニングコストの把握を行ううえで、事前にカストディフィーがどれくらいかかるのかの確認を行うことが必要であろう（カストディフィーは、カストディアンにより異なる）。

カストディアンには、グローバルカストディアンとサブカストディアンがあり、グローバルカストディアンは、文字どおりグローバルに複数国の有価証券の保管・管理などのカストディ業務を手がけ、サブカストディアンは自国の有価証券の保管・管理などのカストディ業務を手がける。

グローバルカストディアン1社と契約を結ぶことで、国ごとに複数のサブカストディアンと契約を結ぶ必要がなく、複数国を対象として投資を行う際の手間が軽減される（ただし、グローバルカストディアンでも取扱いのない国もあるため、投資を予定している国の取扱いの有無は事前に調べる必要がある）。

代表的なグローバルカストディアンにはシティグループ、ドイツ銀行、ステートストリートバンク＆トラストなどがある。

保管銀行を確保した後は、口座を開設する証券会社に、求められる書類や情報を提供し、必要に応じて契約書を作成し契約を交わし、口座開設を行うこととなる。参考情報として、米国の証券会社での新規口座開設時に必要になる、一般的な書類や情報を図表2－3－23に記載する。

③ 外国（委託）取引、国内店頭（仕切り）取引

【売買方法について】

外国株式等の取引方法には以下の3種類の方法がある（日本国内で口座開設をした場合、図表2－3－24、図表2－3－25）。

① 外国（委託）取引……顧客の注文を証券会社が受注し、外国の金融商品取引所の取引資格がある証券会社を介して外国の金融商品取引所にて執行する取引。一般的に現地の市場で約定した翌営業日が国内での約定日となる。

② 国内店頭（仕切り）取引……顧客の注文に対して、証券会社が相手方と

図表2−3−23　米国の証券会社での口座開設時に必要な書類等【法人の場合】（例）

- 政府機関発行登記書類
    会社定款、全部事項証明書、金融機関の場合には金融庁の登録番号など
- Form W-8BEN-E（米国源泉徴収および報告に関する最終受益者の外国人証明書（法人用））
    米国外の事業体が非米国法人（非米国納税者）であることを証明するために使用する書式でIRS（Internal Revenue Service：アメリカ合衆国内国歳入庁）への提出および、FATCA（Foreign Account Tax Compliance Act：外国口座税務コンプライアンス法）による確認手続のために必要な書類。日本国内の金融機関などの場合は、FFI（Foreign Financial Institution：外国金融機関）としてIRSに登録した事業体に付与される認識番号であるGIIN（Global Intermediary Identification Number：グローバル仲介人識別番号）の記載が必要となる。
- Institutional Suitability Certificate
    FINRA（Financial Industry Regulatory Authority：金融業規制機構）の適合性ルールに関連する証明書。
- SSI（Standing Settlement Instruction：標準決済指図）
    決済受渡しに係る決済情報。
- 直近2年分程度の財務諸表
- Trading Authorization Letter
    発注権限者（発注を行う担当者）のリスト。自組織のレターヘッドがある書面で作成する。
- FBC（Foreign Bank Certificate：外国銀行証明書）
    銀行の場合のみ必要。
- LTID（large trader identification number：大口トレーダーID）
    IDを保持している場合にはID番号を提供する。

※上記は米国の証券会社法人が口座開設を行う場合に提出が求められる、一般的な書類や情報について記載しているものであり、口座開設先の証券会社により提出を求められない場合や、上記にないものの提出が求められる場合があるので、実際に口座開設を行う際は口座開設先の証券会社に確認されたい。
　また、上記は2016年1月現在での情報であり、今後の制度改正等により上記の書類等の廃止や改訂、提出書類の新設など改変されていくことが想定されるため、実際の口座開設にあたっては最新の情報を確認されたい。

（出所）　筆者作成

図表2－3－24　外国（委託）取引と国内店頭（仕切り）取引の違い

	外国（委託）取引	国内店頭（仕切り）取引
手数料等 （第4節にて説明）	・海外取次手数料および諸費用と国内取次手数料が必要 ・市場によって海外取次手数料が異なる ・一般的に国内店頭（仕切り）取引よりも売買コストが安い場合が多い	・約定代金に手数料相当額が含まれている
約定日 （国内約定日）	一般的に翌営業日 一般的に適用為替レートも翌営業日	当日約定（即時に約定） 約定と同時に適用為替レートも決定
受渡日	国内約定日＋3営業日	国内約定日＋3営業日
単価	指値および成行注文が可能（成行注文に制限のある市場あり）	証券会社が提示する単価

(出所)　筆者作成

図表2－3－25　国内店頭（仕切り）取引のメリット・デメリット

メリット	デメリット
・海外市場の取引時間外でも取引することができる ・取引条件について合意すれば、すみやかに約定が可能 ・適用為替レートが直近に提示されているレート（円貨決済の場合）のため、約定と同時に受渡代金も確定する ・同一日の売付代金を買付代金に充当できる	・取引希望単価がある場合、約定できない場合がある ・一般的に外国（委託）取引よりも売買コストが高い ・取扱銘柄に限りがある ・提供できる数量に限りがあるため、希望する数量を取引できない場合がある

(出所)　筆者作成

なって売買が成立する取引（相対取引）。

ただし、売買可能な銘柄は証券会社が単価を提示している銘柄に限る。

③ 国内委託取引……国内の金融商品取引所上場の外国籍企業等の本邦取引所における取引。

第4節 コスト

1 国内手数料、海外手数料

外国（委託）取引においては、国内での手数料（国内取次手数料）と、現地での手数料（海外取次手数料）および、投資先の市場により、海外取次手数料以外の諸費用が必要となる。国内取次手数料や海外取次手数料については、手数料自由化となっているため、証券会社により独自に設定が行える。国内取次手数料については、売買金額によるスライドテーブル制を基本とする証券会社が多いが、個別でベーシスポイントでの手数料にしたり、条件を設けて手数料の割引設定を行ったりと、ある程度柔軟性をもって各社対応を行っている。

海外取次手数料については、ベーシスポイントで設定されることが多い。海外取次手数料も自由化されており証券会社により独自に設定が行えると記載したが、あくまで現地の取次ブローカーとなる海外の証券会社が独自に設定している手数料であるため、口座を開設している国内証券会社向けに支払う国内取次手数料と比べると、海外取次手数料は割引や独自の手数料率の設定がむずかしいといえる。また、取次を行っている証券会社が少ないニッチな市場での売買は、米国などのメジャーな市場に比べて海外取次手数料が高くなる傾向にある。

さらに、外国株式の売買にかかるコストとして、売買を行う金融商品取引所によっては、印紙税やVAT（付加価値税）などの費用がかかる市場があ

り、常に制度は変更になっているので最新の状況を確認されたい。

　近い将来、現地市場でかかるコストの変更がありそうな例としては欧州FTTなどがあげられる。欧州地域では金融取引税（FTT：Financial Transaction Tax）の導入を目指し、2011年9月に欧州委員会がEU加盟国に対し、欧州金融取引税を2014年1月に導入する案を出した。しかし、英国をはじめ金融取引税の導入に強く反対する国もあり、EU27カ国による一斉導入は困難になったことから、ドイツやフランスといった導入に賛成する11カ国のみで導入を実現させる方向に転換し、導入を目指して協議を重ねている。11カ国での共同導入に先んじて、フランスでは、2012年8月より、イタリアでは2013年3月よりFTTを導入している。

② 外貨調達コスト

　外国株式の売買をするということは、（ユーロ円債などの例外はあるが）証券の建て通貨が円貨ではないということでもある。つまり、外国株式の買付けを行う際には外貨を調達する必要がある。なお、ここでいう外貨調達とは、証券の売買に係る外貨の調達についてであり、金融機関がインターバンク取引で外貨を調達するような取引については想定していない。証券の買付けに伴う外貨調達のコストは、調達の方法や、通貨により異なる。たとえば、銀行で円を米ドルに両替し外貨預金とする場合、通常多くの銀行では1米ドルにつき50銭～1円程度の為替手数料がかかる。証券会社で売買に伴って為替取引を同時に行う場合にも、同様に為替手数料として1米ドルにつき50銭前後の為替手数料がかかる。もちろん、これは基本の為替手数料であり、調達する金額や預り残高などに応じて為替手数料を小さくした優遇レートなどが用意されているのが一般的である。

　各証券会社の取次手数料や、取扱いを行っている市場、為替コストなどを確認するには、各証券会社のウェブサイトを閲覧するとよい。各社とも、口座開設のある顧客限定での投資情報やポートフォリオ作成サービスなどを提供しているが、口座開設を行っていなくともログインの必要がない一般的な情報として、外国株式であれば、その会社が取扱い可能な市場や、現地でか

かるコスト、基本の国内取次手数料などを確認することができる。ただし、ウェブサイトで掲載されている手数料は、基本の手数料のみであるので、個別の交渉により手数料設定を行う適格機関投資家については、直接証券会社に問合せを行う必要がある。

第5節　その他留意すべき点

1　時　差

外国株式を取引する際には、日本との時差を考慮する必要がある。特に米国株式については、日本時間23：30～翌日6：00（米国時間9：30～16：00）と昼夜が逆転するため特に注意が必要となる。また、通常3月第2日曜日から11月第1日曜日までは、米国においてサマータイム期間となるため、取引時間が1時間前倒しとなり日本時間22：30～翌日5：00（米国時間9：30～16：00）の間の取引となる（図表2－3－26）。

2　祝祭日

外国株式を取引する際には、現地市場の祝祭日にも留意が必要である。日本と現地市場とでは祝祭日が異なるが、日本が祝祭日であっても、現地市場では金融証券取引所が開いており売買がされているケースや、半日立会となるケースもあるため、現地の祝祭日には注意を払うとともに、取引先の証券会社へ確認をする必要がある。

3　為替リスク

外国株式を投資するにあたって、現地通貨高（円安）になることにより、円貨ベースで利益を得るケースもあるが、その半面、現地通貨安（円高）になることにより、円貨ベースで損失を被ることがある。また、通常国内から

図表2-3-26　主要国における取引時間

国		取引時間	サマータイム
米国	現地	9：30～16：00	
	日本	23：30～翌日6：00	22：30～翌日5：00
英国	現地	8：00～16：30	
	日本	17：00～翌日1：30	16：00～翌日0：30
ドイツ	現地	9：00～17：30	
	日本	17：00～翌日1：30	16：00～翌日0：30
フランス	現地	9：00～17：30	
	日本	17：00～翌日1：30	16：00～翌日0：30
香港	現地	9：00～ 9：30〈プレ〉 9：30～12：00〈前場〉 13：00～16：00〈後場〉	
	日本	10：00～10：30〈プレ〉 10：30～13：00〈前場〉 14：00～17：00〈後場〉	

(出所)　筆者作成

の発注の場合には、前述のとおり、現地市場との時差があるため、米国株式の例で説明すると、国内での発注日と国内での約定日が異なるため、オーバーナイトの為替リスクが発生することとなる。米国市場の例をあげる（図表2-3-27～図表2-3-29）。

4 取扱可能銘柄

　日本株については、上場銘柄であれば、どの証券会社からでも購入は可能だが、外国株式は証券会社により、取り扱う銘柄が異なる。知名度の高い大型銘柄であればほとんどの証券会社で取り扱っているが、希望する銘柄の取扱いがあるかを事前に確認する必要がある。また、外国（委託）取引は比較的多くの銘柄に対応しているが、国内店頭（仕切り）銘柄については、証券会社により取扱銘柄数も異なるため、あわせて確認する必要がある。

図表2-3-27 通常の場合

通常の場合、発注日の翌営業日が約定日となる。

曜日	日	月	火	水
国内証券会社		注文発注／現地へ発注	国内約定日	
現地証券会社		注文執行／現地約定		→

図表2-3-28 現地休場日がある場合

現地休場日がある場合、現地休場の場合は現地受渡日が1日後ズレとなる。

曜日	日	月	火	水
国内証券会社		注文発注／現地へ発注	国内約定日	
現地証券会社		注文執行／現地約定	現地祝日	

図表2-3-29 国内休場日がある場合

国内休場日がある場合、国内約定日が1日後ズレとなるため、受渡日も1日後ズレとなる。

曜日	日	月	火	水
国内証券会社		注文発注／現地へ発注	国内祝日	国内約定日
現地証券会社		注文執行／現地約定		→

5 売買ルール

売買を行うにあたって、現地市場によって日本の株式市場と異なる点が多数存在するため、注意が必要である。たとえば、米国には、日本のような単元株制度は存在しない。よって、どの株式でも基本的には1株から購入する

木	金	土	日	月
→	国内受渡日			
現地受渡日				

木	金	土	日	月
→	国内受渡日			
→	現地受渡日			

木	金	土	日	月
			→	国内受渡日
現地受渡日				

ことができるため、株価がその株の購入最低金額となる。ただし、証券会社によっては、売買単位を個別に設定している場合があるため、別途、証券会社へ確認する必要がある。また、値幅制限も市場によっては存在しない。米国もその1つであるが、ストップ高、ストップ安の概念がないことから、株価に影響を与えるような大きな報道があった場合、価格変動が大きいため、

成行注文の場合は想定外の価格で約定する危険性も意識する必要がある。

6 保護預り制度

国内株式の場合は一般的に株券を証券保管振替機構にて管理しているが、外国株式の場合は証券会社が契約している現地の保管銀行にて一括管理している。コーポレートアクションが起きた際には現地の保管銀行から証券会社が連絡を受け、証券会社より顧客に通知する。

7 税制、租税条約

外国株式に係る現地での課税については、各々の国と日本が締結している租税条約によって異なる（図表2-3-30）。

(1) 外国税額控除

外国株式の配当金について確定申告をする場合には、上場株式の配当金については総合課税または申告分離課税のいずれかにより、非上場株式の配当金については総合課税によることになる。この場合、国外で課税された税額があるときは「外国税額控除」の適用を受けることができる。外国税額控除は、確定申告において国外で課税された税額を国内で課税される税額から控除することにより国際間での二重課税を調整するための措置であり、控除限度額は次のとおりである。

　　控除限度額＝その年分の所得税額（注1）
　　　　　　　×（その年分の国外所得総額（注3）／その年分の所得総額（注2））

なお、わが国が締結した租税条約のなかには「みなし外国税額控除」の規定が設けられているものがある。みなし外国税額控除とは、その外国株式が発行された国で実際には課税されていなくても課税されたものとみなして、確定申告において外国税額控除の適用を受けることができるというものである。現在、外国株式の配当金についてみなし外国税額控除の適用を受けることができる国は、ブラジル・中国・フィリピンなどである。

外国税額控除（みなし外国税額控除を含む）の適用を受けるには、「外国税

図表2－3－30　主要海外市場における現地での課税

	譲渡益に対する現地での課税	配当に対する現地での課税
米国	日米租税条約の規定により、原則非課税	日米租税条約による限度税率は10% （ただし適用には本人確認書類が必要）
英国	日英租税条約の規定により、原則非課税	日英租税条約による限度税率は10% （ただし現地における源泉税率は0％）
ドイツ	日独租税条約の規定により、原則非課税	日独租税条約による限度税率は15% （ただし、現地における源泉税率は26.375％）
フランス	日仏租税条約の規定により、原則非課税	日仏租税条約による限度税率は10%
香港	日香租税条約の規定により、原則非課税	税率は銘柄によって異なる

（注）　上記の課税表示についての記載はあくまでも現地のものであり、日本国内においては国内での税制に基づき、別途課税される。
（出所）　筆者作成

額控除に関する明細書」その他必要な書類を添付のうえ確定申告書を提出する必要がある（注4）。

(注1) 「その年分の所得税額」とは、配当控除や住宅借入金等特別控除等の税額控除、および災害減免法による減免税額を適用した後の額を指す。

(注2) 「その年分の所得総額」とは、純損失の繰越控除や居住用財産の買換え等の場合の譲渡損失の繰越控除等の適用前の、その年分の総所得金額、分離長期（短期）譲渡所得の金額（特別控除前の金額）、株式等に係る譲渡所得等の金額、分離課税を選択した上場株式に係る配当所得の金額、先物取引に係る雑所得等の金額、退職所得金額および山林所得金額の合計額をいい、その合計額が「その年分の国外所得総額」に満たない場合には、「その年分の国外所得総額」に相当する金額をいう。

(注3)　「その年分の国外所得総額」とは、純損失の繰越控除や居住用財産の買換え等の場合の譲渡損失の繰越控除等の適用前の、その年において生じた国内源泉所得以外の課税対象となる総所得金額、分離長期（短期）譲渡所得の金額（特別控除前の金額）、株式等に係る譲渡所得等の金額、上場株式に係る配当所得の金額、先物取引に係る雑所得等の金額、退職所得金額および山林所得金額の合計額をいう。

(注4)　外国税額控除の対象となる外国所得税は、外国の法令に基づき外国またはその地方公共団体により個人の所得を課税標準として課税されるものおよびそれらに準ずるものをいうが、次に掲げるようなものは外国税額控除の対象にはならない。

① 税を納付する人が、納付後、任意にその税額の還付を請求することができるもの
② 税を納付する人が、納付が猶予される期間を任意に定めることができるもの
③ 複数の税率のなかから納税者と外国当局等との合意により税率が決定された税（複数の税率のうち最も低い税率を上回る部分に限る）
④ 加算税や延滞税などの附帯税に相当するもの
⑤ 金融取引における仕組取引などの通常行われる取引とは認められない不自然な取引に基因して生じた所得に対して課されたもの
⑥ 出資の払戻し等、資本等取引に対して課されるもの
⑦ その年以前の非居住者期間に生じた所得に対するもの
⑧ 租税条約により外国税額控除の適用がないとされたもの

(例)　2015年分の所得総額が1,000万円、うち米国株式の配当金20万円（株式の配当所得に対する米国における源泉徴収税率は10%）、2015年の所得税額が150万円の場合、
控除限度額：1,5000,000円×200,000円／10,000,000＝30,000円
外国税額：200,000×10%＝20,000円
外国税額控除額：20,000円（30,000円＞20,000円）

(2) 外国税額控除の計算方法 (出所：国税庁)

外国税額控除額の計算は、外国所得税の額が、前述の所得税の控除限度額を超えるか否かによって異なる。

a　外国所得税の額が所得税の控除限度額に満たない場合
　外国税額控除額は、外国所得税の額となる。
b　外国所得税の額が所得税の控除限度額を超える場合
　　外国税額控除額は、所得税の控除限度額と、次の①または②のいずれか少ないほうの金額の合計額となる。
　①　控除対象外国所得税の額から所得税の控除限度額を差し引いた残額
　②　次の算式により計算した復興特別所得税の控除限度額
　　復興特別所得税の控除限度額＝その年分の復興特別所得税額×（その年分の国外所得金額／その年分の所得総額）

第4章

海外ETF投資

グローバルに分散投資を行うことは、地域的には米国や欧州の先進国からエマージングといわれる発展途上国までの幅広い投資対象地域が対象となり、また、投資対象となる金融商品も株式、債券、REIT、コモディティその他幅広い。さらに言葉の問題、時差の問題などを考えると、経営資源に乏しい地域金融機関にとっては本格的に自ら取り組むことはハードルが高いといえるだろう。

　しかしながら、最近ETF（Exchange Traded Fund）といわれる上場投資信託の市場が急速に拡大している。海外、特に米国を中心に上場されている海外ETFはその商品の多様性、流動性、コストの安さから魅力が大きく、そのほとんどがなんらかの指数、インデックスに連動する商品であることから、地域金融機関、特に中小の地域金融機関にとっても、比較的容易に取り組むことができる。

　海外ETFのなかでも金融庁へ届出ずみのものは国内の証券会社を通じて売買でき、また日本語での開示や、運用会社のウェブサイトなどでも充実した日本語での情報提供が始まっている。資金運用の高度化に取り組もうとしている地域金融機関にとってグローバルな分散投資として最初に取り組むのに格好の商品であるといえるだろう。本章においては海外ETFを中心に、その概要、メリット・デメリット、投資対象の選定、マーケットの状況、投資の実務などを紹介する。

第1節　ETFの概要

1　ETFとその歴史

　ETF（上場投資信託：Exchange Traded Fund）は、過去20年間に金融業界で生まれた商品のなかで最も革新的なものの1つといえるだろう。1990年にカナダ・トロント株価指数に連動するETFがオープンエンドの指数ファン

ドとして、初めてトロント証券取引所に上場され、米国では1993年にSPDR S&P500 ETFが初めて上場されて以降、まったく新しい投資の世界を広げてきた。

　ETFは世界の株式市場、セクター、スタイル、そして債券やコモディティへの広範なエクスポージャーを比較的容易に、そしてリアルタイムでとることを可能にしている。日本においては、1995年に日経300型上場投資信託が初めて上場されETFのマーケットがスタートした。当初は規模も小さく銘柄数も伸び悩んでいたものの、さまざまな法律や制度の改正により、かなり活発な市場となってきた。しかしながら、世界的にみるとマーケット規模としてはまだ小さく今後の伸びが期待されている。

２　ETFの主な特徴

　ETFの特徴は、さまざまであるが、最も大きな特徴はETFは「３種類の流動性」のように流動性の源泉が比較的多いことである。これについては次に述べる。そのほかにも、

① 　多様性……投資対象はさまざま
② 　コスト効率……低く抑えられた保有コスト
③ 　透明性……値動きや保有銘柄が把握しやすい
④ 　柔軟性……株のように機動的な売買ができる
⑤ 　レンディングができる

等の特徴もある。主な特徴を図表２－４－１にまとめた。

３　ETFの流動性

　どんな投資を選択するにしても、流動性は重要な考慮事項である。流動性が高いほど、取引しやすくコストも低くなり、逆に流動性が低ければポジションを構築するのも解消するのもむずかしく、コストも割高になる。

　ETFの流動性を評価するとき、その流動性には、３つの層があることを理解する必要がある（図表２－４－２）。

① 　セカンダリーマーケットの流動性……取引所で取引するときの流動性で

図表2-4-1　ETFの一般的な特徴

透明性	投資家はウェブサイトなどで常時ETFの構成銘柄やウェイトを把握できる。
流動性	「3種類の流動性」の源泉が得られる。 —流通市場の取引高でみた従来型の流動性 —マーケットメーカーの在庫からなる流動性 —設定・交換プロセスによる組入銘柄の流動性
多様性	ETF単一銘柄の投資で複数の個別銘柄への投資と同様の効果。証券のバスケットまたはグループに対するエクスポージャーを即座にとれ、多様性を確保できる。 株のみならず、債券、不動産、コモディティ、テーマ型など多種多様な資産クラスへのアクセスが簡単にできる。
柔軟性	証券取引所に上場され、市場が開いている時間はいつでも取引できる。 日中を通じた連続的な価格形成。 他市場に連動しており、24時間価格発見機能がある。
コスト効率	多様な市場エクスポージャーに対するコスト効率の高い手段となる。 経費率は一般の投資信託よりも比較的優位。 流動性に裏付けられた取引コストの減少。
レンディング	ETFが運用として行う保有銘柄のレンディングを行う場合があるのみならず、ETFの保有者はその受益証券も貸し出すことができる。

（出所）　ブラックロック

あり、平均取引高および取引所の取引スプレッドにより表される。
②　マーケットメーカーの在庫からなる流動性……取引所以外でマーケットメーカーと直接取引するときの流動性であり、マーケットメーカーの層の厚さや在庫状況からもたらされる流動性である。
③　現物バスケットの流動性……ETFの原資産となる有価証券の流動性であり、新たにETFを組成したり、解約することができることにより生まれる流動性。

米国においてはETFの取引量は約19億株ある（30日間の平均取引量）。ま

図表2−4−2　ETFの3層の流動性

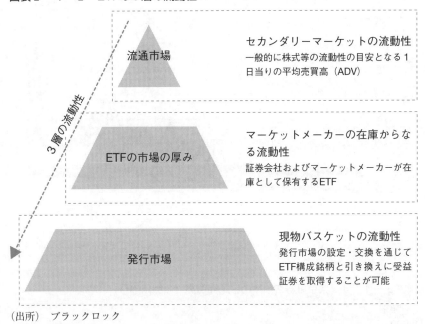

(出所)　ブラックロック

た、債券のETFの取引量は2009年以降年率24％の割合で増加し、1.6億株(30日間の平均取引量)となっている。また、債券ETFでも取引の多いETF(ブラックロックのiシェアーズ)である新興国債券、ハイイールド債、クレジット債券の取引量は図表2−4−3のようになっており、多いときには月間で300億ドル(1ドル110円で3.3兆円となる)を超えるカテゴリーも出てきている。

　日本においては、図表2−4−4のように、2003年頃より出来高が急増してきているが、個別のETFでみれば、なかには取引がまったくない日があるもしくは数百万円にとどまるETFも多くみられ、売買が一部銘柄に集中する傾向が顕著で、流動性にかなり偏りがみられ、現状ではいまだ、機関投資家がさまざまな銘柄の大口の取引を取引所でスムーズにできるのかという課題がある。

図表2－4－3　各種債券ETFの取引高推移

(出所)　ブラックロック

図表2－4－4　東京証券取引所のETF売買高（1カ月当り）

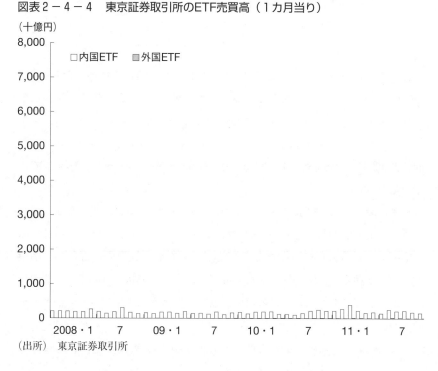

(出所)　東京証券取引所

4 ETFの規模

　ETFは、マーケットに登場して以降順調に残高を伸ばしてきたが、図表2－4－5のように、リーマンショックのあった2008年に一時的に残高を減らした後、急激に残高が増加し、2015年4月末現在で、世界で、約2.97兆米ドルの資金が5,500本を超えるETP（Exchange Traded Products）、商品・コモディティの指数に連動するETC（Exchange Traded Commodity）、特定の指数に連動するようにつくられた証券を市場で取引するETN（Exchange Traded Note）に投資されている（これらを総称してETPと呼ばれる）。

　地域別に残高と伸び率をみると図表2－4－6のように、米国籍ETFの総運用資産額（AUM：Asset Under Management）は2015年上半期時点で、2兆1,190億米ドル、1,700本超にのぼり、世界のおよそ72％を占めている。また2015年の上半期には、世界のETPへの資金流入額の66％に当たる967億

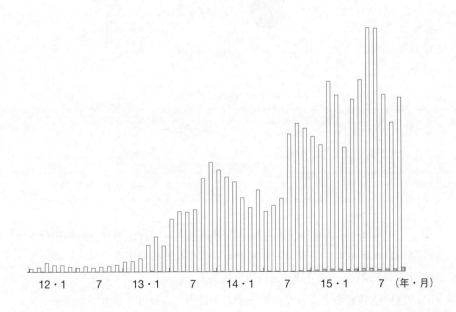

第4章　海外ETF投資　383

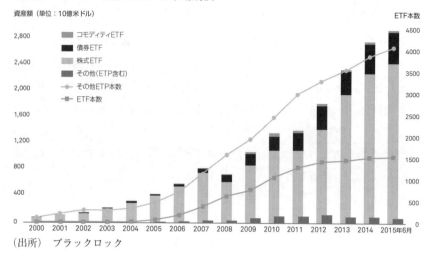

図表2−4−5　世界のETPの市場規模

（出所）　ブラックロック

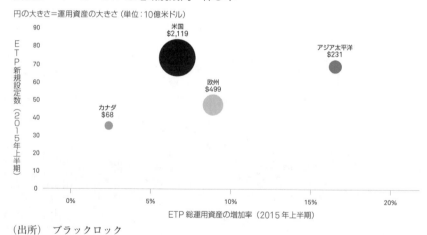

図表2−4−6　ETPの地域別残高・伸び率

（出所）　ブラックロック

米ドルが米国に上場されているETPへ流入した。一方で同様に、欧州籍のETFが目覚ましい勢いで拡大していることも注目に値する。日本においては2015年末現在、約15兆8,000億円の残高となっているが、約8割が日経平均、TOPIX連動型となっている。また伸び率でみればアジアパシフィック

が最も高くなっている。

　資産運用業界ではここ数年にわたって、世界的にはETFへの大規模なシフトが起こり、世界中からいままでにみられなかったような広範囲の投資家層を引きつけている。この動きの背景にはいくつかの要因があるが、各地域の金融規制上の動向を受けたものや、ETF市場の流動性の向上、また個人投資家・機関投資家の双方にわたるETFの認知度の高まりがあげられる。

5 ETFの種類

　ETFにはさまざまな種類があり、またその分類の仕方もいろいろであるが、ここではいくつかの分類方法に従って簡単に説明する。

(1) 国内上場ETFと海外上場ETF

　ETFの上場場所により、国内に上場されているETFと海外に上場されているETFに分けられる。また国内に上場されているETFでも、日本の法律に基づいて設定されている「内国ETF」と海外の法律に基づいて設定され

図表２－４－７　国内上場ETFと海外上場ETFの比較

	上場している取引所	取引通貨	主な投資対象	取扱金融商品取引業者	信用取引空売り
国内上場ETF	国内の証券取引所（東京証券取引所など）	円建て	従来は国内株式を投資対象とするETFが多かったが、外国株式、外国債券、コモディティなどを投資対象とするETFも増加してきている。	全国の証券会社	可能（注1）
海外上場ETF	海外の証券取引所（ニューヨーク証券取引所や香港証券取引所など）	外貨建て	外国株式、外国債券、REIT、コモディティなどさまざまな投資対象のETFがある。	国内の1部の証券会社（一般投資家に提供されているのは金融庁へ届出ずみの銘柄）（注2）	可能でないケースが多い（注1）

（注）　1　証券会社によって取扱いが異なる。
　　　　2　海外口座がある場合は、金融庁への届出済銘柄以外でも取引可能。
（出所）　ブラックロック

ている「外国ETF」がある。また海外上場ETFにも、日本で投信法上の金融庁への届出がなされているETFと、届出がされていないETFがある。

国内の証券取引所に上場されているETFは一般の上場株式と同じように国内証券会社を通じて売買することができる。一方海外上場ETFのうち、金融庁へ届出がなされているETFは、海外ETFを取り扱っている国内証券会社を通じて売買することができるが、届出のないETFであっても、適格機関投資家であれば、海外の証券会社に口座を開設したうえで取引することができるため、国内にはない、また金融庁へ届出がなされていないさまざまな特徴をもった海外ETFへの投資が可能となり、いっそう投資のバリエーションが広がる。これら、取引通貨や使い勝手を比較したのが図表2－4－7である。

(2) ETFで投資できる対象商品

ETFには非常に多様な投資商品が存在している。大きく分けて図表2－4－8のように株式型、債券型、コモディティ型、スペシャリティ型のように分類できる。また、株式でみると地域的にも先進国、発展途上国などある程度の地域でまとめられているものや、米国、日本、中国などのように個別の国に特化しているもの、特定のセクターを対象としているものなどがある。またスペシャリティ型として好配当株や優先株、高ROE、低ボラティリティなど一定のテーマを対象としているものもある。

図表2－4－8　ETFで投資できる投資対象の例

種類	株式	債券	コモディティ	スペシャリティ
例	グローバル 時価総額別 国別 地域別 セクター別	国債（先進国、新興国） 社債 インフレ連動債 ハイイールド債 不動産担保証券	現物資産（金・銀など） 総合指数（S&P GSCI、DJAIG等）	好配当株 優先株 テーマ型 リート

(出所)　ブラックロック

債券型でも、同様に地域的な多様性、国債や社債、インフレ連動債、ハイイールド債などの多くの種類がある。またその他にもレバレッジ型やインバース型、デリバティブであるVIX指数を対象にするETFなども取引されている。

(3) ETP（ETF、ETN、ETC）

また、ETF（上場投資信託）に加え、ETN（Exchange Traded Note）と呼ばれる「上場投資証券」または「指数連動証券」、ETCと呼ばれるコモディティ上場投資信託、を加えてETP（上場取引型金融商品）と総称されることが多い。

ETNは指数の裏付けとなる現物資産をもたずに、ETNの1口当り純資産額の変動率と対象指標の変動率を一致させる運用手法をとる。ETNは、その償還価格が指標の動きに連動するように発行者が保証しており、ETNを保有することにより、ETNの1口当り純資産額の変動率は指標の変動率に一致する。

ETNの特徴をまとめると次のようになる（東証公式ETF・ETNガイドブック：東京証券取引所、2014年1月より）。

① ETNはETFと違い裏付けとなる現物資産をもたないこと……ETNは発行体となる大手証券会社や銀行などの金融機関が対象指数との連動性を保証するため裏付けとなる現物資産は保有していない。
② トラッキングエラーが発生しない……ETNは発行体の金融機関が対象指標とETNの償還価格が連動するよう保証するため、運用にかかる手数料分を除き償還価額と対象指標との間のズレ（トラッキングエラー）が発生しない。
③ さまざまな対象指標にも連動が可能……ETNは裏付資産を保有しないため、外国人への投資規制が存在する新興国株式や、希少資源、時間の経過とともに劣化してしまう農産物などのように現物資産の保有が困難な対象指標であっても組成が可能。

6　ETF利用の世界における潮流

　グローバルな金融業界における規制環境の変化によってETFが追い風を受けた分野が、債券を投資対象とするETFである。最近のグローバルな金融規制よってもたらされた厳しい資本規制は、世界の銀行・証券会社にバランスシートを使って多額の債券を保有することを困難にし、伝統的な店頭取引による債券市場の流動性を低下させる要因となった。銀行・証券会社は自らが取引の相手方になって投資家に十分な流動性を提供する能力が低下している。

　債券ETFは、運用資産残高も取引高も増加傾向にあり、債券の店頭市場が縮小することで生じた流動性の不足分を埋める代替の選択肢として成長している。

　また、ETFは資産運用の中核となる長期投資（バイ・アンド・ホールド）の対象として、市場状況にあわせた戦略的資産配分（ストラテジック・アセットアロケーション）を行う際に、的確なエクスポージャーを得る手段として、そして戦術的（タクティカル）なポジションをとるための流動性の高い運用ツールとして活用されるケースが、世界中で増えている。

第2節　資金運用におけるETFの活用

　資金運用におけるETFの利用・活用について整理してみよう。

1　ETFのメリット・デメリット

　第1節で述べたようにETFのさまざまな特徴は地域金融機関が投資を行ううえでさまざまなメリットがある。一方、デメリットもまったくないわけではない。これらについて整理しておこう。

(1) メリット

① 同じ投資信託であるが、ETFは上場しているため普通の投資信託と違い取引時間中にいつでも取引できる。
② 価格の透明性が高く、かつ保有コストが低い。
③ ほとんどのETFがなんらかの指数をベンチマークとし、連動を目指している。
④ それぞれのETFにおいても分散投資がなされているため、個別銘柄の管理が基本的にはほとんどいらない。
⑤ 分配金があり、また投資信託と違って特別分配金とはならない。
　　また、債券型の海外ETFは毎月分配金があるものが多い。
⑥ 信用取引も可能である（国内の場合。海外の場合はかなりむずかしい）。

(2) デメリット

① 海外上場のETFは現地の取引時間でしか基本的に取引できない。ただし、流動性の高い銘柄などはディーラーの在庫等を取引所外で取引することが可能なこともある。
② 海外上場のETFは外貨での取引となり、外貨の調達が必要である。また為替リスクがある。ただし、東京証券取引所に上場されている海外ETFは、円建てでの取引となっているため、外貨の調達は不要である。しかしながらETFの価格に為替変動が織り込まれているため為替リスクは存在する。
③ 株式の売買と同じように、取引の委託手数料が必要である。また海外ETFを国内の証券会社を経由して売買するときには海外での手数料に加え、国内の取次手数料も必要となる。

②　投資信託との違い

　ETFは、商品性としては、投資信託と似ている部分が多いが、取引方法や手数料等異なるところも多い。図表2－4－9に株式も含めてその比較を

図表2-4-9　株式とETF、投資信託の比較

商品種類	株式	ETF	投資信託
信託報酬	なし	あり	あり
分散投資	なし	あり	あり
購入する場所	証券会社	証券会社	販売会社
取引所	上場	上場	非上場
購入価格／売却価格	取引時間の市場価格	取引時間の市場価格（注）	基準価額
注文方法	指値、成行き注文が可能	指値、成行き注文が可能（注）	基準価額による注文のみ
売買手数料等	株式の売買手数料	株式と同様の売買手数料	販売手数料・信託財産留保額
空売り	可	可	不可
情報開示	−	一般的に組入銘柄を日次で開示	一般的に、組入銘柄を半年ごとに開示。週報、月報では組入銘柄上位のみ開示

（注）　大口の機関投資家は基準価格ベースでの取引が可能。
（出所）　ブラックロック

してみたので参考にされたい。

③ 機関投資家によるETFの活用

　機関投資家にとってもETFは、さまざまなメリットを考えると使い勝手がよく、特にこれから本格的な国際分散投資を行うことを検討している地域金融機関にとっては取り組みやすい商品であるといえるだろう。ここでは、すでにETFに投資している機関投資家がどのように活用しているかを図表2-4-10にまとめてみた。これから本格的に海外も含めたETF投資に取り組もうとしている地域金融機関にとっては、すべての項目を同じように活用できるわけではないが、具体的な活用法の参考にしていただきたい。

図表2-4-10 機関投資家の主なETF活用方法

ストラテジー	目的	例
コア・サテライト	低コストの分散されたポートフォリオをコアとして保有し、国別、セクター別などをサテライトとして保有	グローバル株ETFやグローバル債券ETFをコア、国別やセクター別ETFをアルファ戦略としてサテライトで保有。
ETFのレンディングによるコスト削減	ポートフォリオのなかのETFの保有コストを削減	ETFの受益証券をレンディングすることにより、品貸し料を追加収益として得ることができる。
国別、規模別、スタイル別のセクター・ローテーション	リサーチ、収益データや経済分析によってポートフォリオを管理	国別や規模・スタイル型のETFを使って、投資戦略やテクニカル指標に基づきアンダーウェイト／オーバーウェイトを行う。
リスク分散	単一の証券やアセットクラスからのリスク分散	対応するセクターETFを使って、単一の証券やアセットクラスに偏っているエクスポージャーを分散させる。
グローバルエクスポージャー	グローバル・セクターや地域／単一国のエクスポージャーを戦略的にとる。	先進国あるいは新興国への分散されたエクスポージャーを維持しつつ、強気の見通しを立てた単一国へETFを通じて投資する。
債券投資	国別、デュレーション、クレジットによってポートフォリオを調整	デュレーションの短い政府債ETFを使ってリスクを軽減する。
トランジション	マネージャーの変更期間中におけるベータを確保	ETFを使って一時的に指数のエクスポージャーをとる。
ETFの空売り	ロング・ショート戦略	指数をロングし、連動するETFをショートする。

(出所) ブラックロック

4 分散投資の対象としてのETF

2で述べた活用方法のなかでも、地域金融機関にとっては、さまざまな分

散投資を行ううえで有効に活用することができることが大きなメリットであろう。特に、伝統的4資産のなかでも従来取り組めていなかった、海外の債券や海外の株式に対して比較的容易に投資できるツールであることは間違いない。

　資金運用の高度化、リスクリターンを効率化するためのツールとしてはまず取り組むべきものである。特に、国内金利の大幅な低下、マイナス金利政策によって国内債券の期待リターンは大きく下がり、将来の金利リスクが大きくなるなかで、さまざまな債券への分散投資を行うためには海外上場のETFは必要不可欠となっていくのではないか。

第3節　最近のETFの活用動向

1　存在感が増す債券ETF

　残念ながら、日本においては、国内債券を対象としたETFはまだ存在しない。これはさまざまな理由が考えられるが、低金利が続くなか、低いとはいえETFの組成にコストが必要となるため、国内債券を対象としたETFは組成がむずかしいのが一因となっているのではないか。

　したがって、本節では基本的に米国のマーケットのETFについて説明する。

(1)　社債の流動性の低下と取引コストの上昇

　リーマンショックをきっかけとした金融危機以来、社債の取引は投資家の悩みのタネとなっている。この期間に社債の発行額は過去最高レベルに達しているが、取引高や平均取引額は低下している。社債に直接投資せずにファンドを通じて債券に投資する投資家にも、こうした問題はコスト増やトラッキングエラーというかたちで影響を及ぼす。

店頭取引である社債市場の特徴は、同じ発行体から何十という種類の債券が発行されていることから、銘柄ごとにみると発行額の少ない銘柄も多数存在し、取引の頻度が低い（流動性が低い）状態の要因となっている。加えて、金融危機後の金融規制改革の結果、従来流動性を提供していたブローカーが流通市場での社債取引に充てる資本の量を減少させたことから、取引可能な債券の供給量がさらに減少し、投資家にとって債券を入手することがより困難な状態を引き起こしている（図表2－4－11、図表2－4－12）。図表2－4－11は、Markit iBoxx $ Liquid Investment Grade Indexの指数を構成する債券が1カ月のうちに何日間取引されているかを表しており、たと

図表2－4－11　Markit iBoxx $ Liquid Investment Grade Index指数を構成する債券の1カ月の取引成立状況

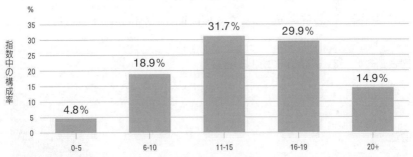

（出所）　ブラックロック（原データ：FRB（NY）2014.12.31（データは2002年12月〜2013年5月までの残存1年超の社債））

図表2－4－12　図表2－4－11と同じ債券のブローカーディーラー在庫

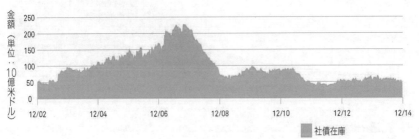

（出所）　ブラックロック（原データ：FRB（NY）2014.12.31（データは2002年12月〜2013年5月までの残存1年超の社債））

えば、1カ月のうち11日から15日取引された銘柄は指数構成の全銘柄の31.7%であることを表している。

また図表2－4－12は、同じ構成銘柄のブローカーディーラー在庫の推移をグラフ化したものであり、リーマンショックを境に在庫が大幅に減っていることがわかる。

(2) ETFによる社債市場の標準化と効率化

通常債券は、店頭取引で個別相対に取引されるため、特に流動性の高い国債などの銘柄を除き取引コストが高く、ブローカーなどの在庫の有無等によっても左右され、効率性の悪い市場となっている。しかしながらETFは、社債市場を標準化し、ハイイールド債や投資適格債などのカテゴリーでまとめ、効率的な取引ができるようにしたことで、取引コストや流動性の問題に対する1つの解決策となった。機関投資家が債券ETFの活用を増やし

図表2－4－13　債券ETFの規模の推移

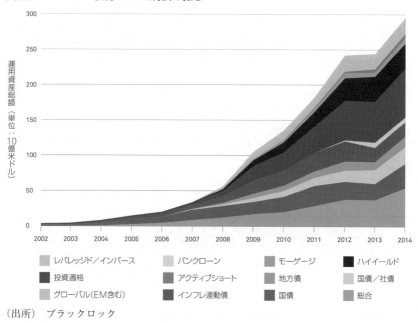

(出所)　ブラックロック

たことで、債券ETFの規模が図表2－4－13にみるように、2014年には3,000億ドル（1ドル110円として33兆円）近くにまで残高を増加させ、債券ETFのエクスポージャーの多彩さ、流動性の向上が進むことで、さらにETFの活用が増えている。

②　新興国債券ETF：存在感を増す資産クラス

新興国市場（EM）の債券は、分散上のメリットや魅力的な利回りを、投資家にもたらす可能性をもつ資産クラスである。新興国債券への投資の検討に際しては、以下のような特徴、メリット・デメリットを十分に考慮して、投資の可否等を決定すべきであろう。

① 　クオリティ……代表的なインデックスであるバークレイズEMブロード自国通貨建て国債インデックスに採用されている債券の約80％は投資適格（新興国の投資適格の負債残高の推移は図表2－4－14のとおり）。

　　また、新興国債券投資を魅力的にする次のような3つの理由が存在する。
・新興国債券の信用力は過去20年の間に改善。
・新興国の債務負担は減少し、成長率は増大、社会構造的にも改善。

図表2－4－14　新興国の投資適格の負債残高の推移
投資可能な新興国債券の市場規模 2001～2014年

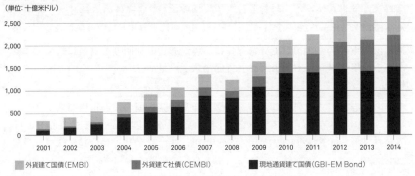

出所：J.P.モルガン、ベンチマーク指数に連動する新興国債券市場の規模を表す。2014年12月31日

（出所）　ブラックロック

・新興国の中央銀行はインフレのコントロールに長けてきており、現在のインフレ率は歴史的にみても低水準にある。

しかしながら、新興国の経済自体が、常に成長性とともに、潜在的な脆弱性を抱え、ボラティリティも高いことに注意する必要がある。特に2015年から原油価格の下落等の影響により、ボラティリティが高くなっている。

② 分散投資……歴史的にみて新興国債券は、他の伝統的な債券よりも他の資産クラスとの相関性が低く、特に現地通貨建て新興国債券は、米ドル建ての新興国債券とともに用いた場合に分散メリットがあるとされている。

③ 通貨……現地通貨建て新興国債券のETFは、ポートフォリオ戦略に通貨見通しをプラスしたいと考える投資家にとって、新しい投資方法になりうる。

また、現地通貨のリスクをとりたくない投資家には米ドル建てのETFも存在する（現地通貨建てと米ドル建て新興国債券の違いは図表2－4－15を

図表2－4－15　現地通貨建てと外貨（通常は米ドル）建て新興国債券の違い

外　貨	現地通貨
外貨（通常は米ドル）で発行。	発行国の現地通貨で発行。
歴史的にみて流動性が高く、取引もしやすい。	流動性は高まっており、国によっては米ドル建て債券より流動性が高い。
発行体は通貨リスクを、投資家は米ドルへのエクスポージャーを負う。	投資家はEM通貨の下落リスクを負うが、逆に上昇すればプラスになる。（注）
通常は米ドルの利回りにEM発行体にかかる信用スプレッドを上乗せして価格が決まる。	現地通貨の利回りと為替に対するエクスポージャー。
世界の債券市場で取引され、ユーロクリア等、国際的な決済システムを通じて受渡しが実行される。	通常は発行国の債券市場で取引され、保護預り機関を通じて受渡しされるが、ユーロクリアを通じて受渡しされることが増えている。

（注）　EM：新興市場（Emerging Markets）
（出所）　ブラックロック

図表2-4-16　新興国債券ETFの例

外貨建て	米国上場	米国外上場
新興国債券	EMB US iシェアーズJ.P.モルガン・米ドル建てエマージング・マーケット債券ETF	IEMB LN iシェアーズJ.P.モルガン・米ドル建てエマージング・マーケット債券UCITS ETF
新興国社債	CEMB US iシェアーズエマージング・マーケット社債ETF	EMCR LN iシェアーズ米ドル建てエマージング・マーケット社債UCITS ETF
新興国ハイイールド債	EMHY US iシェアーズエマージング・マーケット・ハイイールド債券ETF	AHYG SP iシェアーズバークレイズ米ドル建てアジア・ハイイールド債インデックス ETF（注）

（注）　当該ETFのおよそ14％は先進国債券にて構成。

現地通貨建て	米国上場	米国外上場
新興国現地通貨建て債券	LEMB US iシェアーズ現地通貨建てエマージング・マーケット債券ETF	IEML LN iシェアーズ現地通貨建てエマージング・マーケット国債UCITS ETF
新興国アジア現地通貨建て債券		IGEA LN iシェアーズ現地通貨建てエマージング・アジア国債UCITS ETF 1362 JP iシェアーズ新興国債券ETF（バークレイズLocal EM国債コア） 83139 HK iシェアーズ人民元建て債券インデックスETF

（出所）　ブラックロック

参照)。

新興国債券ETFの具体的な銘柄の一部を図表2－4－16に例示した。

③ 債券中心の利息配当収入を多様化するためのETF

(1) 配当を重視する投資戦略

配当を重視する投資戦略は、長きにわたり、ポートフォリオを組み立てる際に大きな役割を果たしてきた。また、高配当株式は歴史的にはディフェンシブな戦略とみなされ、株価の上昇と配当収入という2つのリターンを投資家にもたらしてきた。

標準的な高配当銘柄よりもさらに高い利回りを求める投資家も存在する。そういった投資家から高い関心を集めている資産クラスの1つに、優先株がある。

また、株式よりもリスクを抑制し、値上り益をある程度犠牲とするかわりに、高い利息収入と最終的な元本の保全を図る転換社債もある。

具体的なETFの商品としては図表2－4－17のような商品がある。

(2) 不動産投資信託（REIT）ETF

不動産投資信託（REIT）は一般的に、ショッピングセンター、アウトレット、オフィス、倉庫などの保管施設、住宅区画、ホテル・リゾート施設などの不動産物件を所有し、その運営を行い、その賃貸収入等を中心に、売買益などもあわせて投資家に分配する商品である。

REITは、他の配当重視型の投資とはまた違った魅力を提供する。REITの配当は保有物件のテナントが支払う賃料に基づいた定期的なものであることから、比較的信頼性の高いものとして認識されており、また一般的にREITの配当性向が80％から90％に及ぶことから、配当の高い投資商品の1つとされている。

2015年6月末現在、先進国REITの配当水準は年率平均で3.9％程度となっている。

図表2-4-17 配当を重視するETFの例

地域・国	米国上場	米国外上場
米国高配当株	HDV US iシェアーズ・コア米国高配当株ETF DVY US iシェアーズ好配当株式ETF	DJDVPEX GY iシェアーズダウ・ジョーンズ米国好配当株式（DE） QDIV LN iシェアーズMSCI米国好配当株式IQ UCITS ETF 1589 JP iシェアーズ米国高配当株ETF（モーニングスター配当フォーカス）
欧州高配当株		IDVY LN iシェアーズユーロ好配当株式UCITS ETF
アジア高配当株	DVYA US iシェアーズアジア太平洋好配当株式ETF	IDAP LN iシェアーズアジア太平洋好配当株式UCITS ETF 1478 JP iシェアーズMSCIジャパン高配当利回りETF
新興国高配当株	DVYE US iシェアーズエマージング・マーケット好配当株式ETF	IEDY LN iシェアーズエマージング・マーケット好配当株式UCITS ETF

優先株式	米国上場	
米国優先株	PFF US iシェアーズ米国優先株式ETF	
優先株（除く米国）	IPFF US iシェアーズインターナショナル優先株式ETF	

（出所）ブラックロック

日本では2001年9月に初めて上場された。これらREITを対象とした海外ETFも図表2－4－18をはじめ多数が上場されている。
　一方、本来、REITはミディアムリスク・ミディアムリターンで、株式と債券の中間に位置するといわれているが、実際には株式市場との連動性が非常に高くなっていることに注意する必要があるだろう。

図表2－4－18　REITを対象としたETFの例

地域・国	米国上場	米国外上場
先進国		IDWP LN iシェアーズ先進国不動産UCITS ETF
米国	IYR US iシェアーズ米国不動産ETF REZ US iシェアーズレジデンシャル不動産キャップトETF ICF US iシェアーズCohen&Steers REIT ETF	IUSP LN iシェアーズ米国不動産UCITS ETF 1590 JP iシェアーズ米国REIT・不動産株ETF（ダウ・ジョーンズ米国不動産）
欧州		IPRP LN iシェアーズ欧州不動産UCITS ETF
アジア		IASP LN iシェアーズアジア不動産UCITS ETF

（出所）　ブラックロック

4 スマート・ベータETF

(1) スマート・ベータとは

　スマート・ベータは一般に、市場全体の平均的なリターン（TOPIXのような時価総額型の指数等）と比較して、長期的な安定性と良好なパフォーマンスを歴史的に示してきたリターンの源泉、財務指標（売上高、営業キャッシュフロー、配当金等）や株価の変動状況等により選択された銘柄群等にエクスポージャーを集中させるように設計されている。最近注目されているのは市場平均よりもリスクを抑え期待リターンを高める、低ボラティリティ運用（最小分散ポートフォリオ型）、やROE（自己資本利益率）等に着目し、400銘柄で構成された「JPX日経インデックス400」（JPX日経400）などもある。

　スマート・ベータは、リターンを生む属性や要因に焦点を当てることで、図表2－4－19のように、伝統的なインデックス戦略だけではとらえきるこ

図表2－4－19　スマート・ベータの概念図

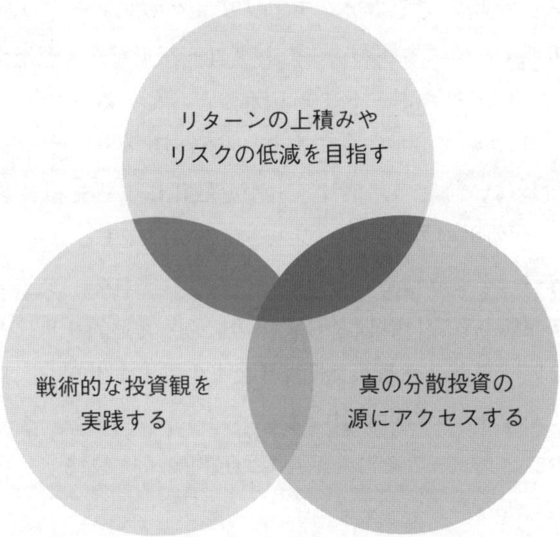

・リターンの上積みやリスクの低減を目指す
・戦術的な投資観を実践する
・真の分散投資の源にアクセスする

（出所）ブラックロック

とのできない投資テーマを追いかけることができる。

(2) スマート・ベータの拡大

　スマート・ベータETFは2008年以降、その運用資産額が4倍に増えており、資産運用業界で最も急成長している分野の1つである。これから先の増加見通しも同様に堅調であり、既存の投資家の53％が向こう18カ月のうちにスマート・ベータへの配分を増やそうと考えているという調査結果もある。

　スマート・ベータの背景となっている投資コンセプトの多くは、決して目新しいものではない。たとえば、バリューとクオリティのようなテーマなどは、伝統的なアクティブマネージャーの銘柄選択にも古くから登場していた。注目すべきは、このようなリターンの源泉にETFでもアクセスできるという認識が投資家の間に広がっていることである。

(3) スマート・ベータでアクティブにリターンを求める

　アクティブ運用ポートフォリオの多くには、"ファクター"が存在する。138のグローバルな株式運用マネージャーをブラックロックがサンプルに分析したところ、平均してそのアクティブリスクの35％が"ファクター"によって説明可能であることがわかった。グローバルな株式運用マネージャーの3分の1については、ポートフォリオでとっているリスクの半分以上が"ファクター"によって説明可能であり、複数のアクティブマネージャーを採用した場合には、特定の銘柄リスクが分散化によって相殺されるため、"ファクター"への平均エクスポージャーはさらに高まることとなる。

　スマート・ベータとみなされるためには、それぞれの"ファクター"については詳細に記述されなければならず、学術的・実証的リサーチに基づかなければならない。また、長期的な投資機会を生み出すような、常態的な市場アノマリーに基づいていなければならないだろう。図表2－4－20はスマート・ベータのファクターとそれを活用したETFの例である。

図表2−4−20　スマート・ベータのファクターとETFの例

ファクター	長期的投資行動	米国上場	米国外上場
サイズ	歴史的にみて、小型株は流動性のプレミアムと税制の特性から大型株をアウトパフォームしている。	SIZE US	IWSZ LN IESZ LN
バリュー	投資家は成長株を買いすぎるため、歴史的にみて、割安株は成長株をアウトパフォームしている。	VLUE US	IWVL LN IEVL LN
クオリティ	投資家がギャンブル性を指向する結果、歴史的にみて、高クオリティ株は低クオリティ株をアウトパフォームしている。	QUAL US IQLT US	IWQU LN IEQU LN
モメンタム	投資家はリターンを観察してから投資に踏み切る行動をみせるため、高モメンタム株は低モメンタム株をアウトパフォームしている。	MTUM US IMTM US	IWMO LN IEMO LN
ボラティリティ	レバレッジの制限と高ボラティリティ銘柄が買われすぎる傾向から、歴史的にみて、低ボラティリティ株は高ボラティリティ株をアウトパフォームしている。	USMV US ACWV US EFAV US EEMV US AXJV US EUMV US JPMV US	EMMV LN MVOL LN MVEU LN SPMV LN 1477 JP

(出所)　ブラックロック

5　金利ヘッジ付債券ETF

　世界的に低金利が長期間続いているが、多くの市場参加者はいずれ金利は上昇するとみている。これらの金利上昇リスクへの対応を図るためのETF投資を紹介する。

　債券ポートフォリオの価値を左右する主要なリスクの1つは金利リスクであるが、デュレーションは金利リスクを計測するための指標で、債券投資の

価値が金利の変動にどの程度影響を受けるかを表す。

現在の環境下では、インカムを求める債券投資家にとって、デュレーション、すなわち金利リスクを管理することがますます重要になっている。

投資家が金利上昇に備えるための方法の1つは、ETFを用いたポートフォリオのデュレーションの管理がある。この方法には2つある。
① 金利リスクをヘッジする。
② 債券のポジションをデュレーションの短い資産に移す。

そのための利用可能なETFの例は図表2－4－21のとおりである。

これらの戦略のうち、超短期債・短期債へのシフトとデュレーションヘッジを行うためのETFを紹介する。

a 超短期債・短期債へのエクスポージャー

デュレーションの短い超短期債・短期債にシフトすることによって、金利上昇リスクが少ないエクスポージャーをもつ。

一般に、長期債と比べて超短期債・短期債には次の特徴がある。
① 金利リスクの抑制……金利上昇中（後）の再投資が速いペースで進められる。
② トータルリターンのボラティリティ抑制……受取金利は少なくなるが価格変化も少なく、トータルリターンのボラティリティは低いという、メリットがある。

しかしながら、利回り低下というデメリットは避けられない。

b デュレーションをヘッジしたポジション

一方、社債のリターンの源泉は主に、デュレーションとクレジットである。社債の主なリターンの源泉であるデュレーションをとらない場合、もう一方のクレジット、信用リスクをある程度とる一方で、デュレーションを抑えることで金利上昇リスクを抑えた運用が可能となる。具体的なスキーム例は図表2－4－22のとおりである。

デュレーション・ヘッジ戦略には次の特徴がある。
① 金利リスクと信用リスクの分散を効率的に行う。
② 信用スプレッドの縮小によるトータルリターンの上昇をねらう。

図表2－4－21　金利リスクを管理するために利用可能なETFの例

ねらい	戦略	米国上場	米国外上場
元本の減少を抑える	超短期債・短期債へ債券ポジションをシフトする	NEAR US iシェアーズショート・マチュリティ・ボンドETF FLOT US iシェアーズ米国変動利付債券ETF CSJ US iシェアーズ米国クレジット債券1～3年ETF ISTB US iシェアーズ・コア1～5年米ドル建て債券ETF	ERND LN iシェアーズ米ドル建て超短期債券UCITS ETF ERNE LN iシェアーズユーロ建て超短期債券UCITS ETF SDIG LN iシェアーズ米ドル建て短期社債UCITS ETF IE15 LN iシェアーズユーロ建て社債1～5年UCITS ETF
金利上昇への備え	債券ポジションのデュレーションをヘッジする	LQDH US iシェアーズiBoxx米ドル建て投資適格社債（金利ヘッジ付き）ETF HYGH US iシェアーズiBoxx米ドル建てハイイールド社債（金利ヘッジ付き）ETF	LQDH LN iシェアーズ米ドル建て社債（金利ヘッジ付き）UCITS ETF IRCP LN iシェアーズユーロ建て社債（金利ヘッジ付き）UCITS ETF
インカム	デュレーションは短いがインカムをねらえるポジションをとる	INC US iシェアーズ米国債券バランス・リスクETF ICVT US iシェアーズ転換社債ETF	

（出所）ブラックロック

図表2－4－22　デュレーションを抑えた運用の具体的なスキーム例

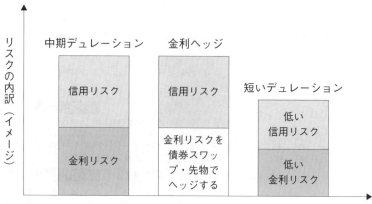

(出所)　ブラックロック

しかしながら、信用リスクの変動によるポートフォリオのボラティリティは上昇する可能性がある。

第4節　ETFの分析

　ETFへの投資に際し、分析すべきさまざまな要素があるが、ここではその代表的なものを紹介するとともに、情報ベンダーで比較的簡単に行える例もあわせて紹介したい。また、最近はETF発行会社のウェブサイトによる情報提供も増加し、かつ情報内容も充実してきている。場合によっては必要な主要情報はすべて、ウェブサイトから取得することも可能といえる状況であるため、ぜひとも活用いただきたい。

1　ETFの利回り・スプレッド分析

　債券型ETFの分析を行ううえで、最も基本となるのが利回りの分析とスプレッドの分析である。通常は米国の10年国債利回りとの比較で行う（米ド

図表2-4-23 ETFの利回り、スプレッド分析例（iシェアーズiBoxx 米ドル建て投資適格社債）

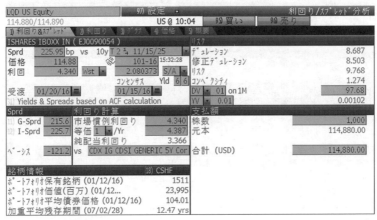

（出所） Bloomberg L.P.

ル建て債券ETFの場合）。ベンダー（本例ではBloombergを利用）の機能を利用し簡易に行う方法がある（図表2-4-23）。

② 資金フロー分析

ETFの分析では、資金のフローの把握も必要である。ETFに資金の流入が増加しているのか、減少しているのか、またどのようなカテゴリーのETFに資金が流入しているのか、もしくは流出しているのかなどは、投資家のリスク選好が高まっているのか、低下しているのかなどを把握する1つの手段となる。株式への資金流入、また、株式でも先進国なのか、新興国なのか等を把握し投資家動向、投資のトレンドをつかむ1つの手段となるであろう。また、全体的な資金フローとともに個別のETFの資金フローも参考になると考えられる（図表2-4-24）。

③ NAVと市場価格

NAV（Net Asset Value）の略で、ETFの基準価額で1口当りの純資産の価値である。非上場の投資信託と同様に、取引所取引が終了した時点におけ

図表２－４－24　ETFの資金フローの把握

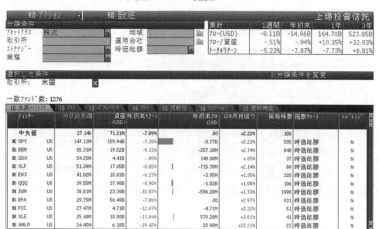

（出所）　Bloomberg L.P.

図表２－４－25　ETFのNAVと市場価格の乖離の分析（ｉシェアーズ iBoxx米ドル建てハイイールド社債ETF）

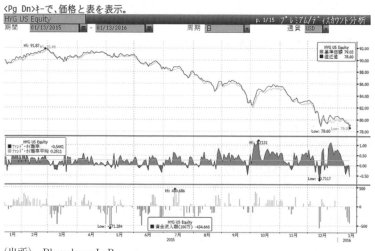

（出所）　Bloomberg L.P.

る信託財産の時価に基づいて計算される。市場価格は実際に取引所でついた値段で、需給のバランスによって、連動対象指数との乖離が発生することがある。裏付資産となっている現物の価格との裁定が働くため、大きな乖離とはならないが無視できないことも多い（図表2－4－25）。

④ ウェブサイトの活用

ウェブサイトの発達により、ETFの投資を行うときに情報収集のツールとして欠かせなくなってきた。

東京証券取引所のウェブサイトには東証上場のETFのさまざまな情報が開示されている。また、運用会社のウェブサイトにも東証上場のみならず、金融庁届出の海外ETFの情報も多くは日本語で提供されている。これらを有効に活用することによって、ETF投資のための情報入手が容易になることは間違いない。

ここでは、ブラックロック・ジャパンのウェブサイトを例にどのような情報が開示されているかみてみよう。

開示情報は大まかに、ファンドの概要、ポートフォリオ特性、ファンドの

図表2－4－26　発行会社のウェブサイトでの情報提供内容の例

ファンドの概要	純資産総額、設定日、取引所、資産分類、ベンチマークインデックス 発行済口数、保有銘柄数、終値、基準価額、出来高、総経費率
ポートフォリオ特性	ベータ値、標準偏差、分配金利回り、加重平均クーポン、加重平均残存期間、実効デュレーション、平均利回り
ファンドの実績	チャート（設定来）、運用実績（トータルリターン年率、累積、年次）、分配金実績
保有銘柄一覧	上位保有発行体、組入銘柄上位10銘柄、すべての組入銘柄
資産構成	業種別、残存年数別、格付別
開示情報	プロスペクタス、運用報告書、ファクトシート

（出所）　ブラックロック

実績、保有銘柄一覧、資産構成、開示情報等となっており、詳細は図表2－4－26のとおりである。

第5節　海外ETFの具体的な取引方法、リスクおよび会計処理

1 海外ETFの取引方法

(1) 国内での取引方法

　国内で海外ETFに投資する場合、東証上場のETFへの投資と金融庁に届出が行われている海外上場のETFへの投資の2つの方法がある。

　東証に上場されているETFは通常の国内株式や国内ETFなどの取引となんら変わるところがなくまったく同じように取引ができる。

　金融庁に届出されている海外ETFは国内の証券会社に外国証券口座をつくったうえで、売買することができる。

　発注するときは基本的に海外の取引所に発注するが、国内証券会社経由で海外の証券会社へ発注することとなるため、海外の証券会社の手数料に加え、国内の証券会社に取次手数料を支払う必要があり、国内株式取引や東証上場のETFの取引と比べ割高となる。

　また、海外の証券取引所での取引となるためどうしても時差があり、特にETFの主要な取引市場であるニューヨーク証券取引所上場のETFは日本とほぼ正反対の時間帯となるため取引しにくい点があることも注意が必要である（図表2－4－27）。

(2) 海外での取引方法

　金融庁届出のETF以外にも世界的には非常に多くの、またさまざまな特徴をもった商品が存在している。日本からの投資も可能であるが、金融庁に

届け出されていないETFに投資するには海外に取引口座を保有する必要があるため、手続やコスト等が余分にかかってしまう。また、基本的に情報や開示書類などは英文であり、言葉の問題も大きい。一方、日本の金融機関の現地法人での取引が可能となっている場合もある。しかしながら、地域金融機関にとってはハードルが高いことと、金融庁に届け出されているETFで十分にグローバルな分散投資が可能であり、あえて海外に取引口座をつくってまで投資を行う必要性に乏しいといえよう。

2 ETFのリスク

取引メリットの大きいETFであるが、株式と同じような価格変動リスクをはじめ、次のようなETFに特有のリスクも存在しているため注意しなければならない。

a 価格変動リスク

通常の株式などと同じように、連動を目指す株価指数等の変動により価格変動が生じる。

ETNは、通常の価格変動リスクに加え、裏付けとなる現物資産をもたずに、主に大手証券会社や金融機関が指標に連動した投資成果を目標として発行する。1口当り純資産額の変動率と指標の変動率の間に乖離(トラッキングエラー)が発生しない半面、ETNの発行体の信用力をもとに発行されているため、発行体の財務状況の悪化等の影響により、価値が下落または無価値になる可能性がある。

b 信用リスク(運用会社の破綻)

通常のETFは、裏付けとなる現物資産は、法律により運用会社自身の財産と分けて、投資家のための信託財産として、信託会社において「分別管理」がなされている。したがって、運用会社が破綻しても信託財産が毀損することなく、また信託銀行においても自己資産と分別して管理されているため安全性が高くなっている。

万一、運用会社が破綻した場合には、他の運用会社が引き継ぐこととなるが、場合によっては繰上償還される可能性はある。ETNは価格変動リスク

図表2-4-27 金融庁届出ずみの海外ETFの例

ティッカー	ファンド	分類	ファンド籍	通貨	ベンチマーク
IEF	iシェアーズ米国国債7～10年ETF	債券	US	米ドル	バークレイズ米国国債（7～10年）インデックス
LQD	iシェアーズiBoxx米ドル建て投資適格社債ETF	債券	US	米ドル	iBoxx@米ドル建てリキッド・投資適格指数
TIP	iシェアーズ米国物価連動国債ETF	債券	US	米ドル	バークレイズ米国TIPSインデックス（シリーズL）
CSJ	iシェアーズ米国クレジット債券1～3年ETF	債券	US	米ドル	バークレイズ米国クレジット（1～3年）インデックス
HYG	iシェアーズiBoxx米ドル建てハイイールド社債ETF	債券	US	米ドル	iBoxx@米ドル建てリキッド・ハイイールド指数
EMB	iシェアーズJ.P.モルガン・米ドル建てエマージング・マーケット債券ETF	債券	US	米ドル	JPモルガン・エマージング・マーケッツ・ボンド・インデックス・グローバル・コア・インデックス
LEMB	iシェアーズ現地通貨建てエマージング・マーケット債券ETF	債券	US	米ドル	バークレイズ新興市場ブロード自国通貨建て国債インデックス
TOK	iシェアーズMSCIコクサイETF	株式	US	米ドル	MSCI KOKUSAI（コクサイ）インデックス
IVV	iシェアーズ・コアS&P500 ETF	株式	US	米ドル	S&P500指数
IHD	iシェアーズS&P／ASX好配当株式ETF	株式	AU	豪ドル	S&P／ASXディビデンド・オポチュニティーズ・インデックス
IEV	iシェアーズヨーロッパETF	株式	US	米ドル	S&P Europe 350 Index
IEMG	iシェアーズ・コアMSCIエマージング・マーケットETF	株式	US	米ドル	MSCIエマージング・マーケッツIMIインデックス
IFGL	iシェアーズ先進国（除く米国）不動産ETF	不・REIT	US	米ドル	FTSE EPRA／NAREIT先進国（除く米国）不動産インデックス
IYR	iシェアーズ米国不動産ETF	不・REIT	US	米ドル	ダウ・ジョーンズ米国不動産指数

設定日	取引所	純資産総額（百万通貨）	総経費率（％）	実効デュレーション	平均最終利回り（％）
2002／7／22	NYSEアーカ	$10,188	0.15	7.60	1.76
2002／7／22	NYSEアーカ	$23,691	0.15	8.01	3.82
2003／12／4	NYSEアーカ	$14,680	0.20	7.65	1.66
2007／1／5	NYSEアーカ	$10,670	0.20	1.92	1.79
2007／4／4	NYSEアーカ	$13,739	0.50	4.20	8.48
2007／12／17	NYSEアーカ	$4,103	0.60	6.94	6.14
2011／10／18	NYSEアーカ	$443	0.50	6.80	6.83
2007／12／10	NYSEアーカ	$256	0.25	－	－
2000／5／15	NYSEアーカ	$63,553	0.07	－	－
2010／12／6	オーストラリア証券取引所	A$224	0.30	－	－
2000／7／25	NYSEアーカ	$2,474	0.60	－	－
2012／10／18	NYSEアーカ	$9,093	0.16	－	－
2007／11／12	ナスダック証券取引所	$576	0.48	－	－
2000／6／12	NYSEアーカ	$3,880	0.43	－	－

ティッカー	ファンド	分類	ファンド籍	通貨	ベンチマーク
SLF	SPDR®S&P®／ASX上場不動産ファンド	不・REIT	AU	豪ドル	S&P／ASX200 A-REIT指数
PFF	iシェアーズ米国優先株式ETF	その他	US	米ドル	S&P米国優先株式インデックス
CWB	SPDR®バークレイズ・コンバーチブル債券ETF	その他	US	米ドル	バークレイズ・米国コンバーチブル・ボンド＞＄500MM指数
SRLN	SPDR®ブラックストーン／GSOシニアローンETF	その他	US	米ドル	iBoxx@米ドル建てリキッド・レバレッジド・ローン指数
JNK	SPDR®バークレイズ・ハイ・イールド債券ETF	債券	US	米ドル	バークレイズ・ハイ・イールド・ベリー・リキッド指数
EBND	SPDR®バークレイズ新興国債券（現地通貨建て）ETF	債券	US	米ドル	バークレイズ・EMローカル・カレンシー・ガバメント・ダイバーシファイド指数
SPY	SPDR® S&P500® ETF	株式	US	米ドル	S&P500指数
STW	SPDR® S&P®／ASX200ファンドETF	株式	AU	豪ドル	S&P／ASX 200指数
GMM	SPDR® S&P®新興国株式ETF	株式	US	米ドル	S&PエマージングBMI指数
RWX	SPDR®ダウ・ジョーンズ・インターナショナル・リアル・エステートETF	不・REIT	US	米ドル	DJ・グローバル（除く米国）セレクト・リアル・エステート・セキュリティーズ指数
RWR	SPDR®ダウ・ジョーンズREITETF	不・REIT	US	米ドル	DJ・USセレクトREIT指数

設定日	取引所	純資産総額（百万通貨）	総経費率（％）	実効デュレーション	平均最終利回り（％）
2002／2／18	オーストラリア証券取引所	A＄608	0.40	－	－
2007／3／26	NYSEアーカ	＄13,867	0.47	－	－
2009／4／14	NYSEアーカ	＄2,287	0.40	－	－
2013／4／3	NYSEアーカ	＄770	0.70	－	－
2007／11／28	NYSEアーカ	＄9,322	0.40	4.41	9.18
2011／2／23	NYSEアーカ	＄55	0.50	5.33	5.31
1993／1／22	NYSEアーカ	＄169,071	0.09	－	－
2001／8／27	オーストラリア証券取引所	A＄2,865	0.19	－	－
2007／3／20	NYSEアーカ	＄140	0.59	－	－
2006／12／15	NYSEアーカ	＄4,345	0.59	－	－
2001／4／23	NYSEアーカ	＄3,149	0.25	－	－

ティッカー	ファンド	投資分散状況			格付別		
		保有銘柄	最大保有比率（％）	10番目比率（％）	AAA	AA	A
IEF	iシェアーズ米国国債7～10年ETF	24	26.17	0.65	99.8		
LQD	iシェアーズiBoxx米ドル建て投資適格社債ETF	1,503	0.48	0.27	2.0	10.0	44.0
TIP	iシェアーズ米国物価連動国債ETF	38	10.35	3.21	99.9		
CSJ	iシェアーズ米国クレジット債券1～3年ETF	1,006	1.20	0.46	17.2	14.7	36.4
HYG	iシェアーズiBoxx米ドル建てハイイールド社債ETF	999	0.65	0.37			
EMB	iシェアーズJ.P.モルガン・米ドル建てエマージング・マーケット債券ETF	298	1.96	0.88		1.6	13.2
LEMB	iシェアーズ現地通貨建てエマージング・マーケット債券ETF	204	3.64	1.48		25.6	27.5
TOK	iシェアーズMSCIコクサイETF	1,329	2.01	0.80	－	－	－
IVV	iシェアーズ・コアS&P500 ETF	504	3.20	1.31	－	－	－
IHD	iシェアーズS&P／ASX好配当株式ETF	51	10.03	5.31	－	－	－
IEV	iシェアーズヨーロッパETF	364	3.36	1.33	－	－	－
IEMG	iシェアーズ・コアMSCIエマージング・マーケットETF	1,899	2.86	0.85	－	－	－
IFGL	iシェアーズ先進国（除く米国）不動産ETF	193	4.44	2.11	－	－	－

(%)		運用成績（2015／12／31）						過去1年分配金（%）	運用会社
BBB	以下	基準価額	1年	3年	5年	10年	設定来		
		105.59	1.55	1.26	4.52	5.48	5.24	1.81	ブラックロック
43.7	0.1	114.01	▲1.08	1.55	4.96	5.29	5.54	3.49	ブラックロック
		109.68	▲1.58	▲2.38	2.42	3.79	4.1	0.33	ブラックロック
30.9	0.0	104.60	0.7	0.83	1.42	－	2.94	1.21	ブラックロック
0.6	98.9	80.58	▲5.5	0.67	4.22	－	4.65	6.18	ブラックロック
42.7	42.4	105.78	0.43	▲0.27	4.58	－	5.8	4.91	ブラックロック
37.5	4.2	40.32	▲11.76	▲6.97	－	－	▲2.65	0.64	ブラックロック
－	－	51.76	▲1.54	9.81	8.18	－	2.82	3.28	ブラックロック
－	－	204.87	1.34	15.06	12.5	7.25	4.14	1.93	ブラックロック
－	－	13.55	▲1.55	4.88	4.24	－	4.28	9.25	ブラックロック
－	－	40.11	▲3.36	4.35	3.69	3.08	2.71	3.05	ブラックロック
－	－	39.39	▲13.86	▲6.19	－	－	▲4.49	2.71	ブラックロック
－	－	27.89	▲4.02	1.14	3.61	－	▲0.99	3.90	ブラックロック

ティッカー	ファンド	投資分散状況			格付別		
		保有銘柄	最大保有比率（％）	10番目比率（％）	AAA	AA	A
IYR	iシェアーズ米国不動産ETF	119	7.17	2.32	-	-	-
SLF	SPDR®S&P®／ASX上場不動産ファンド	19	21.89	1.52	-	-	-
PFF	iシェアーズ米国優先株式ETF	279	2.84	1.08	-	-	-
CWB	SPDR®バークレイズ・コンバーチブル債券ETF	99	4.71	1.71	0.6	-	6.7
SRLN	SPDR®ブラックストーン／GSOシニアローンETF	192	2.22	1.21	-	-	-
JNK	SPDR®バークレイズ・ハイ・イールド債券ETF	765	0.60	0.47	-	-	-
EBND	SPDR®バークレイズ新興国債券（現地通貨建て）ETF	232	2.10	1.17	4.0	18.1	36.7
SPY	SPDR® S&P500® ETF	505	3.22	1.31	-	-	-
STW	SPDR® S&P®／ASX200ファンドETF	204	9.83	1.76	-	-	-
GMM	SPDR® S&P®新興国株式ETF	1,296	2.96	0.95	-	-	-
RWX	SPDR®ダウ・ジョーンズ・インターナショナル・リアル・エステートETF	136	6.59	1.90	-	-	-
RWR	SPDR®ダウ・ジョーンズ REITETF	98	10.15	2.86	-	-	-

(%)		運用成績（2015／12／31）						過去1年分配金（％）	運用会社
BBB	以下	基準価額	1年	3年	5年	10年	設定来		
−	−	75.08	1.62	9.14	10.2	5.9	10.09	4.20	ブラックロック
−	−	11.98	14.03	15.45	14.83	−	5.86	3.82	ステートストリート
−	−	38.85	4.62	5.66	6.41	−	4.24	5.88	ブラックロック
18.8	73.9	43.28	▲0.46	8.96	6.83	−	11.37	8.21	ステートストリート
−	−	46.13	▲0.86	−	−	−	0.66	4.45	ステートストリート
0.2	99.6	33.91	▲7.21	▲0.2	3.53	−	4.51	6.90	ステートストリート
37.6	3.7	24.58	▲11.98	▲7.35	−	−	▲1.9	N.A.	ステートストリート
−	−	203.87	1.35	15	12.42	7.21	8.97	2.24	ステートストリート
−	−	49.39	2.26	8.82	6.57	−	7.63	5.50	ステートストリート
−	−	52.08	▲15.22	▲5.51	▲4.42	−	1.69	2.61	ステートストリート
−	−	39.12	▲3.29	2.42	4.69	−	▲0.04	3.07	ステートストリート
−	−	91.63	4.2	11.46	12.04	7.04	11.16	3.38	ステートストリート

第4章　海外ETF投資　419

と同様に、発行体の倒産や財務状況の悪化により信用リスクが顕在化し、価格が下落したり、無価値となる可能性がある。ETNの発行金融機関の健全性（たとえば、財務状況や信用格付など）を確認し、信用状況を十分に把握することが重要となる。

c　上場廃止（東京証券取引所の場合）

ETFは株式と同じように上場廃止になることがある。上場廃止の基準は、取引所が定める上場廃止基準と、運用会社が定める自主的上場廃止基準の2つがある。取引所が定める上場廃止には連動を目指す指標との連動性が悪くなり改善されない場合などがあり、また自主的上場廃止基準は請求目論見書に記載されている。

上場廃止基準に抵触した場合「監理銘柄」に指定され、上場廃止が決定した場合「整理銘柄」に指定される。「整理銘柄」に指定された場合上場廃止までに1カ月間の期間があるが、取引所で売却できなかった場合は買取請求を行うこともできる。

上場廃止になったETFは信託約款に基づき繰上償還される。万一換金できなかった場合でも、信託終了日から10年間は買取請求を行うことができる。

③　ETFの会計処理

ETFは、基本的に通常の投資信託と同様の会計処理となるが、上場投資信託として、期末において「基準価額ではなく、取引所における終値で評価する」こととなっている点に注意しなければならない。また、分配金や売却益、解約差益等の扱いについては図表2－4－28のとおりであるが、投資信託と違って、特別分配金がなくすべて普通分配金であることが大きな特徴となっている。詳細については監査法人や税理士との調整も必要になると思われる。

図表2－4－28　ETFと投資信託との会計処理の比較

投資対象	属　性	分配金	売却益	解約（交換）差益
投資信託		（普通分配金のみ） 有価証券利息配当金 （コア業務純益）	国債等債券売却益 （業務純益）	有価証券利息配当金 （コア業務純益）
REIT		有価証券利息配当金 （コア業務純益）	国債等債券売却益 （業務純益）	
ETF	株価指数連動型 （投資対象が株式のみの場合）	有価証券利息配当金 （コア業務純益）	株式等売却益 （その他経常収益）	株式等売却益 （その他経常収益）
ETF	株価指数連動型以外 （投資対象が株式のみではない場合）	有価証券利息配当金 （コア業務純益）	国債等債券売却益 （業務純益）	有価証券利息配当金 （コア業務純益）

（出所）　ブラックロック

第5章

オルタナティブ投資

資産運用現場では、国内株式、外国株式、国内債券、外国債券を、いわゆる「伝統的4資産」として区分し、上記以外の資産を「オルタナティブ資産」とすることが多い。具体的に「オルタナティブ資産」とみなされているものにはヘッジファンドやプライベートエクイティ、ディストレスト、不動産（含むインフラストラクチャー）などが知られている。

　本章では、第1節のなかで「オルタナティブとは何か」について多様なオルタナティブ資産とそれらの資産が登場してきた背景を解説し、この資産クラスがもつ共通の特質や金融の仕組みのなかでの役割を探ることになる。第2節では「オルタナティブ投資の留意点」として具体例を交えながらマネージャー採用に至る考え方や留意点などについて議論を進め、第3節ではオルタナティブのなかでも普及していると思われるヘッジファンドについて、第4節ではオルタナティブ投資機会へのアプローチ方法などにも触れたい。

第1節　オルタナティブとは何か

1　資金調達サイドからみたオルタナティブ資産

　伝統的資産である株式や債券は企業や国の資金調達の道具であり、投資家に対しなんらかのキャッシュフローを提供する仕組みである。オルタナティブ資産もその裏側には資金調達者がいて投資家に対してキャッシュフローを提供する仕組みにほかならない。

　投資家にとって重要なのは「元本毀損の可能性が低く、安定的な収益獲得の蓋然性が高い資産の選択」である。そのような資産を探したら、たまたまそれがオルタナティブの範疇に入る資産であったということもありうるわけで、オルタナティブ資産への投資をことさら特別視する必要はない。

　しかしながら、オルタナティブ資産の投資にあたっては資金調達に至る動機や手法、収益創出面での特殊性などで伝統的資産と異なる点があることを

図表2−5−1 「オルタナティブ」の再構成

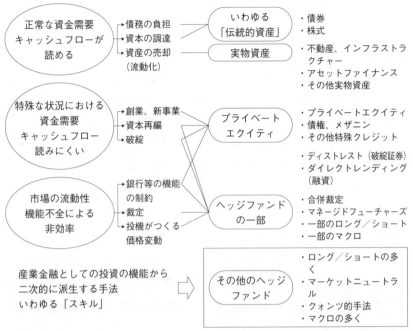

(出所) HCアセットマネジメント

理解することも重要である。ここでは資金調達の方法を整理し、多様な調達手法を背景として成り立っているオルタナティブ資産への代表的な投資機会について説明する。

図表2−5−1は企業の調達時の環境を3つに分け、それぞれにどのような資金調達方法がありうるかを整理したものである。

(1) 正常な資金需要のある環境

正常な資金需要のある環境とは、いわゆるキャッシュフローが読める状況であり、債務負担、資本調達および資産売却(流動化)による資金調達が可能な、「常態」と呼べる環境である。「伝統的資産」と呼ばれる株式・債券や不動産などの実物資産が調達手段となる。

(2) 特殊な状況における資金需要

キャッシュフローが読みにくい状況における資金調達は社債発行や増資に比べ多様な手段がとられることが多い。創業や新事業の立上げにおいては売るべき不動産はなく融資を受けるための業歴がないためプライベートエクイティでの調達が主体となる、資本再編を行う場合はプライベートエクイティを介して株式交換を行ったり、ひとたび非上場化するにあたってメザニンを発行したりする。破綻の場合は債権の担保処理にあたり、優先権や担保価値が査定されてディストレスト投資の機会になる。

かかる特殊な状況に投資する戦略はイベントドリブンやクレジットオポチュニティと総称されることがある。一般的には期限の利益を確保するためにクローズドエンドの形態が多い。

なお、固有企業の特殊な状況のみならず、市場の健全な流動性が枯渇するマクロイベントを投資機会ととらえる資金群もオルタナティブと呼んでいる。マネージドフューチャーズやロング・ショートの一部はこの分類である。

ここでは3つのオルタナティブ資産を例示したい。

a　プライベートエクイティ

ベンチャー企業の立上げ、同族企業の再成長資金、企業や事業の再編、破綻企業の再生は、パブリック市場での資金調達は困難であり、「プライベートエクイティ」のファンドにしか対応できない領域である。企業や事業を買ってその価値を高めていくために、プライベートエクイティのファンドは、自らのネットワークから外部のプロフェッショナルを送り込むなど、当該企業の支援に深くコミットしていくいわゆる「ハンズオン」を行う運用手法がとられることも多い。

b　メザニン

増資による1株当り利益の希薄化を避け、銀行借入れも社債発行も伴わない、既存の資金調達方法に代替する調達方法として、メザニン(「中二階」を意味する英語、デットとエクイティの中間に位置する資金調達の総称)がある。

具体的には、優先証券発行や劣後ローンによる資金調達である。企業再編などの局面で、成長を支援する重要な資金調達であり、投資家にとってもミディアムリスク・ミディアムリターンを実現するオルタナティブ資産といえる。

個別の企業が発行するメザニンへの投資に加え、複数のメザニンに投資をする専用のファンドも登場してきているが、発行の規模は潤沢とはいえない。ただし、今後はさまざまなタイプのメザニンファンド登場が期待されている。

国内メガバンクがバーゼルⅢ対応としての発行した劣後債や海外の銀行の発行するCoCo債（Contingent Convertible Bonds）もメザニンの一種といえる。

c　ディストレスト

デフォルトしてしまった企業が発行していた社債やローンなどの債権は直ちに回収率がゼロとなるわけではない。時間も手間もかかるが回収率は多くの場合50％を上回る。償却を急ぐ投資家からそれらの破綻証券を安価で購入し、専門知識を駆使して回収率を高め、収益を得る投資（ディストレスト投資）も特殊な環境下における投資機会といえる。主に米国のマネージャーから多くのファンドが提供されており、ディストレスト（破綻）という名称のもつイメージとは異なり、これまではかなり高い投資成果をあげてきている。

d　その他特殊クレジット

デフォルトしていないものの、バーゼルⅢ規制などの制約から銀行が正常なローン債権をディスカウントして処分せざるをえない状況が生じている。特に欧州の主要銀行はノンコアと分類される資産を260兆円抱えているといわれており、2016年以降の資本規制強化に備え、ノンコア資産の処分（ディスカウント価格での）を進めている。このような特殊な状況下にあるクレジット資産を投資対象として償還まで保有することでインカム収益を確保したうえで償還差益を得ようとする戦略である。その他特殊クレジットと呼ばれる分野にはさまざまなケースがあるが、上にあげた事例はわかりやすい。

このように、特殊な状況における資金需要に対応したオルタナティブ資産は銀行への自己資本規制強化という大きな背景と、専門性や情報探索能力などが必要という高い参入障壁から、規制に縛られない自由度の高い投資家にとってはリスクに見合う以上の魅力的なリターンが期待できる。

(3) 市場の流動性

機能不全に陥った市場に流動性を供給することも、オルタナティブの重要な役割である。第3節「代表的なヘッジファンド戦略」で取り上げる「マネージドフューチャーズ」は、石油や非鉄金属、穀物等の価格変動リスクを抑制したいという生産者や商社等のヘッジ売りに対して、買い向かうことで市場に流動性を供給する。

また、株式やクレジットのロング・ショート戦略も、市場の非効率に着目し裁定取引を行うことを通じて、市場における適正な価格形成に寄与しているといえる。

② キャッシュフローを生む資産としての不動産

不動産というモノに投資するという概念はそもそもなく、投資対象となるのは、不動産の賃貸借契約に基づくキャッシュフローである。開発案件について考えてみると、キャッシュフローを生むに至る準備段階である「初期開発タイプ」では高利・ハイリスクの調達が行われ（投資家にとっても高利・ハイリスク）、「稼働後（収穫期タイプ）」では低利での調達に切り替わり、投資家もより安定した収益を期待する投資家に受け渡される。

ここからの議論は後者のタイプの不動産投資について進めることとする。金融機関の行う不動産投資としては後者が大半を占め、かつ大部分がREITと推測されるからである。

さて、不動産価格のボラティリティは大きいことから、過去に不動産価格に大きく連動する商品への投資で損失を受けた投資家は多い、このため不動産という資産クラスに悪い印象をもっている投資家も多い。しかし賃料自体は安定した推移となっている。たとえば不動産証券化協会では2005年から

「不動産投資短期観測調査」を行っており、このなかで、主要地域の不動産タイプ別（たとえば丸の内商業ビルや、都内有料老人ホーム）の収益率（キャップレート）を公開している。図表2－5－2はこの不動産投資短期観測調査をもとにオフィスビルや郊外型ショッピングセンターなどについてのキャップレートと10年国債の利回りの差（不動産投資のリスクプレミアムともいうべきもの）の推移を示したものである。

これをみると、スプレッドの少ないエリアであっても安定的に3％程度、10年国債の利回りを上回っていることがわかる。国債利回りの低下につれて国内インカム系資産の期待利回りも低下するなかで、このレベルのスプレッドがとれるのであれば魅力的といえる。

不動産市場への投資も一般的には証券あるいは組合持分などいわゆる「みなし有価証券」を通じて行われる（図表2－5－3）。代表的な資産としてはREITをあげることができる。投資家はREITという一種の株式に投資し、その運営法人が保有する不動産の賃料収益や不動産の売買で得た収益を投資家に配当として還元する。残念ながら公開市場で取引されるJ-REITは投資元本自体が株式市場に連動するため、株式の市場変動リスクを避けたい投資家には向いていないが、最近では私募REITも残高も増やしており、流動性の乏しい点を受け入れられる投資家にはより不動産らしい投資成果を得ることができる。

図表2－5－2　キャップレートと10年国債利回りとのスプレッド推移　　（単位：％）

調査時点	都心型商業地（東京丸の内）	同左スプレッド	他の都心型商業地（最大値）	同左スプレッド	郊外型ショッピングセンター（首都圏）	同左スプレッド	計算に使われた10年国債利回り
2005年12月	3.8	2.2	6.0	4.4	5.3	3.7	1.6
2010年12月	4.4	2.9	7.0	5.5	6.7	5.2	1.5
2015年6月	3.5	2.9	6.0	5.4	5.5	4.9	0.6

（出所）　不動産証券化協会

図表2−5−3　不動産投資の体系

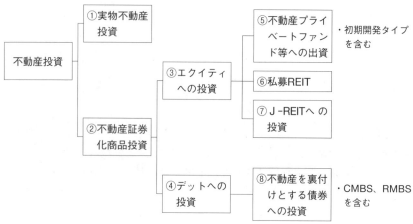

（出所）　不動産証券化協会

　海外では商業用不動産への貸付を担保としたCMBSや住宅ローンを担保としたRMBSといった債券も発行されており、社債やハイイールド債などとも異なった性格をもった債券として投資されている。これらの債券の運用に適した市場環境や個別銘柄の選択にはかなりの専門的スキルが必要と考えられている。

③　その他のオルタナティブ投資

　実物資産投資としての不動産投資の延長として、再生エネルギー、空港や港湾、パイプライン、有料道路等、安定インカムが期待できる投資対象は、世界規模で存在する。

　なお、オルタナティブ投資の例として仕組債という商品があげられることも多い。単なる債券にオプションなどを組み合わせただけのものも多く、資金調達のニーズを背景として登場したものとはいえないものもある。特定範囲の為替や株価をトリガーとして追加的リターンを得る商品は知らないうちにコストに見合わないリスクをとっている可能性もあり、ここではオルタナティブ投資の対象としない。

4 非公開（Private）型資産としてのオルタナティブ

(1) 公開（Public）と非公開（Private）

　ここまで主要なオルタナティブ資産について多様な資金調達に関連づけるかたちで整理してきた。登場してきたオルタナティブ資産に共通する特性は、これらの資産が公開市場（パブリック）ではなくプライベートに取引されているということである。プライベートな特性ゆえに実際の投資にあたっては伝統的資産とは異なる管理が必要となる。そこでオルタナティブ投資におけるプライベートな特性をパブリックな資産との対比で整理したものが図表2－5－4である。

　取引の簡易性、流動性、発行体の質、情報入手の容易性、リスク管理のしやすさなどの点でパブリック市場での取引はプライベート市場での取引に比べはるかに安心感があるようにみえる。しかしながら、情報入手に関する限りはパブリック市場では発行体から投資家への一方向の流れにとどまっているのに対し、プライベート市場では資金の出し手と取り手が事前・事後にプライベート（相対の関係）にネゴシエーションを行うことができる。この意味では後者のほうがより情報対称的であるといえよう。十分な吟味を経て双方納得したうえで資金を出すというプロセスは金融機関における融資業務と似たものともいえる。

　つまり情報面や投資した後の事後管理という点では、投資家サイドにさまざまな経営資源を要するものの、プライベートに利があるといえる。それではリスク管理面ではいかがであろうか。

(2) パブリック市場の脆弱性

　現在の証券投資におけるリスク管理は、金融商品市場の効率性に依存していることは明らかである。市場の効率性の重要な目安は、取引コスト、すなわち売買が市場価格に与える影響度合い（マーケットインパクト）が小さいという点にある。この小コストで瞬時に取引が可能であるという市場機能を

図表2-5-4 公開市場とプライベート市場

	公開市場 (株式／債券)	プライベート市場	同左ヘッジファンドの場合
取引参加者	不特定多数。	特定少数。	どちらかといえば不特定多数：公開市場での取引ではないが、金融当局の規制は強化されておりプライベート性はその他のオルタナティブ資産に比べて低い。
流動性 (購入)	原則として日次。	購入のタイミングは案件と投資家の需要などをみながら、随時行われる。キャピタルコール形式のものが多い。	日次のものから四半期ごとなど多様。
流動性 (売却)	原則として日次。	償還期限があるものについては償還まで売却はできない。償還期限のないものについては制約的な条件のもとで売却もしくは発行体主体での元本の返金。	日次のものから四半期ごとなど多様。ただし、解約申込みが集中した場合に解約に応じない場合もある。
発行体	取引所が定める基準を満たしている。	発行体に特段の制約はない。	該当しない。
情報開示	開示規則に定める範囲での開示。	投資前も、投資後も投資家は発行体から相対での情報入手が可能な場合が多い。	制約的な情報開示が容認されている。
リスク管理	投資家の判断による売却。	売却の必要が生じた場合には転売先を見つけコストを払って抜け出すことは可能。	投資家の判断による売却。
リスク管理 (ヘッジの手段)	上場デリバティブ(先物、オプションなど)である程度の価格変動ヘッジは可能。	基本的にはヘッジの手段はない。	意図してとるべきリスク以外はヘッジしていることが当資産の建前。

(出所) HCアセットマネジメント

前提として、証券運用のリスク管理はなされてきたが、近年のリーマンショックの事象からは極端に大きなコストが発生し、市場価格自体の妥当性に疑念が生じた。

(3) オルタナティブ資産のリスク管理

一方、関与（プライベート）型モデルにおけるリスク管理では、売れないわけではないが売却を前提としない点から、相手との関係性を通じた積極的な関与、いわばリスクの直接的管理が特徴としてあげられる。プライベート型モデルの基本は、積極的な行動による価値の創出であり経営陣との協働から生まれるいわゆる「バリューアップ」である。このモデルでは流動性の対価を支払わないかわりに積極的な行動という対価を支払うこととなる。また、資本市場の機能不全に強く、過度な時価評価の弊害を避けうることから、投資機会の拡大にもつながる点が特徴である。

第2節 オルタナティブ投資の留意点（ケーススタディ）

多様なオルタナティブ戦略を紹介してきたが、ここでは金融機関の運用部門でオルタナティブ投資を行うことを想定し、その際に考慮すべき留意点などを考えたい。

取り上げるオルタナティブ戦略はアセットファイナンスである。

1 ケーススタディでの前提シナリオ

日本再興信金（仮称）ではJ-REITのインデックスETFに投資しており、配当の水準（3％弱）には満足してきた。ただし、ファンド価格が株式市場とも連動しボラティリティが高く、この1年はややマイナス気味になっていることが問題となっていた。

一方、過去の分析結果から不動産からの収益率については安定的に国債利

回りを3％前後上回ること（図表2－5－2）が認識されており、同金庫では不動産への投資枠を拡大するとの基本方針があった。

追加枠を、上場REITではなく最近証券会社から案内を受けている私募REITと私募不動産ファンドへの投資に広げることで検討を始めた。同時に他の信金からアセットファイナンスタイプのファンドを紹介され、検討対象に加えた。

図表2－5－5は上記3タイプの不動産ファンドを比較したものである。私募REITについては相対的に高い利回りは魅力であったが、解約可能枠が数％と少なく、イベント発生時には解約要求が殺到し実質解約できない覚悟が必要であった。私募ファンドは期限になればその時点の時価での清算となるのである程度の不動産価格に対する読みも要求されるものと判断された。アセットファイナンス型はセールアンドリースバックによって償還時の価値を取得価格ベースで固定する工夫がなされており、不動産価格の上昇は期待

図表2－5－5　投資スキームの比較

	上場REIT	私募REIT	私募ファンド	アセットファイナンス型
流動性	日次に解約可能	年間数％の解約枠あり	乏しい	乏しい
株式市場との連動性	高い	低い	低い	低い
不動産市場に連動	高い	高い	案件にもよるが、基本的に高い	契約により簿価で評価が可能
配当率のイメージ	3％前後	4％前後	案件による	5％前後
投資期間	無期限	無期限	一般的に3～4年	一般的に5～10年
投資上のリスク	株式市場や不動産市場の急激な下落	保有している不動産の下落	保有している不動産の下落	不動産を利用している企業の倒産

（出所）　HCアセットマネジメント

せずに賃料のみ確保したいという同信金の目的に合致するものであるが、投資期間が7年と長期であること、実質的にはセールアンドリースバックする事業者への与信であることが問題となった。ちなみにいずれのケースでも自己資本規制のリスクウェイトは100％ということであった。

2 デューデリジェンス

今回は確度の高い分配金期待と、比較的高格付上場企業が行うセールアンドリースバック案件ということで「アセットファイナンス型」採用を前提とした精査（デューデリジェンス）に入った。オルタナティブ投資のデューデリジェンスというと、それだけで1冊の本が書けるほどの項目があるが、ここでは簡略な紹介にとどめたい。

オルタナティブ投資のなかでもとりわけヘッジファンドを意識してAIMA（Alternative Investment Management Association）が質問票（DDQ：Due Diligence Questionnaire）を制定しており、これが業界のスタンダードとなっている。デューデリジェンスに際しては運用会社のほうからAIMA基準に沿ったかなり精緻なDDQを用意することも多い。ただし、プライベート型のファンドで、マネージャーと相対で議論できるような場合には以下のような基本的な精査要件を満たした資料の交付を受けるか、独自に基本要件を記した質問票をつくり運用会社に回答を求めることでもよいと思われる。

ファンド精査基本要件としては、
① ファンドの運用哲学・プロセス
② 組織体制、人材、キーパーソンの履歴
③ リスク管理体制／ガバナンス
④ ビジネスの概況

などの点である。今回、同信金では従来より投信購入に際して使用している質問票がこれらの要件を十分に満たしていることから書類としては既存の質問票徴求にとどめ、多くの時間をマネージャーとのディスカッションに使うこととした。

当ファンドの構成は図表2－5－6のようなものである。

図表2-5-6 アセットファイナンス型不動産投資のスキーム図

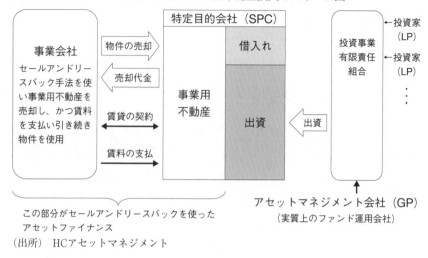

（出所） HCアセットマネジメント

　この図表の中心にある特定目的会社（SPC）はREITとほとんど同じ構造であるが、物件の取得がセールアンドリースバックの一環としてなされているので、物件の取得後も転売することはない。地価が上昇してもキャピタルゲインを得ることはできないが、事業主が物件を使い続けることが前提であるので、不動産投資で常に懸念となる稼働率低下の問題は原則起こらないといえる。実際にはSPCが取得する事業用不動産は複数の事業会社からセールアンドリースバックにより取得することとしている。

　投資家は別に設定されるファンド（投資事業有限責任組合）を経由しこのSPCに出資（株式の取得）することになる。この仕組み全体を実際に運用するアセットマネジメント会社がGP（ジェネラルパートナー）として一般の投資家LP（リミテッドパートナー）とともに投資事業有限責任組合に出資することになる。

　デューデリジェンスの基本は対話を通じてこのGPの運用能力の精査にほかならない。

　GPとの対話を通じて、投資家は運用会社の企業カルチャーを知り、主要スタッフたちが投資家の利益のために専心する意識があるかといった点を感

図表2－5－7　マネージャーとのミーティングで確認・判断したことおよびそのポイント例

確認事項	判　　断	判断のポイント
案件発掘能力（ソーシング能力）	GP主要スタッフは大手銀行業法担当者および大手不動産会社出身、実務も法制を熟知した経験者。GPは大手流通業界の財務部門と人脈がある。事業者への財務コンサルタントをするなかで案件を創出。	プライベート系のオルタナティブファンド（アセットファイナンス型に限らず）では最も重要な能力。運用者が長期に特定業務に従事しており、関連情報が狭いサークルのなかでやりとりされている。この情報にアクセスできているかどうかを見極める必要がある。
割安価格での物件取得	事業者としても物件譲渡後に安い賃料で借りたいというニーズがあり、取得価格が割高にならないものと判断。このGPがすでに募集を終了している他の同種ファンドで確認。	プライベート系のオルタナティブファンドで成功しているファンドに共通してみられる傾向である。このためには、大多数の運用者が取り組みやすい案件を避け、多少流動性が落ちても自分たちしか扱えないといったエッジをもっているかが重要。
出口戦略の確度	償還時には基本的にはGPが新たに設立する後継ファンドに継続するか、事業者によっては買戻しをするなどの出口が想定されている。いちばん心配されることは償還までの間に事業者が倒産することであるが、立地のよい案件が多いと想定され、万一のケースでも引き継ぐ事業会社は見つけやすいものと判断。	プライベート系のオルタナティブファンドの場合、償還となるのは数年後であり、出口戦略の蓋然性を読むことはむずかしい。インフラファンド（開発タイプ）などでは投資家レベルでは案件内容自体を理解することすら困難である。その意味では運用者の専門性を見極めるしかない。ただ賃貸中の不動産物件であれば比較的見極めは容易。
配当の安定性	ファンドの存続期間について賃料を契約で決めており安定しているものと判断。このGPがすでに募集を終了している他の同種ファンドでの配当実績も安定していることを確認。	オルタナティブ投資において配当の安定性が常に求められるわけではない。しかし金融機関による投資には調達コストがかかっており期間対応の実現収益が求められる。
事業者の信用審査	GPがアセットファイナンスを行う事業者の格付や財務諸表を徴求、取得する物件の集客数などの内部情報を得て信用状態をチェックするとしている。このGPがすでに募集を終了している他の同種ファンドに組み込まれている事業者などから類推して、適切な信用審査が物件取得前だけでなく取得後も行われるものと判断。	一般にこのようなファンドの場合、投資家（LP）はアセットファイナンスする事業者の中身を投資前に知ることはできない。しかしながら、GPとのネゴシエーションによって、投資を検討している投資家には機密保持の約束のもとで投資予定案件の開示を行うケースも多い。

（出所）　HCアセットマネジメント

覚的にも把握できる（図表2-5-7）。

③ 借入れについて

ところで、図表2-5-6のSPCの負債サイドに注目すると「借入れ」という項目が登場する。アセットファイナンスなどの場合、すべての資金調達を投資家からの出資でまかなうのではなく、一部を銀行借入れ（ノンリコース・ローン）で行うことが一般的となっている。

たとえば、SPCが総額100億円の不動産を保有し、5％の賃料収入（年間5億円）を得ると仮定したときに、
① 100億円全部の調達を投資家からの出資（株式）でまかなった場合の投資家の利回りは（諸コストを無視すれば）5％（5億／100億）となる。
② 50億円を金利1％の銀行借入れで調達し、残り50億円を投資家からの出資とした場合、投資家の利回りは9％（（5億－支払利息0.5億）／50億）に跳ね上がることになる。

借入れの利用（レバレッジ）は出資者の利回りを拡大するが、債権者としての地位は貸出が出資より上位であることから、万一の事態には注意が必要といえる。

物件の価値に対する借入額の比率LTV（Loan to Value）が案件を評価する尺度として使われている。投資対象資産の質を考慮しながらLTVが適切なレベルに収まっているかをGPと議論することも運用姿勢を判別する1つのポイントといえる。

④ オルタナティブ投資特有の資金フロー

次に、オルタナティブ投資において一般的に行われている投資資金の募集形態に触れてみたい。図表2-5-8はキャピタルコール型と呼ばれるオルタナティブ投資特有の募集方法を図示したものである。

なお、アセットファイナンスの場合には、この図表とは多少の違いがあり、その点については後ほど触れることとする。

投資信託や、大方のヘッジファンドでは投資家が投資したいタイミングで

図表2－5－8　キャピタルコール型（一般の）ファンドのキャッシュフロー

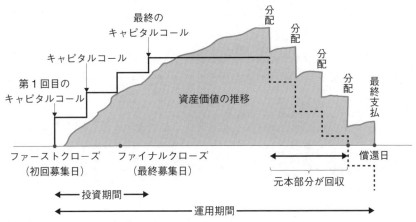

（出所）HCアセットマネジメント

全額の資金投下を行い解約したいタイミングで、全額もしくは一部解約を行う。運用者は原則としては常にフルインベストを意識した運用を行っている。いわゆる「オープンエンド」型と呼ばれる投資形態である。

これに対し、キャピタルコール型の募集形態では、まず投資家に投資しようとする総額（コミットメント）を約束してもらうことから始まる。

図表のなかでは初回募集日（ファーストクローズと呼ばれる）から最終募集日（ファイナルクローズ）の期間が一般的にはコミット可能な期間となっている。

実際に資金の投下が行われるのは運用会社が投資案件を見つけ、その取得のために、すでにコミットメントを行っている投資家に対し、必要資金の拠出をつど、要求するものである。資金投下のタイミングは投資家が決めるのではなく運用者が決めている。

運用会社は実際に投下された資金のみに対応した利回り（IRR）での成績を競争しているので、投資に回らない資金は1円ももちたくない。

投資家にとってはいったん、コミットメントを行うと、いつ拠出要求（キャピタルコール）が来るかはわからないので、手元にある程度の流動性を確保しておかなければならない。実際に投資をしてみるとかなりの煩わしさ

第5章　オルタナティブ投資　439

を感じる点である。投資期間以降は新規の投資は行わないことからキャピタルコールは行われないが、この期間を過ぎると徐々に資産売却が行われ、元利金が分配として返金される。そのタイミングはファンド内で投資されている個々の案件の進捗状況によるので不定期で予定を組めるようなものとはいえない。投資家にとっては分配金のための適切な受け皿を用意しておき再運用できるような体制も必要となる。このようなことから、実際の運用にあたっては特定金銭信託を受け皿として使うことが多いと思われる。

　図表2-5-8をみてわかるように、最初の分配があるまでは、キャッシュフローのマイナスが続くことが一般的である。ファンド内で投資している個別の投資案件が収益を生んでも当初は再投資され、キャッシュアウトされない。投資家サイドからみたキャッシュフローが、当初は支払超の時間が続き、運用期間の後半になって受取り超になるようすをアルファベットの「J」のかたちに見立ててJカーブ（効果）と呼んでいる。

　投資家から資金収支フローをこの投資のライフサイクルで見直すと、図表2-5-8の黒い線が資金投入の経過を示している。投資期間にキャピタルコールが繰り返され投資家の資金投入は投資期間終了時にピークとなる。元本回収期の動きは点線で示しているが、以降は分配があるごとに投入元本が減っていくこととなる。グレーの線は資産価値の推移を示していて、ある時点からは投資家の支出額を上回って推移しているようすが描かれている。このケースではファンドの償還期限の手前に行われた分配によって資金フロー上は投下元本の回収が終わっていることを示している。これから先の分配はすべて投資成果ということになる。

　なお、投資期間中にも投資している資産の売買は行われるので資金フローが出てくるが、この間に発生した元利金は再投資されるので一般的には投資家への分配はない。

5　運用報酬

　運用報酬の体系はさまざまであるが、典型的な例では当初のコミットメント金額に対して1％程度の基本報酬と目標リターンを上回った部分へ課され

る20％程度の成功報酬の2本立てとなる。図表2－5－8でもみたように投資家の投資残高は運用期間を通じて大きく変化するので、最近では投資残高に応じた基本報酬を基本とするファンドも多くなっている。同時に基本報酬、成功報酬ともに低下の傾向にある。

さて、今回のアセットファイナンスの場合であるが、投資期間中は一般のオルタナティブファンドと同じような資金収支をたどる。したがってキャピタルコールの時期、金額がきっちりと予定されているわけではない。投資後は四半期ごとに一定の分配が行われる。分配は投資期間内であっても行われているので、先に述べたJカーブと呼ばれる問題は起きない。

また、投資期間終了後であっても償還期限までは仕組み上、元本の返却はなく、大口の現金が短い通告後に振り込まれ、再運用に窮することもない。したがって、受け皿としての特定金銭信託の採用は不要かとも判断されたが、事務面での対応などを考慮し特定金銭信託からの投資に至った。

6 事後管理等

キャピタルコール型の投資ではいったん投資するとファンドが償還になるまで原則として売却できない。コミットメント後は、
① 資金収支の管理（キャピタルコールや分配の可能性についてGPとのコミュニケーション）
② 運用案件の進捗状況に関し、GPとの定例的なミーティング
を行っていくことになる。

第3節 代表的なヘッジファンド戦略

1 拡大するヘッジファンド

ヘッジファンドという投資主体、運用商品が、国内の金融市場で広く認知

されるようになって久しいが、国内でヘッジファンドという存在が認知されたのは、1992年にジョージ・ソロスが、当時割高とみたポンドを売り浴びせ、イングランド銀行（英国の中央銀行）は買支えで対抗したものの、結局ポンドが大きく下落し、ERM（欧州通貨メカニズム）で定めるレンジを維持できずに、変動相場制に移行した時であろう。その後も1997年のアジア通貨危機、1998年のLTCM（ロングタームキャピタルマネジメント）の破綻など金融市場が大きく変動するときは、ヘッジファンドによるものとされ、1990年代は得体の知れない市場を操る投資主体というイメージが強かった。

ヘッジファンドの残高は、ジョージ・ソロスがイングランド銀行を打ち負かした1992年当時は数百億ドル、アジア通貨危機の1997年には約3,000億ドルと2015年の約2兆8,000億ドルと比較すると規模も小さく、ごく限られた投資家向けのもので、情報も限られていた（図表2-5-9）。2000年代に入るとファンド数も資産総額も増え、国内でも年金基金、金融法人等が当たり前に投資するようになり、身近な投資対象になっている。

いまや、公募投信でもヘッジファンドの運用手法が提供され、リテール市場にまで普及しているが、あらためてヘッジファンドの定義らしきものを考

図表2-5-9 ヘッジファンド残高推移

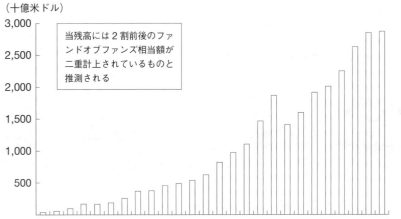

（出所） Hedge Fund Research

え、数多あるヘッジファンドがもつ収益機会に対する理解の一助としたい。

2 ヘッジファンドの定義づけ

　ヘッジファンドの明確な定義があるわけではないが、その本質を理解するうえでヘッジファンドという単語を構成するヘッジとファンドの意味について説明したい。まずヘッジとは、意図せざる要因による運用資産の毀損を回避するための工夫を行うことである。一般に、運用者の意図する投資機会の獲得は、その投資機会が内包する市場価格変動（ボラティリティ）を切り離すことができない。具体例として、割安な株式に投資することは、割安な株式が株価の相対的な上昇により割安でなくなることを意図した戦略であるが、同時に株式市場全体の株価変動を受け入れることを意味する。しかし、市場全体の価格変動は意図した投資機会ではなく、できれば回避したい事象である。そこで、市場の価格変動を先物等の売り建てにより回避（ヘッジ）し、意図した割安な株式の相対的上昇という投資機会だけを純粋に取り出し、収益獲得を目指すところがヘッジファンドの原点と考えられる。

　ヘッジファンドのファンドという言葉は、破綻企業の買収時にしばしば登場するハゲタカとか、乗っ取りのイメージで歪曲され、特別な投資手段として解釈されることがしばしばある。現に、ファンドを介して違法行為を行う事例もあり、ファンドという名称がうさんくさいものととらえられることもある。しかし、本来は投資信託と同じことで、多数の投資家の資金を合同で運用するための技術的工夫にすぎない。ファンドという何か特別な投資方法があるわけではなく、運用戦略上特別な意味をもつものではない。

　ファンドという形態がもつ諸特性のうち、ヘッジファンドの戦略にとって本質的な特徴として、自由度の高さ、一定の秘匿性、レバレッジの3つがあげられる。

　自由度の高さというのは、規制の緩さと同じことではないが、高度に規制された現代の資本市場の仕組みのなかで、自由度の高さを確保するためには、ある程度、規制環境の緩さということも要件に入ってくることは避けえない。

実際、ほとんどのファンドは、ケイマンなどの、いわゆるオフショアに設置されており、ファンドの設立と維持管理に関し、設計の自由度や費用等の面で、利便性が高いのである。米国にしても、英国にしても、あるいは日本にしても、国内の合同運用の仕組みである投資信託に高度な規制を課しているのは、投資のプロではない個人投資家の保護を目的としているからである。

　一方、ヘッジファンドの投資家は、たとえ個人の富裕層であっても、明らかにプロの投資家とみなさざるをえず、プロの投資家を対象とする限り、多くの規制は不要なのである。より簡易な仕組みを用いることで、費用を節約し、運用の自由度を確保することは投資家の利益にもなる。

　秘匿性は、ヘッジファンドにとっては、非常に重要な要件である。ヘッジファンドからヘッジを外すことはできないが、ヘッジの代表的な手法は空売りである。この空売りを開示することは、運用上非常に困難である。なぜなら、空売りはいずれ買い戻さなければならないという、大きな制約を抱えているからである。もしも、空売りをしているポジションが知られ、それを知った別の人がその銘柄を買い上げると、空売りしている側は高値で買い戻さざるをえなくなり、損失確定をしなければならなくなる一方、買い手側は、より高い価格で買い戻されることがわかるので、安心して買うことができるのである。

　空売りの問題だけでなく、そもそもヘッジファンドの戦略の主流は、小さな価格の非効率性をとりにいくものなので、売買の実態を他人に知られることは、裁定機会を失うことになりかねないのである。

　レバレッジ、いわゆる借入れにより純資産以上のポジションをとるということは、裁定機会への確信度の高さを意味する。つまり、ヘッジファンド戦略が市場価格変動のリスクをとらないものであることが、レバレッジを可能にするのである。このことは、借金をして株式に投資することが、非常に危険な投機であるのと対比して考えれば、市場価格変動をヘッジしているからこそ、レバレッジを使って投資しても、投機にはならず、科学的な投資でありうる。そして、投資機会に対する確信度が高ければ高いほど、レバレッジ

を大きくできるのである。

③ 実際のヘッジファンド戦略の特徴

　前項で、ヘッジファンドの本質的特徴について述べたが、ここでは、具体的なヘッジファンド戦略の特徴をいくつか説明することとする。純粋に価格の非効率性だけをねらい、それ以外のリスクを完全に近いレベルでヘッジしたものから、ヘッジのレベルが高くないものまである。

(1) 転換社債裁定

　転換社債の裁定戦略は、いちばんヘッジファンドらしいかもしれない。転換社債は、株式のコールオプションと社債の合成証券であり、合成証券の理論価格は、コールオプションの理論算定価格と社債の理論算定価格との合計値になるべきだが、実際の価格は、理論価格と異なる場合が多いので、そこに投資機会がある。

　もしも、投資機会が、転換社債に内包されたコールオプションの価格が、コールオプションの理論価格よりも安いところにあるのであれば、純粋にその価格差だけをとりに行けばよく、これが、典型的なヘッジファンド戦略である。

　そのためには、転換社債を取得（ロング）して、コールオプションの理論価格相当分の株式を空売り（ショート）すればよいのである。さらに厳密を期すならば、転換社債の社債価値に内包する意図せざる信用リスクもヘッジしなければいけない、これには、クレジットデリバティブを使ったヘッジを行うこととなる。

　こうして、転換社債裁定戦略の場合、転換社債のロング、株式とクレジットデリバティブのショートという組合せが、1つの典型的な取引形態となる。ここには、ヘッジファンド戦略に共通する、市場の非効率という投資機会の獲得と、その非効率をとりに行く際に市場リスクをヘッジするという運用手法がよくみえている。

(2) イベントドリブン

何かの出来事（イベント）をきっかけとした投資機会をとらえることをいい、代表的なイベントは合併・買収と破綻である。2つの会社が合併すれば、1つの会社になり、合併前の2つの会社の株式は、1つの株式になるわけであるが、そこに裁定機会が生じる。合併に伴う株価裁定は、合併の成立を前提とすれば、合併比率を調整後で2つの株式は等価になる。等価の方向へ2つの株価が動くのだから、完全な裁定機会である。転換社債裁定と並んで、合併裁定が代表的なヘッジファンド戦略とされるのはこのためである。しかし、完全な裁定機会だから、確実かというと、合併の成立を前提としているところに危険がある。発表された合併のすべてが成立するわけではないからである。もし合併が成立しなければ、この裁定機会は一転して損失機会となるので、合併成立の判断に賭けるところが合併裁定の特色である。

(3) ディストレスト（破綻証券）

ディストレストについては第1節1(2)cに解説した。

転換社債裁定、合併裁定（イベントドリブン）、ディストレスト、これらはヘッジファンドとして優れた戦略であるが、投資機会を金額に換算したときにどれほどの投資機会が存在しているのだろうか。機会を厳密に定義し、投資の完成度を追求すればするほど、投資できる金額が小さくなる。

世界のヘッジファンドの残高は、2兆数千億ドルあり、前述の3戦略の残高は多くない。残高の多い戦略について、次に述べるが、投資の完成度が高くない分、投資機会が広く、その結果運用残高が多いととらえるのがよいだろう。

(4) 株式ロング・ショート

ヘッジファンド戦略のなかで最も歴史が古く、ヘッジファンドの起源といわれる。残高も最も多い戦略である。

戦略の仕組みはわかりやすく、割安ないし市場以上に上昇すると判断した

株式を買持ち（ロング）して、市場リスクをヘッジするものが基本形である。市場リスクのヘッジには先物が一般的だが、先物のかわりに割高な株式を売持ち（ショート）すれば、二重の投資機会が得られることも可能である。2銘柄の株価の特性から、相対的に売られすぎの株式をロングに、買われすぎの株式をショートにするペアトレードも1つの戦術である。

ポートフォリオは、株式のロングとショートで構成されることになるが、ロングからショートを差し引いたポジション量をネットエクスポージャーといい、ロングがショートより多ければ、ネットエクスポージャーがプラスとなり、市場変動リスクにさらされている部分となる。市場の方向性に対する確信度に応じて、ネットエクスポージャーを一定範囲内で動かす戦略もあれば、市場変動リスクを回避するため、ネットエクスポージャーをゼロ近辺に保ちつつ、ロングとショートで銘柄固有の超過収益のみを収益源とする戦略もある。後者は、株式マーケットニュートラル戦略という別のくくりで扱われることもある。

年金基金や機関投資家にとって、投資資産の価格変動リスクは株式市場の価格変動による部分が最も大きいため、株式に投資しつつも、価格変動リスクを抑制した戦略と位置づけられることも多い。一方で、個人投資家が自身のポートフォリオで行うことが可能であり、参入障壁が低い戦略でもある。

(5) マクロ

世界中の株式、債券、通貨、商品市場のなかから投資機会を見出し、ロング、ショートのポジションを組み合わせて収益獲得を目指すグローバルマクロという戦略は、市場の価格変動リスクを収益の源泉としている色彩が強く、狭義にはヘッジファンドとはいえないかもしれない。しかし、たとえば商品の金の買いポジションが、信用秩序そのものの崩壊という大きなリスクに対するヘッジであり、同時にドルの売りポジションをもてば、信用秩序の不安という事象のなかから投資機会を切り出すという意味でヘッジファンドとしてみなすことができる。そのほかにもマクロ的な視点による市場間の相関や割高割安の判断に基づいて、買いポジションと売りポジションを通じ

て、大きな投資機会に賭けていくことも、広義にはヘッジファンドといえよう。

(6) マネージドフューチャーズ

グローバルマクロと同様に、世界中の株式、債券、通貨、商品市場を対象とするが、上場先物、オプションを投資対象とする点で固有の戦略に位置づけられる。

先物市場が、そもそも現物をヘッジするために生まれた市場であることを考えると、単なる価格変動の賭けではありえず、なんらかの価格の非効率性をとりにいく工夫がなければならない。そのとき、1つ考えられるのは、フューチャーズ（先物）の市場が、実物を扱う取引業者にとって、在庫等の価格変動リスクのヘッジの市場であると同時に、投機家にとっての思惑による取引の市場でもあるということである。

十分な量の投機家がいなければ、実需をもつ業者のヘッジはできない。つまり、投機で買う投機家がいなければ、実需のヘッジ売りはできず、市場とは、立場の異なる多数の投資家が参加しない限り、有効に機能しないのである。投機と実需は、短期的には常時不均衡であり、価格が上がりすぎたり、下がりすぎる傾向がある。そこに投資の機会を見出すのがマネージドフュー

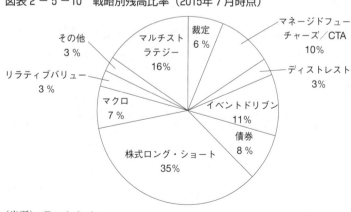

図表2－5－10　戦略別残高比率（2015年7月時点）

（出所）　Eurekahedge

チャーズの本質であると考える。単なる価格変動に賭けているのではなく、特殊な需給構造がつくりだす価格変動のくせというか、傾向に投資している限り、市場リスクを避けつつ、価格変動の非効率性から収益をあげるのだから、ヘッジファンドの特性を備えている（図表2−5−10）。

(7) ファンドオブファンズ

ファンドオブファンズは、それ自体個別具体的な投資を行うのではなく、複数のファンドに投資することを通じて、よく分散された投資を実現する技術的な工夫である。したがって、組み入れるファンドは、ヘッジファンドの戦略である必要はなく、普通の株式だろうが債券であろうが、プライベートエクイティであろうが何でもよい。おそらくこの仕組みが最も普及しているのは、ヘッジファンド分野とプライベートエクイティの分野であろう。

ヘッジファンドに投資するときに、ファンドオブファンズを使う利点は、簡便な方法という点である。ヘッジファンドを一つひとつ細かく吟味して選ぶとなると、そのこと自体が高度に専門的な資産運用の技術になってしまうという問題がある。ヘッジファンドのファンドオブファンズの運用者は、投資家にかわって、専門家としてヘッジファンドの選択の機能を果たしている。実際、ヘッジファンドの数は数千ともいわれ、そのなかから本当の優れたヘッジファンドを選択しようとすれば、個別の有価証券の選択と同じくらいに大変な仕事をしなければならず、そこに専門家に委ねる合理性がある。

専門家の助言を用いて、自ら個別のヘッジファンドに投資するという選択肢もあるが、その場合、個別の投資における事務的な手続や投資の実行という面倒な実務も行わなければならない。ヘッジファンドというものは、何一つ標準化されていないといっても過言ではない。ファンドの設定地一つとっても、ケイマンであったり、バミューダであったり、いろいろなところがあり、設定地の法律に準拠しているうえ、さまざまな構造をもった多数のファンドに投資するということは、完全に標準化された株式や債券を公開市場で売買することに比べ、まったく異なる事務能力が必要となる。こうした事務負担を外部に委ねるという観点からもファンドオブファンズに投資する合理

性はある。

第4節 オルタナティブ投資への道筋

1 オルタナティブ投資へのアプローチ

　以上においてさまざまなオルタナティブ資産への投資機会の紹介を行ってきたが、実際に投資をする場合にはどのような資産を選択し、どのように管理していくかという点についてはある程度の準備が要求される。

　第1部第3章で詳説されているように運用の高度化にあたってはまずポートフォリオ全体の分析をしたうえで、現状のポートフォリオのもつリスクを分析し、理想とするリスク特性に変えていくためにどのような資産を足し引きするかを見極める必要がある。

　そのうえで、足すべき資産がもつ特性と運用部門として管理しうるレベル（および習熟度）を秤にかけながら資産選択を進めることになる。具体的には以下のような点である。

　当該資産の元本が毀損しないことへの信頼度、インカム生成の蓋然性、金利への感応度、株式市場との連動性、クレジットレベルの許容度、流動性への許容度、為替リスクへの許容度、金融機関特有の制約への配慮、内容面・事務面での管理負担などである。

　これらの点について整理したものが、図表2－5－11である。オルタナティブ資産は次々に新しい戦略が登場し、複合的な性格をもつものも多いことから、この図表はいわば典型的なものの一面をとらえただけともいえるが、自金融機関の有価証券運用の目標などを考慮して独自のものを作成、維持していくことを勧めたい。そのメリットは以下のとおりである。
① 　伝統的資産＋REITのみを念頭に置いて業務運営をしている以上に視野が広がり、結果として伝統的資産への理解も深まる。伝統的資産を含めて

投資可能な資産を鳥瞰すると、市場にはなんらかの合理的な力が働いていて、同じような特性をもつ戦略はほぼ同一のリスクリターン傾向を示すことに気づく。このレベル感をつかむことが大切である。レベル感からかけ離れて魅力的な戦略に遭遇したときに、規制などで市場に特殊な環境が存在しそれゆえに一時的に超過的な収益機会が出てきたのか、それとも、気がついていないリスクゆえに魅力的にみえるだけなのか見極めなければならない。前者は投資機会であるが、レベル感がなければこれを感知できない。

② 運用会社との対話においてもオルタナティブ資産の全体像を把握することで、より深い情報の引出しが可能となる。

③ 自金融機関内部のコミュニケーションや資産運用計画立案上の資料としても使用可能となる。また、場合によっては検査当局との対話においてもオルタナティブ資産への投資の位置づけを説明する材料ともなりうる。

２ 長期的な視点

オルタナティブ資産への投資で得られる最大のメリットは債券投資対比で高いキャッシュフローを長期間安定して得られることといえる。いったん投資すれば長期間にわたって当該資産との関係が続くことになる。ところが多くの商品は資金調達主導で行われることもあり投資家が希望するタイミングで投資できるわけではない。

そこである程度条件にあう戦略を念頭に置き、日頃からそれらの戦略を運用するマネジャーとのコミュニケーションを図っておくことも重要である。商品を仲介する投資銀行や実際に運用にあたる運用会社が自金融機関のニーズを熟知していれば、的確な投資機会が生じた際にはいち早く紹介されることになる。

投資オルタナティブ資産に割り当てられる資金については数年から10年後のポートフォリオをイメージして徐々に構築を図ることが理想である。金融機関の通常の業務運営計画の期間からは逸脱することから、組織横断的な理解も必要となる。

図表2-5-11 代表的なオルタナティブ資産への投資の視点

オルタナティブ投資の種類	①元本毀損の可能性	②キャッシュフロー生成の蓋然性	③流動性／投資期間（年）／ファンド期間（年）	④リスク管理のポイント
PE（企業再編）ファンド	案件次第、基本的に大	—	2～4／4～6	組入案件ごとの状況モニター、必要があれば運用者への関与
PE（VC）ファンド		—	2～4／5～10	
私募不動産	取得する不動産および償還時の不動産市況次第、基本的にそれほど大きくない	賃料見合いの場合は、安定的なキャッシュフロー生成の蓋然性は高い	3～5	不動産市況、規制変更などのモニター
私募REIT	取得する不動産次第、基本的にそれほど大きくない		原則無期限（制約付きで解約可）	
インフラ／エネルギー（開発）	案件次第、基本的に大	—	5前後／15前後	運用者との対話にはある程度の専門知識（技術・制度など）が必要
インフラ／エネルギー（運用）	基本的に少ない。政策変更のリスクあり	高い	1～5／10～15	
バンクローン	基本的には担保付きで、元本毀損の可能性は低い（注）	高い	原則無期限	組入案件／セクターなどのモニター、問題があれば解約
特殊クレジット	案件によっては、毀損のリスクが存在するものの、実績的には高リターン	運用者スキル次第	3～5	ポートフォリオ全体としての特性（レバ、LTV、担保状態など）もモニター
ディストレスト		—	4～7	組入案件のモニター
ダイレクトレンディング	案件次第、基本的にPEや株式に比べ高くはない	高い	2～4／3～10または無期限	与信審査／管理
アセットファイナンス			3前後／5～10	事業者のビジネス。出口の蓋然性などをモニター
メザニン			3～5／7～15	
ヘッジファンド（単一）		戦略および運用者のスキル次第	原則無期限、解約可	戦略の内容によって異なる
ヘッジファンド（FoF）				

（注）証券化したもの（CLO等）では市場変動の影響を受けることもある。
（出所）HCアセットマネジメント

⑤金融市場との連動性	⑥金融機関特有の投資上の制約	⑦リターン源泉 クレジット	デュレーション	流動性制約	テーマ	運用者スキル	⑧リターンのイメージ(%)	⑨資金の投入と回収
比較的少ない	組入案件によっては100%以上のRWAが課される	○		○		◎	VCよりはリスクリターンともに低い	ファンドの運営者が案件ごとにキャピタルコール。イクジットごとに返金
		◎	○			◎	ハイリスク／ハイリターン	
比較的低い。ただし不動産価格の影響大	分配金が業務上の収益認識		○			◎	ミディアムリスク・ミディアムリターン	ファンドの運営者が案件ごとにキャピタルコール。毎期配当、償還期限に一括返金
		○		○	△	◎		ファンドの運営者が案件ごとにキャピタルコール。配当支払。解約は制約されている
比較的少ない	組入案件によっては100%以上のRWAが課される		○	○	△	◎	ハイリスク／ハイリターン	ファンドの運営者が案件ごとにキャピタルコール。償還期限に一括返金
			○	○	△	◎	2〜5	ファンドの運営者が案件ごとにキャピタルコール。配当支払
		△	△	○		○	3〜6	通常は一括して資金投下、毎期配当、解約要求による返済
		○	△	○	○	◎	10〜15	ファンドの運営者が案件ごとにキャピタルコール。配当あり、案件のイクジットごとに元本の一部返金
		○		○	△	◎	20〜25	
		○			△	◎	4〜10	キャピタルコールタイプおよび当初一括タイプがある
		△	△	○	△	◎	5〜7	ファンドの運営者が案件ごとにキャピタルコール。配当あり、案件のイクジットごとに元本の一部返金
		○	△	△		○	4〜7	
意図的に連動しないように設計されている	証券化商品などが含まれる場合は高RWA				○	◎	戦略および投資環境次第	一般的には当初一括にて資金投下。要求による解約(ただし制約のある場合も多い)。分配はせずに収益は内部留保されるケースが多い

第5章　オルタナティブ投資

③ 特殊な状況に着目

運用でGDP成長率並みの収益率を追求するのであれば特殊な状況も投資対象とする必要がある。特殊な状況においてはプレミアムが期待でき、期待値、実績ともに高めである。

どこにどの程度の特殊性がありプレミアムが期待できるかをいち早く感知できるような能力の獲得が組織として求められる。プレミアムの存在が広く知れ渡った段階では妙味が薄れがちである。

④ 外部リソースの活用

第1部第3章では事務負担軽減のための特定金銭信託の活用に言及したが、運用面でもさまざまな外部リソースを活用し、同時に情報入手能力の強化、運用スタッフの育成を図る必要がある。

① 外部セミナーへの参加……投資銀行や運用会社の行うオルタナティブ投資に関連したセミナーは本来商品紹介の場であることが多く、参加後に営業担当の訪問を受けるなどの煩わしさもあるが、さまざまな商品や、運用者、他の金融機関からの参加者などを知るよい機会となる。将来は投資するかもしれない資産クラスのための情報収集と割り切って参加すべきといえる。

② 投資銀行の発行する調査レポート……大手証券会社や投資銀行からはオルタナティブ投資やヘッジファンド投資に関するレポートが出ており、投資家の動向や戦略ごとのパフォーマンスなどはウェブサイト上からも入手可能である。ただし個別の投資商品レベルの情報入手は不可能である。

③ データベース購入……オルタナティブ投資商品が一覧できる各種データベース（有料）も利用可能である。パフォーマンスや各種分析ツール、運用者の情報が収録されており。条件を入力することで、ファンドの抽出などもできる。ただし、情報のカバレージにもよるが使用料は相当に高額なものが多い。

④ 先行している金融機関からの情報収集……地域金融機関のなかにはオル

タナティブ投資の分野で先行している金融機関も存在する。専担者とコンタクトできれば、肌感覚での商品の情報、運用者の評価、運用管理体制、検査対応などの情報入手も可能となる。

⑤　資産運用コンサルタント活用……あまり多くないものの、オルタナティブ資産に特化した運用コンサルタントも存在し、コストはかかるものの、有用なアドバイスを受けることができる。投資銀行とは異なり、偏りのないマネージャーの紹介や気になっている商品の評価、オルタナティブ投資へのアプローチ全般などについて相談に乗ってもらうことができる。オルタナティブ導入時のデューデリジェンス負担も軽減することができる。

⑥　投資顧問会社への委託……オルタナティブ資産への投資を含む投資一任サービスを提供する運用会社もある。ファンドのデューデリジェンスも投資顧問会社に委ねることができるが、投資顧問会社自体のデューデリジェンスは金融機関が行わなければならない。入り口としてこのような運用会社を使いオルタナティブ投資の実績を積み、有価証券ポートフォリオ補完をすることも時間の節約になる。ただし国内に設立されている多くの運用会社については、自社の運用する商品の販売を目的として存在しており、運用会社の利益が委託者の利益より優先される可能性もあることに注意する必要がある。少数ではあるがマルチストラテジー型やファンドオブファンズ型と呼ばれる運用を行う投資顧問会社では複数の他社商品に投資を行っている。この場合はファンド選択および事後の管理も運用会社が行うが、その分追加的な運用報酬が必要となる。

上記①～⑥のなかでは④がお勧めである。

⑤　具体的戦略の絞り込み

投資を検討すべき戦略がみえてきた場合に具体的にどのマネジャーの戦略を選ぶべきかという課題がある。伝統的資産であれば、ＴＯＰＩＸやNOMURA-BPIの指標を低いボラティリティでアウトパフォームする商品であれば適格ということで標準的な尺度での選別ができる。

しかしながら、オルタナティブ資産のパフォーマンスを代表するような指

標は存在しないし、具体的なマネージャーの選択を過去のパフォーマンスなどの数量面で行うことは適切ではない。オルタナティブ資産はきわめて個別性が強いために、その優劣を定量化することなどはできない。いくつかの候補を並べてシャープレシオの高い商品を選ぶのではなく、マネージャーとの議論を通じて収益確保可能な明確な仕組みが確認できるのであれば、それが最適と割り切るべきと思われる。ようは多少のボラティリティは容認できるとしても適度な期間対応のインカム収益を安定的に生成できそうな商品があるか否かということである。その答えは「ある」ということだ。

6 資産運用の高度化とオルタナティブ投資

　金融イノベーションの進化や規制緩和などによりオルタナティブ投資のフロンティアは拡大している。私募を含むREITへの金融機関からの投資はここ数年で急拡大しており、不動産自体はもはやオルタナティブな資産とはいえない。メザニン系資産の多様化も進んでおり、有価証券として投資しうる商品も多い。

　またバーゼルⅢなどにより金融機関の本来的な機能である金融仲介機能から漏れた取引はオルタナティブ資産への投資機会に移っている。Fintechが進展すればさらに金融機関の外で銀行類似の取引が拡大することになる。これら流失した取引機会も有価証券投資としては取り込むことも可能である。オルタナティブ投資を含めて有価証券業務を再構築することは「金融機関における資産運用の高度化」の１つの解決策ともいえる。

　すでにみてきたようにオルタナティブ投資の特質であるプライベート性は本来金融機関の融資業務における意思決定プロセスとも親和性が高い。文化的には遠くないといえる。

　わからないものは避けるということではなく、長期的な視点で各金融機関の特性を生かした独自の高度化計画確立のためにも、オルタナティブ投資への理解を深めることが望まれる。

第6章

特定金銭信託

第1節 はじめに

　近年、地域金融機関が有価証券運用の多様化を進めるなかで、特金を利用するケースが徐々に拡大している。

　地域金融機関、特に中小の地域金融機関が資産運用の高度化を行うにあたり課題となることの1つが、ミドル部門やバック部門における事務処理負担である。総じて限られた人員で事務を処理しているため、取引件数の増加はもとより、新たな商品への投資に伴う新規業務の発生や海外資産への投資に伴う時差対応等を現状体制のまま行うことは、きわめて負担が大きい。このような事務負担を軽減するための1つの方策として、特金の利用が拡大しているものと思われる。

1 特金の概要

　「特金」という用語は厳密に定義されたものではないが、後述のとおり、特定金銭信託と特定金外信託を総称して使われることが多い。特金は、投資家が有価証券等への投資を行う際に、有価証券等の受渡し・決済や会計・税務処理等のいわゆる資産管理実務をアウトソースするための、いわば投資家の専用ファンドである。当該ファンドは投資家自らが運用指図を行う場合（以下「自主特金」という）だけでなく、投資顧問会社に運用を委託する場合にも利用可能である（以下「投資顧問付特金」という）（図表2-6-1）。

2 地域金融機関における特金の利用状況

　地域金融機関における「金銭の信託」の残高は、いわゆるリーマンショックが起こった2008年度に前年度比で大幅に減少したが、近年は増加傾向にあり、2014年度末にはリーマンショック前の2007年度末と同水準にまで回復している（図表2-6-2）。貸出業務の利鞘縮小等を背景に、資産運用部門への収益期待が高まり、運用の多様化および高度化が求められるなか、特金の

図表2−6−1　自主管理、自主特金、投資顧問付特金

○自主管理

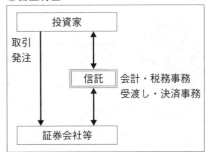

○自主特金

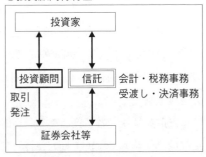

○投資顧問付特金

（出所）　みずほ信託銀行

図表2−6−2　地域金融機関における「金銭の信託」の残高推移

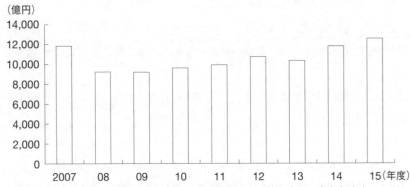

（注）　「金銭の信託」には特金以外にもファンドトラスト等を含む。各年年度末、ただし2015年度は9月末。
（出所）　全国地方銀行協会、第二地方銀行協会、信金中央金庫、全国信用組合中央協会、農林中金総合研究所の統計資料

活用事例も増えてきているものと想定される。

第2節 信託について

特金は信託の種類の1つであることから、はじめに、信託という制度の概要について簡単に述べる。

1 信託の仕組み

信託とは、委託者が信託行為（信託契約等）により、信頼できる者（受託者）に対して、金銭等の財産をその名義とともに移転し、受託者は委託者が設定した信託目的に従って受益者のためにその財産（信託財産）の管理・処分を行う制度である。

信託財産は受託者名義となるが、信託元本と信託財産から発生する損益は最終的に受益者に帰属する。なお、委託者と受益者が同一である場合の信託を自益信託といい、第三者が受益者となる場合を他益信託という。

2 信託の分類

信託の分類については図表2－6－3のとおりであるが、特金は「特定運用」かつ「単独運用」の「金銭の信託」であり、信託終了時の信託財産が金銭に限定される「金銭信託」に分類される「特定金銭信託」と、信託終了時には信託財産がそのまま交付される「金銭信託以外の金銭信託」である「特定金外信託」が存在する。

信託は、受託者の受入財産が金銭である「金銭の信託」と、金銭以外である「金銭以外の信託」に大別される。特金は「金銭の信託」の一種である。なお、「金銭以外の信託」は有価証券や不動産等の「物」のみならず、債権や知的財産権といった権利も対象とすることができ、各種信託商品が開発されている。

図表2-6-3 信託の分類

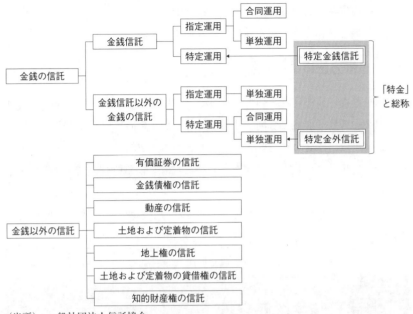

(出所) 一般社団法人信託協会

「金銭の信託」は、信託終了時の財産交付方法、信託財産の運用方法および管理方法により分類することができる。

(1) 信託終了時の財産交付方法による分類

信託財産を換金のうえ金銭にて交付する「金銭信託」と、金銭に換金せず現状有姿にて交付する「金銭信託以外の金銭信託」(金外信託) がある。

(2) 運用方法による分類

信託財産の運用内容について、委託者が受託者に対してどの程度まで指図するかにより、「特定運用」と「指定運用」に分類される。

委託者が運用する財産の種別や数量等を個別具体的に特定し、受託者に指図するものを特定運用という。信託財産の運用指図権は委託者に帰属し、原則受託者は運用の裁量を有しない。

一方、運用する財産の種別をあらかじめ委託者が受託者に大まかに指定するものを指定運用という。指定運用では、受託者は委託者の指定の範囲内において、個別具体的な運用を執行する裁量を有する。

(3) 管理方法による分類

信託された財産を信託契約ごとに単独で運用するものを「単独運用」といい、他契約の信託財産と合同で運用するものを「合同運用」という。

単独運用は、指定金銭信託等、委託者との信託契約に基づきオーダーメードで設定運用される信託で利用されている（例：単独運用指定金銭信託、いわゆる指定単）。

一方、合同運用は貸付信託やヒット等、不特定多数の委託者向けに販売される信託で利用されている。

第3節　特金の商品性

1 特金の商品性

前述のとおり、特金には特定金銭信託と特定金外信託があり、特金の設定にあたり、委託者がいずれかを選択する。金融機関が設定する特金の場合、信託終了にあたり信託財産を必ずしも換金する必要がない特定金外信託が選択される場合が多い。

なお、自己勘定資産の運用を目的として特金を設定する場合、原則的に委託者と受益者は同一である（自益信託）。

特金は特定運用の信託であるため、運用指図を行うのは委託者であり、受託者には運用の裁量はない。ただし、余裕資金の運用については、委託者と受託者の契約により、受託者が裁量を有し、翌日物有担保コールローンや銀行勘定貸しにて運用されることが一般的である。

図表2−6−4　自主特金と投資顧問付特金

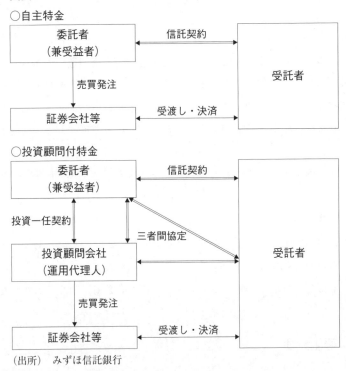

（出所）　みずほ信託銀行

　また、委託者自らが運用指図を行う場合のほかに、委託者との投資一任契約に基づき、投資顧問会社が委託者の運用代理人として運用指図を行う形態もある。運用指図の主体が委託者自身である場合を「自主（運用）特金」、投資顧問会社である場合を「投資顧問付特金」という（図表2−6−4）。

②　特金を利用するメリット

　特金を利用する主なメリットとして、以下の4点が考えられる。

(1) 資産管理のアウトソース

　有価証券投資は、受渡し、決済、記帳、保管、会計処理、税務等の事務負担を伴うが、地域金融機関、特に中小の地域金融機関のなかには、ミドル業

務やバック業務における人員やシステム等の業務基盤に制約があることが多い。

　特金の活用により資産管理事務を受託者にアウトソースすることによって、ミドルやバック業務の負担増加を回避しつつ、資産運用の多様化や拡大を実現することが可能となる。また、資産運用のフロント業務にリソースを集中させることや、自社システムでは管理できない商品であっても、特金受託者のシステムインフラを利用することにより投資が可能となることも期待できる。さらに、決済や会計等の各種制度変更への対応について、受託者によるサポートを得られることもメリットであろう。

　近年、国内金融機関では貸出金の利鞘縮小を背景に、資産運用部門に対する収益期待が高まっており、投資対象の拡大や運用手法の高度化を推進することがきわめて重要な課題となっている。しかし、そのために必要な要員やシステム等の拡充には相応のコストおよび時間を要する。地域金融機関が資産管理事務をアウトソースするニーズは今後も高まっていくことが予想される。

(2) 簿価分離

　法人が有価証券投資を行った場合、税務上、同一銘柄の有価証券の簿価を通算し損益を計算する必要がある。しかしながら、特金にて購入した有価証券の簿価については、委託者が自己勘定で直接保有する同一銘柄の有価証券の簿価と通算せず、それぞれ分離して経理処理することが認められている（法人税基本通達2－3－16）。このような経理処理を「簿価分離」という。なお、金融商品会計上も簿価分離が認められている（金融商品会計に関する実務指針98）。

　簿価分離により、政策保有株式等の自己勘定で保有する有価証券の簿価に変動を与えることなく、特金にて機動的な取引を執行することが可能となる。つまり、自己勘定にて保有する有価証券の含み益の温存と、新規トレーディングによる収益獲得を両立させることが可能となるのである。

(3) 運用ノウハウの習得

　投資対象の拡大や運用手法の高度化を進めるためには、ミドルやバック業務の負担軽減だけでなく、フロント機能の拡充も重要である。このような場合、投資顧問付特金を利用することにより、運用のプロフェッショナルである投資顧問会社のノウハウを活用できる。投資顧問会社からの各種情報提供やレクチャー等のきめ細かいサポートを期待して、投資信託ではなく、投資顧問付特金を利用する事例もある。

　また、簿価分離やレポーティングサービスに着目し、運用担当者ごとにトレーニング用の自主特金を設定し、運用担当者の育成、ノウハウ向上に活用している事例もある。簿価分離は、自己勘定のみならず同一委託者における他の特金との間でも適用される。運用パフォーマンスは特金ごとに計上され、担当者ごとのパフォーマンス測定が可能である。また、インターネットを通じた日次のディスクローズサービスを利用し、随時、上席者と担当者とのコミュニケーションに活用することもできる。

(4) 匿名性

　特金を通じて株式を購入した場合、当該株式の株主名簿には受託者名義で登録され、投資家（特金委託者名）が市場関係者の目に触れることなく、投資が行われることになる。

第4節　特金利用時の実務

　特金利用時の実務運営の概要は以下のとおりである（図表2－6－5）。なお、以下の説明は主に自主特金を前提としている。

図表2－6－5　日常業務運営の全体像

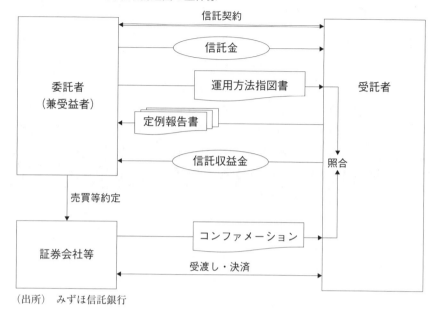

（出所）　みずほ信託銀行

1 実務の流れ

(1) 特金の設定

　委託者と受託者が信託契約を締結することにより、特金が設定される。信託契約の内容については後述する。委託者は特金の設定資金（信託金）を受託者に送金する。なお信託契約は、1ファンドにつき1契約ずつ締結し、各ファンドごとにファンドコード（信託契約ごとに付される番号）が採番される。

　特金を通じて行われる有価証券等の取引は受託者名義で行われるため、事前に取引予定の証券会社等と受託者間で特金ごとに取引口座を開設する必要がある。なお、一部の店頭デリバティブ等、運用対象によっては口座開設に時間を要する場合がある。

(2) 約定と運用方法指図書の送付

委託者（投資顧問付特金の場合は投資顧問会社）は証券会社等と売買を約定し、当該約定内容を所定の「運用方法指図書」に記載のうえ、これを受託者にFAX等で送付する。なお、取引を発注する際は、当該約定が特金等での取引であることや特金の受託者、ファンドコード等を証券会社等に通知する必要がある。

(3) 照　　合

受託者は、運用方法指図書の内容と、約定先の証券会社等から受領するコンファメーションの内容を照合し、離齬がないことを確認のうえ、資産管理システムに計上する。

(4) 受渡し・決済

約定先の証券会社等と受託者が受渡し・決済を行う。なお、資金の受渡しは特金に滞留するキャッシュにて対応するため、資金ショートが見込まれる場合は、特金にて保有する有価証券をあらかじめ売却してキャッシュ化しておくか追加入金（追加信託）しておく必要がある。

(5) 定例報告書の作成・発送

受託者は、月次報告書（毎月）と決算報告書（信託決算時）を作成し、委託者に送付する。信託決算月には、月次報告書と決算報告書の双方が作成されることになる。

定例報告書にて作成される資料の例は以下のとおりである。

《定例報告書の資料例》
① 貸借対照表
② 損益計算書
③ 残高明細表
④ 取引明細表

⑤ 利配明細表
⑥ 未収収益明細表
⑦ 税額控除資料

(6) 信託決算

　受託者は、あらかじめ契約書等で定められた方法により決算損益を処理する。決算損益がマイナスとなる場合は、信託元本より決算損益額が控除される（信託元本の減少）。決算損益がプラスの場合の処理は、以下のいずれかを選択のうえ、あらかじめ信託契約にて定めることとしている。
① 信託財産からの信託収益金の払出し
② 信託元本への加算
　信託収益金は、決算損益処理日の信託財産におけるキャッシュ額を限度として支払われる。決算収益額が、決算損益処理日のキャッシュ額を上回る場合、キャッシュ額を超過する分は信託元本に加算される。
　委託者兼受益者に金融商品会計（時価会計）の適用がある場合、信託の経理は約定ベースにて処理される（図表2－6－6）。この場合、信託決算にあ

図表2－6－6　信託決算例（信託決算日：3月20日、決算確定日：3月23日、決算損益処理日：3月24日）

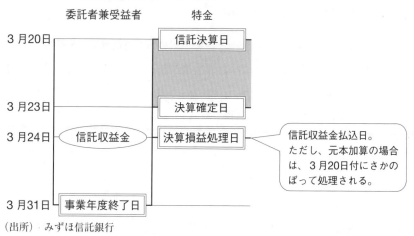

（出所）みずほ信託銀行

たっては、証券約定に係る受渡し、時価や未収収益等が確定するまでは決算処理を完了できないため、実務上は、信託決算日の数営業日後に決算損益確定日を設け、決算損益確定日の翌営業日を決算損益処理日としている。

信託決算日近くで売買取引を行う場合、委託者（投資顧問付特金の場合は投資顧問会社）は、決算損益処理を考慮したキャッシュマネジメントを行う必要がある。

(7) 信託報酬

委託者は、受託者に対して信託報酬を支払う。投資顧問付特金の場合は、信託報酬とは別に投資顧問会社に対する投資顧問料が発生する。信託報酬の水準は、特金の運用対象やその予想約定件数、頻度、および設定金額等をもとに受託者と個別に交渉のうえ決定される。

信託報酬の支払方法は、通常は信託財産からの引落しであるが、信託財産を介さず受託者の指定する口座への振込みでも対応が可能である。投資顧問料の支払についても同様に、信託財産からの引落しまたは投資顧問会社の指定する口座への振込みとなる。ただし、投資顧問料を信託財産にて支払う場合、そのつど、受託者に対し指図が必要である。

(8) 特金の終了

信託契約書で信託期間を定め、信託終了日を設定する。信託終了日をもって特金を終了しない場合、信託期間が自動延長される旨の規定が信託契約書にて設けられることが一般的である。また、信託契約書の定めに従い、信託期間中に特金を解約することも可能である。

受託者は、信託終了日または解約日に信託の最終計算を行い、その翌営業日に信託財産を受益者に返還する。なお、信託の最終計算については、受益者の承認を得る必要がある。

2 委託者に提供されるサービス

特金の受託者が委託者に提供する主なサービスは、以下の3点である。

(1) 資産管理

特金における取引については、受託者が受渡し、決済、記帳、保管、時価評価、コーポレートアクション（株式分割、株式移転・交換、合併、第三者割当増資等、有価証券発行企業における財務上の意思決定）への対応等の資産管理事務を担う。委託者は、受託者のシステムインフラ等を利用することで、事務の省力化を図ることが可能である。

(2) レポーティング

受託者は定例報告書（月次および信託決算時）を作成し、委託者に提出する。信託資産の明細や簿価・時価、損益状況のほか、税務関係書類も作成されるため、委託者本体の会計処理および税務申告等にこれらを活用することが可能である。また、インターネットを通じて、日次で特金の運用状況が閲覧できるサービスや、各種レポートを電子データにて提供している受託者もある。

(3) 海外カストディ

外国証券投資を行う場合、当該外国証券は現地金融機関の口座にて保管・決済される。このように現地で証券の保管・決済業務を行う金融機関をカストディアンという。利用するカストディアンに対しては、手数料（カストディフィー）を支払う必要がある。カストディフィーは以下に大別される。
① 保管手数料（セーフキーピングフィー）……保管残高に応じて発生
② 取引手数料（トランザクションフィー）……売買等の件数に応じて発生

特金を通じて外国証券投資を行う場合、あらかじめ保管・決済方式を以下のいずれかより選択する。

a 証券会社保護預り方式

外国証券の約定を行った証券会社が契約しているカストディアンにて、外国証券の保管・決済を行う方式である。利金・配当金や売買等の資金は受託者と証券会社にて送回金を行う。カストディアンとの契約主体は証券会社で

あるため、カストディフィーは証券会社の負担となる。

b 現地決済方式

　受託者が契約するカストディアンを利用する方式である。特金ごとにカストディアンに口座を開設し、海外での保管・決済を委託する。利金・配当金や売買等の資金は受託者とカストディアンにて送回金を行う。なお、利金・配当金や売却代金等は即座に円転せず外貨滞留させることも可能である。カストディフィーは、信託報酬とは別に必要経費として特金の信託財産より引き落とされる。

　証券会社保護預り方式の場合、委託者はカストディフィーを直接負担しないが、外国証券の売却先は原則保護預け先（すなわち当初約定先）の証券会社に限定される。一方、現地決済方式の場合、カストディフィーの負担が発生するものの、外国証券の売却にあたっては複数の証券会社を対象にビッドを行い、最も条件のよい証券会社を通じて売却を行うことが可能となる。多くの場合、委託者の運用方針により、いずれの方式を選択するかが判断される。

　複数の海外市場に投資を行う場合、あらかじめそれぞれの投資市場（国）におけるカストディアンに保管決済口座を開設する必要がある。また、投資後は各カストディアンを窓口として資産管理業務を行うこととなるため、相応の事務負担が発生する。かかる事務負担の軽減を企図し、グローバルカストディアンが利用されている。グローバルカストディアンは、各国市場のカストディアンと委託契約を締結することで世界的な業務ネットワークを構築し、各国市場における証券を一元的に保管・決済するサービスを提供している（この場合、各市場のカストディアンを「サブカストディアン」という）。投資家は、グローバルカストディアンに保管決済口座の開設を指示し、当該指示に基づきグローバルカストディアンは各サブカストディアンにて保管決済口座を開設する。以後、各市場における事務および残高・取引情報のレポーティング等はグローバルカストディアンが取りまとめ受託者に提供する。このようにグローバルカストディアンを利用することで取引窓口が一本化され、資産管理事務の合理化を図ることが可能となる。そのため、世界各国の

図表 2 − 6 − 7　特金におけるグローバルカストディ体制

（出所）　みずほ信託銀行

　有価証券に投資する特金で、現地決済方式が選択された場合は、委託者の同意のもと、受託者がグローバルカストディアンに保管・決済の一部を委託することとなる（図表 2 − 6 − 7）。

第 5 節　特金の契約

　特金は、委託者の要望を設定内容にある程度反映することができるオーダーメードの商品である。設定内容については、委託者と受託者との間で信託契約書類（信託契約書ならびに関連する協定書および覚書等）にて定めるが、受託者は信託法および信託業法に従う立場にあり、信託契約書類の内容を同法に則したものにしなければならない。
　信託契約書類で定めるべき主な事項は、以下のとおりである。
① 信託契約締結日

② 委託者、受益者および受託者の名称
③ 信託の目的
④ 信託財産の種類
⑤ 当初信託金額および追加信託に関する事項
⑥ 信託元本に関する事項
⑦ 信託契約の期間および計算期間に関する事項
⑧ 信託契約の解約および終了に関する事項
⑨ 指図権行使の委任に関する事項
⑩ 信託業務を委託する場合の業務委託先に関する事項
⑪ 信託財産の交付に関する事項
⑫ 信託報酬に関する事項

1　信託契約締結日……①

　一般に、信託契約締結日に委託者は信託金を受託者に拠出し、信託が開始される。

2　委託者、受益者および受託者の名称……②

　自益信託である特金の場合、委託者と受益者は同一であるため、たとえば受益者欄には「委託者に同じ」と表記される。

3　信託の目的……③

　後述のとおり、委託者兼受益者に金融商品会計の適用がある場合、特金（金銭の信託）に保有目的区分を設定する必要がある。信託の目的に関する条項として、保有目的区分に応じた文言が付される。

4　信託財産の種類……④

　信託金の運用対象となる財産の種類を信託契約書にて規定する。なお、一部の商品については別途締結する覚書にて当該商品の取扱い等を規定する場合もある。

5　当初信託金額および追加信託に関する事項……⑤

　信託契約締結日に委託者が受託者に拠出する信託金の金額が「当初信託金額」として表記される。また、信託開始後に信託金を追加拠出すること（追加信託）が可能である旨が規定されている。

6 信託元本に関する事項……⑥

　当初信託金をもって信託元本とすること、追加信託や一部解約、信託決算損益の処理により、信託元本が増減する旨が規定されている。

7 信託契約の期間および計算期間に関する事項……⑦

　信託開始日、信託終了日および信託財産に関する計算期日（信託決算日）が規定されている。通常、信託開始日は信託契約日と同日となり、信託終了日は信託決算日と同日になる。

　信託業法上、信託計算期間は1年を超えることができない。特金の場合、当初信託期間は1年以内となり、その後の信託期間が1年ごとの自動延長となる取扱いが一般的である。なお、自動延長を行わず信託を終了する場合は、信託契約書の所定の条項に従い、受託者に終了する旨の通知を行うこととなる。

〔例〕　当初設定日：3月10日、信託決算日：毎年3月20日
　　　　（以下、土日祝日および閏年を勘案せず）
　　　①　当初計算期間（信託期間）：3月10日〜3月20日（11日）
　　　②　次期計算期間（信託期間）：3月21日〜翌年3月20日（365日）

8 信託契約の解約および終了に関する事項……⑧

　信託契約が解約または信託終了となる場合、受託者は解約日または信託終了日に信託財産の最終計算を行う。受託者は、最終計算により確定する信託元本および収益を、解約日または信託終了日の翌営業日に、受益者に交付する。

9 指図権行使の委任に関する事項……⑨

　信託財産の運用および信託財産に属する株式に係る議決権行使の指図権は、委託者が有するが、別途協定書等を締結し受託者が承認することを前提に、当該指図権の行使については代理人を選任することができる。投資顧問付特金の場合、投資顧問会社が当該代理人として選任される。

10 信託業務を委託する場合の業務委託先に関する事項……⑩

　受託者は、信託財産の管理等の一部業務を別の者に委託することが認められている。有価証券管理は、大量の売買処理に耐えうる基盤整備やシス

テム投資が必要となるため、特金をはじめとする各種信託財産等の資産管理に特化した資産管理専業信託銀行が実務を担うことが多い。みずほ信託銀行の場合も資産管理サービス信託銀行に業務を委託している（再信託方式）。再信託方式では、委託者と受託者にて締結した信託契約（原信託契約）に基づき、受託者は資産管理専業信託銀行と信託契約（再信託契約）を締結する。再信託契約の締結により、原信託受託者から再信託受託者である資産管理専業信託銀行に名義が移転され、管理も委託される。再信託方式については、委託者、原信託受託者および再信託受託者にて三者間協定書を締結し、受託者より再信託受託者へ業務を委託すること、および受託者の再信託受託者に対する監督責任等を規定している（図表2－6－8）。

再信託方式は、特金のほか投資信託や年金信託等でも採用されている。

なお、再信託方式とは別に、受託者と資産管理専門銀行が共同し、同一の信託契約に係る信託財産や資産管理事務等を共同して受託する方式（共同受託方式）もある。

11　信託財産の交付に関する事項……⑪

信託種別に応じた交付方法が記載される（金銭信託：金銭、金外信託：現状有姿）。

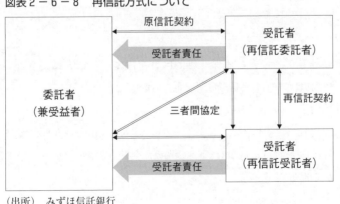

図表2－6－8　再信託方式について

（出所）　みずほ信託銀行

12 信託報酬に関する事項……⑫
　　信託報酬の計算方法、計算にあたっての料率および信託報酬の請求方法等が記載される。

第6節　特金の会計・税務処理

1　保有目的区分の設定

　金銭の信託である特金については、有価証券と同様、あらかじめ保有目的区分を設定のうえ、当該保有目的区分に応じた会計処理を行うことが求められる。一般に、金銭の信託の保有目的は、「運用目的（売買目的）」「満期保有目的」および「その他保有目的」に区分されている。

【参考】　有価証券の保有目的区分
① 売買目的有価証券……時価の変動により利益を得ることを目的として保有する有価証券
② 満期保有目的有価証券……満期まで所有する意図をもって保有する社債その他債券
③ その他有価証券……上記①および②、子会社および関連会社株式に該当しない有価証券

　保有目的区分は信託契約ごとに定める必要があり、同一の信託契約で保有する有価証券ごとに異なる保有目的区分を設定することはできない（実務上、信託契約書に保有目的区分を明記している）。

　保有目的区分の考え方については、日本公認会計士協会が公表している「金融商品会計に関する実務指針」（以下「実務指針」という）および「金融商品会計に関するQ＆A」（以下「金融商品会計Q＆A」という）にて確認することができる。

(1) 売買目的

　実務指針によれば、金銭の信託は、一般に運用を目的として設定されるものと考えられている。そして、運用を目的とする金銭の信託は、信託財産の短期的な売買等で信託財産の価値を上昇させ、受益者に帰属させるものと解されていることから、金銭の信託の保有目的は一般に売買目的有価証券と同様と想定されている。したがって、期末評価は、貸借対照表では時価を計上し、評価差額を当期損益として損益計算書に計上する。

　実際、金融機関の場合、金銭の信託の保有目的を運用目的（売買目的）としていることが多い。しかしながら、金銭の信託における運用は必ずしも有価証券のディーリングを前提としているわけではなく、保有目的を売買目的としない特金の設定事例も存在する。

(2) 満期保有目的

　実務指針によれば、金銭の信託を満期保有目的に区分するためには、信託契約において、原則として受託者に信託財産の売却を禁止しており、かつ信託期日と債券の償還期限とが一致していることが明確である必要があるとされている。

　満期保有目的有価証券と同様、期末評価は簿価にて貸借対照表に計上する。信託にて保有する有価証券の額面金額と取得価額の差額が金利の調整と認められるときは、償却原価法（アモチゼーション・アキュムレーション）が適用されるので、当該処理を受託者にアウトソースすることができる。なお、償却原価法には定額法と利息法の2つの方法があるが、実務上は定額法が利用されていることが多い。

　原則時価評価は行わないが、信託にて保有する有価証券の時価が著しく下落したときは、回復する見込みがあると認められる場合を除き、当該時価をもって貸借対照表価額として計上し、評価差額を当期の損失として損益計算書に計上する（減損処理）。

(3) その他保有目的

　金融商品会計Q&Aによると、金銭の信託の保有目的をその他有価証券とするには、「信託契約時において、企業が当該信託を通じて有価証券等を保有する目的が、運用目的または満期保有目的のいずれかにも該当しないという積極的な証拠によって裏付けられ、かつ信託財産構成物である有価証券の売買を頻繁に繰り返していないという事実に基づかなければならない」とされている。この「積極的な証拠」とは、金銭の信託の目的が、「信託財産の短期的な売買等で信託財産の価値を上昇させ、受益者に帰属させることに該当しないもの」であり、かつ、「その目的が客観的で明確であることを示す企業の意思決定文書」が該当すると解されている。なお、当該意思決定文書には、以下の内容が含まれる必要があるとされている。

① その他有価証券を自己で直接保有せずに金銭の信託で保有する理由
② 金銭の信託の目的
③ 有価証券の売却が、委託者が事前に指示した方針に基づくこと
④ 運用報告書を定期的に入手してモニタリングすること

　さらに、信託の目的を信託契約書に明記することも必要とされている。
　実務上は、以上の要件をふまえ、監査法人（会計士）に確認を行い、保有目的区分が決定されるものと考えられる。
　期末評価は、その他有価証券同様、時価を貸借対照表に計上する。評価差額は、洗替方式に基づき、純資産の部に計上する（全部資本直入法）。なお、継続利用を前提として部分資本直入法も認められているが、原則は全部資本直入法が適用される。
　また、評価差額は原則純資産の部にて処理するが、満期保有目的の場合と同様、減損処理を行う場合は、評価差額を当期の損失として損益計算書に計上する。

2 信託設定時の会計処理

　金銭の信託である特金の設定時には、「信託財産となる金銭を金銭の信託

であることを示す適切な科目に振り替える」こととされている（企業会計基準委員会　実務対応報告第23号「信託の会計処理に関する実務上の取り扱い」）。金融法人の貸借対照表では、勘定科目として「金銭の信託」が用いられる場合が多い。

〔仕訳例〕

金銭の信託	XXX	現預金	XXX

3 信託決算時の会計処理

　それぞれの信託契約にて定める保有目的に応じ、経理処理を行う。経理処理にあたっては、受託者が作成する定例報告書等を活用して作業を行う。

　上述のとおり、約定ベースの金銭の信託については、決算損益確定日を経て決算損益が処理される。信託収益金が分配される場合、決算損益処理日当日に受託者は収益分配金の送金を行う。実務運営上、決算損益確定額を事前に受託者に照会し、信託収益金の入金等の経理処理に対応している受益者もある。

　決算損益処理の仕訳例は以下のとおりである。

① 決算損益がプラスとなり信託収益金額を受領

現預金	XXX	金銭の信託の運用益	XXX

② 決算損益がマイナス（信託元本を減額）

金銭の信託の運用損	XXX	金銭の信託	XXX

　なお、約定ベースかつ売買目的の場合の決算損益の内訳は以下のとおりである。

決算損益＝実現損益＋評価損益増減（当期－前期）＋未収収益増減（当期－前期）

4 信託終了時の会計処理

　金外信託については、信託終了時に信託財産の有価証券を売却し現金化しなかった場合、有価証券をそのまま現状有姿にて受領することができる。すなわち、受益者は信託にて保有していた有価証券を現物受管することになり、当該有価証券は受入時点の信託での簿価が引き継がれる。また、当該有価証券の保有目的区分は、信託終了時における金銭の信託の保有目的区分に準ずる。たとえば、金銭の信託の保有目的区分が運用目的（売買目的）であれば、当該有価証券の保有目的区分は売買目的有価証券となる。受入時点で保有目的区分を変更する場合は、自己勘定にて保有する有価証券の保有目的区分の変更と同様であり、いずれにせよ正当な理由なく保有目的区分を変更することはできない。

5 自己勘定で保有する有価証券の経理処理との整合性

　有価証券には、複数の会計処理が認められている項目がある。たとえば、売買目的有価証券における評価損益の翌期の処理（切放法または洗替法）、償却原価法（利息法または定額法）、その他有価証券の市場価格（期末日または期末前1カ月の平均時価）等がある。

　金融商品会計Q＆Aによると、金銭の信託で保有する有価証券の会計処理方法は、原則として自己勘定で保有する有価証券の会計処理方法とあわせることが必要とされるが、継続適用を条件として信託契約ごとに異なる会計処理方法を採用することを認めている。これは、受託者のシステム対応上の制限から、必ずしも委託者兼受益者の期待する方法を採用できない場合を想定したものである。

6 税務対応

　信託財産は受託者名義であるが、信託の損益は受益者に帰属する。税法上、信託財産に帰せられる収入および支出については、受益者が特定されている場合は受益者、特定されていない場合または存在していない場合は委託

者がその信託財産を有するものとみなして、法人税法および所得税法が適用される。

特金の実務としては、委託者兼受益者である投資家が、受託者が作成する決算報告書等の定例報告書における各税額控除資料を参照し、納税を行うこととなる。

(1) 受益者に対する発生時課税

特金は、委託者と受益者が同一である自益信託であり、受益者が特定されているので、受益者が信託財産を直接保有しているものとみなして、税法の規定が適用される。信託は受益者に収益を配分するための形式的な手段であり、導管（パイプ）であるとの考え方である（信託導管理論）。

したがって、信託財産から生じる所得に応じて、受益者自らが当該資産を有する場合と同様に課税される（源泉徴収）。なお、受益者に交付される特金の信託収益金に対しては、課税（源泉徴収）されない。

特金（金銭の信託）における源泉徴収義務者は受託者であり、受託者は自身の事業年度終了後1カ月以内に所轄税務署に対して「信託の計算書」を提出することとされている。なお、信託財産に帰せられる収益の額の合計額が3万円（当該合計額の計算の基礎となった期間が1年未満である場合には1万5,000円）以下であるときは、信託の計算書は提出されない。

(2) 信託期間計算方式

会計処理において、金銭の信託に係る損益は、企業の各事業年度にあわせて計上すべきとされている。しかしながら、企業の期間損益を著しくゆがめなければ、継続して信託の計算期間に基づき損益を計上することができる（実務指針290）。すなわち、いわゆる「損益の期ズレ」が認められている。

税務処理についても、会計処理と同様に信託損益の期ズレ対応が可能とされている。特金をはじめ、法人が受益者となっている金銭の信託で、信託決算日が1年以内の一定期間ごとに到来し、かつ信託決算日が受益者の事業年度終了の日前10日以内の日となっている場合、当該信託計算期間において生

じた損益の額をもって信託決算日が属する事業年度に実現した損益とすることができる。この処理を「信託期間計算方式」といい、信託決算日の翌営業日から事業年度終了日までに生じた損益は、翌事業年度の損益として計上を行う。

なお、事業年度が3月末の場合、上記の「10日以内の日」には3月20日を含めることができる。このため、3月末を事業年度終了日とする法人の場合は、決算関連作業のため可能となる限り余裕のあるスケジュールを採用し、特金の信託決算日を3月20日とするケースが多い（図表2－6－9）。

なお、信託決算日までの未収収益計上について、信託期間計算方式を採用している場合においても、金融保険業を営む委託者兼受益者および借入金にて信託設定を行った委託者兼受益者は、信託決算日までの未収収益を利益計上しなければならない。

図表2－6－9　委託者兼受益者の事業年度と特金の信託決算
（信託決算日：3月20日、委託者兼受益者の事業年度終了日：3月31日の場合）

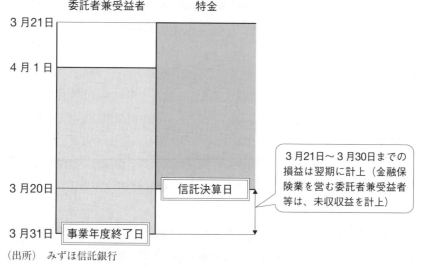

（出所）みずほ信託銀行

(3) 所得税額控除

信託財産に属する有価証券の利金および配当金にかかる源泉税は受託者が徴収し、納付を行う。源泉徴収された税は、委託者自身が有価証券を保有する場合と同様に、法人税申告時に税額控除の適用を受けることが可能である。

控除額の算出には個別法と簡便法があり、いずれかを選択することとなる。

(4) 外国税額控除

日本国内の投資家（居住者）が海外で発行された有価証券等に投資する場合、利金・配当金等については、第一に日本と投資国の租税条約に基づく源泉徴収税率（軽減税率）にて海外で源泉徴収されるが、さらに投資家がこれを受け取ると日本の税法に基づき国内でも源泉徴収される。このような国際的二重課税を調整するため、一定額を所得税額から差し引くことができる「外国税額控除」の制度が設けられている。

特金を通じ現地決済方式にて海外の有価証券等に投資する場合も、外国税額控除の適用を受けることが可能である。国内の所得税額控除の場合と同様、受益者の事務処理にあたっては、受託者が各特金の決算報告書等で作成する外国税額控明細を参照し対応する。

なお、「軽減税率」の適用を受けるにあたり、有価証券等の所有者が日本の居住者であることを証明するため、所轄税務署が発行する居住者証明書を海外税務当局に対し提出する必要がある。当該居住者証明書については、現状、各国の税務当局より「信託財産の最終受益者である委託者の居住者証明」が求められている。実務運営上は、委託者が受託者を代理人として指名する委任状を受託者に提出し、受託者が居住者証明手続を一括して行っている。

(5) 信託収益金の益金不算入

　信託財産から生じた株式や投資信託の受取配当金等は、委託者が有価証券を自己保有する場合と同様に、法人税法に定めのある受取配当金の益金不算入の取扱いを受けることが可能である。

　前出の税額控除資料同様、受託者が作成する決算報告書等の定例報告書にて受取配当金等および益金不算入の対象外となる短期所有分を参照し、事務処理を行う。

第7節　信託を活用したその他のスキーム

　特金以外にも、資産管理や資産運用のアウトソースのために、信託を活用したスキームが利用されることがある。その代表的なものとして、「特定包括信託」「投資信託」および「ファンドトラスト」があげられる。これらの商品について、特金と比較して簡単に説明する。

1　特定包括信託

　特定包括信託は、金融機関が自己勘定にて保有する有価証券を、そのまま信託設定する場合に利用される。特金の場合、信託財産として拠出される財産は金銭に限定される（金銭の信託）が、これに対して特定包括信託は、金銭や有価証券等の2種類以上の財産を当初信託財産として設定できる信託である。信託終了時も、信託で保有する有価証券を現状有姿にて払い出すことができる。このように、金融機関の自己勘定との間で有価証券の移受管ができることが、特定包括信託の特徴である。

　なお、特金と同様、委託者が自ら信託財産の運用を行うことも、投資顧問会社に運用を一任することも可能である。また、資産運用に伴い発生する各種事務のアウトソースの受け皿として利用できる点も特金と同様である。

他方、特定包括信託には、特金に認められている簿価分離および信託期間計算方式が適用されないことに留意する必要がある。すなわち、簿価分離の適用がないため、金融機関が自己勘定で保有する有価証券と同一の銘柄を特定包括信託でも保有する場合には、両者の簿価を通算することが必要となるが、そのためには受託者だけでなく金融機関においても煩雑な事務が発生することになる。また、金融機関における会計処理についても、特金は「金銭の信託」として計上されるが、特定包括信託の場合は、自己勘定にて保有する分とあわせて、「有価証券」勘定に計上する必要がある。

このように、特定包括信託は、同種・同一保有目的の有価証券の管理を一括してアウトソースするような場合に適した商品といえよう。

②　投資信託

投資信託は、個人・法人問わず広く普及している運用商品の1つであるが、特金と異なり、投資信託委託会社（以下「委託会社」という）が複数の投資家から資金を集めて運用することが前提であることに加え、委託者が委託会社、受益者が投資家となる他益信託である。投資信託は、募集形態および設立形態により大別される。

(1) 分　類

まず、募集形態には公募と私募があり、私募については、さらに適格機関投資家私募、一般投資家私募（少人数私募）および特定投資家私募に分類されている。

設立形態については、会社型と契約型の2種類がある。会社型は、投資を目的として設立される法人（投資法人）が発行する投資証券を投資家が取得する形態である。具体例としては、REIT（不動産投資信託）があげられる。契約型は、委託会社（委託者）が信託会社または信託銀行（受託者）と信託契約を締結し、それにより生じた受益権を分割して受益証券が発行され、投資家（受益者）が受益権を取得するものである。株式や債券等に投資する証券投資信託が最も一般的な例である。なお、2007年1月より「投資信託振替

制度」が開始となったことを受け、受益証券はペーパーレス化されている。

(2) 特金との比較

投資信託のなかでも、金融機関の個別の運用ニーズをふまえて設定される私募投資信託は、投資顧問付特金と類似する点が多いが、以下のような違いがある。

a 概　要

複数の投資家の存在を前提としている投資信託は、特金と比べ、関係者（投資家、委託会社、受託会社、販売会社、振替機関等）が多く、新規設定や維持運用に要する負担も大きい。そのため、同じ内容の運用を行う場合、投資顧問付特金と比べ、私募投信のほうが手数料や投資最低金額が大きくなる傾向がみられる。また、投資家が運用状況を確認する場合、特金ではインターネット等を活用したディスクローズサービスにより日次で信託財産（保有有価証券）の時価明細を把握することができるが、投資信託の場合は、通常は、日次でファンド全体の基準価額が提供されるのみである。

b 会計処理

金融機関の会計処理において、投資信託の運用利益は業務純益として計上されるのに対し、特金の場合は臨時損益となる。

具体的には、投資信託の受益証券は有価証券に該当するが、その保有目的区分を「その他有価証券」とする事例が多いようだ。この場合、基準価額を用いて時価評価を行い、評価差額については純資産の部に計上する（全部資本直入法）。分配金、売却損益、解約損益および償還差損益については損益計算書に計上する。決算状況表の科目では、投資信託の分配金は資金利益に該当し、業務純益およびコア業務純益に計上される（図表２－６－10）。換金時における損益計上の勘定科目については、投資信託の換金方法により計上区分が異なる。解約請求により換金する場合の損益は、資金利益への計上となり、業務純益およびコア業務純益に反映される。一方、買取請求により換金する場合の損益は、国債等債券関係損益に計上されるため業務純益に反映されるが、コア業務純益には含まれない。

図表2－6－10 決算状況表（関連項目を抜粋）

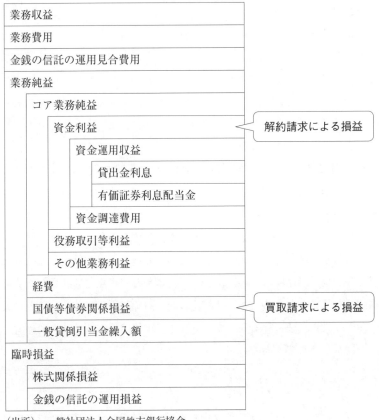

（出所）一般社団法人全国地方銀行協会

　投資顧問付特金についても、保有目的区分を設定のうえ会計処理する点では投資信託と同様である。ただし上述のとおり、その他有価証券として区分するためには一定の条件を満たす必要がある。いずれの保有目的区分であっても、金銭の信託の運用損益は、決算状況表において臨時損益に計上されるため、業務純益およびコア業務純益には含まれない。なお、業務純益は業務収益から業務費用を差し引いたものであるが、金銭の信託の運用損益が臨時損益に計上されることから、金銭の信託の保有にかかる資金調達費用（＝金銭の信託の平均残高×調達勘定利回り）を「金銭の信託の運用見合い費用」と

して、業務費用（資金調達費用）から控除して、業務純益を算出する。

c　事務対応

　投資信託を購入する場合は、販売会社に投資信託受益権振替決済口座を開設する必要がある。手続は、販売会社所定の口座開設書類や本人確認書類等の提出のみであるため、比較的簡便である。契約書類については、販売会社から交付される約款等を受領するのみであり、投資家サイド（受益者）では、受託会社（受託者）または委託会社（委託者）との間で締結する契約書類は発生しない。なお、投資信託が新規に設定される場合は、受託会社および委託会社でセットアップを行うため、当該期間を投資開始までのスケジュールに織り込んでおく必要がある。投資までの事務が手軽かつ小口投資が可能である半面、購入ファンド数が増え販売会社が複数社にわたると、基準価額等のデータ管理に相応の事務負担が発生する。

　一方、投資顧問付特金では、受託者との信託契約および投資顧問会社との投資一任契約を締結するため、関連する覚書や協定書を含め複数の契約書類に調印を行うこととなる。また、契約書類の調印に至る以前に、特金の設定内容および投資一任に係る運用ガイドラインの策定等、スキーム関係者と個別に確認を行う必要がある。

③　ファンドトラスト

　ファンドトラストは、投資家が委託者兼受益者となり、受託者である信託銀行に資産運用と資産管理の双方を任せる商品である。

(1)　概　　要

　ファンドトラストは、信託の分類上、単独運用指定金外信託に該当する。すなわち、あらかじめ委託者が指定する範囲内において、受託者が自らの裁量により信託財産の運用を行う商品である。単独運用指定金銭信託等を含め、「指定単（していたん）」と呼ばれる。ファンドトラストは、オーダーメードでの運用アウトソース商品として位置づけられ、受託者は信託財産の運用と管理の両方を担うこととなる。

(2) 特金との比較

　金融機関が外部のプロフェッショナルに運用を委託するという点では、ファンドトラストは投資顧問付特金と類似する商品である。以下、その違いについて説明する。

a　コスト

　ファンドトラストのコストである信託報酬は、資産運用と資産管理双方の役務の対価である。一方、投資顧問付特金は、資産管理と資産運用が別の主体に分かれており、コストについても信託報酬と投資顧問料はそれぞれ別個の体系である。

b　事務対応

　投資顧問付特金は特金と投資一任の組合せであり、受託者および投資顧問会社それぞれとドキュメンテーション等の事務対応を行う必要がある。一方、ファンドトラストについては資産運用も資産管理も同一の受託者が担うため、顧客対応の窓口は一本化される。

c　会計処理等

　投資顧問付特金もファンドトラストも同じく「金銭の信託」であるため、保有目的区分が同一であれば、会計処理も同様の取扱いとなる。したがって、ファンドトラストについても簿価分離や信託期間計算方式が適用される。

　運用のアウトソースを検討する場合、投資対象、運用戦略、投資額、コストおよび会計処理等を比較しながら、投資開始スケジュールをふまえ、投資顧問付特金、投資信託およびファンドトラスト等のなかから、最もニーズにあった商品を選択することが望ましいといえるだろう。

事項索引

【英字】

AIMA ……………………………… 435
BPV法 …………………………… 248
Citi世界国債インデックス …… 87, 104
Component VaR ……………… 274, 288
CONT ……………………………… 329
CSA ……………………………… 313
CSD ……………………………… 307
CVaR（Conditional VaR）……… 267
DDQ ……………………………… 435
ETC …………………………… 383, 387
ETF …………………………… 155, 378
ETN …………………………… 383, 387
ETP …………………………… 383, 387
FATCA …………………………… 361
Fintech …………………………… 456
FTT（金融取引税）……………… 367
GP（ジェネラルパートナー）…… 436
GPIF（年金積立金管理運用独
　立行政法人）…………………… 342
GPS法 …………………………… 248
ICSD ……………………………… 307
ISDA ……………………………… 313
ITバブル崩壊 …………………… 240
JPMorgan EMBI Global Core
　……………………………… 87, 104
Jカーブ（効果）………………… 440
KRI ……………………………… 293
LP（リミテッドパートナー）…… 436
LTCM破綻 …………………… 240, 442
LTV ……………………………… 438
Make-Whole条項 ……………… 316
MSCIエマージング・マーケッ
　ト・インデックス ……………… 104
MSCIコクサイ・インデックス … 104
MTNプログラム ………………… 300
NAV（ETF）……………………… 407
NOEX …………………………… 329
NOMURA-BPI ……………… 64, 87, 103
NYMEX原油先物 ……………… 105
NYダウ30種総合指数 …………… 358
PBR（各国比較）………………… 26
PDCA …………………………… 272
PER（各国比較）………………… 26
RAF ……………………………… 277
ROE（各国）……………………… 352
S&P500指数 ……………………… 358
SPOT ……………………………… 329
Tier 2 債 ………………………… 307
TOPIX …………………………… 104
VaR …………………………… 249, 273
VaRショック ………………… 241, 244

【あ】

アウトソーシング（アウトソー
　ス）…………………………… 129, 463
アクティブ運用 ………………… 83
アセットアロケーション ……… 147
アセットファイナンス ……… 434, 452
アセットユニバース …………… 150
アノマリー ……………………… 84
アベノミクス …………………… 4
アロケーション乖離効果 ……… 294

【い】

イールドカーブ ………………… 55
閾値 ……………………………… 293
一般会計（日本）……………… 44, 46
イベントドリブン …………… 426, 446

インプライド・ビュー ……………… 275

【う】

運用計画 …………………………… 137
運用方法指図書 …………………… 467

【え】

エージェンシーモーゲージ債 …… 305
益金不算入 ………………………… 484
円建て外債 ………………………… 298

【お】

オプション・インプライド・ボ
　ラティリティ …………………… 286
オルタナティブ（資産）
　………………………… 153, 156, 424

【か】

海外ETF ……………………… 155, 358, 410
海外カストディ …………………… 470
海外上場ETF ……………………… 385
海外手数料（海外取次手数料） …… 366
外貨決済 …………………………… 329
外貨建て外債 ……………………… 298
外貨調達 …………………………… 311
外貨調達コスト …………………… 367
外貨預金 …………………………… 312
会計基準（外貨建て債券） ………… 331
外国ETF …………………………… 386
外国（委託）取引 ………………… 363
外国債券 …………………………… 298
外国税額控除 ………………… 372, 483
外国籍投資信託 …………………… 360
外債 ………………………………… 298
外部運用会社 ……………………… 110
外部環境要因 ……………………… 136
外部資源の活用 …………………… 126
外部専門機関 ……………………… 146

乖離許容幅 …………………… 288, 292
カウンターパーティー …………… 323
家計金融資産 ……………………… 343
貸出約定平均金利（業態別） ……… 21
カストディアン ……………… 309, 363, 470
カストディフィー …………… 363, 470
仮想シナリオ ……………………… 263
カバードボンド …………………… 306
株式ロング・ショート …………… 446
為替スワップ取引 … 311, 318, 321, 325
為替取引（スポット取引） ………… 311
為替予約 ……………………… 329, 336
完全失業率 ………………………… 14
感応度 ……………………………… 247
感応度によるストレステスト …… 262

【き】

企業物価指数 ……………………… 12
期限前償還 ………………………… 315
期待収益率 ………………………… 86
期待収益率の低下（債券運用） …… 54
期待ショートフォール …………… 267
期待リターン（外部ファンド） …… 285
期待リターン（株式） …………… 284
期待リターン（為替） …………… 285
期待リターン（債券） …………… 283
基本アセットミックス ……… 150, 222
基本ポートフォリオ ………… 274, 287
キャッシュフローの固定 ………… 337
キャップレート …………………… 429
キャピタルコール型 ……………… 439
業務純益 ……………………… 279, 421, 486
金 …………………………………… 105
均衡アプローチ …………………… 284
金融行政方針 ……………………… 100
金融商品会計に関する実務指針 … 332
金融庁届出ずみ海外ETF …… 386, 412
金融取引税 ………………………… 367

金融派生商品 ……………… 337
金融モニタリング基本方針 ……… 100
金融抑圧 ……………………… 45,53
金利スワップの特例処理 ………… 338
金利の非対称性 …………………… 284
金利ヘッジ付債券ETF …………… 403
金利リスクの増加 ………………… 36
金利リスク量（業態別）…………… 38

【く】

クーポンスワップ ……………… 313,320
クオンツ運用 …………………… 84
繰延ヘッジ ……………………… 338
クレジットオポチュニティ ……… 426
クレジットスプレッド …………… 302
グローバルカストディアン … 363,471
グローバル債 …………………… 299
クロスカレンシーベーシスス
ワップ ………………………… 328

【け】

経過利息 ………………………… 314
経済成長率（各国）……………… 344
経常収益額（業態別）……………… 19
原則法（為替差損益の処理）…… 334
減損処理 ………………………… 477
現代ポートフォリオ理論 ………… 85
現地決済方式 …………………… 471
権利行使 ………………………… 315

【こ】

コア業務純益 ……………… 421,486
コア資産 ………………………… 153
公開（Public）…………………… 431
口座開設（海外）………………… 362
口座開設（外国証券）………… 307,361
合同運用 ………………………… 462
後配株（劣後株）………………… 355

購買力平価 ……………………… 31
効率的なポートフォリオ ………… 112
効率的フロンティア ……………… 282
高齢者人口（都道府県別）………… 16
コール条項 ……………………… 316
国際機関債 ……………………… 305
国際収支統計 …………………… 50
国内上場ETF …………………… 385
国内手数料（国内取次手数料）…… 366
国内店頭（仕切り）取引 ………… 363
国富 …………………………… 50
コミットメントライン …………… 312
コンサルティング会社 …………… 236
コンティンジェンシー・プラン … 294

【さ】

債券ETF ………………… 171,213,392
債券買取オファー（Tender Of-
 fer）…………………………… 316
債券交換オファー（Exchange
 Offer）………………………… 317
債券発行プログラム ……………… 300
再信託方式 ……………………… 475
最適なアセットアロケーション … 148
最適なポートフォリオ …………… 287
債務残高（主要国）……………… 48
サブカストディアン ………… 363,471
サプライサイドアプローチ ……… 284
サムライ債 ……………………… 298
3カ月Euribor ………………… 313,321
3カ月円LIBOR ………………… 313,321
3カ月ドルLIBOR ……………… 313,321

【し】

時価総額（各国）………………… 345
時価総額（個別企業）……………… 346
時価ヘッジ ……………………… 338
直先スプレッド ………………… 311,322

事業所数（都道府県別） ……… 16
資金運用部ショック ……………… 240
資金繰りリスク ……………………… 141
資金フロー分析（ETF）………… 407
時差 …………………………………… 368
資産運用コンサルタント ………… 455
資産管理専業信託銀行 …………… 475
自社株買い（各国）………………… 354
自主特金 ……………………… 458,463
市場流動性リスク ………………… 142
指数平滑法 ………………………… 286
実質実効為替レート ……………… 31
実質賃金 ……………………………… 13
指定運用 …………………………… 461
指定単 ……………………………… 488
シナリオによるストレステスト … 263
ジニーメイ ………………………… 305
支払準備資産 ……………………… 234
私募REIT ……………………… 434,452
私募ファンド ……………………… 434
資本配賦計画 ……………………… 138
事務処理体制 ……………………… 125
社会保障給付費 ……………………… 48
収益計画 …………………………… 137
償却原価法 …………………… 333,477
ショーグン債 ……………………… 298
証券会社保護預り方式 …………… 470
証券保管決済機関 ………………… 307
上場廃止（ETF）………………… 420
消費者物価指数 ……………………… 12
所得税額控除 ……………………… 483
人口増加率（都道府県別）………… 15
人口ピラミッド …………………… 356
人材育成 …………………………… 124
信託期間計算方式 ………………… 481
信託契約書類 ……………………… 472
信託決算 ……………………… 468,482
信託の分類 ………………………… 460

信託報酬 …………………………… 469
信用リスク（運用会社の破綻、
　ETF）…………………………… 411

【す】

スープラ債 ………………………… 305
ストレスVaR ……………………… 254
ストレス事象 ……………………… 237
ストレステスト …………………… 262
ストレステスト（流動性）………… 234
スポット取引 ……………………… 311
スマート・ベータ ……………… 280,401
スワップカウンターパーティー
　……………………………… 321,324

【せ】

政策アセットミックス …………… 150
政府機関債 ………………………… 305
セールアンドリースバック ……… 436
世界経済見通し（IMF）……… 32,349
絶対リスクモニタリング ………… 290
ゼロベータ・ポートフォリオ …… 280
全部資本直入法 …………………… 486
戦略目標 …………………………… 137

【そ】

相関 …………………………… 94,254
相関係数 ………………… 94,254,273
総合損益 …………………………… 279
相対リスクモニタリング ………… 291
相場変動の相殺 …………………… 337
租税条約 …………………………… 372
その他Tier 1 債 …………………… 307
その他有価証券 ……………… 334,478
損益の期ズレ ……………………… 481

【た】

第一次オイルショック …………… 239

対外純資産（主要国） ……………… 50
ダウ・ジョーンズ米国不動産業
　界グループ指数 ………………… 105
単独運用 …………………………… 462

【つ】

通貨スワップ ………………… 313, 319

【て】

ディストレス ………… 427, 446, 452
定例報告書 ………………………… 467
テイルリスク管理 ………………… 290
出口戦略 …………………………… 437
デマンドサイドアプローチ ……… 284
デューデリジェンス ……… 435, 455
デリバティブ取引 ………………… 337
転換社債裁定 ……………………… 445
伝統的4資産 ……………… 80, 342, 424

【と】

統合的リスク管理 ………………… 230
統合リスク管理 …………………… 230
投資一任業務 ……………………… 111
投資運用業 ………………………… 111
投資顧問会社 ……………………… 455
投資顧問付特金 …………… 458, 463
投資事業有限責任組合 …………… 436
投資商品 …………………… 81, 128, 151
投資助言・代理業 ………………… 111
東証REIT指数 …………………… 105
動態的リスク制御 ………………… 286
特定運用 …………………………… 461
特定金外信託 ……………… 226, 460
特定金銭信託 ……………… 226, 460
特定包括信託 ……………………… 484
特定目的会社（SPC） ……… 436, 438
特金 ………………………………… 458
取引時間（主要国） ……………… 369

【な】

内国ETF ………………………… 385
内部環境要因 ……………………… 135
ナスダック総合指数 ……………… 358

【に】

ニクソンショック ………………… 239

【ね】

年次収益率ランキング（資産ク
　ラス別） …………………………… 74

【の】

ノンコア資産 ……………………… 153
ノンリコース・ローン …………… 438

【は】

バーゼルⅠ ………………………… 229
バーゼルⅡ ………………………… 229
バーゼルⅢ ………………………… 229
配当性向（各国） ………………… 352
配当利回り（各国比較） ……… 28, 352
売買目的有価証券 ………… 334, 477
バックワードルッキング ………… 278
パフォーマンス評価 ……………… 294
パブリック（公開） ……………… 431
バブル崩壊 ………………… 239, 243
バリューアップ …………………… 433
ハンズオン ………………………… 426

【ひ】

東日本大震災 ……………………… 241
非公開（Private） ………………… 431
ヒストリカルシナリオ …………… 263
ヒストリカル法 …………… 249, 284
ビルディング・ブロック法 …… 86, 284

【ふ】

- ファクター ……………………………… 402
- ファットテール ………………………… 266
- ファニーメイ …………………………… 305
- ファンドオブファンズ ………………… 449
- ファンドコード ………………………… 466
- ファンド精査基本要件 ………………… 435
- ファンドトラスト ……………………… 488
- フェイル ………………………………… 310
- フォワード取引 ………………………… 311
- フォワードルッキング … 278,283,292
- 不動産 …………………………………… 428
- 不動産投資信託（REIT）ETF …… 398
- プライベートエクイティ ………… 425,426
- プライベート（非公開） ……………… 431
- プラザ合意 ………………………… 239,242
- ブラックマンデー ………………… 239,243
- 振当処理 ………………………………… 338
- フレディマック ………………………… 305
- 分散共分散法 …………………………… 249
- 分散投資 ……………………… 121,204,213
- 分散・標準偏差 ………………………… 87
- 分配金 …………………………………… 202

【へ】

- 平均分散アプローチ …………………… 289
- ベーシス ………………………………… 326
- ベーシススプレッド …………………… 313
- ヘッジ会計 ……………………………… 337
- ヘッジコスト …………………………… 326
- ヘッジファンド …… 156,425,441,443

【ほ】

- ポートフォリオ分析 …………………… 143
- ホームカントリーバイアス …………… 84
- 簿価分離 ………………………………… 464
- 保護預り …………………………… 310,372

- 保有目的区分 ……………… 226,334,476
- ポリシー効果 …………………………… 294

【ま】

- マイナス金利付き量的・質的金融緩和 ………………………………… 9
- マクロ …………………………………… 447
- マクロ・ストレステスト ……………… 263
- マチュリティラダー …………………… 234
- マネージドフューチャーズ … 428,448
- マネー取引 ………………… 312,318,325
- マネジャー・スキル効果 ……………… 294
- マネタリーベース …………………… 6,49
- 満期保有目的有価証券 ………… 334,477

【み】

- ミドル部門 ……………………………… 231
- 見なし税額控除 ………………………… 372

【む】

- 無担保シニア債 ………………………… 306

【め】

- 名目GDP ………………………………… 10
- メザニン …………………………… 426,452

【も】

- モニタリング（ポートフォリオの） …………………………………… 290
- モンテカルロシミュレーション法 …………………………………… 250

【ゆ】

- 有価証券運用動向（業態別） ………… 34
- 有価証券利回り（業態別） …………… 23
- 有効求人倍率 …………………………… 14
- 優先株 …………………………………… 355
- ユーロ円債 ……………………………… 298

事項索引　495

ユーロ危機 ……………………………… 241
ユーロ債 ………………………………… 298

【よ】

よい金利上昇 ……………………………… 43
要因分解（ポートフォリオのリスク）……………………………… 272
容認処理（為替差損益の処理）…… 334
預貸ギャップ …………………………… 122
預貸率（業種別）……………………… 18
預託証券（DR）……………………… 357
予兆管理 ………………………………… 292

【り】

リーブオーダー ………………………… 308
リーマンショック ……… 176, 241, 245
リサンプリング法 ……………………… 289
リスク …………………………………… 86
リスクアペタイト・フレームワーク ………………………… 141, 277
リスク回避度 …………………………… 275
リスク管理態勢 …………………… 124, 126
リスク寄与率 …………………………… 272
リスク計測 …………………………… 140, 232
リスクテイク計画 ………………… 138, 148
リスクの推計 …………………………… 285
リスクリターン（資産クラス別）……………………………… 73
リターンモニタリング ……………… 290
リバースレポ取引 ……………………… 312
リバランス ……………………… 222, 292
リフティングチャージ ……………… 329
利回り・スプレッド分析（ETF）……………………………………… 406
流動性の計画 ………………………… 141
流動性リスク ………………………… 233
量的・質的金融緩和 ………………… 6

【れ】

劣後株（後配株）……………………… 355
劣後債 …………………………………… 306
レポ取引 ……………………… 312, 318
連続増配企業（米国）………………… 353

【ろ】

ローリングヘッジ …………… 322, 326
ロールダウン効果 …………………… 55

【わ】

悪い金利上昇 …………………………… 44

地域金融機関における資金運用の高度化

平成28年8月19日　第1刷発行

編著者　平　野　吉　伸
発行者　小　田　　　徹
印刷所　株式会社日本制作センター

〒160-8520　東京都新宿区南元町19
発　行　所　一般社団法人 金融財政事情研究会
　　　編集部　TEL 03(3355)2251　FAX 03(3357)7416
販　　　売　株式会社きんざい
　　　販売受付　TEL 03(3358)2891　FAX 03(3358)0037
　　　URL http://www.kinzai.jp/

・本書の内容の一部あるいは全部を無断で複写・複製・転訳載すること、および磁気または光記録媒体、コンピュータネットワーク上等へ入力することは、法律で認められた場合を除き、著作者および出版社の権利の侵害となります。
・落丁・乱丁本はお取替えいたします。定価はカバーに表示してあります。

ISBN978-4-322-12894-9